本研究获民政部2016年“中国社会组织建设与管理”理论研究部级课题一等奖。

社会组织法立法研究

Research on the Legislation of Social Organization Law

喻建中◎著

中国社会科学出版社

图书在版编目(CIP)数据

社会组织法立法研究 / 喻建中著．—北京：中国社会科学出版社，2017.7

ISBN 978 - 7 - 5161 - 9349 - 5

Ⅰ.①社…　Ⅱ.①喻…　Ⅲ.①社会组织管理 - 立法 - 研究 - 中国　Ⅳ.①D922.114

中国版本图书馆 CIP 数据核字(2016)第 280722 号

出 版 人　赵剑英
责任编辑　许　琳
责任校对　季　静
责任印制　李寡寡

出　　版　中国社会科学出版社
社　　址　北京鼓楼西大街甲 158 号
邮　　编　100720
网　　址　http://www.csspw.cn
发 行 部　010 - 84083685
门 市 部　010 - 84029450
经　　销　新华书店及其他书店

印刷装订　北京君升印刷有限公司
版　　次　2017 年 7 月第 1 版
印　　次　2017 年 7 月第 1 次印刷

开　　本　710 × 1000　1/16
印　　张　24.5
插　　页　2
字　　数　454 千字
定　　价　88.00 元

编辑委员会

序　一

随着我国四个全面战略布局的深入推进，社会组织发展及其法治建设的问题日益凸显。在全面建成小康社会中，社会组织具有不可或缺的功能；在全面从严治党中，社会组织党建工作是重要内容；在全面深化改革中，社会组织改革是重要方面，并与经济、政治、文化、社会等方面的改革密切相关；在全面推进依法治国中，更是亟待加快社会组织的法治步伐。在此背景下，社会组织立法成为我们面临的重要课题。

其实，社会组织立法问题渊源已久。近代以来，政府逐步加强了对社会组织的法律规范。晚清时期，清政府推行新政，即于 1904 年 1 月颁布《奏定商会简明章程二十六条》《商会章程附则六条》，鼓励各地建立商会。1906 年 9 月，学部颁布《奏定各省教育会章程折》，明令各省设立教育会。1907 年年底，农工商部奏准颁行《农会简明章程》，规定各省农务总会和府、厅、州、县分会及乡镇、村落、市集分所的设立。1908 年 3 月，宪政编查馆与民政部联合拟定《结社集会律》，这是我国有史以来第一部具有社会组织基本法雏形的法律。以上法律法令的出台，使新型民间社团从一诞生即迅速滋长，中国近代的社会组织在此时出现了第一个发展高潮。北洋时期，虽然政治格局动荡，但在民主共和的趋势下，对商会与农会的立法给予一定重视。1912 年 9 月，农林部颁布《农会暂行章程》及《农会章程施行细则》。1914 年 6 月，参议院代行立法院职权，议定《商会法》，共 60 条，于当年 9 月公布，这是中国近代史上第一部以《商会法》命名的商会立法。同年 11 月，又颁布《商会法施行细则》。1923 年 5 月，农商部颁布《修正农会章程》《修正农会规程施行细则》《修正工商同业公会规则》等法规。北洋政府后来处于军阀混战之中，无暇顾及经济社会发展，在这段时间经济之所以还能有所发展，农工商社团起到了很大的作用。南京国民政府时期，国民党“以党治国”，国民党及国民政府的规定在当时事实上均是具有法律效力的。1928 年 6 月，国民党中常会通过《各级民众团体整理委员会组织条例》。1930 年 1 月，国民党中常会通过《人民团体组织方案》，同年 7 月颁布《修正人民团体组织方案》。在颁布了一系列关于民众团体的一般性法规的同时，1929 年 8 月，南京国民政府重新颁布《商会法》《工商同业公会法》，并于 1929 年 10 月颁布了《工会法》，1930 年 1 月颁布《文化团体组织大纲》，1930 年 12 月颁布《农会法》，通过专门社团立法对原有商人、工人、农民、文化等社团进行规范和整顿。1942 年 2 月，国民政府颁布《非常时期人民团体组织法》，规定社团必须在政府进行登记。南京国民政府以整顿和控制社团“为我所用”为目的，进行大规模、较系统的社团立法，建立了较为完善的社团法律体系。

中国共产党对于社会组织立法一直十分重视。1942 年，共产党领导的边区政府颁布《陕甘宁边区民众团体组织纲要》以及《陕甘宁边区民众团体登记办法》，探索把社会团体的发展纳入法制轨道。新中国成立之初，即将社会组织立法作为法制建设的重要内容。1950 年 6 月，中央人民政府委员会第八次会议通过《中华人民共和国工会法》，明确了工会组织的成员构成及其在国家政权下的法律地位。1950 年 7 月，政务院第 41 次政务会议通过《农民协会组织通则》，对农民协会的性质、任务、会员的组成及权利等方面作了规定。1950 年 9 月，政务院颁布《社会团体登记暂行办法》，1951 年 3 月，内务部根据授权发布《社会团体登记暂行办法实施细则》，结合社会团体登记过程，清理遗留社团，取缔反动社团，并在之后较长一段时间内形成了与当时计划经济体制和社会管理模式相匹配的社会团体发展格局。改革开放以来，我国不断加强社会组织立法。1988 年 9 月国务院颁布《基金会管理办法》。1989 年 6 月国务院颁布《社会团体登记管理条例》和《外国商会管理暂行办法》，建立了统一登记、双重管理的新体制。1998 年 9 月国务院修订了《社会团体登记管理条例》，并随后颁布了《民办非企业单位登记管理暂行条例》，后又于 2004 年 3 月颁布了《基金会管理条例》，这三个行政法规目前是我国社会组织最主要的立法规范。此外，社会组织立法还包括宪法、民法通则、税法等法律法规的相关规定和有关部门、地方颁布的社会组织法规规章及配套政策。这些法律政策规定构成了当前我国社会组织发展的法制环境，有力地促进了我国社会组织的发展。截至 2016 年 3 月，全国在民政部门登记的社会组织已达 66 万多个，其中，社会团体 32.9 万个，民办非企业单位 33.1 万个，基金会 4841 个。但是，我国一直缺乏社会组织的基本立法。

党的十八大以来，中央就社会组织的法治建设提出了一系列要求，社会组织立法步伐显著加快。党的十八大报告提出，加快形成政社分开、权责明确、依法自治的现代社会组织体制。党的十八届二中全会和十二届全国人大一次会议再次聚焦社会组织，审议通过的《国务院机构改革和职能转变方案》，要求“改革社会组织管理制度。加快形成政社分开、权责明确、依法自治的现代社会组织体制”。“民政部门要依法加强登记审查和监督管理，切实履行责任。坚持积极引导发展、严格依法管理的原则，促进社会组织健康有序发展。完善相关法律法规，建立健全统一登记、各司其职、协调配合、分级负责、依法监管的社会组织管理体制。”党的十八届三中全会通过的《中共中央关于全面深化改革若干重大问题的决定》提出：“激发社会组织活力。正确处理政府和社会关系，加快实施政社分开，推进社会组织明确权责、依法自治、发挥作用。”“加强对社会组织和在华境外非政府组织的管理，引导它们依法开展活动。”党的十八届四中全会通过的《中共中央关于全面推进依法治国若干重大问题的决定》强调：“加强社会组织立法，规范和引导各类社会组织健康发展。”“加强在华境外非政府组织管理，引导和监督其依法开展活动。”《中华人民共和国国民经济和社会发展第十三个五年规划纲要》要求“健全社会组织管理制度，形成政社分开、权责明确、依法自治的现代社会组织体制。推动登记制度改革，实行分类登记制度”。2016 年 3 月 17 日，全国两会通过《中华人民共和国慈善法》。2016 年 4 月 28 日，全国人大常委会通过《境外非政府组织境内活动管理法》。2016 年 3 月 17 日，国务院办公厅将社会组织法确定为 34 件有关保障和改善民生，加强和创新社会治理的立法研究项目之一，并明确为民政部起草。

民政部对于社会组织法的制定进行了长期的调研论证，曾于 2014 年 5 月在重庆召开社会组织法立法工作座谈会，中办法规局、全国人大法工委、国务院法制办等有关方面的领导和专家参加。近几年，有关专家学者在社会组织法的研究方面取得了一定成果。为落实好《关于印发国务院 2016 年立法工作计划的通知》，进一步推动社会组织法的深入研究和起草制定，我们特委托喻建中同志就社会组织法进行课题研究。喻建中同志长期从事社会组织管理和民政法制的实务工作，参与了《湖南省行业协会管理办法》《湖南省农村专业经济协会促进办法》《湖南省募捐条例》《湖南省志愿服务条例》等有关社会组织法规规章的起草，在中国社会科学院法学所从事博士后研究的主要内容也是社会组织立法，其关于法治建设的建议多位中央领导作出重要批示，被湖南省委法治办、湖南省司法厅评为“2014 年度湖南省最具影响力的法治人物”，我们希望他根据其积累的社会组织管理实践和立法实践以及研究心得提出有价值的建议。其课题研究成果《社会组织法立法研究》包括研究报告、条文论证和建议稿三部分，针对社会组织法立法中面临的主要问题，在吸收借鉴国内外社会组织立法经验和公司法、中小企业促进法等市场主体立法经验的基础上，依据平衡论、软法、法人等法学理论，提出了社会组织法立法的宏观思路和具体建议，对于社会组织法的起草制定很有参考意义，也将对加速社会组织法的立法进程产生积极影响。在该课题研究成果由中国社会科学出版社出版之际，我们希望社会组织的实务工作者和专家学者，就社会组织法进行更加广泛、更加全面、更加深入的研究讨论，共同推动社会组织法早日出台，为社会组织的发展与国家法律的完善贡献自己的智慧和力量。

国家社会组织管理局副局长　廖鸿

2016 年 8 月

序 二

喻建中的著作《社会组织法立法研究》即将出版，他请我写一篇序言，为了感谢他的信任，我就答应了。

党的十八大以来，党中央高度重视社会领域的改革，重视社会团体的作用，不断出台新的加快社会组织发展的政策，为社会领域的改革和相关研究开创了更为宽广的前景。2016 年 8 月 24 日，中共中央办公厅和国务院办公厅印发了《关于改革社会组织管理制度促进社会组织健康有序发展的意见》。应该说，这是最近一段时间内指导社会组织健康发展的纲领性文件，值得我们高度关注。同时，社会组织领域的三大“条例”（《基金会管理条例》《社会服务机构登记管理条例》《社会团体登记管理条例》）即将完成修改程序。另外，我们也听到社会组织法也在紧锣密鼓地起草之中。总之，形势一片大好！

说起来，建中关注社会组织问题也有好多年了。大约在十年前，法学所领导安排我主持所里的“中国社会团体的法律问题课题组”，在组织的专家研讨会上，见到从湖南赶来参会的建中先生，从此结下友情，至今不衰。后来，建中又通过考试成为了法学所的博士后研究人员，本人忝列导师，于是来往更加密切。博士后期间，建中在学术研究上相当勤奋，不断有学术成果问世。特别是党的十八大刚刚闭幕，出于一位普通党员的责任感，他就给新一届党中央领导人写信提出了以党内法规引导党员保持先进性和纯洁性的郑重建议。不久，三位党中央政治局常委都对他的来信作出重要批示。中央组织部的工作人员还专门约他一起座谈，认真倾听他的看法和建议。该研究成果经法学所博士后流动站报中国社科院博士后流动站后，中国社科院博士后流动站又将此报中国社科院领导和全国博士后管委会。2014 年，建中的科研事迹入选《中国博士后工作年报（2013）》（当年中国社科院仅 2 人）。2015 年纪念中国博士后制度创立 30 年，《中国博士后科学基金 30 年》之“撷英集萃”入选了 30 年间 51 位博士后的科研事迹，其中院士 37 人，建中的科研事迹又名列其中。出站后，建中在圆满完成自己工作之余，始终认真思考社会组织的立法问题。他出差来北京时，我们经常见面，切磋学术问题，既有乐趣，又能够互相启发。

本书是建中个人的学术著作，也是建中关于社会组织法立法问题多年思考的一个学术成果。本书包括了三个相互联系紧密的部分，它们分别是关于社会组织立法的研究报告、条文论证和建议稿。本书全面考察了社会组织的立法过程，顺序整理了新中国成立前后的相关立法，再结合当前我国社会组织发展中遇到的一些重要问题，深入思考，并积极提出了自己的学术见解。阅读本书，我们可以发现，建中大量收集、阅读和思考了中外相关学术研究成果，运用了法人、平衡论、软法等法学概念和理论对社会组织法展开研究，并在归纳抽象之后，形成了自己的学术判断和标准。

当然，社会组织的立法是一个复杂的问题，其中，有些“禁忌”，有些猜疑，甚至还有些误解，这也属于正常情况，不必大惊小怪。这就需要我们，一方面，在理论上把社会组织立法的事情说清说透；在实践上坚持改革，坚持稳妥推进的态度，努力推动改革事业的进一步发展。

从目前的环境来说，本书的出版真是“适逢其时之作”。相信《社会组织法立法研究》，作为最新的研究成果，一定会丰富我国当前社会组织立法的思路和具体材料，为有关单位出台一部优质的社会组织法做出他的贡献。

中国社会科学院法学研究所研究员　吴玉章

2016年11月26日

目　　录

第一编　研究报告

第二篇　条文论证

第三篇　建议稿

Contents

第一编

研究报告

导　论

一　研究起因

20 世纪 80 年代以来，社会组织在世界范围内迅速兴起，各种各样的社会团体、基金会和其他非营利、非政府的社会组织，数量与日俱增，规模不断扩张，涉足范围日益扩大，不仅在某个国家或地区发挥重要作用，而且在跨越全球的经济、政治、文化和社会等事务中越来越显示其重要地位①。1994 年美国霍普斯金大学教授萨拉蒙将其称为“全球性结社革命”（global associational revolution）②。国际著名的管理学大师彼得·德鲁克提出：“知识社会必然是由三大部门组成的社会：一为公共部门，即政府；另一为私人部门，即企业；还有一个为社会部门。”③ 这个社会部门就是这些非营利、非政府的社会组织。

伴随“全球性结社革命”的兴起和国内市场经济改革的推进，我国社会组织加快发展，逐渐成为我国经济、政治、文化、社会和生态建设中的一支重要力量。特别是随着我国经济社会转型的不断深化，社会结构深刻变动，利益格局深刻调整，思想观念深刻变化，社会矛盾日益凸显，迫切需要社会组织参与公共治理，提供公共服务。在此背景下，社会组织的发展及其作用的发挥越来越成为一个重要的课题。自十六届六中全会开始，中国共产党的历次代表大会均对社会组织的发展提出了要求。随着发展思路的逐渐明晰，社会组织的发展越来越突出了法治的重要性。2012 年 11 月党的十八大提出，要“围绕构建中国特色社会主义社会管理体系，加快形成党委领导、政府负责、社会协同、

---

① 根据约翰·霍普金斯大学在 20 世纪 90 年代所做的调查，包括美国、德国、英国、法国、日本、瑞典、意大利等国在内的 22 个国家的社会组织已成长为一个年产值达 1.1 万亿美元、全职工作人员近 1900 万的巨大产业，它的支出平均达到国内生产总值的 4.6%，就业约占所有非农就业的 5%、服务行业就业的 10%，以及公共部门就业的 27%，服务范围涉及商务、教育、科技、文化、卫生、体育、社会福利、救助、环保等多个领域，在经济发展和社会建设中发挥着无可比拟的重要作用。[美] 莱斯特·萨拉蒙：《全球公民社会》，贾西津译，社会科学文献出版社 2002 年版。

② [美] 莱斯特·萨拉蒙：《全球公民社会》，贾西津译，社会科学文献出版社 2002 年版。

③ [美] 彼得·德鲁克：《大变革时代的管理》，赵干城译，上海译文出版社 1999 年版，第 201 页。

公众参与、法治保障的社会管理体制，加快形成政社分开、权责明确、依法自治的现代社会组织体制，加快形成源头治理、动态管理、应急处置相结合的社会管理机制”。2013 年 3 月全国人大通过的《国务院机构改革和职能转变方案》进一步明确要“加快形成政社分开、权责明确、依法自治的现代社会组织体制”，“民政部门要依法加强登记审查和监督管理，切实履行责任”，“坚持积极引导发展、严格依法管理的原则，促进社会组织健康有序发展”，“完善相关法律法规，建立健全统一登记、各司其职、协调配合、分级负责、依法监管的社会组织管理体制，健全社会组织管理制度，推动社会组织完善内部治理结构”。2014 年 10 月党的十八届四中全会通过的《中共中央关于全面推进依法治国若干重大问题的决定》明确提出“加强社会组织立法，规范和引导各类社会组织健康发展”。2016 年 3 月第十二届全国人大第四次会议通过的《中华人民共和国国民经济和社会发展第十三个五年规划纲要》再次强调“健全社会组织管理制度，形成政社分开、权责明确、依法自治的现代社会组织体制”。

改革开放以来，我国社会组织的法律规范主要是 1989 年颁布的《社会团体登记管理条例》（1998 年修订）、1998 年颁布的《民办非企业单位登记管理暂行条例》、2004 年颁布的《基金会管理条例》三个行政法规。除此之外，社会组织立法还包括宪法、民法通则、税法以及红十字会法、工会法、信托法等法律法规的相关规定和有关部门、地方颁布的关于社会组织的一些规章。这些法律法规共同构成了我国社会组织发展的法制环境，为促进我国社会组织的发展提供了基本的法制保障。随着改革开放的进一步深入，这些法律法规的有些规定已经成为社会组织发展的制度性障碍①，制定、修订社会组织有关立法的步伐明显加快。2016 年 3 月，第十二届全国人大第四次会议通过《中华人民共和国慈善法》，让慈善类社会组织有法可依。2016 年 4 月，十二届全国人大常委会第二十次会议通过《中华人民共和国境外非政府组织境内活动管理法》，让境外类社会组织在境内的活动有法可依。《社会团体登记管理条例》《民办非企业单位登记管理暂行条例》和《基金会管理条例》三个行政法规也在同步修订。但是，我国一直没有制定社会组织基本法对各类社会组织进行统一、全面的规范。

社会组织立法是中国特色社会主义法律体系的重要内容。如同经济领域需要公司法、公司登记管理条例、公司登记管理条例实施细则等一系列市场主体

---

① 参见何增科《中国公民社会组织发展的制度性障碍分析》，《中共宁波市委党校学报》2006 年第 6 期。

法律法规规章一样，社会领域需要制定社会组织法和社会组织登记管理的有关条例及实施细则等一系列社会主体法律法规规章。同时，社会组织在本质上是公民结社自由的结果，我国宪法早已明确公民有结社的自由，也应当根据宪法制定专门的结社法或者社会组织法。在此背景下，2016 年 3 月，国务院办公厅《关于印发国务院 2016 年立法工作计划的通知》将社会组织法确定为 34 件有关保障和改善民生，加强和创新社会治理的立法研究项目之一，并明确为民政部起草。因此，深入研究社会组织法的制定，澄清社会组织立法中的有关问题，加快完善社会组织立法，不仅可以通过制度环境的改善促进社会组织健康发展，发挥好社会组织在参与社会治理、承接政府职能、提供公共服务等方面的作用，而且可以促进宪法的落实和人权的保障。特别是在中国特色社会主义法律体系已经初步形成的情况下，社会组织法的颁布实施无疑对法律体系的完善还具有重要意义①。

二 研究现状

社会组织在全球范围内的蓬勃发展，引起了管理学、政治学、社会学、经济学、法学等诸多领域学者对它的广泛关注，有关社会组织的研究成绩斐然。对于非法学的有关研究理论，本书将在第一章择要介绍，这里只简要介绍法学领域关于社会组织的研究情况。

在国外，社会组织是现代法学研究的一个新兴领域，主要沿着三条路径展开：一是从人权特别是结社自由的角度研究。艾里什（Irish）等（2000）、莱斯特·萨拉蒙（Lester. Salamon，2002）、阿米·古特曼（2006）等认为基于保障结社自由的需要，政府制定相关法规时应以支持一个蓬勃有活力并可独立运作的非营利部门发展为方针。二是从税法角度进行研究。C. 克洛菲尔特（2002）和布克曼（2005）等提出了社会组织税收立法的建议。三是对现有社会组织法律制度的介绍与比较。托马斯·丝（Thomas. Silk，2000）对亚太 10 个国家和地区公益组织法律制度进行了比较分析，伊思·艾德勒（Etsy. Adler 等，2007）对美国慈善组织法律制度作了全面介绍。国外对中国社会组织立法研究的资料较少，但也主要沿着上述三条路径展开：利昂·E. 艾里什等（2005）建议中国通过税法改革支持、推动和鼓励非营利部门发展；LS. 考尔（LS. Kaur，2006）结合中国非营利组织发展状况对中国非营利组织立法进行

① 《中国特色社会主义法律体系》白皮书提出要“在促进社会事业、健全社会保障、创新社会管理等方面，逐步完善……社会组织等法律制度，不断创新社会管理体制机制，深入推进社会事业建设”。

了分析评价；KW. 西蒙（KW. Simon，2010）提出为保障人权应当将事业单位纳入非营利组织法制体系。

在国内，社会组织的法学研究是随着1989年社团条例的颁布实施开展起来的。特别是进入新世纪以后，社会组织立法研究出现了中国社科院法学所的“社团的法律问题”报告组、北京大学法学院的非营利组织法研究中心、清华大学的NGO研究所等几个大的研究团队。关于社会组织立法的研究成果也不断涌现，主要关注五个方面：一是社会组织与结社自由问题研究。范宝俊（1989）、信春鹰（1998）、吴玉章（2004）、魏定仁（2006）、刘培峰（2007）、周少青（2008）、吴玉章（2010）等从保障结社自由的角度提出应当完善社会组织立法。二是社会组织的行政权力与行政规制问题研究。黎军（2001）、鲁篱（2002）、沈岿（2003）、蔡磊（2005）、褚松燕（2008）、陈金罗等（2010）、张清等（2010）分析了社会组织的有关行政法问题。三是社会组织的法人问题研究。葛云松（2003）、金锦萍（2005）、税兵（2010）等就完善社会组织法人制度提出了立法建议。四是社会组织的合法性问题研究。陈金罗（1997）、苏力（1999）、谢海定（2004）、王建芹（2005）等根据社会组织发展与管理的实践，分析了我国社会组织现有立法问题特别是由此导致的社会组织合法性问题。五是社会组织的法治功能研究。马长山（2006）、吕震乾（2010）、郭剑平（2010）等从法治的角度分析了社会组织的积极作用。此外，郑国安（2000）、金锦萍（2006、2010、2016）等对国外社会组织立法进行了翻译介绍。

上述研究成果，不仅指出了我国社会组织面临的法制困境，而且提出了诸多立法建议，为本报告的研究提供了丰富的资料。但是，如何整体构建社会组织法律制度，仍然是一个亟待研究的问题。理论上，学者们对社会组织立法的必要性认识不一，对立法模式、制度设计等存在争论；实践中，随着社会组织的快速发展，社会组织法律制度滞后的问题越来越突出，与社会组织的发展需要不相符合，与党的政策要求不相符合，与创新社会治理、转变政府职能、发挥社会组织作用的要求不相符合。本报告通过全面分析创新社会治理、转变政府职能背景下社会组织发展及其立法问题，系统提出我国社会组织法在立法思路、具体制度等方面的对策建议，对于推进社会组织法的基础理论研究，为制定社会组织法提供决策依据，改善政府对社会组织的管理，促进社会组织发展，充分发挥社会组织在创新社会治理、转变政府职能中的积极作用，具有一定意义。

三 研究内容

本书综合运用宪法、行政法、民法、社会法等多个法律部门的理论和社会学、管理学、政治学、经济学的有关理论，全面深入研究社会治理创新、政府职能转变等对社会组织的发展需求及其立法制度需求，着力回答当前社会组织立法遇到的现实问题，系统提出我国社会组织法的立法思路和具体制度。研究的主要内容是：

1. 社会组织概述

研究社会组织的法律属性、理论源流、发展状况和政策导向，分析社会治理创新、转变政府职能等背景下社会组织发展的现实趋势及对社会组织立法的制度需求，为社会组织法的制定进行理论的初步梳理。报告认为，虽然社会组织的概念在逻辑上不是一个十分完美的法律概念，但是汉语语境下最能被普遍接受并不易引发歧义的表达方式，民间组织、非营利组织、非政府组织等概念也有逻辑上的缺陷，所以“社会组织”应当是立法中优先适用的概念。社会组织立法制度，应当充分反映社会组织的非政府性、非营利性、自治性、自愿性、组织性等五个特征，使社会组织名副其实。社会组织是几类法定组织的统称，社会组织法既要根据这些组织的共同特征构建社会组织的统一规范，又要根据社会组织各种类型的不同特征分别构建各自不同的立法制度。无论是根据政府失灵理论、市场失灵理论、公民社会理论和三部门依赖理论，还是根据社会治理创新、转变政府职能的现实需要，社会组织的发展都将是不可逆转的大趋势。未来我国社会组织加快发展，不仅必要，而且可能。社会组织立法应当加强制度创新，为社会组织发展创造良好的制度环境。当前中央高度重视社会组织的发展，根据社会组织的政策内容和实施计划，加强社会组织法的制定十分迫切。但目前对是否需要制定统一的社会组织基本法，如何制定社会组织基本法，还都语焉不详，必须进一步加强社会组织立法的研究，为社会组织法提供更充分、更扎实的理论准备。

2. 我国社会组织立法现状分析

归纳总结中国社会组织立法的实践，阐明社会组织立法的脉络，全面剖析现行社会组织立法制度，分析制定社会组织法的必要性，并对社会治理视野下影响社会组织法制定的几个问题进行阐述。报告认为，我国十分重视公民的结社自由，加强社会组织立法，经过60余年的努力，初步建立了社会组织法律体系的框架，为社会组织提供了基本的法律制度保障，促进了社会组织的发展。但目前的社会组织立法缺乏系统性、缺乏科学性、缺乏操作性，亟待完善。发展社会组织、保障人权、构建和谐社会、落实党的社会组织政策、建设法治国家都需要加快完善社会组织立法。当前社会组织法的制定步伐比较缓慢，与“有些人把社会组织看成是抵制或对抗政府的异己力量，有些人看到社会组织在苏东剧变和中东欧‘颜色革命’中的反政府作用而感到十分害怕”① 有关。分析发现，社会组织不是“颜色革命”的根本原因，社会组织也不是反政府组织，要更好地维持国家安全和社会稳定，必须加快制定社会组织法。

3. 我国社会组织法的整体构想研究

研究在社会治理创新、政府职能转变背景下，中国社会组织法的总体设想，包括立法体系、立法方针、立法目标和需要规范的主要内容等，为制定社会组织法指明方向，为具体制度设计奠定基础。报告认为，制定社会组织法，应当建立一个体系——以社会组织法为核心的社会组织立法体系，完善社会组织立法，应当制定社会组织的基本法、促进法、系统法。应当贯彻两个方针——培育发展和监督管理的到位，让该扶持的社会组织得到发展，让该抑制的社会组织受到制约，做到该软的软，该硬的硬，软硬兼施，有效管理。应当实现三个目标——保障结社自由、完善社会组织法人制度和建立新型政社关系，因为，社会组织立法涉及经济、政治、文化、社会建设的方方面面，需要统筹考虑的立法价值、协调的立法关系很多，但保障结社自由是其基本目标，完善法人制度是其直接目标，调整政社关系是其最终目标。应当完善四项内容——完善社会组织设立、治理、监督和扶持制度。

4. 我国社会组织法的具体制度研究

研究社会治理创新、政府职能转变背景下中国社会组织立法模式的选择、立法价值的确立和立法制度的设计等。其中，重点在结社自由理论、法人理论、平衡论和软法理论等视角下，围绕建立与经济社会发展需要相适应的社会组织法治环境，研究社会组织的设立制度、内部治理制度、外部监督制度和扶持制度。

对于社会组织的设立制度，主要是从结社自由的角度分析的。结社自由是社会组织设立的宪法基础，也是社会组织获得合法主体地位的逻辑起点和法律前提。结社自由是公民的宪法权利，立法要保障结社自由，对结社自由予以适当限制，实现结社自由与限制的平衡。当前，我国社会组织立法，结社自由的保障不充分，结社自由的限制不到位，结社自由与限制不平衡。完善社会组织设立制度，应当保障公民结社自由，明确结社自由的限制范围；降低结社的条

① 俞可平：《改善我国公民社会制度环境的若干思考》，《理论动态》2005 年 11 月 10 日第 1688 期。

件；取消单一法人登记制度，建立登记机关的备案登记和法人登记并行制度；调整双重管理制度，建立业务主管单位对特定社会组织单一许可制度；规范登记管理机关和业务主管单位的行政行为，并建立救济机制。

对于社会组织的治理制度，主要是从法人治理的角度分析的。在法人与社会组织的关系上，社会组织不全是社会组织法人，社会组织法人属于私法人，具体可以分为社团法人和财团法人。按照法人理论，立法要明确社会组织的法人地位、法人组织机构、法人内部的主要民事关系等内容。但是，现行立法忽视了社会组织法人制度，在法人制度的大厦里面，社会组织法人成为被忽视的对象；在社会组织的立法里面，法人制度成为被忽视的内容。社会组织法人制度的立法缺失，导致社会组织法人主体资格不明确、法人治理制度缺失、法律特征消退。完善社会组织法人制度，健全社会组织治理机制，应当完善社会组织法人分类制度，明确社会组织的法律地位；完善社会组织法人组织结构，保障社会组织的组织性；完善社会组织法人意思表达机制，保障社会组织的自治性；完善社会组织法人财产制度，保障社会组织的非营利性；完善社会组织法人责任制度，促进社会组织的自律。

对于社会组织的监督管理制度，主要是从平衡论的角度分析的。在介绍平衡论后，对现行社会组织监督管理制度反思，现行社会组织立法不符合“平衡论”的要求，也不符合“控权论”的要求，还是属于“管理论”行政法模式，存在“权力—权利”结构失衡、制度结构失衡、规范结构失衡、价值结构失衡等方面的问题。只有保持监管管理和培育发展的平衡、行政监督和监督行政的平衡、社会组织自律和他律的平衡、制约机制与激励机制的平衡、硬法和软法的平衡，社会组织才会在硬法和软法两条轨道构成的道路上健康发展。对于监督，要构建政府管理、社会监督和社会组织自律相结合的多元调控格局。构建政府监督机制，要强化登记管理机关的监督职能，重新界定业务主管单位的监督职能，强化相关执法部门的监督职能，转变监督方式。构建社会监督机制，要建立媒体监督制度，建立社会评估制度，建立社会公众查询公益性社会组织档案制度。构建自我监督机制，要建立信息披露制度，利益相关者监督制度，同业组织监督制度。同时，要构建监督行政制度，明确监管责任，防止监管过度，赋予社会组织诉权。

对于社会组织的扶持制度，主要是从软法的角度分析的。在介绍软法理论后，对软法与社会组织的适应性进行了分析，认为社会组织的善治呼唤软法之治。因为软法之治，更适应社会组织的自治性特征，可以弥补当前社会组织硬法之治的不足，是现代法治的发展方向，是建立新型政社关系的需要。完善社会组织软法，激励社会组织充分发挥积极作用，应当建立社会组织行政规划制度，主要是建立政府制定社会组织发展规划制度和建立政府编制社会组织预算制度；建立社会组织行政指导制度，明确行政指导的部门、要求、责任；建立社会组织行政帮助制度，包括建立财政资助制度、建立人才支持制度、银行信贷优惠制度、鼓励社会支持制度。建立社会组织行政合同制度，包括明确将社会组织纳入政府购买的范围、明确政府向社会组织购买服务的范围、明确政府购买社会组织服务的方式。建立社会组织行政奖励制度，主要是建立社会组织表彰制度和完善社会组织税收优惠制度。

四 研究方法

本书研究的基本思路以社会治理创新、政府职能转变为背景，以社会组织立法为主线展开研究，采取纵向分析与横向比较相结合、规范研究与实证研究相结合、个案调查与理论推演相结合的方法，系统研究社会组织法立法的理论和实践。主要方法包括：

1. 实证研究法：对国家和有关省市社会组织立法进行调查，了解现时社会组织法制的现状，掌握社会组织法制中存在的缺陷和问题。同时，对当下国家和有关省市社会组织制度创新情况进行调查，了解掌握社会组织法制的现实需求和发展趋势。

2. 比较研究法：纵向上，对我国不同时期的社会组织立法进行比较，剖析在不同的历史阶段我国社会组织立法的不同情况和不同特点。横向上，主要是对比分析其他国家社会组织立法的主要制度及其借鉴意义。在纵横比较的基础上，探索寻找适合中国当下实际的社会组织法律制度。

3. 规范研究法：对社会组织立法模式、立法理念、价值取向、制度设计等，综合运用法学、政治学、社会学、管理学等学科的研究范式和分析框架，探讨我国社会组织立法改革的整体框架和具体制度。

在研究过程中，本书努力做到以下三点：

一是努力跳出特定部门法的局限，力争在宏观上把握社会组织立法的整体要求。努力跳出在特定部门法视角下研究社会组织立法的局限，在社会治理创新、政府职能转变这一更为宏观的视角下，运用多部门法学理论，全面系统研究社会组织立法，力争所提建议符合我国当下以及未来一段时期的社会组织立法的实际需要。

二是努力运用新的法学理论，力争通过新的理论分析得出新的结论。结社自由理论、法人理论等是社会组织研究广泛使用的法学理论。本书在运用这些法学理论研究的同时，探索运用近期兴起的平衡论和软法理论等法学理论对社会组织立法进行研究，根据平衡论和软法理论分析提出我国社会组织立法监督管理制度和培育扶持制度构建的具体思路，具有一定的理论创新。此外，本书在研究中还运用了管理学、政治学、经济学、社会学等学科的有关理论。

三是努力提高研究的应用性，力争为我国社会组织立法提供参考。本书对社会组织立法实践中可能遇到的概念运用、价值取向、体系设计、制度安排等进行分析，系统提出社会组织法的整体框架和完整制度，涵盖制定一部系统的社会组织法所涉及的主要内容。

第一章

社会组织概述

第一节 社会组织的法律属性

一 社会组织的概念界定

在我国，社会组织的概念有一个从社会团体、民间组织再到社会组织的演变过程。新中国成立不久，政务院于1950年10月19日颁布了《社会团体登记暂行办法》。改革开放后，1986年颁布实施的《民法通则》将法人分为企业法人、机关法人、事业单位法人和社会团体法人四大类。从新中国成立到20世纪80年代底90年代初，这类组织一般都被称为“社会团体”。

20世纪90年代初，伴随市场经济体制改革，过去完全由国家兴办的事业单位开始部分地转向由私人或社会资金兴办，在政府与市场组织之外开始出现了一种有别于“社会团体”的“民办事业单位”。1996年中共中央办公厅、国务院办公厅《关于加强社会团体和民办非企业单位管理工作的通知》将这一类组织称为“民办非企业单位”，与“社会团体”相并列，均由民政部负责登记管理。1998年，民政部原“社团和民办非企业单位管理司”更名为“民间组织管理局”，地方各级民政部门也普遍设立“民间组织管理局（处、科、办、股）”，这意味着“民间组织”的称谓正式得到了政府认可，取得了官方合法[①]。1999年，《中共中央办公厅、国务院办公厅关于进一步加强民间组织管理工作的通知》明确把民间组织定义为“是指由民间力量主办的，为社会提供服务，不以营利为目的的社会组织”。2000年，民政部《取缔非法民间组织暂行办法》将“民间组织”第一次用于规章表述。在此后的理论研究和实践工作中，“民间组织”这一概念得到广泛运用。

2006年10月党的十六届六中全会通过的《关于构建社会主义和谐社会若

---

① 参见俞可平《增量民主与善治》，社会科学文献出版社2005年版，第201页。

干重大问题的决定》围绕社会组织的培育发展和监督管理进行了系统论述，社会组织作为一个重要范畴得以确立。此后，党的十七大、十八大报告都进一步确认和强调了“社会组织”这一概念。“社会组织”这一概念逐渐取代了原有的“民间组织”概念。

尽管社会组织的概念有一个发展演化的过程，但其核心内涵和主要外延基本一致，即在民政部门登记管理的非营利性、非政府性的组织，近似于国外“非营利组织”“非政府组织”等，社会组织与编制部门登记的国家机构和事业单位、工商部门登记的市场组织一起构成了我国基本的组织制度形式。相比“民间组织”“非营利组织”“非政府组织”等概念，社会组织仍然是当前立法规范最适宜的一个词汇。第一，在立法上看，仔细考察现有法规和政策文献，其实社会组织早已成为了一个法定概念，如1998年《社会团体登记管理条例》第二条将社会团体定义为“中国公民自愿组成，为实现会员共同意愿，按照其章程开展活动的非营利性社会组织”；《民办非企业单位登记管理暂行条例》第二条将民办非企业单位定义为“企业事业单位、社会团体和其他社会力量以及公民个人利用非国有资产举办的，从事非营利性社会服务活动的社会组织”；《中共中央办公厅、国务院办公厅关于进一步加强民间组织管理工作的通知》也将“民间组织”界定为“由民间力量主办的，为社会提供服务，不以营利为目的的社会组织”。可见，在法律逻辑上，现行立法和政策早已将社会团体、民办非企业单位等非营利、非政府的组织包含在社会组织这一概念中。2016年4月《中华人民共和国境外非政府组织境内活动管理法》仍然沿用了社会组织这一概念，第二条规定“本法所称境外非政府组织，是指在境外合法成立的基金会、社会团体、智库机构等非营利、非政府的社会组织”，将境外非政府组织界定为社会组织的范畴。第二，从语义上看，“民间组织”“非营利组织”“非政府组织”“第三部门”等几个概念也具有缺陷。“民间组织”着重与“官方组织”相区别，市场组织也是“民间”的。“非政府组织”着重与政府相区别，企业也是“非政府”的。“非营利组织”突出同公司、企业等营利组织的区别，政府也是“非营利”的。特别是按照《民法总则》的规定，非营利性法人除了包括社会团体法人和捐助法人外，还包括事业单位法人。西方话语中的“第三部门”概念与国民经济中的“第三部门”即服务行业部门也容易混淆。而“社会组织”这一概念是从社会结构的角度作出的定义，比较准确地反映了这类组织的基本属性、主要特征，虽然这个概念有广义和狭义之分，但通过法律的界定是可以比较容易明确其内涵和外延的。第三，从语境上看，“民间组织”概念反映的是我国历史上构成社会政治秩序基础的“官”“民”关系，“非政府组织”可能理解为与政府对立、对抗甚至误以为是“反政府组织”，“非营利组织”容易模糊这类组织基于自身生存开展必要有偿服务与基于利润而进行营利性活动之间的界限，且法律概念界定的主要任务是要说明“是什么”，而主要不是要说明“不是什么”，非营利组织的概念本身就是从不是什么方面进行界定的。“社会组织”这个概念比较中性，相比其他几个概念，比较容易增强人们的认同感，获得更多的理解和支持，并促使人们重视社会组织的生存和发展情况，有利于纠正社会上对于这类组织存在的片面认识，有利于进一步形成各方面重视和支持这类组织的共识，有利于这类组织在经济社会中更好地发挥积极作用①。因此，社会组织的概念尽管因有广义狭义之分在外延上不是一个十分完善的法律概念，但其摆脱了中国传统语境和西方语境带给人们的困惑和冲突，解除了相关知识背景对人们认知水平的限制，是汉语语境下最能被普遍接受并不易引发歧义的表达方式，并为这类组织充分发挥作用、赢得良好外部环境奠定基础，所以应当是立法中优先适用的概念。

二　社会组织的法律特征

目前，我国缺乏社会组织的基本法，对社会组织的法律特征还缺乏统一的法律表述。《取缔非法民间组织暂行办法》第二条界定的是“非法民间组织”的外延，也没有对其具体特征进行界定。财政部的规范性文件《民间非营利组织会计制度》规定民间非营利组织应当同时具备“该组织不以营利为宗旨和目的”“资源提供者向该组织投入资源不取得经济回报”“资源提供者不享有该组织的所有权”三个特征，这是我国官方第一次对社会组织特征的表述，这三个特征都可归纳为社会组织的“非营利性”特征，也是社会组织最本质的法律特征。

理论上，一般认为社会组织具有以下五个特征②：一是非政府性。社会组织在体制和组织上独立于政府之外，是独立自治的社会组织。在三个方面区别于政府，第一，存在基础不同。社会组织赖以产生、存在和发展的基础不是国家职能，而是一定的社会旨趣，是一定的社会人群依据他们的兴趣、愿望、利益、意志、志向等自发组成的，不是履行国家公共职能的工具。第二，社会组织并不隶属于国家的政治和行政体系，不是党政机关的附属机构。第三，服务要求不同。社会组织在提供公共服务上区别于政府，不必考虑纳税人的要求，而更多地依据自身的宗旨，其所提供的公共物品和服务可以是面向某一特殊群

---

① 参见孙伟林主编《社会组织管理》，中国社会出版社 2009 年版，第 2—3 页。

② 王名、刘培峰等：《社会组织通论》，时事出版社 2004 年版，第 7—12 页。

体的，也可以是互益性、互助性的。不过，社会组织的非政府性并不意味社会组织不能接受政府的资助或援助，只是强调社会组织的运作机制必须是独立的。同时，社会组织与政府之间既有功能互补、相互协调的一面，又有相互制约、相互监督的一面。

二是非营利性。社会组织的存在目的不是积累财富或者创造利润，不是向经营者或所有者提供利润，而是提供公益性或者互益性的公共服务。非营利性主要体现为：不以营利为目的，即组织存在的目的不是积累财富或创造利润，换句话说，社会组织的宗旨不是为了获取利润，而是为了实现整个社会或一定范围内的公共利益；不能进行剩余收入（利润）的分配（分红），即社会组织虽然可以通过提供服务获得一定的收入，但其服务收入都不能作为利润在投资者、管理者、捐赠者等成员之间进行分配（分红），而只能用于社会组织依据其章程所开展的各种社会活动和社会组织自身的发展；不得将组织的资产以任何形式转变为私人财产。从严格意义的财产所有权来说，社会组织的财产既不属于社会组织所有，也不属于捐赠者所有，而属于社会所有，是一定意义上的“公益或互益资产”。当一个社会组织破产或解散的时候，其剩余资产通常只能转交给开展同类活动的其他社会组织，而不能像企业那样在成员之间分配。非营利性强调社会组织的盈余必须用于与宗旨相关用途而不是在任何人之间进行分红。判断组织非营利性的关键不是是否有盈余，而是组织的宗旨和利润的使用方式。

三是自治性。社会组织是独立的自治组织，也是独立的社会主体，依法按照章程独立开展活动，但在人事、财务、决策等方面具有较强的社会性：资源的社会性，即社会组织存在和发展的资源主要来自社会，包括通过募捐、接受捐赠、收取会费、申请资助等方式直接获得来自社会的各种资源，也包括吸纳各类志愿者等人力资源；产出的社会性，即社会组织所提供的产品或服务具有较强的利他或公益导向，其受益对象或者是不特定多数的社会成员，或者是社会上的弱势群体；问责的社会性，即社会组织在其运作过程中要受到来自社会及公共部门的问责与监督。

四是自愿性。社会组织是生活在社会中的一定人群依据他们的共同兴趣、意志、利益、志向、愿望等自发组建的，是自由人的自由联合体，不应是强迫、强制或行政指令性的组织。其具体含义包括组织的自愿性，即社会组织的成立基于自愿，成员的参加大都基于自愿，资源的来源在一定程度上基于自愿性的社会捐赠；服务的自愿性，即社会组织提供公共服务是基于自愿精神而不是公共权力；活动的自愿性，即社会组织能广泛动员社会公众参与，许多社会组织本身规模不大，但是却可以动员众多的志愿者开展公益活动。

五是组织性。即有一定的制度和结构。它强调重要的不是组织是否已经注册或具有法律权限，而是必须建立组织自己的运行和管理制度，这在一定程度上体现为组织的内部结构活动的相对持续性等。

社会组织的上述五个特征，是社会组织之所以成为社会组织的本质特征。社会组织立法制度，应当充分反映社会组织的特征，特别是要进一步凸显社会组织的非营利性、非政府性和自治性，使社会组织成为名副其实的社会组织。

三 社会组织的法定类型

社会组织根据不同的标准可以分为多种类型。按照举办者身份的不同，可以分为官办型、半官半民型和民办型。根据服务对象的不同，可以分为互益型和公益型。根据法人性质的不同，可以分为社团法人和财团法人。按照组织构成，可以分为会员制和非会员制两大类。在实践中，最常用的是按照组织形式和活动领域进行的分类。

依据现行法律的规定，我国的社会组织按照组织形式一般分为三类：一是社会团体。即依照《社会团体登记管理条例》注册登记，由中国公民自愿组成，为实现会员共同意愿，按照其章程开展活动的非营利性社会组织，具体又分为行业性、专业性、学术性和联合性四类社会团体。二是民办非企业单位。即依照《民办非企业单位登记管理暂行条例》注册登记，由企业事业单位、社会团体和其他社会力量以及公民个人利用非国有资产举办的，从事非营利性社会服务活动的社会组织，分布在教育、卫生、文化、科技、体育、劳动、民政、社会中介服务、法律服务等行业。三是基金会。即依照《基金会管理条例》注册登记，利用自然人、法人或者其他组织捐赠的财产，以从事公益事业为目的的非营利性法人，分为公募基金会和非公募基金会。尽管许多学者认为，我国社会组织从广义上还应当包括事业单位、非营利性的公司和未登记的非营利性组织等。但是从现行法律上讲，我国只有社会团体、基金会和民办非企业单位三类组织才是社会组织，而社会组织也只有这三种表现形式。

按照活动领域，美国约翰·霍普金斯大学提出了“非营利组织的国际分类”体系，具体划分为12个大类26个小类，其中12个大类分别是：1. 文化和娱乐；2. 教育和研究；3. 卫生保健；4. 社会服务；5. 环境；6. 发展和住宅；7. 法律、倡导和政治；8. 慈善中介和志愿促进；9. 国际；10. 宗教；11. 商业和职业协会、工会；12. 其他组织。该分类体系被联合国推荐。民政部借鉴和参考联合国推荐的国际非营利组织统计分类体系，并结合我国社会组织发展的特点，于2006年年底提出了新的分类体系。按照该分类体系，我国社会组织分为5个大类14个小类，第一大类是经济，分为工商服务业、农业及农村发展等两个小类；第二大类是科学研究；第三大类是社会事业，分为教育、卫生、文化、体育、生态环境等五个小类；第四大类是慈善，其小类称为社会服务类；第五大类是综合，分为法律、宗教、职业及从业者组织、国际及涉外组织、其他等五个小类。

从以上社会组织的分类可以看出，社会组织不是一类简单的组织，而是几类法定组织的统称，或者说是由几类组织构成的一个组织体系。因此，在社会组织立法的时候，既要根据这些组织的共同特征构建社会组织的统一立法，又要根据社会组织各种类型的不同特征分别构建各自不同的立法制度。

第二节　社会组织的理论梳理

诸多种类社会组织的崛起是“20 世纪最伟大的创新”①，政治学、经济学、社会学、管理学等方面的学者均试图从理论上寻找原因。梳理这些理论，有利于我们从理论上认识社会组织何以存在，将向何处去，并在立法时寻找最适当的制度安排。在关于社会组织的多种理论学说中，以下几种理论的影响比较广泛②。

一　政府失灵理论

政府失灵理论是美国经济学家伯顿·韦斯布罗德提出的。他认为，任何人都有对于物品和服务的需求（包括公共产品和私人物品），但个人会因收入、教育等背景差异产生需求的异质性。政府在确定其提供的产品和服务的数量和质量时，不可能考虑每个人的需求，而是按照一定的政治决策过程决定的，投票结果往往反映了中位选民的偏好，必然导致一部分人的特殊需求得不到满足，留下大量不满意的选民群体，从而出现政府失灵。非营利的社会组织是集体物品和服务的提供者，在提供集体类型物品和服务方面可以弥补政府的不足，起到拾遗补阙的作用，其提供集体产品与服务的类型和数量，取决于政府满足选民多样需求的程度。对政府使用税收价格体系提供的公共产品和服务的不满意度越大时，以及消费者需求的差异越大时，非营利的社会组织的规模就越大。

与政府相比，社会组织提供社会服务具有一些独特优势：一是贴近社会的

---

①　何增科主编：《公民社会与第三部门》，社会科学文献出版社 2000 年版，第 243 页。

②　参见田凯《西方非营利组织理论述评》，《中国行政管理》2003 年第 6 期。

优势。社会组织成长于社会，对社会的需求反应灵敏，能够在被政府忽视的地方为社会开拓服务的新领域，填补政府提供公共产品和服务的空白。二是灵活优势。社会组织在组织体制和运行方式上有很大的弹性和适应性，便于根据不同情况及时作出调整，它们官僚化程度低，擅长于投入少、涉及人数多的项目。三是效率优势。管理学权威彼得·德鲁克指出，非营利的社会组织在解决许多社会问题的同时，其效能是政府的两倍。社会组织的效率得益于其是社会公众的自组织，其提供的公共产品与政府提供的公共产品相比，社会公众更容易接受；同时，社会组织提供公共产品和服务，有助于社会服务领域市场竞争的形成，从而提高效率。四是多元优势。社会组织是社会公众需求多元化的产物，作为社会公众组成的自我服务组织，社会组织可以集中社会资源以解决社会共同需求的但又无法使大多数人都支持的公共产品。社会组织的这些优势，将使社会组织成为社会服务的重要主体。近年来，我国在强调转变政府职能的同时特别强调要发挥社会组织职能作用，正是基于社会组织在弥补政府失灵中的独特功能的认识。伴随行政体制改革的深入和政府职能的转变，亦将需要更多的社会组织参与和承担更多的公共服务，社会组织在公共服务中的地位亦将更加重要，角色更加突出。

二 市场失灵理论

古典经济学家认为，市场经济条件下，通过市场这只“看不见的手”的调节，供求关系决定了生产什么，生产多少，资源得到有效配置，经济活动获得均衡、和谐、有序、有效地发展。然而市场经济活动只是人类社会的一个主要方面，不可能解决经济社会中的一切问题；同时，市场机制也可能由于某些干扰而不能正常发挥调节作用。这种由于市场的局限性和干扰而影响资源配置效率的情况，称为市场失灵。特别是社会服务领域，很多产品和服务都具有非竞争性、非排他性等特点，依靠利润驱动的私人部门一般不愿提供。而“市场失灵的本质在于人们没能合作行动”，人们之间合作成立非营利的社会组织能够有效克服市场失灵。一是社会组织可以弥补市场主体不愿参与的市场失灵。市场是以消费者偏好为依据进行资源配置的，在市场上反映不出来的消费者偏好即公共产品和服务市场无法进行资源配置，一旦这些公共产品和服务提供出来，每个人都可以从中受益但却无须支付任何成本，导致市场运作难以组织和实现公共产品和服务的提供。社会组织作为一种有效克服市场失灵的机制，它使个人或者群体将他们的资源集中起来以解决他们共同需求的但又无法使大多数人都支持的公共产品和服务。二是社会组织可以弥补市场主体不能参与的市场失灵。在市场经济之中，存在广泛的“外部性”① 和“搭便车”② 现象。作为独立于市场机制之外的客观存在，“外部性”和“搭便车”一般都不可能通过市场价格表现出来，当然更不可能由市场主体通过市场交换予以纠正。社会组织是维护社会公益或共益的，是不以营利为最终目的的组织，在维护社会资源、成员共同利益等方面有着天然的责任感，这有利于纠正市场经济带来的“外部性”和“搭便车”现象。三是社会组织可以弥补市场调节损害社会利益的市场失灵。由于市场竞争不完善导致的信息不对称，谋求利润最大化的营利性机构很可能利用自己在信息不对称关系中所占的优势地位以少充多、以次充好来欺骗消费者，这就使契约在最初不能达成最优，即使契约达成也很难实施，从而出现美国法律经济学家亨利·汉斯曼（Henry B. Hansmann，1980）的“合约失灵”现象。社会组织不以营利为目的，在提供存在信息不对称的商品和服务时，尽管有能力去降低产品质量或者提高商品价格，而且不用担心消费者的报复，但受“不得分配赢利约束”，不能把获得的净收入分配给对该组织实施控制的个人，仍然不会去损害消费者的利益，因为他们所获得的利润不能参与分配。这就在很大程度上抑制了生产者和销售者实施机会主义行为的动机，从而维护了消费者的利益。因此，市场化越高，越需要发展社会组织。随着我国市场经济体制的完善，我国的社会组织亦需大力发展。

三　公民社会理论

现代政治学普遍流行的一个观点是公民社会与国家的分离，根据这一理论，在国家之外存在一个社会自治的公共领域，即公民社会。作为公民社会主要组织形式的社会组织是一种公众自治的标志，他们是一种表达利益、争取权利的主体。就社会组织与国家的关系而言，社会组织表达的是社会本身，它理应与政府是利益一致性的关系，同时又是政府是否偏离社会标准的掌握者。一方面，社会组织存在的精髓在于抵御不民主的国家权力。基于权力恶的观念，西方社会常把国家假设为压制性的，而社会组织或称非政府组织则是民主政治的创造与维系者，产生他们的冲动是保护个人权利与私人自由不受国家权力不正当的干涉。因此，公民社会中的社会组织被描述为一种位于个人与国家之间的调节机制。另一方面，社会组织与国家可以形成积极的建设关系。虽然社会

① 外部性是一种经济学理论，是某个主体对另一主体产生的外部影响，而这种影响不能通过市场价格进行买卖，包括外部经济、外部不经济。具体可参见马歇尔的《经济学原理》、庇古的《福利经济学》、科斯的《社会成本问题》。

② 搭便车也是一种经济学理论，是指不付成本而坐享他人之利。参见奥尔逊《集体行动的逻辑》。

组织具有保护公民权利的作用，但并非一定要与国家呈冲突性关系。由于公民社会的发达，对国家的需求自然就降低，因而社会组织对于国家是一种自然且良性的取代关系，而不是相互冲突或抗衡的关系。

公民社会理论实质上重新构造了社会结构，形成政府—市场—社会的三元模式。在这种三元社会结构中，社会组织以其公共性为特征，担纲“社会”这一层次的主角。这一现象在西方国家与社会结构的发展历程中，可以看作是分权与制衡理念的又一次实践。公民社会的进程在一定意义上又是有限政府、市场经济、契约文明的制度建构过程。实际上这种理念的产生就是以“全球性结社革命”为背景的，正是社会组织的出现和独立促成了这一理论的诞生。

四 三部门依赖理论

根据伍（Wuthnow，1991）提出的国家、市场和非营利部门三部门依赖理论，国家的主要特点是强制性的权力，是由形式化的、强制性的权力组织起来并合法化的组织形式；市场主要以非强制的原则来运作，是涉及营利性商品和服务交换关系的组织形式，以与相对的供给和需求水平相关的价格机制为基础；非营利组织主要以志愿主义的原则来运作，既不是正式的强制，也不是利润取向的商品和服务交换剩余的组织形式。政府、市场和非营利部门之间存在着频繁的互动和交换关系，包括各种资源的交换、竞争与合作等。当集中不同部门的资源来共同解决问题时，就是合作关系。当不止一个部门提供相似服务时，就存在着竞争关系。同时，各个部门之间还存在着资源交换关系，组织和管理人员、资金、技术等往往在部门之间相互流动。要优化社会服务的供给，应当改变传统完全依靠政府来提供的单中心体制，建构社会服务在供给主体、资金安排及供给决策机制等方面的多中心运行机制，实现政府与民间、公共部门与私人部门之间的合作与互动，政府供给、自愿供给和市场供给的协同与配合。只有发挥政府、企业、社会组织各自功能，共同满足社会需求，实现三者的统一与联合，才能提高社会服务的供给效率。

社会组织提供社会服务主要有三种方式。一是独立供给社会服务。一些社会组织为了保持独立性，通过收取会费、接受私人捐赠、服务收费等形式筹集资金，依靠自身力量提供各种形式的社会服务。二是与政府合作提供社会服务。如社会组织与政府签订公共产品外包和服务购买契约，政府确定某种社会服务的数量和质量，由社会组织直接提供公共产品和服务。同时，政府还可以提供社会组织资金、免税或其他税收优惠、低息贷款等，鼓励社会组织提供社会服务。此外，政府还可以采取特许或其他形式吸引社会组织提供公共服务。三是与企业合作提供社会服务。赫兹琳杰归纳了非营利组织与营利性企业建立协作关系从事公益服务的几种形式。一是与交易关联的公益推广活动。营利性公司将销售收入的一定比例以现金、食物或设备的形式捐赠给社会组织。二是共同主题营销。社会组织与私人企业达成协议，通过分发企业产品和宣传资料及广告等方式，共同解决某个社会问题。三是核发许可证。社会组织在收取一定费用或提取部分收入的条件下批准营利性公司使用其名称或商标。如社会组织注册的集体商标、证明商标和地理标识可以许可的形式提供给企业使用。

第三节　社会组织的发展分析

社会组织立法，除了需要有关理论的指导外，更需要准确把握中国社会组织的发展现状、发展条件和发展趋势，从中国社会组织的现实需要和发展大局出发，以有效的制度引导、促进、规范社会组织的发展。就社会组织的发展现状来看，改革开放以来，随着我国经济的快速发展和社会的加快转型，社会组织也进入迅猛发展时期。据统计，1989 年全国登记注册的社会组织只有 4446 家[①]，2003 年底则发展到 266612 个，其间年均增长速度为 34%[②]。截至 2015 年年底，全国共有社会组织 66.2 万个，其中社会团体 32.9 万个，民办非企业单位 32.9 万个，基金会 4784 个。[③] 这些社会组织遍布教育、科技、文化、卫生、体育、劳动、民政、环保、法律服务、社会中介服务、工商服务等众多领域，已经发展成为我国社会主义现代化建设的重要力量。与此同时，我国还有大量未登记的社会组织，主要包括四类：一是参加中国人民政治协商会议的人民团体，如工会、共青团、妇联、青联、侨联、台联、工商联等；二是国务院机构编制管理机关核准，经国务院批准免于登记的团体，如文联、作协、记协、对外友协、贸促会、残联、法学会、红会、欧美同学会、黄埔军校同学会、职业教育社等；三是机关、团体、企业事业单位内部经本单位批准成立、在本单位内部活动的团体，如高校内部志愿者协会，单位内部组织的书画协会、棋牌协会等；四是经政府特许备案的社会组织，如农村专业经济协会、社区服务组织等。未经登记的社会组织数量到底有多少，目前还没有具体的统计

① 王名：《中国民间组织 30 年——走向公民社会》，社会科学文献出版社 2008 年版。

② 中华人民共和国民政部社会组织管理局：《我国社会组织发展与管理情况》，《学会》2005 年第 1 期。

③ 民政部：《2015 年社会服务发展统计公报》，http://www.mca.gov.cn/article/sj/tjgb/201607/20160700001136.shtml。

数据，有的学者估计目前我国实际开展活动的社会组织总量约为 300 万个①，还有学者估计为 8031344 家或 8802343 个②。但从整体来看，我国社会组织还处于发展的初级阶段，数量少，规模小，服务功能不强，还远远不能适应我国经济社会发展的需要。每万人拥有社会组织的数量，法国拥有 110 个，日本拥有 97 个，美国拥有 52 个，阿根廷拥有 25 个，新加坡拥有 14. 5 个，巴西拥有 13 个，而我国仅有 3. 37 个。同时，我国社会组织总支出占 GDP 的比例只有 0. 73% 左右，远远低于发达国家 7% 的水平，也低于 4. 6% 的世界平均水平。随着社会治理体制改革的深入和政府职能转变的加快，要求未来一段时期加快我国社会组织的发展；而我国改革开放已经取得的成果和社会组织发展的实践经验，已经为社会组织的发展创造了良好的条件。未来，社会组织的发展，不仅必要，而且可能。因此，我国社会组织法应当转变立法理念，加强制度创新，促进社会组织的发展。

一 社会治理创新与社会组织发展

改革开放以来，随着工业化、信息化、城市化、市场化和国际化的迅猛发展，带来经济体制深刻变革、社会结构深刻变动、利益格局深刻调整、思想观念深刻变化。而由于社会领域改革的相对滞后，社会关系不协调、社会行为不规范、社会矛盾加剧等一系列的社会问题日益凸显，成为阻碍经济社会进一步发展的严重问题。面对社会矛盾和问题的增多，政府直接面对分散的“社会人”，社会治理成本大大增加，社会政策自上而下的贯彻落实和社会问题自下而上的解决都受到一定阻碍，全能政府的社会管理体制已不适应社会发展的客观现实。社会组织在协调社会关系、化解社会矛盾、促进社会公正等方面具有重要作用。现代社会既要不断提高政府的社会治理能力和水平，又要充分发挥各种社会组织的作用，广泛动员各种社会力量参与社会治理和服务。具体说来，社会组织的发展对创新社会治理有三个方面的重要意义。

（一）完善社会治理体制的内在要求

加强和创新社会治理，要完善“党委领导、政府负责、社会协同、公众参与、法治保障”的多主体协同治理的新型社会治理体制。“党委领导”是要注重发挥党委在社会治理体制中总揽全局、协调各方的领导核心作用，合理配置党政部门社会治理职责权限，解决多头管理、缺乏有效合力的问题，不断提

---

① 参见王名《走向公民社会——我国社会组织发展的历史与趋势》，《北京青年工作研究》2009 年第 12 期。

② 参见何增科《中国公民社会组织发展的制度性障碍分析》，《宁波党校学报》2006 年第 6 期。

高化解社会矛盾的能力。“政府负责”是要强化政府的社会治理职能，做到职能到位，不越位，不缺位，凡是公民和其他组织通过自律自治能够解决的问题，政府不干预，该由政府管理的事项要管住管好。“社会协同”是要发挥各类社会组织的作用，加强以城乡社区为重点的基层基础建设，推动包括社会团体、行业组织、志愿者团体等在内的各类社会组织发展壮大，发挥各类社会组织提供服务、反映诉求、规范行为的作用，强化各类企事业单位社会治理责任。“公众参与”是要充分发挥公众的作用，引导公众依法有序参与社会治理，提升自我管理、自我服务、自我教育、自我监督的能力，加快组建专业社会工作者队伍。“法治保障”，是要将法治作为社会治理创新的最优模式，推进社会治理法治化，运用法治思维回应社会发展过程中面临的种种问题，运用法治方式把社会治理难题转化为执法司法问题加以解决。只有把上述五个方面有机统一起来，才能建立起符合中国特色的社会治理体系①。而上述五个方面中，社会协同、公众参与两个方面都离不开社会组织的培育发展及其功能作用的发挥。换言之，只有发挥了社会组织的服务社会功能，社会协同、公众参与才有可能实现，也才能建立起适合我国社会治理创新和社会建设需要的社会治理体系。

（二）提高社会治理效率的必然选择

在现代中国社会，多年市场经济的建设，用于实施有效社会治理所需的资源已经聚集于各种社会主体之中。在复杂的社会问题面前，政府已经很难单独依靠自身力量独自应对挑战，而需要与社会组织、专家学者、普通民众等其他主体合作，动员分散的社会资源，释放其他社会主体参与社会治理的巨大潜力，在多元、持续、互赖的集体行动中解决庞杂、专业、分割的社会问题，从“统治”走向“治理”。社会组织参与社会治理，可以弥补政府单一管理的不足，发挥政府和市场无法发挥的作用。第一，多元沟通协调作用。现代社会需要畅通多元的沟通渠道，社会组织是重要渠道之一。社会组织将来自单个成员的意见汇聚起来，成为一种团体的诉求，不仅可以整合和影响组织成员的价值观，实现有序的政治参与；而且可以为组织成员的利益表达提供渠道，实现政府与社会成员的有效沟通。第二，资源配置整合作用。社会组织作为政府和市场的中间地带，在整合社会资源方面可以发挥积极作用。在社会治理与服务领域引入竞争机制，发挥政府、市场和社会组织各自的作用，能够增加服务的多样性，降低管理成本，提高管理质量，维护公众利益。第三，社会矛盾缓冲作用。在传统的政府与社会二元结构关系中，政府管理直接面对社会及个人，双

① 于洪生：《社会管理创新：从理念转化为实践》，《解放日报》2012 年 3 月 19 日。

方产生矛盾、对立时缺乏缓冲余地。社会组织作为中介力量，可以协调各方面利益，减少对抗性冲突和不和谐因素。第四，自律规范教化作用。社会组织通过合法途径反映成员诉求，有利于社会秩序的稳定；通过组织中的道德教化，能够提高社会成员素质；通过服务社会的公益活动，可以影响公众行为，促进热心公益、扶贫帮困、团结互助、平等友爱的社会氛围和人际关系形成。第五，自我管理服务作用。社会组织是相互独立的自治组织，具有较强的适应性和灵活性，能够弥补政府管理服务覆盖能力的不足。特别在行业自律管理、群众自治管理方面，具有不可替代的作用。通过社会组织，可以增强公众参与社会治理的责任感，提升社会自我管理和自我服务的能力。

（三）扩大社会治理参与度的重要途径

社会治理是政府的基本职能之一，但并不等于政府要包揽所有的社会治理和社会事务。从根本上来说，社会事务是社会上个体之间、个体与群体之间、群体之间发生的各种关系，公民不仅是社会治理和服务的接受者，也应该是社会建设和管理的基本力量。公众参与是推动社会建设、激发社会活力的重要途径。要想在制度上保证增强社会的创造活力，最广泛、最充分地调动一切积极因素，建立健全利益协调机制，就必须依靠公民的积极参与和利益表达，来实现多元化的社会治理目标。社会组织作为公民自我完善、自我管理、自我服务的非营利性、公益性或互助性组织，是公民参与社会治理的重要渠道。特别是社会转型期间，随着我国经济社会深入改革，人们的思想观念深刻变动，独立性、选择性、多样性、差异性不断增强，公平意识、民主意识、权利意识、法治意识、监督意识不断深化，参与社区自治、参与公益慈善、参与兴趣团队等各类社会参与愿望日益强烈，需求不断上升，热情不断高涨。这就要求社会组织成为公众参与的组织者，把不同利益群体有效组织起来，积极引导和规范公众有序参与，让公众通过社会组织依法有序参与社会事务和公共服务，最大限度地调动积极因素，努力确保社会充满活力、有序运行、和谐稳定。最广泛地动员和组织人民依法管理国家事务和社会事务、管理经济和文化事务，让人民群众依法通过社会组织实行自我管理、自我服务和参与社会事务管理，有利于更好地发挥人民主人翁精神，推动社会和谐发展①。

二 政府职能转变与社会组织发展

深化行政管理体制改革，建设服务型政府已成为我国政府建设的重大战略

① 参见马凯《关于国务院机构改革和职能转变方案的说明》，《中华人民共和国全国人民代表大会常务委员会公报》2013 年第 3 期。

和行动。服务型政府的本质在于服务，但并不单纯地包括服务理念的建构，或是政府职能的转换，又或是某种行政体制的更新，它是相对于统治型政府、管制型政府而言的一种全新模式。它的内涵至少包括以下三点：其一，服务型政府的目的是为了公民利益的实现，而不是政府利益的实现；其二，在政府向公民提供服务的过程中，公民的利益居于决定性地位，政府是有限政府，公民需要什么，政府才能提供什么；其三，权力主体是多元的，政府并不是国家唯一的权力中心，各种机构（包括社会的、私人的）只要得到公众的认可，都可以成为社会权力的主体之一①。服务型政府承认权力主体的多元性，允许各种能够体现公民利益、满足公民需求的机构加入公共服务的提供中，这为社会组织参与社会服务提供了基本前提。换言之，转变政府职能，建设服务型政府，需要社会组织发展。

（一）促进政府公共服务角色转型

社会组织参与公共服务、政府购买社会组织公共服务，可以推动政府向着社会主义市场经济体制下权责一致、分工合理、决策科学、执行顺畅、监督有力的政府转变。第一，优化政府职能。社会组织本身的充分发育，有利于提升社会自我管理的能力，从而为转变政府职能，建设有限政府创造条件，为政府从计划经济体制下"大包大揽"的全能型政府向"有所为，有所不为"的有限职能和有限责任政府的转变，提供了实际可行的途径，从而实现政府角色的重新定位。政府的公共服务职能通过向社会组织分解、转移、委托和授权，由公共服务的直接提供者，变为公共服务政策的制定者、购买者和监督者，实现了社会权力的回归和政府角色的转换。第二，转变政府服务方式。政府实现提供公共服务职能的方式，由过去的单一的行政方式，转变为行政、市场和社会组织结合的方式，其公共服务的提供运行机制也随之转变为三者有机结合的机制。第三，强化政府服务责任。社会组织不仅有助于解决政府在提供社会服务方面的缺失，而且可以作为公民社会的一个重要力量，来防止、削弱或补救政府和市场对公众利益的侵害，增强社会权力对政府公共权力的监督力度，其监督作用有助于政府责任理念的建构，克服权力间相互扯皮和推诿中滋生的腐败现象，实现政府的法治性和廉洁性。

（二）促进事业单位改革深化

在我国，由社会组织承担的大部分功能，很多是由中国特有的"事业单位"承担的。为了使其能够长期承担这些服务社会的职能，政府每年需以财政拨款的形式向这些事业单位"输血"。尽管政府主管部门的出发点是积极

① 石国亮：《服务型政府——中国政府治理新思维》，研究出版社2008年版，第16页。

的，但是，在取得相当积极成效的同时，我国的事业单位体制也产生了一些负面影响，即事业单位长期依赖财政拨款生存，使得我国的事业单位机构臃肿、人浮于事并且逐渐丧失核心竞争能力，甚至成为国家财政的沉重负担，也使得这些事业单位缺乏积极寻求变革的内生动机和愿望。而社会组织参与公共服务的机制及其实施，带来了事业单位改革的新途径，即政府将事业单位承担的公共服务，转移给社会组织，通过招标的方式向社会组织购买公共服务。换言之，即政府从现有的设置事业单位、安排事业单位人力资源并配置相应资源、推动事业单位承担公共事务的方式，转变为向社会组织购买公共服务和公共物品的方式，从购买“人”转变为购买“事”，从而大幅度降低财政成本，并且由此探索我国事业单位改革的新的可能途径。

（三）促进公共服务质量提高

社会组织根植于社会，贴近社区，反应迅速，机制灵活，能为公众提供多样化、个性化的公共服务。政府在某些公共服务领域并不具备技术上的优势，需要社会组织的专业技能和人力资源，实现政府、市场和社会组织的有机结合。特别是社会组织参与公共服务，使得公共服务从行政性生产转变为市场性生产，这就意味着在传统上具有自然垄断性的公共服务领域引入了竞争机制。承接者通过激烈的市场竞争获取公共服务的生产权，市场机制的竞争性、激励性和刚性约束，使得公共服务的承接者和提供者具有内生的较强的创新动力，由此能够最大限度挖掘其经营管理的潜能，公共资源得到优化配置，公共服务的质量、效率和水平得到大幅度提高。同时，社会组织参与公共服务的积极效应，对于政府公共服务也可以产生相应的示范作用，促进政府在公共服务中的责任意识、服务意识、行政成本核算意识和公民需求导向意识及相关制度建设的强化。并且，社会组织承接公共服务的过程，也是专业服务和实践能力不断锻炼和提高的过程，可以有效地推动社会组织发展壮大，培育社会组织的领军人物，促使社会组织在提供民生服务、维护社会和谐稳定等方面进一步发挥其积极作用。

三　外部宏观环境与社会组织发展

我国社会组织的未来发展，不仅源于社会治理创新和政府职能转变产生的强大需求，而且源于改革开放 30 多年来形成的良好政治、经济、文化、社会环境及国际环境，这些使社会组织加快发展的良好条件得以具备。在这些环境下，社会组织作为社会领域的主要组织形式，其发展将是未来社会不可逆转的大趋势。据此，我们应当加快制定社会组织法，进一步改善社会组织发展的制度环境。具体说来，社会财富资源的积累、民主法治意识的增强、现代信息技术的发展、经济社会全球化的加速四方面因素将促进社会组织的加快发展。社会财富资源的积累是社会组织发展的物质基础，民主法治意识的增强是社会组织发展的思想基础、现代信息技术创新了社会组织发展的技术手段、经济社会全球化的加速拓宽了社会组织的发展空间。

（一）社会财富资源的积累

社会组织与经济发展具有双向关系。一方面，社会组织不仅是经济特别是第三产业的构成部分，而且对于经济发展具有直接促进功能。在经济中，社会组织已经成为一个日益强大的经济部门，主要集中在第三产业，其给劳动者提供广泛的不断增加的就业空间是社会就业的重要渠道，其动员社会资源所提供的教育、医疗、福利、科研、环保等社会服务的社会最终产品价值是社会总产品价值的一部分。同时社会组织的无偿捐赠、服务支出、价格补助等通过收入再分配、价格媒介等带动个人、家庭、企业、政府等经济主体的投资和消费，产生支出的乘数效应，安赫尔·赤赫穆特 K. 和罗德尼盖比弗德（Anheier Helmut K. &Rudney Gabfid，1998）对美国和前西德社会组织的研究也揭示，美国社会组织每向最终消费者提供 1 美元的服务将带来商业领域额外 83 美分的间接支出，即乘数效应为 1. 83；而前西德社会组织支出的乘数效应是 1. 43。[①] 社会组织通过加强行业协调、行业服务、行业自律等对企业、市场、国际贸易产生直接或者间接影响，规范和维护市场经济秩序，促进产业持续健康发展。另一方面，社会组织发展与经济发展具有内在密切关系。国内关于我国社会组织发展与宏观经济水平之间的实证分析表明，从社会学和经济学的角度出发，可以认为社会组织是宏观经济蓬勃发展的产物，特别是第三产业的快速发展带动了整个社会组织的发展。GDP 总量每增长一个百分点，将带来社会组织数量增长 0. 6936 个百分点。第三产业增加值每增长一个百分点，将带来社会组织数量增长 0. 8507 个百分点。[②] 这不仅因为经济的发展，可以使社会组织从社会获得的资源供给明显得到改善，政府资助、服务外包也开始增加，从而为社会组织提供雄厚的财力和物力资源；而且因为经济发展过程，就是人们对社会组织需求不断扩大和释放的过程。理论研究表明，人的需求是有层次的，低层次需要满足后，人们就追求更高层次的需要。在经济发展分别带给人们温饱生活和小康生活后，社会组织越来越成为人们追求更高生活品质、更大自由空间、更有尊严生活的选择方式。未来全面建成小康社会，不仅意味着要发挥好

① 谭永生等：《社会组织对经济和社会发展贡献的统计（指标）研究》，中国社会组织网：http：//www. chinanpo. gov. cn。

② 同上。

社会组织扶贫济困和提供服务、反映诉求、规范行为等方面的独特功能，而且应将社会组织纳入全面建成小康社会的重要内容。全面小康不只是衣食住行等基本生活问题的解决，参加体育团体、兴趣团体、公益团体等各种社会组织，让每个人在自愿加入的社会组织中滋润身心，获得存在感、满足感和幸福感，亦应是未来全面小康社会的标志之一。

改革开放以来，经过 30 多年的持续快速发展，从 1978 年到 2015 年，我国经济总量从 3645 亿元扩大到 67.67 万亿元，我国人均国民总收入 2015 年年底达到近 8000 美元，社会组织数量从 1989 年的 4446 个发展到 2015 年的 66 万余个，10 多亿人口的发展中大国解决了温饱问题，总体上达到了小康，正在向全面小康水平迈进。当前和今后一个时期，我国发展的目标是实现“两个一百年”奋斗目标，到 2020 年实现国内生产总值和城乡居民人均收入比 2010 年翻一番，全面建成小康社会；到 21 世纪中叶建成富强民主文明和谐的社会主义现代化国家，实现中华民族伟大复兴。实现这一目标，到 2020 年国内生产总值和城乡居民人均收入比 2010 年翻一番是全面建成小康社会的目标，今后 5 年年均经济增长速度应保持在 6.5% 以上。与此相适应，我国社会组织将进一步发展。据预测，以国际社会的发展程度为参照，结合我国的现实可能性，2020 年中国社会组织数量应在 88 万到 116 万之间，争取平均每万人拥有社会组织 8 个以上；全职雇员人数占经济活动人口比重约 2.783% 超过 2200 万人；社会工作专业人才数量不少于 145 万人；参照发展中国家平均水平，届时社会组织总支出占 GDP 比重争取约 2.16% 即达到 1.9 万亿元，社会组织服务等所有活动的总增加值占 GDP 比重约 1.2% 即达到 1 万亿元，社会慈善捐赠占 GDP 比重约 0.31% 即达到 2800 亿元；社会组织结构趋于合理，资源支持性组织和公益类组织将成为社会组织的绝对主体。①

（二）民主法治意识的增强

社会公众自觉自主地发起设立和自愿参与是社会组织发展的基础。在影响和推动社会公众发起、参与、捐赠、支持社会组织的诸多动因里，社会公众日益增强的民主法治意识是最关键的因素。随着我国未来政治文明的不断提升特别是全面推进依法治国的深入发展，社会公众将愈加积极地以社会组织为载体参与民主治理和维护法定权益。

民主的基本含义就是人民当家做主。社会组织与民主密切相关。社会组织的独立性、自愿性、自治性实际上是微观层次上人民群众的自我治理和直接民

---

① 马庆钰、曹堂哲、谢菊：《中国社会组织的发展指标体系构建与预测》，《中国行政管理》2015 年第 4 期。

主，同时社会组织还是人民群众对国家和社会事务进行民主管理的中介组织。通过社会组织成员之间就内部事务问题、社会组织之间就相关利益问题、社会组织与国家机关之间就经济社会发展和人民群众利益等问题进行沟通协商，人民群众的意志得以表达，利益得以维护，民主管理得以实现。可以说，社会组织的发展是民主制度得以良性运转的社会基础，是民主政治的内在要求，也是现代民主政治成熟的重要标志。长期以来，我国加强中国特色社会主义的民主政治建设，人民民主不断扩大，社会组织亦不断发展。在今后，我国社会组织亦将伴随国家民主政治建设进程的推进而进一步加快发展。“十三五”期间，民主建设的地位将更加重要，民主与社会组织的关系也更加突出。在中共中央的“十三五”规划建议和国家的“十三五”规划纲要中，在关于“坚持人民主体地位”原则中要求“必须坚持以人民为中心的发展思想，把增进人民福祉、促进人的全面发展作为发展的出发点和落脚点，发展人民民主，维护社会公平正义，保障人民平等参与、平等发展权利，充分调动人民的积极性、主动性、创造性”。在关于“各方面制度更加成熟更加定型”主要目标中要求“国家治理体系和治理能力现代化取得重大进展，各领域基础性制度体系基本形成。人民民主更加健全，法治政府基本建成，司法公信力明显提高”。在“动员人民群众团结奋斗”的保障措施中要求“充分发扬民主，贯彻党的群众路线，提高宣传和组织群众能力，加强经济社会发展重大问题和涉及群众切身利益问题的协商，依法保障人民各项权益，激发各族人民建设祖国的主人翁意识”。在“发展社会主义民主政治”专章中要求“加强协商民主制度建设，构建程序合理、环节完整的协商民主体系，进一步加强政党协商，拓宽国家政权机关、政协组织、党派团体、基层组织、社会组织的协商渠道”。在国家民主意识不断提高并不断拓宽人民群众民主协商、民主参与渠道的背景下，随着生活水平的提高，小康阶层的崛起和中产阶级的壮大，人民群众的民主意识亦将不断增强，并进一步认识到社会组织对于维护自己民主权益的重要意义。在社会组织的发展过程中，人民群众不仅从自身经验体会到，而且也从周围生活中看到，人们因为共同目的、共同信念、共同价值、共同利益、共同趣味、共同爱好、共同情感而结社成立社会组织，将成为一种普遍社会现象。在自愿结合的社会组织中，不仅自己的声音得到倾听，诉求得到转达，而且自己的声音有可能变为集体的声音，自己的诉求变为集体的诉求，自己的力量转为集体的力量，从而使自己的民主权益和合法利益得到更好的维护，并将更自觉地通过设立、参与、捐赠、支持社会组织实现自己的民主权益。

法治最核心的意蕴是对权利的保护和对权力的制约。社会组织的发展不仅是对公民结社自由权利的保护，因为社会组织是公民结社的结果，社会组织的发展其实就是公民结社自由权利的实现；而且社会组织的发展还可以形成对国家权力的制约，因为社会组织是社会权力的重要载体之一，其发展与变化内含着社会权力的生成和壮大，可以对公权力形成一种制衡和制约，防止国家公权力对社会和私人领域的侵犯和权力的滥用。正因为社会组织对于法治建设的重要意义，在我国全面推进依法治国，加快建设社会主义法治国家的进程中，社会组织将越来越成为重要主体之一。《中共中央关于全面推进依法治国的决定》提出要“健全立法机关和社会公众沟通机制，开展立法协商，充分发挥政协委员、民主党派、工商联、无党派人士、人民团体、社会组织在立法协商中的作用，探索建立有关国家机关、社会团体、专家学者等对立法中涉及的重大利益调整论证咨询机制”，“发挥人民团体和社会组织在法治社会建设中的积极作用”等方面的要求，强调了社会组织在立法和法治社会建设等方面的重要作用，这无疑将促进社会组织发展。但更为重要的是，在国家法治建设中，广大人民群众的权利意识得到增强，进一步认识到包括结社自由权利在内的各项权利对于自身的重要性，进而积极主张自己的权利，实践自己的权利，从而对于社会组织的发展产生根本性的促进作用。民主法治的发展过程，在某种程度上将表现为社会组织的发展过程。

（三）现代信息技术的发展

从社会发展史看，人类经历了农业革命、工业革命，正在经历信息革命。农业革命增强了人类生存能力，使人类从采食捕猎走向栽种畜养，从野蛮时代走向文明社会。工业革命拓展了人类体力，以机器取代了人力，以大规模工厂化生产取代了个体工场手工生产。而信息革命则增强了人类脑力，带来生产力又一次质的飞跃，对政治、经济、文化、社会、生态、军事等领域发展产生了深刻影响，对社会组织的发展也具有深刻影响。

首先，现代信息技术将促进社会组织数量的增长。随着信息化时代的到来，网络在社会生活方方面面的作用日益彰显，网络也为社会发展提供了崭新的平台，这个平台使得人们的社会交往日益频繁，交往的内容日益丰富，公共领域不断扩大。不同领域、不同行业、不同年龄、不同身份的人在自由、便捷、低成本地享受多样化的生活、了解多样化的观点的同时，某些群体的人们就会基于相同的理念、爱好和诉求聚集在一起，并进而为实现其宗旨与理念组建社会组织，从而使社会组织的发展成为信息化社会的一个重要特征。尤为重要的是，现代信息化催生了大量网络团体，借助于微博、微信、贴吧、社交网站等媒体，各种形式的网络团体层出不穷。网络团体中一些志同道合的共同利益者，通过长期发展的虚拟性公共空间形成了持续稳定的组织，其中一些比较成熟，有稳定的资金、人员、场所和活动的网络团体，亦可能提出获得实体社会组织资格的申请，使其不仅因获得合法性资格而实现规范化、稳定化的发展，而且还可以使其获得资助、公募、免税优惠等资格。因此，网络团体转为社会组织，亦将是现代信息技术带给社会组织生长的另一路径。

其次，现代信息技术将促进社会组织功能的发挥。一是现代信息技术有利于社会组织明确服务方向。现代信息技术具有信息传播快、传播直接等特点，在群众利益诉求表达上有着其他表达渠道不可比拟的优越性，并将在人民群众利益诉求表达中发挥着愈来愈重要的作用。借助于现代信息技术，社会组织可以将其成员或者其资助、服务对象的各种需求信息在更短时间、更大范围内迅速集聚起来，加快形成社会组织各自需要解决的共同议题，从而使社会组织服务功能的发挥契合人民群众特别是社会组织所属成员与资助、服务对象的需要。二是现代信息技术有利于社会组织动员更多资源。网络空间突破行政区划的界限，形成一个相互连通的自由平台，为社会组织提供了一个社会组织与其成员、捐赠人沟通与交流的平台，社会组织同行之间合作的平台，社会组织与政府、企业、媒体等跨领域合作的平台。无论是自上而下的社会组织，还是自下而上的社会组织，都可能通过有效借助现代信息技术，获得组织生存与发展所需要的志愿者资源、物资资源和其他资源，并最大限度地进行资源整合。三是现代信息技术有利于社会组织提升服务质量。借助于现代信息技术，社会组织从业人员可以更便捷、更及时地获得知识更新和技术更新，从而提高服务成员和服务社会的能力；并且在提供服务过程中，社会组织可以广泛利用现代信息技术开展各种活动，轻松自如地发布和获得信息，实行与服务对象的即时沟通，使其服务不用花太大的成本即可覆盖更加广泛的人群，且服务迅速，从而极大降低社会组织开展活动的现实困难，拓展社会组织开展活动的平台和空间，扩大社会组织开展活动的社会影响力。同时，现代信息技术也便于社会组织服务对象对于社会组织的监督，这也将促进社会组织不断改进和创新服务，增强服务能力，提高服务对象满意度。

再次，现代信息技术将拓宽政府对社会组织的管理幅度。随着现代信息技术的飞跃发展，社会组织管理部门的信息化程度亦越来越高。通过现代信息技术平台，社会组织与其管理部门的信息流动越来越通畅，社会组织管理部门对社会组织的监督管理越来越便捷。再加之社会组织监管部门还可以通过现代信息技术借助社会监督来强化其监管职能。从而，在现代信息技术背景下，社会组织管理部门可以管理更多的社会组织，从而使社会组织获得一个更为宽松的成长环境。

（四）经济社会全球化的加速

当前，随着世界多极化、经济全球化趋势的发展，社会组织迅速崛起，并大量介入国际事务，其活动范围深入到政治、社会、经济、军事、文化、教育、卫生、金融、贸易、科技、安全和人类的衣、食、住、行等诸多领域。由于社会组织致力于解决的大多数问题都是国际性的乃至全球性问题，国际社会特别是联合国及其各机构、世界银行、国际货币基金组织等对社会组织越来越重视，普遍加强了支持力度。如在联合国系统内，有一个“享有联合国谘商地位的非政府组织”（简称 CONGO），至 2014 年 9 月 1 日，已有 2926 个非政府组织获得联合国经社理事会特别谘商地位。[①] 2015 年 7 月 22 日中国社会组织促进会也获得联合国特别谘商地位。我国（含港、澳、台）现已有 51 家社会组织拥有联合国经社理事会谘商地位，其中 3 家组织获得联合国经社理事会全面谘商地位，45 家组织获得特别谘商地位，还有 3 家组织获得列入名册的谘商地位。特别是在经贸领域，社会组织的作用更为显著。WTO 各缔约方早已认识到社会组织的重要意义，各方在达成《建立世界贸易组织的协定》已经包含关于社会组织的内容，该协定的第五条第二款规定：“总理事会应做出适当安排，以便于在职责范围上与 WTO 有关的各非政府组织进行磋商与合作。”1996 年 6 月 18 日，总理事会通过了《与非政府组织关系安排的指导方针》（WT/L/162），建立了一整套 WTO 与非政府组织的关系框架。这一系列的指导方针包括：遵循《建立世界贸易组织的协定》第五条第二款所确立的基本原则；各成员方认识到非政府组织能起到增进公众对 WTO 相关活动的认知程度的作用，因而各成员方愿意提高 WTO 的透明度并发展同非政府组织的关系；为了达到更具透明度的目的，必须保证非政府组织获得更多有关 WTO 活动的信息，特别是比过去更快地取消对获取有关这些活动的文件限制；WTO 秘书处应积极地采用各种方式，发展同非政府组织的直接联系；等等。社会组织参与国际合作，对于缓解国家之间的矛盾起到了很好的缓冲剂的作用。各发达国家政府，尤其是大多数发展中国家政府，也都对社会组织由敌视、怀疑过渡到支持、扶持态度。特别是中国加入 WTO 后，原先由政府进行的招商引资活动，对企业生产经营的直接管理，可能被视为非市场化行政干预，保护国内市场和企业利益。发展独立于政府之外的商会、协会来接替政府的某些职能已经成为现实的选择。尤为重要的是，我国“新丝绸之路经济带”和“21 世纪海上丝绸之路”的“一带一路”战略构想的实施，将开创中国全方位对外开放新格局，也将给社会组织发展带来新机遇。“一带一路”是依靠中国与有关国家的双多边机制，建立和加强沿线各国互联互通伙伴关系，开展更大范围、更高水平、更深层次的区域合作，增进沿线各国人民的人文交流与

① Union of International Associations, The Year - book of International Organizations, 2015.

文明互鉴，让各国人民相逢相知、互信互敬，共享和谐、安宁、富裕的生活。这些双多边机制，要求政府、企业、社会组织和民众多个主体之间实现多方合作、共同建设、相互促进、利益共享。而社会组织作为公共外交的重要力量，是我国国家利益的积极维护者、政府间外交的有益补充者和国家形象的多元塑造者，其具有与传统官方外交截然不同的特点，能够通过自身独特的传播方式和影响力将我国的外交理念更好地被世界其他国家所接受，让中国的声音在国际舞台上更加有力，更广泛地被世界所理解。这就需要特别重视发挥社会组织的民间纽带作用，为“一带一路”战略的全面实施搭建好桥梁，做好民间基础工作，通过社会组织与沿线国家的文化、教育和服务等方面交流，建立良好的友谊和信任基础，为我国经济、社会文化、教育科技方面“走出去”穿针引线，促进我国经济、社会文化和科技教育等总体“走出去”战略的实现。① 总而言之，在全球治理与发展和“一带一路”战略实施等背景下，建立国际政治经济新秩序，制定国际游戏规则，参与国际事务协商和决策，开展对外人道主义援助，处理对外交往和经贸合作，都呼唤中国社会组织的发展壮大，为社会组织发展提供了新的机遇。

四　社会组织发展的政策导向

（一）社会组织政策发展历程

进入21世纪以来，中央对社会组织的认识和重视都提升到了一个新的高度，对社会组织的发展和管理作出了一系列新的要求。

十六届三中全会《中共中央关于完善社会主义市场经济体制若干问题的决定》提出“积极发展独立公正、规范运作的专业化市场中介服务机构，按市场化原则规范和发展各类行业协会、商会等自律性组织”和“完善市场主体和中介组织法律制度，使各类市场主体真正具有完全的行为能力和责任能力”。十六届四中全会《中共中央关于加强党的执政能力建设的决定》明确“发挥社团、行业组织和社会中介组织提供服务、反映诉求、规范行为的作用，形成社会管理和社会服务的合力”和“加强和改进对各类社会组织的管理和监督”。十六届六中全会《中共中央关于构建社会主义和谐社会若干重大问题的决定》要求“健全社会组织，增强服务社会功能。坚持培育发展和管理监督并重，完善培育扶持和依法管理社会组织的政策，发挥各类社会组织提供服务、反映诉求、规范行为的作用。发展和规范律师、公证、会计、资产评估等机构，鼓励社会力量在教育、科技、文化、卫生、体育、社会福利等领域

① 陈晓春、刘娅云：《我国非政府组织“走出去”战略研究》，《中国行政管理》2016年第2期。

兴办民办非企业单位。发挥行业协会、学会、商会等社会团体的社会功能，为经济社会发展服务。发展和规范各类基金会，促进公益事业发展。引导各类社会组织加强自身建设，提高自律性和诚信度”，这是中央全会对社会组织发展的方针政策、功能定位、发展重点、自身建设第一次作出全面阐述。

十七大报告强调“发挥社会组织在扩大群众参与、反映群众诉求方面的积极作用，增强社会自治功能”和“重视社会组织建设和管理”“规范发展行业协会和市场中介组织”。十七届二中全会《关于深化行政管理体制改革的意见》再次强调要“更好地发挥公民和社会组织在社会公共事务管理中的作用”。“十二五”规划提出要“改进社会组织管理，建立健全统一登记、各司其职、协调配合、分级负责、依法监管的社会组织管理体制。重点培育、优先发展经济类、公益慈善类、民办非企业单位和城乡社区社会组织。推动行业协会、商会改革和发展，强化行业自律，发挥沟通企业与政府的作用。完善扶持政策，推动政府部门向社会组织转移职能，向社会组织开放更多的公共资源和领域，扩大税收优惠种类和范围”。

党的十八大提出，加快形成政社分开、权责明确、依法自治的现代社会组织体制，将现代社会组织体制与社会治理体制、基本公共服务体系、社会治理机制并列起来，作为社会建设与社会体制改革的四大重要目标。党的十八届二中全会和十二届全国人大一次会议再次聚焦社会组织，审议通过的《国务院机构改革和职能转变方案》，以政府职能转变为核心，以推进职能转移、下放、整合和加强为基本举措，要求向市场放权、向社会放权、向地方放权，要求加强宏观调控减少对微观事务干预，更好发挥社会力量在管理社会事务中的作用，对社会组织管理制度改革做出重大部署，要求“改革社会组织管理制度。加快形成政社分开、权责明确、依法自治的现代社会组织体制。逐步推进行业协会商会与行政机关脱钩，强化行业自律，使其真正成为提供服务、反映诉求、规范行为的主体。探索一业多会，引入竞争机制。重点培育、优先发展行业协会商会类、科技类、公益慈善类、城乡社区服务类社会组织。成立这些社会组织，直接向民政部门依法申请登记，不再需要业务主管单位审查同意。民政部门要依法加强登记审查和监督管理，切实履行责任。坚持积极引导发展、严格依法管理的原则，促进社会组织健康有序发展。完善相关法律法规，建立健全统一登记、各司其职、协调配合、分级负责、依法监管的社会组织管理体制，健全社会组织管理制度，推动社会组织完善内部治理结构”。党的十八届三中全会《中共中央关于全面深化改革若干重大问题的决定》提出“激发社会组织活力。正确处理政府和社会关系，加快实施政社分开，推进社会组织明确权责、依法自治、发挥作用。适合由社会组织提供的公共服务和解决的事项，交由社会组织承担。支持和发展志愿服务组织。限期实现行业协会商会与行政机关真正脱钩，重点培育和优先发展行业协会商会类、科技类、公益慈善类、城乡社区服务类社会组织，成立时直接依法申请登记。加强对社会组织和在华境外非政府组织的管理，引导它们依法开展活动”。党的十八届四中全会通过的《中共中央关于全面推进依法治国若干重大问题的决定》强调“发挥人民团体和社会组织在法治社会建设中的积极作用。建立健全社会组织参与社会事务、维护公共利益、救助困难群众、帮教特殊人群、预防违法犯罪的机制和制度化渠道。支持行业协会商会类社会组织发挥行业自律和专业服务功能。发挥社会组织对其成员的行为导引、规则约束、权益维护作用。加强在华境外非政府组织管理，引导和监督其依法开展活动”，并特别要求“加强社会组织立法，规范和引导各类社会组织健康发展”。第十二届全国人大第四次会议通过《中华人民共和国国民经济和社会发展第十三个五年规划纲要》要求“健全社会组织管理制度，形成政社分开、权责明确、依法自治的现代社会组织体制。推动登记制度改革，实行分类登记制度。支持行业协会商会类、科技类、公益慈善类、社区服务类社会组织发展。加快行业协会商会与行政机关脱钩，健全法人治理结构。推进有条件的事业单位转为社会组织，推动社会组织承接政府转移职能。加强综合监督和诚信建设，更好发挥自律、他律、互律作用”。可以看出，党中央对社会组织的方针政策已由原来的以管制为基本导向转为了以发展为基本导向，并直接提出了“加强社会组织立法，规范和引导各类社会组织健康发展”的任务要求。

特别是2016年8月，中共中央办公厅、国务院办公厅印发的《关于改革社会组织管理制度促进社会组织健康有序发展的意见》向社会公布，该意见总结了近年来尤其是党的十八大以来社会组织改革发展的成绩和经验，肯定了社会组织在我国经济社会发展中的重要地位和积极作用，明确提出了当前和今后一个时期推进社会组织改革发展工作的指导思想、基本原则、总体目标和主要任务，统筹确定了一系列政策措施，是我们党对社会组织改革发展规律性认识的最新成果，是指导当前今后一个时期我国社会组织改革发展工作的纲领性文件。该意见的制定公布，标志着我国社会组织的政策已经基本成熟定型，为社会组织法的制定奠定了比较坚实的基础。

（二）社会组织政策主要内容

根据党和国家关于社会组织现有政策的阐述，特别是十八届三中、四中、五中全会关于社会组织政策的系统阐述，目前社会组织的主要政策可以概括为以下几点。

一是明确发展目标。社会组织的发展，是要“加快形成政社分开、权责明确、依法自治的现代社会组织体制”，这是社会组织发展的最终目标。在这个目标中，政社分开是新型政社关系建立的前提，权责明确是政府和社会组织两者权责的清晰，而依法自治是社会组织在政社分开后的生存状态。因此，可以说，这个目标其实就是要建立新型的政社关系。而与此相适应，《国务院机构改革和职能转变方案》中要求的“逐步推进行业协会商会与行政机关脱钩，强化行业自律，使其真正成为提供服务、反映诉求、规范行为的主体。探索一业多会，引入竞争机制”，是政社分开的具体化，是新型政社关系的内容。

二是坚持培育发展。即要“重点培育、优先发展行业协会商会类、科技类、公益慈善类、城乡社区服务类社会组织。成立这些社会组织，直接向民政部门依法申请登记，不再需要业务主管单位审查同意”。而政治法律类、宗教类等社会组织以及境外非政府组织在华代表机构的情况比较复杂，成立这些社会组织，在申请登记前，仍需要经业务主管单位审查同意。这对我国社会组织管理提出了两个方面的创新，一方面分类管理的创新，即对不同种类的社会组织采取不同的监督管理措施；另一方面是对直接登记管理的创新，改革了我国现有的双重管理制度。

三是加强监督管理。具体包括四个方面的内容，第一，在监督管理原则方面，要“坚持积极引导发展、严格依法管理的原则，促进社会组织健康有序发展”。第二，在监督管理体制方面，要“完善相关法律法规，建立健全统一登记、各司其职、协调配合、分级负责、依法监管的社会组织管理体制”。第三，在监督措施方面，要“健全社会组织管理制度”和“推动社会组织完善内部治理结构”。第四，在监督管理责任方面，“民政部门要依法加强登记审查和监督管理，切实履行责任”。

（三）社会组织政策实施计划

党的十八届二中全会和十二届全国人大一次会议审议通过《国务院机构改革和职能转变方案》后，国务院办公厅下发了《关于实施〈国务院机构改革和职能转变方案〉任务分工的通知》（国办发〔2013〕22 号），要求突出重点、分批实施、逐步推进，用 3—5 年时间完成《方案》提出的各项任务。其中，关于社会组织改革发展的具体计划为：

2013 年，对行业协会商会类、科技类、公益慈善类、城乡社区服务类社会组织实行民政部门直接登记制度，依法加强登记审查和监督管理。健全社会组织管理制度，推动社会组织完善内部治理结构。2013 年 12 月底前完成《社会团体登记管理条例》等相关行政法规修订工作，民政部门按新制度加强监督管理，促进社会组织健康有序发展。该项工作由民政部会同法制办负责。

2014 年，逐步推进行业协会商会与行政机关脱钩。探索一业多会，引入竞争机制。2014 年 12 月底前总结脱钩工作、一业多会试点经验，研究提出逐步推开的意见。该项工作由发展改革委、民政部会同国资委等有关部门负责。

2015 年，基本完成行业协会商会与行政机关脱钩。出台实行一业多会的具体办法。该项工作由发展改革委、民政部会同国资委等有关部门负责。

2017 年，基本形成政社分开、权责明确、依法自治的现代社会组织体制。基本形成统一登记、各司其职、协调配合、分级负责、依法监管的社会组织管理体制。前项工作由民政部、发展改革委会同有关部门负责，后项工作由民政部、中央编办分别负责。

从社会组织的政策发展历程可以看出，中央越来越重视社会组织的发展，并且发展思路越来越明晰。而根据社会组织的政策内容和实施计划，加强社会组织法立法十分迫切。在政策内容中，《方案》六次强调了社会组织法治，如现代社会组织体制要"依法自治"，行业协会商会类、科技类、公益慈善类、城乡社区服务类社会组织直接向民政部门"依法申请登记"，社会组织管理要遵循"严格依法管理的原则"，社会组织管理体制要"依法监管"，民政部门要"依法加强登记审查和监督管理"，同时还要"完善相关法律法规"，可谓社会组织从登记到管理再到运行，要求社会组织全过程都要"依法"。在实施计划中，明确 2013 年 12 月底前完成《社会团体登记管理条例》等相关行政法规修订工作；2017 年，基本形成政社分开、权责明确、依法自治的现代社会组织体制，基本形成统一登记、各司其职、协调配合、分级负责、依法监管的社会组织管理体制。社会组织的这些政策，为社会组织法立法提供了比较明晰的立法政策导向，将促进社会组织法立法的顺利推进。因此，我们应当加强社会组织法立法的研究，为社会组织法立法提供更充分、更扎实的理论准备，以便早日实现十八届四中全会提出的"加强社会组织立法，规范和引导各类社会组织健康发展"的任务要求。

第二章

我国社会组织立法的现状分析

第一节　我国社会组织的立法概况

一　立法历程

（一）立法探索阶段

新中国成立前，中国共产党即开始探索以法制方式对社会组织进行管理。在1931年11月通过和1934年1月修订的《中华苏维埃宪法大纲》里对人们的“结社自由”权利进行了明确，规定“中华苏维埃以保证工农劳苦民众言论、出版、集会、结社的自由为目的”。[①] 1942年公布的《陕甘宁边区民众团体登记办法》规定，边区内的一切民众团体都需呈报当地政府转呈民政厅申请登记，由民政厅审核后发给登记证，其在延安市者，直接向民政厅申请登记。随后又发布《陕甘宁边区人民团体登记办法》，确立了分级登记的原则。这些法规为以后新中国的社会组织立法积累了经验，并有许多制度一直沿用至今，如民政部门统一管理、分级登记等。

（二）立法起步阶段

这个时期，是指1949年至1989年的社会组织立法。在这40年里，社会组织立法基本停留在新中国成立初期的状态。新中国成立后，为了保障人民参与国家和社会事务的权利，1949年9月29日中国人民政治协商会议第一届全体会议通过的《中国人民政治协商会议共同纲领》第5条明确规定中华人民共和国人民有集会、结社的自由权。但人民政权建立伊始，即开始了对各类社会组织的清理和改造过程。1950年10月19日，政务院颁布《社会团体登记暂行办法》，规定了社团的类别、登记的范围、程序、原则等事宜，并确立了

---

① 严格地说，关于新中国的社会组织立法应从1949年10月开始介绍，这阶段在时间上不属于新中国社会组织立法的范畴，但为了全面地了解现行社会组织立法制度的历史沿革，本章将其作为新中国成立前的探索阶段，对此不能从逻辑上深究。特此说明。

社团登记的分级管理体制，这是新中国成立以来第一部关于社团管理的行政法规，为后来的社会组织管理奠定了基础。根据这一法规，内务部于1951年制定了《社会团体登记暂行办法实施细则》，这也为后来民政部门作为社会组织的专门管理机关开了先河。这两个法规的主要目的在于为清理、解散当时存在的社会团体提供法律和政策方面的依据。经过清理整顿之后，我国各种社会团体和社会组织的数量大大减少。“社会团体的登记过程也是新政权用自己的社会主义价值观对当时存在的社团进行判断和选择的过程。依据中国共产党领导的多党合作的政治体制，非主流的政治团体均被解散。那些与社会主义价值观不符合的社团被认为是‘封建主义’或者‘反动’的而被取消。有一些社会团体被加以改造。”① 据统计，20世纪50年代我国全国性的社团只有44个；60年代不到100个，地方性社团只有6000个左右②。这一时期的社会组织被纳入国家的直接支配之下，更多地扮演一种党和政府的“传送带”角色，而不是发挥影响和监督政府的职能。清理整顿完成后，这两个法规被弃置不用，社会团体的审批管理由各业务主管部门负责。“文革”期间，中国进入法律虚无主义时代，社会组织发展的法律环境遭到了彻底破坏，依法登记的各种合法社会团体的活动则陷入停顿状态。

改革开放以后，社会组织的发展开始得到了党和国家的高度重视。1982年修改的《宪法》第三十五条规定“中华人民共和国公民有言论、出版、集会、结社、游行、示威的自由”，再次强调了人民的结社自由，从根本大法上保证了社会组织的合法性。1986年实施的《民法通则》也对社会团体法人作出规范，明确了社会团体法人的地位。但除了这些原则性规定外，社会组织没有具体的法律法规予以规范，也没有一个专门的机构对社会组织进行规范管理，各级政府及其部门根据各自的职责需要可以随意审批和管理社会组织。直到1988年国务院机构改革，国家才将社会组织登记管理职能明确交给民政部门。因此，从1978—1989年这期间也是社会组织自由自在、迅猛发展的十年③，主要表现为数量急剧膨胀。据民政部统计，1989年初全国性社团骤增至1600个，相当于“文革”前的16倍；地方性社团达到20多万个，相当于

① ［美］托马斯·西尔克主编：《亚洲公益事业及其法规》，中国科学基金研究会译，科学出版社2000年版，第83—84页。

② 俞可平：《市场经济与中国公民社会的兴起》，载《市场经济与公民社会——中国与俄罗斯》，中央编译出版社2005年版，第3页。

③ 康晓光：《转型时期的中国社团》，载中国青少年发展基金会基金会发展研究委员会编：《处于十字路口的中国社团》，天津人民出版社2001年版，第10页。

"文革"前的33倍[1]。

(三) 立法建制阶段

这个时期，是指1989年至2015年的社会组织立法。这期间的25年里，社会组织立法的基本制度逐渐出台，初步形成了我国社会组织管理的制度架构。为了规范社会组织的管理，1989年10月25日，国务院颁布了《社会团体登记管理条例》。该条例改变了社会组织的多头管理体制，确立了"归口登记、双重负责、分级管理"的社会组织登记管理格局，把各类注册登记的社会组织全部归于民政部门的监督管理之下。20世纪90年代初，我国对社会组织管理政策的基调是"限制"，为此在全国展开了社团"复查登记"或"清理整顿"。1992年清理整顿后得到确认登记的全国性社团为1200个，减少了400多个，得到确认登记的地方性社团18万个，减少了2万多个。截至1996年底统计，全国县级以上社团已有18.7万个，其中全国性社团1845个[2]。20世纪90年代中期以后，随着市场经济的发展，出现了一些特殊的社会组织，《社会团体登记管理条例》对这些组织的管理缺乏依据，在这种情况下，《基金会登记管理办法》《外国商会管理暂行办法》也应运而生了。随着改革开放的深入，社会团体的管理出现了许多新的问题，如社会团体的内部管理和财务制度不规范、社会团体管理部门的管理力度不大、违法行为没有有效的管理等，为此，1998年国务院修订了《社会团体登记管理条例》。与此同时，经济体制转轨和政府职能转变为社会组织的发展提供了广阔的空间，过去由国家或集体全面负责的社会服务领域逐渐向民间力量放开，对这一领域的活动规范一开始散见于一些部门法当中，如教育法、科技进步法、医疗机构管理条例等，单一的社会团体登记已经越来越不适应现实发展的需要，为了改变这种状况，1998年国务院颁布实施了《民办非企业单位登记管理暂行条例》。2004年国务院又颁布实施了《基金会管理条例》。为了更好地实行对社会组织的管理，围绕三个条例的实施，各部委又出台了相应的规章和规范性文件，如《社会团体分支机构、代表机构登记办法》《基金会名称管理规定》《民办非企业单位年度检查办法》等，成为我国社会组织法律体系的有益补充。至此，我国社会组织法律制度基本框架建制形成，基本保证了我国社会组织的持续发展。

(四) 立法完善阶段

从2016年开始，社会组织立法修法与制法并举，全面进入立法调整完善

---

① 王名等：《中国社团改革》，社会科学文献出版社2001年版，第4页。

② 民政部办公厅1996年民政事业发展统计公报，http：//www. mca. gov. cn/articaI/content/WJYLZH/20041010154850 html。

阶段。3 月 16 日，第十二届全国人大第四次会议通过《中华人民共和国慈善法》，国家主席习近平签署第 43 号主席令予以公布，自 9 月 1 日开始施行。慈善法不仅是慈善制度建设的基础性、综合性法律，而且是我国社会领域的重要法律。慈善法规范的最重要主体是慈善组织，在 12 章 112 个条文里“慈善组织”出现 143 次。根据该法第八条，慈善组织采取基金会、社会团体、社会服务机构等组织形式，这些组织形式都属于社会组织。慈善法，让慈善类社会组织有法可依，并将在法治保障下蓬勃发展。4 月 28 日，十二届全国人大常委会第二十次会议通过《中华人民共和国境外非政府组织境内活动管理法》，国家主席习近平签署第 44 号主席令予以公布，自 2017 年 1 月 1 日开始施行。该法第二条规定“本法所称境外非政府组织，是指在境外合法成立的基金会、社会团体、智库机构等非营利、非政府的社会组织”。毫无疑义，境外非政府组织境内活动管理法属于社会组织立法的范畴。境外非政府组织境内活动管理法，让境外类社会组织在境内的活动有法可依，有利于促进境外非政府组织的规范发展。3 月 17 日，国务院办公厅《关于印发国务院 2016 年立法工作计划的通知》将社会组织法确定为 34 件有关保障和改善民生，加强和创新社会治理的立法研究项目之一，并明确为民政部起草，社会组织法开始启动。6 月，民政部《基金会管理条例（修订草案征求意见稿）》《社会服务机构登记管理条例》（《民办非企业单位登记管理暂行条例》修订草案征求意见稿）在网上公布。8 月，民政部《社会团体登记管理条例（修订草案征求意见稿）》在网上公布。三个条例征求意见稿根据社会组织发展实际和贯彻落实慈善法的需要，进行了一系列修订。基金会管理条例修订征求意见稿对登记管理体制、监管制度、内部治理、活动准则和信息公开等内容予以修改。社会服务机构登记管理条例征求意见稿则调整完善了管理体制，统一了组织类型，规范了组织机构、活动准则和财产管理，将年度检查调整为年度工作报告和信息公开。社会团体登记管理条例修订征求意见稿就培育发展社区社会团体，明确直接登记范围，明确发起人、拟任负责人条件，健全内部治理机制，建立信息公开制度，强化非营利性监管，加强监督管理力度，完善法律责任等内容作出了一系列规定。这一系列专门规范社会组织的法律法规的制定和修订，将在很大程度上使我国社会组织立法得到进一步的完善，并将成为今后较长一段时期内社会组织各方面行为的法律规范。

二　立法体系

经过长期的立法过程，我国社会组织法律制度不断发展，初步形成了现行的社会组织法律体系。这个体系，由宪法、法律、法规、规章等一系列关于社会组织的不同层级、不同形式的规范构成。同时，这个体系，也是中国特色社会主义法律体系的有机组成部分之一。我们应当在中国特色社会主义法律体系的视野中来认知和研究社会组织法律体系及社会组织法，也应当以社会组织法律体系的眼光来认知和研究我国的社会组织立法及社会组织法。

（一）宪法

宪法在我国具有最高法律效力。作为社会组织立法的渊源，宪法奠定了我国社会组织立法制度的基础。《中华人民共和国宪法》第35条规定：公民享有言论、出版、集会、结社、游行、示威的自由。第51条规定：中华人民共和国公民在行使自由和权利的时候，不得损害国家的、社会的、集体的和其他公民的合法的自由和权利。可见，我国公民享有结社的自由，同时结社自由又要受到必要的限制，结社自由及其限制构成了我国宪法确定的社会组织立法的基本要求。除此之外，宪法还有一些条款涉及社会组织的权利义务，如序言规定"全国各族人民、一切国家机关和武装力量、各政党和各社会团体、各企业事业组织，都必须以宪法为根本的活动准则，并且负有维护宪法尊严、保证宪法实施的职责"，总纲"禁止任何组织或者个人破坏社会主义制度"，第5条"一切国家机关和武装力量、各政党和各社会团体、各企业事业组织都必须遵守宪法和法律"，等等。这些宪法规范均应当通过社会组织有关法律的具体规定得以贯彻实施。

（二）法律

狭义上的法律，特指全国人大及其常委会依照法定程序制定、修改并颁布的法律规范。虽然我国目前缺乏社会组织法这一关于社会组织的基本法律，但在一些相关法律中直接规范了社会组织，这些有关社会组织的法律可以分为两类。一类是专门规范特定社会组织的法律，主要包括前述的《境外非政府组织境内行为管理法》和《工会法》《红十字会法》。1992年通过、2001年修正的《中华人民共和国工会法》第十四条规定"中华全国总工会、地方总工会、产业工会具有社会团体法人资格。基层工会组织具备民法通则规定的法人条件的，依法取得社会团体法人资格"，1993年颁布的《中华人民共和国红十字会法》第十一条"中国红十字会总会具有社会团体法人资格；地方各级红十字会、行业红十字会依法取得社会团体法人资格"，可见工会和红十字会都属于社会团体，工会法和红十字会法都属于社会组织立法。在社会组织法律体系中，这些关于特定社会组织的立法，属于社会组织的特别法。另一类法律是虽然不是专门规范社会组织，也不是规范特定社会组织，但有关内容涉及社会组织。这类法律呈现数量多、立法分散的特点，有关内容包括社会组织主体地位、职责职权、税收待遇等几乎社会组织运行中的方方面面的内容。如，《民法通则》明确了社会团体的社会团体法人地位，《刑法》第64条规定剥夺政治权利包括剥夺结社自由，《中华人民共和国公益事业捐赠法》和《中华人民共和国合同法》对社会组织接受捐赠问题进行了规定，《中华人民共和国个人所得税法》和《中华人民共和国企业所得税法》对捐赠税收优惠进行了规定。《中华人民共和国残疾人保障法》《中华人民共和国归侨侨眷权益保护法》《中华人民共和国消费者权益保障法》《中华人民共和国律师法》《中华人民共和国注册会计师法》《中华人民共和国执业医师法》等法律均对相应领域的社会组织作出了具体规范，明确了这些组织的社会团体性质，但在组织形式、取得方式、目标任务、职责权限上各不相同。比如，在法律地位取得途径上，侨联、残联依法成立、免于登记，律师协会经批准成立，注册会计师协会、执业医师协会、消费者协会则需要依法登记成立。

（三）法规规章

按照立法法的规定，我国的法规包括行政法规和地方性法规，规章包括部门规章和地方政府规章。行政法规由国务院制定，地方性法规由省、自治区、直辖市的人民代表大会及其常务委员会和设区的市的人民代表大会及其常务委员会制定，部门规章由国务院各部、委员会、中国人民银行、审计署和具有行政管理职能的直属机构制定，地方政府规章由省、自治区、直辖市和设区的市、自治州的人民政府制定。在行政法规方面，目前我国专门关于社会组织的行政法规最主要是《社会团体登记管理条例》《民办非企业单位登记管理暂行条例》《基金会管理条例》，这三个行政法规是我国社会组织登记管理最基本的法规依据，构成了社会组织登记管理的基本制度框架。此外，我国还有《外国商会管理暂行规定》《博物馆条例》《宗教事务条例》《社会力量办学条例》等行政法规也涉及对社会组织的规范。在部门规章方面，以民政部制定的规章为主，既有规范所有社会组织的规章，如《社会组织评估管理办法》《社会组织登记管理机关行政处罚程序规定》《取缔非法民间组织暂行办法》等；也有对各类社会组织分别规范的规章，如《民办非企业单位登记管理暂行办法》《民办非企业单位名称管理暂行规定》《民办非企业单位印章管理规定》《民办非企业单位年度检查办法》《基金会信息公布办法》等。与此同时，民政部还会同有关部委联合制定了一些规章，如民政部、公安部联合制定的《社会团体印章管理规定》。有的部门也单独制定了专门规范社会组织的规章，如司法部制定的《专业法学社会团体审批办法》。另外，还有大量部门规章虽然不是专门规范社会组织但其有关内容涉及社会组织。在地方性法规方面，主要是关于行业协会的，如《广东省行业协会条例》和《深圳经济特区行业协会条例》，此外，还有《江苏省行业协会条例》《上海市促进行业协会发展规定》《无锡市促进行业协会发展条例》。在地方政府规章方面，很多地方政府制定了专门规范社会组织的规章，但主要集中在社会团体登记和行业协会管理两个方面，如《湖北省社会团体登记管理办法》《广州市社会组织管理办法》《汕头经济特区社会组织登记管理办法》《湖南省行业协会管理办法》《福建省行业协会发展促进办法》《大连市行业协会管理办法》等。这些法规规章数量不断呈上升趋势，充实并完善了我国社会组织管理的法律体系。

（四）规范性文件

规范性文件，是指法律范畴以外的其他具有约束力的非立法性文件，在制定主体上，是行政机关和法律、法规授权的组织；在内容上，涉及公民、法人或者其他组织权利义务；在效力上，在一定时期内反复适用，具有普遍约束力。为了增强社会组织法律法规规章的操作性或者弥补其立法空白，国务院及其部门出台了大量专门规范社会组织特定事项的规范性文件，地方政府及其部门也制定了数量庞大专门规范社会组织的规范性文件，而国务院及其部门、地方政府及其部门制定的不是专门规范社会组织但有关内容涉及社会组织的规范性文件更是不计其数。就国务院来说，既有专门规范社会组织的规范性文件，如《国务院办公厅关于加快推进行业协会商会改革和发展的若干意见》，又有有关内容涉及社会组织的规范性文件，如《国务院办公厅关于政府向社会力量购买服务的指导意见》。就部门规范性文件来说，既有登记管理机关单独制定专门规范社会组织有关事项的规范性文件，如民政部《关于加强和改进社会组织薪酬管理的指导意见》、民政部关于印发《关于规范社会团体开展合作活动若干问题的规定》的通知；也有业务主管单位单独制定专门规范社会组织的规范性文件，如文化部关于印发《文化部社会组织管理暂行办法》的通知；更大量的是有关监督管理机关共同制定的专门规范社会组织特定事项的规范性文件，如民政部、财政部、人民银行《关于加强社会团体分支（代表）机构财务管理的通知》，人力资源社会保障部、民政部《关于鼓励社会团体、基金会和民办非企业单位建立企业年金有关问题的通知》，教育部、财政部、民政部《关于加强中央部门所属高校教育基金会财务管理的若干意见》，中国残疾人联合会、民政部《关于促进助残社会组织发展的指导意见》，民政部、财政部《关于加强社会组织反腐倡廉工作的意见》，财政部、民政部《关于支持和规范社会组织承接政府购买服务的通知》，等等。这些规范性文件几乎涉及社会组织运行的全过程，是我国社会组织管理制度体系的重要组成部分。

（五）党的政策

严格地说，党的政策不属于法律体系的组成部分，但我国是属于共产党领导的国家，党的政策在实践中是必须贯彻的，有时还是立法的依据。因此，如果要全面考虑社会组织的法律体系，党关于社会组织的有关政策是一个不容忽视的内容。在党关于社会组织的政策中，最基本的是前述党的历次代表大会决定中有关社会组织的内容。除此之外，党的文献还有一些专门关于社会组织的政策文件。如《中共中央办公厅、国务院办公厅关于加强社会团体和民办非企业单位管理工作的通知》，明确了我国社会组织实行统一登记、双重负责、分级管理的体制，即各级民政部门作为登记管理机关统一负责社会组织的注册登记；与社会组织业务范围相近或相关的党政机关或政府授权组织作为业务主管单位，配合登记管理机关共同负责社会组织的登记把关和监督管理；不同层次的社会组织分别由相应的登记管理机关与业务主管单位负责管理。《中共中央办公厅、国务院办公厅关于进一步加强民间组织管理工作的通知》进一步明确了登记管理机关与业务主管单位的具体职责分工。《中共中央办公厅、国务院办公厅关于党政机关领导干部不兼任社会团体领导职务的通知》规定县级以上党的机关、人大机关、行政机关、政协机关、审判机关、检察机关及所属部门县（处）级以上领导干部，不得兼任社团领导职务（会长、副会长、秘书长）。2015 年，中共中央办公厅印发《关于加强社会组织党的建设工作的意见（试行）》，要求坚持党的领导与社会组织依法自治相统一，把党的工作融入社会组织运行和发展过程。中共中央办公厅、国务院办公厅《行业协会商会与行政机关脱钩总体方案》要求各级行政机关与其主办、主管、联系、挂靠的行业协会商会脱钩，厘清行政机关与行业协会商会的职能边界，加强综合监管和党建工作，促进行业协会商会成为依法设立、自主办会、服务为本、治理规范、行为自律的社会组织。除了党中央下发的政策外，有关党委部门也根据职责下发有关社会组织的政策文件，如中共中央组织部《关于规范退（离）休领导干部在社会团体兼职问题的通知》，对退（离）休领导干部在社会团体的兼职行为进一步从严规范。此外，中共中央及其有关部门在相关党的政策文献中涉及社会组织。党的政策，不仅为社会组织立法提供了政策依据，而且有的政策还直接规范了社会组织的行为，是我国社会组织治理制度的重要组成部分。

（六）国际公约

国际公约是国际间有关政治、经济、文化、技术等方面的多边条约。按照《联合国宪章》和《条约法公约》之规定，缔约国应负责以宪法和法律保证条约、公约在国内的履行。按照国际条约在中国适用的惯例，中国法院审理案件时不能直接援引国际公约作为法律依据，而是适用将公约内容经过立法程序转化后的国内法。因此，严格地说，国际公约不属于中国特色社会主义法律体系的内容。但是，由于本文讨论的是立法，有关立法时我们应当考虑已经加入的国际公约的内容。因此，为了介绍的方便，我们亦将涉及社会组织立法的中国已经加入的几个主要国际公约在此一并论述。中国已经加入的涉及社会组织的国际公约主要有《世界人权宣言》《公民权利和政治权利国际公约》和《经济、社会及文化权利国际公约》。《世界人权宣言》是联合国大会于 1948 年 12 月 10 日通过的一份旨在维护人类基本权利的文献，该文件并非是强制的国际公约，但是为之后的两份具有强制性的联合国人权公约《公民权利和政治权利国际公约》和《经济、社会及文化权利国际公约》做了铺垫。《世界人权宣言》涉及社会组织的内容主要是第二十条“（一）人人有权享有和平集会和结社的自由。（二）任何人不得迫使隶属于某一团体”。该条的内容已经在我国宪法关于公民结社自由的规定中得到体现。《经济、社会和文化权利国际公约》是 1966 年 12 月联合国大会通过的人权领域最重要的国际公约，涉及社会组织的主要是该公约第八条关于保障职工参加和组织工会的权利的规定，即“一、本公约缔约各国承担保证：（甲）人人有权组织工会和参加他所选择的工会，以促进和保护他的经济和社会利益；这个权利只受有关工会的规章的限制。对这一权利的行使，不得加以除法律所规定及在民主社会中为了国家安全或公共秩序的利益或为保护他人的权利和自由所需要的限制以外的任何限制；（乙）工会有权建立全国性的协会或联合会，有权组织或参加国际工会组织；（丙）工会有权自由地进行工作，不受除法律所规定及在民主社会中为了国家安全或公共秩序的利益或为保护他人的权利和自由所需要的限制以外的任何限制；（丁）有权罢工，但应按照各个国家的法律行使此项权利。二、本条不应禁止对军队或警察或国家行政机关成员的行使这些权利，加以合法的限制。三、本条并不授权参加一九四八年关于结社自由及保护组织权国际劳工公约的缔约国采取足以损害该公约中所规定的保证的立法措施，或在应用法律时损害这种保证。”中国政府于 1997 年 10 月 27 日签署《经济、社会及文化权利国际公约》，2001 年 2 月 28 日通过全国人大常委会关于批准《经济、社会及文化权利国际公约》的决定提出“中华人民共和国政府对《经济、社会及文化权利国际公约》第八条第一款（甲）项，将依据《中华人民共和国宪法》《中华人民共和国工会法》和《中华人民共和国劳动法》等法律的有关规定办理。”此后，我国于 2003 年 6 月向联合国提交首次报告，2010 年 7 月向联合国提交了第二次国家履约报告。《公民权利和政治权利国际公约》于 1966 年 12 月 16 日由联合国大会通过并开放供各国签署，1976 年 3 月 23 日生效，共有 53 条，加入国家除保留条款外，必须认真遵守相关规定。迄今为止世界上有 149 个国家批准加入了这个公约，有 8 个国家签署了协议，但是还没有批准加入。该公约涉及社会组织的主要是第二十二条关于结社自由的规定，“一、人人有权享受与他人结社的自由，包括组织和参加工会以保护他的利益的权利。二、对此项权利的行使不得加以限制。除去法律所规定的限制以及在民主社会中为维护国家安全或公共安全、公共秩序，保护公共卫生或道德，或他人的权利和自由所必需的限制。本条不应禁止对军队或警察成员的行使此项权利加以合法的限制。三、本条并不授权参加一九四八年关于结社自由及保护组织权国际劳工组织公约的缔约国采取足以损害该公约中所规定的保证的立法措施，或在应用法律时损害这种保证”。中国是在 1998 年 10 月份签署了加入协议，但全国人大常委会一直没有批准加入，因此该公约对我国还没有约束力。但鉴于中国正在积极研究批准《公民权利和政治权利国际公约》问题，故该公约对于社会组织法的制定亦有参考意义。

三　现行立法分析

由上述社会组织的立法历程和立法体系可知，经过 60 余年的努力，我国的社会组织法制建设有了很大的发展，初步建立了社会组织法律体系的框架，为社会组织提供了基本的法律制度保障，促进了社会组织的发展。但是，与完善中国特色社会主义法律体系的要求相比，与社会组织发展的需要相比，我国社会组织立法还存在很多缺陷与不足，有待进一步改革与完善。

(一) 立法缺乏系统性

目前，我国对于各类社会组织进行统一规范的，只有社会组织登记管理方面的三个行政法规，即《社会团体登记管理条例》《民办非企业单位登记管理暂行条例》和《基金会管理条例》三个条例①，分别对三种不同社会组织的登记管理进行规范。慈善法只对公益慈善类社会组织进行了规范，境外非政府组织境内行为管理法只对境外非政府组织在境内的行为进行了规范，而缺乏系统的对各类社会组织进行统一、全面规范的社会组织法。

第一，基本法的缺失。目前，我国在具体的社会组织管理工作中，最主要的法律渊源是国务院的上述三个行政法规，缺乏一部根据社会组织基本特性制定的社会组织的基本法来规范、引导各类社会组织的主要活动。社会组织立法不是按照从一般到特殊，从全面到局部的逻辑构建，而是在没有对各类社会组织进行系统规范的背景下先对公益慈善类、境外非政府组织类两类社会组织和工会、红十字会等特殊社会组织进行了规范，在没有对社会组织基本活动进行

① 目前这三个条例都正在修订，由于有关条文尚未定稿，且即使定稿，也无法预知其实施情况及问题。因此，为了分析的准确性和科学性，本文的研究仍以原条例及其实施情况为分析对象。修订稿的内容在条文论证部分将予以高度关注，并充分吸收，以保证社会组织法与相关条例的衔接与协调。

全面规范的背景下先专项规范了社会组织的登记。这样立法，虽然可以解决一段时期内社会组织管理服务中亟待解决的主要立法问题，但社会组织立法仍然可能面临立法内容不系统、覆盖对象不全面等方面的问题，还可能造成立法成本大，立法协调难等方面的问题。法律具有很强的导向性，它可以引导社会组织的发展方向。基本法的缺失，现行立法也很难对社会组织的整体发展起到指导、规范和引导的作用。

第二，立法内容的缺失。现行社会组织登记管理三部行政法规的内容都比较简单，《社会团体登记管理条例》一共40条，《民办非企业单位登记管理暂行条例》一共32条，《基金会管理条例》一共48条，无法对社会组织进行比较全面的制度规范。同时，三部行政法规的重心都放在了如何规范社会组织的登记，导致除登记以外的大量应当依法规范的内容没有立法，最突出的有三个方面的内容：一是缺乏对社会组织自身行为的规范，对社会组织的组织机构、活动规则、财务制度等核心内容都很少涉及，关于社会组织理事会的设置、权限和议事规则等内容都只能依靠示范章程补充或者缺乏依据。二是缺乏保障社会组织非营利性的配套制度，对于社会组织非营利活动的开展和经济利益的分配、人员的薪酬待遇和社会福利等都没有作出规定，导致社会组织非营利性的保持和认定没有操作性。三是缺乏对社会组织实体上的权利、义务、地位和作用的明确和细化，缺乏对社会组织的普遍的政策扶持。同时，在实际过程中出现的一些新情况、新问题也没有及时提供法制的解答。

第三，规范对象的缺失。由于我国目前的立法规范的对象主要是慈善公益类社会组织、境外类非政府组织和社会组织的登记行为，导致除此之外的其他类型的社会组织还缺乏法律的规范。特别是随着改革开放的深入发展，许多经济社会发展亟待发展或者已经发展的社会组织亦缺乏法律的规范。特别是行业协会、商会、农村专业经济协会等与经济发展密切相关的社会组织和社区社会组织等，都没有制定专门的法律法规予以有效的规范，导致这些类型的社会组织在实践中的很多行为还处于无法可依的状态。

（二）立法缺乏科学性

我国社会组织立法不仅缺乏系统性，很多应当立法规范的内容缺乏立法，同时现有的一些社会组织立法制度缺乏科学性，导致社会组织发展的制度环境中存在一些不利于社会组织发展的制度，社会组织应当具有的组织性、非政府性、非营利性、自治性和志愿性等基本特征不明显。

第一，登记条件高，导致社会组织的非法性。现行立法对社会组织的成立规定了比较严格的条件和繁杂的程序。根据《社会团体登记管理条例》，社会团体成立应当经其业务主管单位审查同意，并具备下列条件：（一）有50个以上的个人会员或者30个以上的单位会员；个人会员、单位会员混合组成的，会员总数不得少于50个；（二）有规范的名称和相应的组织机构；（三）有固定的住所；（四）有与其业务活动相适应的专职工作人员；（五）有合法的资产和经费来源，全国性的社会团体有10万元以上活动资金，地方性的社会团体和跨行政区域的社会团体有3万元以上活动资金；（六）有独立承担民事责任的能力。根据《民办非企业单位登记管理暂行条例》，民办非企业单位成立应当具备以下条件：（一）经业务主管单位审查同意；（二）有规范的名称、必要的组织机构；（三）有与其业务活动相适应的从业人员；（四）有与其业务活动相适应的合法财产；（五）有必要的场所。根据《基金会管理条例》，成立基金会必须具备以下条件：（一）为特定的公益目的而设立；（二）全国性公募基金会的原始基金不低于800万元人民币，地方性公募基金会的原始基金不低于400万元人民币，非公募基金会的原始基金不低于200万元人民币；原始基金必须为到账货币资金；（三）有规范的名称、章程、组织机构以及与其开展活动相适应的专职工作人员；（四）有固定的住所；（五）能够独立承担民事责任。而事实上，有大量的社会组织由于没有全部具备这些条件，从而无法依法登记，造成大量社会组织游离在法制之外。有学者于2002—2003年上半年在深圳、安徽部分地区进行调查时发现，经过正式登记的社会组织数量只占社会组织实际数量的8%—13%。[①] 据民政部官员于1998年11月公布的初步摸底统计，当时我国民办非企业单位就已经有约70万个，而截至2002年年底，在民政部登记的民办非企业单位数只有11.1万个。据民政部门的统计，到2009年年底全国登记注册的社会组织总数为43万个，而据有的学者的调查估计，实际开展活动的各类社会组织中，包括大量无法按照现行法规登记注册的草根组织、境外在华社会组织、社区社会组织、农村社会组织及各种网络型、松散型的社会组织等，其总量约为300万家[②]，还有学者估计中国的社会组织为8031344个或8802343个[③]。可见，无论以哪个统计为标准，我国依法登记的社会组织都只占实际社会组织的很少一部分，大量的社会组织都因无法达到条件而没有登记注册。将大多数社会组织拒于依法管理的范围之外，说明社会组织立法与现实情况不相符合，没有充分反映现实中大多数社会组织的需求。

第二，双层管理制度，导致社会组织的非民间性。根据《社会团体登记

① 谢海定：《中国民间组织的合法性困境》，《法学研究》2004年第2期。

② 王名：《走向公民社会——我国社会组织发展的历史与趋势》，《北京青年工作研究》2009年第12期。

③ 何增科：《中国公民社会组织发展的制度性障碍分析》，《宁波党校学报》2006年第6期。

管理条例》《民办非企业单位登记管理暂行条例》《基金会管理条例》，我国的社会组织都要接受登记管理机关和业务主管单位的双重管理。民政部和县级以上地方人民政府民政部门是本级人民政府的社会团体、民办非企业单位和基金会的登记管理机关，跨行政区域的社会团体、民办非企业单位由所跨行政区域的共同上一级人民政府的登记机关负责管理。国务院有关部门和县级以上地方各级人民政府有关部门、国务院或者县级以上地方各级人民政府授权的组织，是有关行业、学科或者业务范围内社会团体和民办非企业单位的业务主管机关。登记管理机关的职责是：负责社会组织的成立、变更、注销的登记或者备案；对社会组织实施年度检查；对社会组织违反条例的行为进行监督检查和给予行政处罚。业务主管机关的职责是：负责社会组织筹备申请、成立登记、变更登记、注销登记前的审查；监督、指导社会组织遵守宪法、法律、法规和国家政策，依据其章程开展活动；负责社会组织年度检查的初审；协助登记机关和其他有关部门查处社会组织的违法行为；会同有关机关指导社会组织的清算事宜。社会组织的双重管理，对政府来说是一种双保险的策略，可以很好地对社会组织进行控制，可以最大限度地阻止与政府目标不一致的社会组织的成立①。但该制度“对于当事人来说，则是一个重大的困扰。不仅仅是程序更加烦琐，时间会拖延，而且两个部门在审查标准上可能出现不同（特别是二者的自由裁量权很大，因而在具体问题上极易发生分歧），对当事人带来了不便”②。同时也使社会组织丧失其“民间性”的基本特征，成为“二政府”，而政府部门则为社会组织的“婆婆”，有人将我国社会组织中的行业协会描述为“戴着市场的帽子，拿着政府的鞭子，收着企业的票子，供着官员兼职的位子”。社会组织强烈的官办色彩，导致一些社会组织在人员、经费、办公场所等基本资源方面对政府特别是对业务主管单位的依赖程度都比较高。清华大学的一项调查表明，我国社会组织只有4.6%的没有兼职人员，其余均有兼职人员；有46.6%是由业务主管单位提供办公场所的，31.9%有自己的专用办公室，8%租赁办公室，1.7%办公场所在领导或成员家中；政府提供的财政拨款、补贴占到社会组织收入的49.97%以上，政府提供的项目经费占3.58%，会费收入占21.18%，营业性收入占6.0%③。社会组织的非民间性，影响了社会组织功能作用的有效发挥，为了发挥相关社会组织的作用，导致国家又专门开展行业协会商会等社会组织的脱钩。

① 参见谢海定《中国民间组织的合法性困境》，《法学研究》2004年第2期。

② 苏力等：《规制与发展——第三部门的法律环境》，浙江人民出版社1999年版，第180页。

③ 邓国胜：《非营利组织评估》，社会科学文献出版社2001年版，第57—58页。

第三，限制竞争制度，导致社会组织的垄断性。《社会团体登记管理条例》第 13 条和《民办非企业单位登记管理暂行条例》第 11 条都规定，在同一区域内已有业务范围相同或相似的社会团体或者民办非企业单位，没有必要成立的，对于其成立申请不予批准。《社会团体登记管理条例》第 19 条还规定，社会团体分支机构不具备法人资格，而且不得设立地域性的分支机构。民办非企业单位则禁止设立分支机构。这种制度意味着在同一行政区域内，一定的业务范围内原则上只允许存在一个社会组织。这种制度安排通过限制社会组织的竞争，固然可以防止社会组织之间因为获取资源竞争而偏离政府为社会组织所设定的方向，消解社会组织由竞争引起的各种不安定因素，并可以减少因社会组织数量过大增加政府监管的难度。但是，这种非竞争性的环境，也具有明显的弊端。一方面违反了市场经济所需遵循的竞争原则，使社会组织缺乏发展的激励，损害了现有社会组织提高效率的积极性和动力，抢占先机的社会组织将被赋予近乎垄断的地位和特权，“独领风骚”，几乎不会受到来自同行的挑战；另一方面，抑制了其他公民的结社自由，他们只有加入或退出现有社团的权利，而没有另行结社的权利。

（三）立法缺乏操作性

由于现行社会组织三个行政法规内容缺失，加之与现实需求不相适应，导致已有的社会组织立法的一些制度在实践中很难实施到位，无法从“书本”走向现实，即使实施，也通过多种方法进行了变通，走了样。因为，在当代中国社会中，当某一规则与自己的意愿不合，妨碍自己追求某种利益时，人们的做法并不是直接与权威规则发生冲突，也不是直接要求有关部门修改或废除这一规则。相反，人们会去寻找可行的规避方式，利用不同权威机关之间的相互无隶属关系，甚至彼此平级，为自己与权威规则相矛盾的做法增加合理性，以此绕过规则去达到目的。在这种情况下，权威规则似乎没有受到伤害，但是事实上，权威规则是遭受了重创①。

第一，立法的不执行。立法的缺失和不科学性，导致执法难。社会组织执法人员经常陷入执法困境，一方面执法人员被要求严格依法行政，另一方面却因为法律缺失、法律法规不合理等因素而不得不冒着行政不作为或者“违法”之嫌。如根据《取缔非法民间组织暂行办法》之规定，未经登记，擅自以社会团体或民办非企业单位的名义进行活动的，都属于非法民间组织，依法应当予以取缔。但是，据有的学者估计，目前中国有社会组织 300 多万个，但民政部公

① 吴玉章：《“政府管理社团”模式及其效果》，载吴玉章主编《社会团体的法律问题》，社会科学文献出版社 2004 年版，第 19 页。

布的其登记的社会组织只有60多万人，还有几百万个的社会组织依法可能属于非法社会组织，但并没有被取缔。不说学者的估计，按照有关国家机构自己公布的数字，也是如此，如中国科协公布现有农村专业技术协会已达11万多个，而民政部同期公布的已经登记的农村专业经济协会只有1万余个，仅仅占到了实际存在的十分之一，这些没有登记的近10万个农村专业经济协会也没有被取缔。立法的不执行，影响的不只是法律的权威，还有政府自身的威信。

第二，下位法取代上位法。现行行政法规阻碍了社会组织的发展，为了优化社会组织的发展环境，有的部门、有的地方运用自己的立法权自主创新出台了新的制度，取代了国务院现行行政法规关于社会组织管理的规定。如国务院《社会团体登记管理条例》规定了双重管理体制，但《广东省行业协会条例》第十一条和第十四条取消了双重管理体制，规定行业协会直接向登记管理机关申请筹备登记和成立登记，而无须再经过业务主管单位的许可。该制度虽然获得了各方的好评，但按照当时《立法法》第六十三条规定，省、自治区、直辖市的人民代表大会及其常务委员会制定地方性法规的前提是“在不同宪法、法律、行政法规相抵触”，第七十九条第二款也明确规定“行政法规的效力高于地方性法规、规章”。事实上，这些制度创新虽然在社会效果上获得了社会的肯定，适应了社会组织的发展。但在法律效果上，影响了法制的统一。

第三，规范性文件取代法律性文件。在社会组织管理方面，除了下位法向上位法的挑战外，规范性文件也积极参与了对法律性文件的挑战。民政部、财政部、国家发改委等部委和各地方政府及其部门也纷纷出台自己的意见、办法、规定等，作出对国务院行政法规不相同或者不完全相同的制度规范。如民政部《关于加强农村专业经济协会培育发展和登记管理工作的指导意见》规定“县（市、区）、乡（镇）、村区域内农村专业经济协会注册资金应不低于2000元”，而《社会团体登记管理条例》第十条第一款第五项规定“全国性的社会团体有10万元以上活动资金，地方性的社会团体和跨行政区域的社会团体有3万元以上活动资金”。还有，《社会团体登记管理条例》对于基层社会组织没有备案登记的制度，但是，南京、杭州、青岛等地建立了“社区社会组织备案模式”并被广为接受。尽管这些规范性文件创新制度的出发点是好的，但毕竟与法不符，并且在强制性、规范性等方面无疑是无法达到社会组织管理的实际需要的。

第四，行政措施取代依法管理。法制的不完善，直接跟进的就是行政管制，而社会组织特色的管制措施就是清理整顿。中国社会组织发展的历史，同时也是政府对社会组织不断清理整顿的历史。新中国成立后，政府对社会组织进行了三次大规模的整顿，分别开始于1950年、1990年和1997年。1950年的整顿主要是对清理反动社团和对社团进行社会主义改造，这对于巩固新生的社会主义政权有积极的意义，但它从根本上抑制了清末和民国以来形成的脆弱的中国民间社会的生长，同时推动社会出现了集权局面，助长了总体性社会的形成。1990 年开始的第二次整顿，重点是对反对四项基本原则、长期宣传资产阶级自由化的社团，不符合社会需要的、重复设置的社团等。经过清理整顿，注销和撤销的全国性社团计 400 多个，地方性社团计 20000 多个①。注销的数量 1992 年为实有社团的 6.6%，1993 年为 7.3%，1994 年为 4.7%②。1997 年开始的第三次大规模整顿，到 2000 年 12 月底，全国社团的总数由近 20 万个减少到 13.6 万个，其中注销了 4.7 万个，撤销了 1.2 万个；全国性社团由 1849 个减为 1500 个左右③。政府大规模的清理整顿，使政府付出了高昂的行政成本。社会组织被大规模地清理整顿，也说明法律约束机制的不健全，致使社会组织在功能上出现异化，影响了社会的稳定和发展。因此，为了社会的稳定和社会组织的发展，亟待完善社会组织立法。

第二节　当前制定社会组织法的必要性和可行性

立法的必要性和可行性，是相关立法能否顺利推进的基础。为有效利用有限的立法资源，我国《立法法》对立法的必要性和可行性高度重视，提出了多方面的要求。第三十六条第二款规定："法律案有关问题专业性较强，需要进行可行性评价的，应当召开论证会，听取有关专家、部门和全国人民代表大会代表等方面的意见。论证情况应当向常务委员会报告。"第三十九条规定："拟提请常务委员会会议审议通过的法律案，在法律委员会提出审议结果报告前，常务委员会工作机构可以对法律草案中主要制度规范的可行性、法律出台时机、法律实施的社会效果和可能出现的问题等进行评估。评估情况由法律委员会在审议结果报告中予以说明。"第四十二条规定："列入常务委员会会议审议的法律案，因各方面对制定该法律的必要性、可行性等重大问题存在较大意见分歧搁置审议满两年的，或者因暂不付表决经过两年没有再次列入常务委

① 范宝俊：《认清形势、解放思想，开拓我国社团管理工作新局面》，载民政部社团管理司管理处编《社会团体管理工作手册》，第 108 页。

② 参见［美］托马斯·西克尔等《亚洲公益事业及其法规》，中国科学基金研究会主译，科学出版社 2000 年版，第 104 页。

③ 参见王名主编《中国社团改革——从政府选择到社会选择》，社会科学文献出版社 2001 年版，第 101 页。

员会会议议程审议的，由委员长会议向常务委员会报告，该法律案终止审议。”第五十四条规定：“法律草案的说明应当包括制定或者修改法律的必要性、可行性和主要内容，以及起草过程中对重大分歧意见的协调处理情况。”可见，立法的必要性和可行性要求贯穿于立法的始终，只有必要性和可行性都具备的立法项目才可能启动并顺利推进。但是，立法的必要性和可行性具体包括哪些内容，《立法法》及相关法律没有详细规定。虽然我国法律层面对立法的必要性和可行性没有详细具体的界定，但行政法规却有相对详细规定。2001年国务院发布的《行政法规制定程序条例》第八条第二款规定：“列入国务院年度立法工作计划的行政法规项目应当符合下列要求：（一）适应改革、发展、稳定的需要；（二）有关的改革实践经验基本成熟；（三）所要解决的问题属于国务院职权范围并需要国务院制定行政法规的事项。”分析该条规定，第一项规定“适应改革、发展、稳定的需要”是立法必要性的规定；第二项“有关的改革实践经验基本成熟”是立法可行性的规定；第三项“所要解决的问题属于国务院职权范围并需要国务院制定行政法规的事项”是对立法合法性的规定。下面，我们从适应改革、发展、稳定的需要的视角分析社会组织法的必要性，从有关的改革实践经验基本成熟的视角分析社会组织法的可行性。需要说明的是，下文的分析基本是对于前文的概括总结，前文关于社会组织概述和社会组织立法的现状分析，很多内容实质上也是对社会组织法的必要性和可行性的论证。

一 制定社会组织法的必要性

适应改革、发展、稳定的需要，我们需要制定社会组织法，这可从社会组织、公民、党和国家四个维度分析。从社会组织维度来看，经济社会改革需要社会组织的发展，社会组织的发展需要社会组织法的引领、推动和保障。从公民维度来看，改革发展的最终目的是实现好、维护好、发展好人民群众的权益，更好地尊重和保障人权，这就需要制定社会组织法保障公民的结社自由。从党的维度来看，党中央为推进经济社会的改革及社会组织改革出台了一系列政策，需要制定社会组织法将中央有关社会组织的政策转化为法律以确保贯彻落实。从国家的维度来看，改革的总目标是推进国家治理体系和治理能力现代化，法治是国家治理的基本方式，这就需要制定社会组织法推进社会组织改革，以社会组织改革推进法治国家的建设。概言之，制定社会组织法，是社会组织的需要，是人民群众的需要，是党的需要，是国家的需要。

（一）发展社会组织的需要

社会组织的发展现状及其趋势告诉我们，我国的社会组织已经保持了一段较长时期的稳定高速发展，并且发展前景依然广阔。未来社会治理体制的完善、政府职能的转变、社会财富资源的积累、民主法治意识的增强、现代信息技术的发展和经济社会全球化的加速，不仅对社会组织的进一步发展产生了内在需求，并且为社会组织的进一步发展创造了外在条件。然而，社会组织的发展，离不开法制的保障，这就需要国家的立法根据经济社会发展和改革开放的需要，加强社会组织立法，以立法指引、推动和保障社会组织的进一步发展。为此，国家加快了社会组织立法的步伐，除了修订社会组织三个行政法规，还制定了慈善法和境外非政府组织境内行为管理法。虽然慈善法和境外非政府组织境内行为管理法使公益慈善类、境外非政府组织类两种社会组织获得了法律的规范和保障，但是，由于社会组织包括多种类型，除此以外的其他类型的社会组织仍然立法缺乏。行业协会商会、社区社会组织等类型的社会组织在未来都将有强大的发展需求，都需要相关立法的调整和保障。然而，如果各种类型的社会组织都分别立法，虽然有利于分类管理的实施，但立法时期长，立法成本高，立法协调难度大，容易造成立法资源浪费。因此，从实际出发，当前最需要的是制定社会组织法，对各种类型的社会组织进行统一、系统的规范，为各种类型的社会组织的发展提供基本的法制保障。在此基础上，再根据需要进行其他类型社会组织的专门立法。

（二）保障公民人权的需要

实现充分的人权是人类长期追求的理想，也是中国人民和中国政府长期为之奋斗的目标。2004 年 3 月 14 日十届全国人大二次会议通过的《中华人民共和国宪法修正案》把“国家尊重和保障人权”写入宪法，作为宪法第二章《公民的基本权利和义务》中第 33 条的第 3 款，尊重和保障人权即成为宪法的重要内容。在立法工作中，国家立法机关将尊重和保障人权作为重要的立法使命，加强人权立法，着力发展、维护和保障公民的基本人权。张德江委员长在第十二届全国人民代表大会常务委员会立法工作会议上的讲话中提出“保证人民当家作主，坚持以人为本、立法为民，是加强和改进立法工作的根本宗旨”。“只有坚持国家一切权力属于人民，尊重和保障人权，保证公民在法律面前一律平等，保证人民依法享有广泛的权利和自由，法律制度才能深入人心。因此，立法工作要始终把实现好、维护好、发展好最广大人民的根本利益作为出发点和落脚点，着力保障公民的人身权、财产权、基本政治权利等各项权利不受侵犯，保证公民的经济、文化、社会等方面权利得到落实，保障人民对美好生活的向往和追求，加紧建设对保障社会公平正义具有重大作用的法律制度”。[①] 按照一般的人权理论，“社会上每一个人的人权都包括应然人权（道德意义上的人权）、法定人权（法律规定的人权）和实然人权（实际享受到的人权）这三个层次。每个人都应具有与生俱来的、平等的、不可剥夺或转让的道德意义上的人权，即应然人权；但由于社会、经济、文化等发展的制约，以及经济、政治等不平等制度的存在，每个人所享有的这三个层次人权的内容在实际生活中往往分别依序递减。但历史演进的趋势、社会发展的总体方向，则必然是社会每个成员所享有的应然、法定和实然人权的高度一致”[②]。结社自由，是人的本性使然，属于应然人权；结社自由权在我国宪法中已经明确规定，已经属于法定人权。但是，由于社会组织立法的不完善，结社自由还并没有成为我国公民普遍享有的实然权利。随着全面小康的逐渐建成，结社自由对于广大人民群众越来越具有重要意义，在人民群众各项权益中的地位越来越重要。因此，为了保证人民依法享有更广泛的权利和自由，着力保障公民的各项权利不受侵犯，保障人民对美好生活的向往和追求，应当加紧制定对保障结社自由和社会公平正义具有重大作用的社会组织法，实现公民结社自由的基本人权为实然人权。

（三）落实中央政策的需要

把党的领导贯彻到依法治国全过程和各方面，是我国社会主义法治建设的一条基本经验。但党制定的大政方针，提出的立法建议，需要通过法定程序，才能成为国家意志。这就需要在立法中树立党的观念，坚持党的领导，服从并服务于党和国家工作的大局，自觉地将党的主张通过法定程序成为国家意志，成为全社会一体遵循的行为规范和准则，从制度上和法律上保证党的路线方针政策的贯彻实施，使一切法律法规都有利于加强和改善党的领导，有利于巩固和完善党的执政地位，有利于社会主义优越性的发挥。进入 21 世纪以来，党中央就社会组织的发展和管理提出了一系列新的政策。这些政策不仅明确了发展方向，而且明确了改革措施；不仅有对所有社会组织的共同要求，而且又有对各类社会组织的具体要求；不仅有对社会组织的要求，而且又有对监管部门的要求；不仅有监督管理的要求，而且又有培育扶持的要求。为确保党的政策的贯彻落实，我国社会组织立法应当及时跟进，使党关于社会组织的政策主张通过法定程序成为国家意志，通过法律对社会组织的规范和保障，既充分发挥好社会组织在经济社会发展中的功能作用，又能有效维护国家安全和社会秩

① 张德江：《提高立法质量　落实立法规划——2013 年 10 月 30 日在第十二届全国人民代表大会常务委员会立法工作会议上的讲话》，《全国人民代表大会常务委员会公报》2013 年第 6 期。

② 李慎明：《“以人为本”的科学内涵和精神实质》，《前线》2007 年第 12 期。

序。毫无疑问，慈善法和境外非政府组织境内行为管理法以及社会组织三个行政法规的修订，都是贯彻党的社会组织政策的体现。但由于这些立法限于特定社会组织和社会组织的特定行为，因此这些立法都只体现了党中央关于社会组织的部分政策要求，而无法全面地体现党中央关于社会组织的所有政策要求。如果不及时将党的社会组织政策转化提升为社会组织法律，一方面将影响社会组织政策的实效，一些政策由于没有转化为法律法规而不能成为依法行政的依据；另一方面，在客观上可能造成法规与政策的矛盾。因此，为了全面、准确地贯彻落实党中央关于社会组织的政策，保障法律政策的一致性，必须加快制定社会组织法，将党中央关于社会组织的政策要求全面地、系统地、准确地提升为社会组织法律制度。

（四）建设法治国家的需要

我国《宪法》第五条规定“中华人民共和国实行依法治国，建设社会主义法治国家”。建设法治国家，是我国宪法确定的国家治理模式，是完善国家治理体系、提升国家治理能力的重要目标，也是总结历史沉痛教训后的明智决策。为了加快建设社会主义法治国家，党的十八届四中全会专门通过了《关于全面推进依法治国若干重大问题的决定》。同时，全面依法治国与全面建成小康社会、全面深化改革、全面从严治党构成的“四个全面”战略布局，成为中央领导集体治国理政总体框架，成为当前及今后一个时期党和国家各项工作的关键环节、重点领域、主攻方向。制定社会组织法，对于全面推进依法治国、建设社会主义法治国家具有重要意义。一方面，社会组织法是构成中国特色社会主义法律体系的重要组成部分，完善中国特色社会主义法律体系必须加快制定社会组织法。建设社会主义法治国家，首要的是形成完备的法律规范体系，完善以宪法为核心的中国特色社会主义法律体系。改革开放以来，我国的立法工作一直主要是服从和服务于经济建设这个中心，重点加强经济立法，市场经济法律制度已经基本形成并不断完善。但社会立法与经济立法相比，存在着明显的不平衡、不协调状况，同社会建设的要求有相当大的差距，已成为法制建设中的突出问题。据统计，六届全国人大以来的20多年里，全国人大及其常委会总计立法341件，其中经济立法107件，占36.5%；社会立法16件，仅占4.7%[①]。因此，当前要着力加强社会领域立法。而加强社会领域立法，一个重要方面是“规范社会组织的法律法规，适应社会结构的新变化，制定和完善有关社会组织方面的法律法规。按照培育发展和监督管理并重的方针，规范社会团体、行业协会商会、社会组织、民办非企业单位等各类公益或互益

① 李林：《统筹经济社会发展的几个立法问题》，《法学》2005年第9期。

性质的社会组织，发挥社会组织的积极作用，增强社会自治功能”①。而要规范各类公益或互益性质的社会组织，必须制定社会组织法。事实上，如同公司法在市场领域立法中不可或缺的地位一样，社会组织法也是社会领域立法中不可或缺的法律。加强社会领域立法，完善中国特色社会主义法律体系，必须制定社会组织法。另一方面，社会组织是法治的“催生婆”，通过社会组织法促进社会组织发展将对法治国家的建设产生深远影响。因为，社会组织对法治的影响，贯穿于法治的全过程。在立法中，社会组织通过反映所属成员的诉求，可以促进良法的形成；在守法中，社会组织通过组织成员自治自律，可以塑造公民遵纪守法的精神；在法的实施中，社会组织通过结社自由制约公权力，可以促进政府的善治。尤为重要的是，法治国家的形成，有赖于人民群众公民意识、公共观念、法治精神等的培育与塑造，这就需要人民群众通过平时的社会集团生活来积累，而通过社会组织来培育人民群众的与法治国家相适应的公民意识、公共观念、法治精神、民主技巧和权利理念等，在我国是一条较为现实有效的途径。“历史证明，市民社会的发育、成长及其与国家的分立发展，奠定了西方社会产生法治的深层基础，而市民社会的迟生、积弱及国家对其相当程度的侵吞和同化，则销蚀了东方社会产生法治的社会根基。……市民社会与政治国家的矛盾发展，构成了法治运行的基础和界限。”② 因此，我国中国特色社会主义法律体系的完善，乃至社会主义法治国家的建成，都需要我们加快社会组织法的制定，促进社会组织的发展，并充分发挥社会组织在法治国家建设过程中不可替代的作用。

二 制定社会组织法的可行性

立法的可行性，主要表现为有关的改革实践经验基本成熟。而在我国有关社会组织的改革实践，可以分为三个方面，首先是社会组织自身的发展实践，即社会组织的发展是否经过了较长的一个过程，有关问题矛盾是否已经基本展现，发展状态是否已经基本稳定。其次是政府部门依法对社会组织的管理实践，即政府对社会组织的监管和服务是否积累了足够的经验，在依法行政的背景下主要是关于社会组织的管理和服务是否基本形成了一系列有效管用的制度。最后党和国家关于社会组织的政策实践，即党和国家关于社会组织的政策是否基本定型。当我们按此标准来审视社会组织法的可行性时，可以发现社会组织的发展经验、立法经验和政策经验都已经比较成熟，制定社会组织法的时

① 沈春耀：《关于加强社会领域立法的若干问题》，中国人大网，www. npc. gov. cn，2016 - 06 - 26。

② 马长山：《国家、市民社会与法治》，商务印书馆 2001 年版，第 127 页。

机和条件已经具备。

（一）社会组织发展经验基本成熟

立法是社会发展的需要，必须从社会实际出发。因为法作为一种行为规范，需要反映事物内在的本质联系，这就需要事物经过一个不断探索、反复试验、多次实践检验的过程，在反复出现的事物中总结经验和认识规律，并依据这种规律以法的形式确定一般的行为规范，再用这些规范去指导人们的活动。社会组织的长期发展实践，决定了当前社会组织立法的时机已经成熟。第一，在时间上，社会组织在我国已经有了较长时期的发展。社会组织在我国并不是新生事物，即使是在新中国成立前，中国共产党在苏维埃边区就探索以法制方式发展与管理社会组织。新中国成立伊始，即制定法规规章对社会组织进行登记管理。改革开放以后，更是随着改革开放的深入不断加大了社会组织的发展力度。第二，在规模上，社会组织发展已经形成较大规模。无论社会组织的数量，还是社会组织的从业人数，以及社会组织收入、支出和资产等经济指标，都在国家的相关总量中占有了一定的分量。截至2015年年底，全国共有社会组织66.2万个，其中社会团体32.9万个，民办非企业单位32.9万个，各类基金会4784个。社会组织吸纳社会各类人员就业734.8万人，全年累计收入2929.0亿元，支出2383.8亿元，形成固定资产2311.1亿元，接收各类社会捐赠610.3亿元。社会组织在我国已经开始成为与政府、企业并行的重要力量。第三，在发展速度上，社会组织的发展速度已经基本稳定。近年来，社会组织的增长速度基本保持在10%左右。截至2015年年底，全国社会组织66.2万个，比上年增长9.2%；截至2014年年底，全国共有社会组织60.6万个，比上年增长10.8%；截至2013年年底，全国共有社会组织54.7万个，比上年增长9.6%；截至2012年年底，全国共有社会组织49.9万个，比上年增长8.1%。这说明我国社会组织的发展已经呈现比较稳定的态势。第四，在领域上，社会组织已经覆盖较宽领域。当前，社会组织已经遍及经济、社会、文化、生态、政治和外交等各个领域。截至2015年年底，社会团体涉及工商服务业类3.7万个，科技研究类1.7万个，教育类1.0万个，卫生类1.0万个，社会服务类4.8万个，文化类3.3万个，体育类2.3万个，生态环境类0.7万个，法律类0.3万个，宗教类0.5万个，农业及农村发展类6.2万个，职业及从业组织类2.1万个，其他5.3万个。民办非企业单位涉及科技服务类1.6万个，生态环境类433个，教育类18.3万个，卫生类2.4万个，社会服务类4.9万个，文化类1.7万个，体育类1.4万个，商务服务类3355个，宗教类114个，国际及其他涉外组织类7个，其他1.9万个。社会组织在我国的影响已经十分广泛。第五，在问题上，社会组织发展出现的问题已经基本展现。在长期的社会组织发展历程中，社会组织将有哪些违法行为，这些违法行为如何预防、发现与查处，都已积累了一定的经验。如2015年全年，全国民政部门共查处社会组织违法违规案件2951起，其中取缔非法社会组织23起，行政处罚2928起。由上可见，在长期的社会组织发展实践中，我国社会组织已经具备一定的规模，并已在广泛领域发挥其功能作用，成为经济社会发展中的重要力量，同时社会组织的发展速度也比较平稳。这说明我国社会组织的表现已经基本稳定，而非剧烈变动，我们可以通过认识社会组织发展规律，加快社会组织法的制定，以社会组织法的稳定性保障社会组织的稳定发展。与证券、保险等市场经济中出现的新生事物相比，社会组织发展的历史更长，积累的经验更丰富，立法条件也更成熟。

（二）社会组织立法经验基本成熟

立法是一种制度安排，制度的变迁存在路径依赖。社会组织法的制定，需要已有的相关立法作为基础。从前述我国社会组织的立法概述可以看出，我国的社会组织立法已有比较漫长的历程，初步形成了由宪法、法律、法规、规章和大量规范性文件等构成的社会组织立法体系。虽然现在的社会组织立法体系还不完善，特别是缺乏社会组织法，但这些已有的法律规范为社会组织法的制定奠定了较好的立法基础。首先，现有法律为社会组织法起到了立法示范作用。全国人大及其常委会已经制定出台的社会组织立法包括《慈善法》《境外非政府组织境内行为管理法》《工会法》《红十字会法》等，为社会组织法的研究、起草、制定做了铺垫。特别是在社会组织的分类管理中，慈善类社会组织是最需要促进发展的代表，境外非政府组织是最需要规范发展的代表，《慈善法》《境外非政府组织境内行为管理法》两部法律集中体现了社会组织培育发展和规范管理的主要制度设计，为全面规范各类社会组织、制定社会组织法形成了较好的制度范例。其次，现有法规规章和规范性文件为社会组织法提供了丰富的制度来源。在社会组织法律相对不足的状况下，我国社会组织的法律缺陷在很大程度上是由法规规章和规范性文件来填补的，这些法规规章和规范性文件在规制范围上基本已经囊括了当下我国社会组织发展、管理、服务的主要方面，并且其中的有关制度和措施已经反复实践，从而使社会组织法的制定具有丰富的制度来源。最后，社会组织立法经验为社会组织法的制定可以提供全面的立法技术支持。我国现有社会组织法律、法规、规章出台的背景、原因和相关制度的论证过程、运行效果等，为社会组织法的立法程序、立法表达和相关制度的设计等立法技术性问题提供了有益借鉴。另外，社会组织立法还有丰富的域外立法经验可以借鉴。因此，现阶段在充分吸收我国已有社会组织立法制度的基础上，广泛借鉴域外的社会组织立法经验，运用既往社会组织立法中积累的立法技术，开展社会组织法的立法是完全可行的。在修改完善《社会团体登记管理条例》《基金会管理条例》和《民办非企业单位登记管理暂行条例》的基础上启动制定社会组织法，尽快形成门类齐全、覆盖全面、相互补充的社会组织法律规范体系，将提高政府对社会组织管理和服务的法治化水平。①

（三）社会组织政策经验基本成熟

在我国，各项重要法律都是依据党的政策制定的，都是经过实践证明成熟了的党的政策的具体化、条文化、定型化。在社会立法领域更是如此，社会政策是社会立法的精神所在，社会立法是反映和体现社会政策的法律。因此，社会组织法的制定是否可行，关于社会组织的政策是否已经基本定型、是否基本完善，是很重要的方面。从前述社会组织的政策导向和立法体系中关于党的政策的介绍可以看出，中国共产党对于社会组织的培育发展和监督管理十分重视，不仅在党的历次代表大会明确了社会组织的有关政策，而且还专门下发关于社会组织的政策文件，从而形成了比较系统、全面、明确的社会组织政策措施。党关于社会组织政策措施的明确，不仅使社会组织法的制定具有必要性，而且使社会组织法的制定具有可行性。一是党的政策明确了社会组织法的立法目标。党关于社会组织管理的一些政策目标，包括关于社会组织发展的总目标和具体目标，也是社会组织法制定的总目标和具体目标。比如，党的政策关于"加快形成政社分开、权责明确、依法自治的现代社会组织体制"的要求，这是社会组织发展的最终目标，也是社会组织法的立法目的所在。党的政策关于"建立健全统一登记、各司其职、协调配合、分级负责、依法监管的社会组织管理体制"的要求，属于社会组织管理体制改革方面的具体目标，社会组织法关于社会组织管理体制的制度，就应当围绕这个目标进行制度设计。二是党的政策明确了社会组织法的具体内容。党的政策，不仅明确了社会组织改革发展的目标和方向，还在总结现实发展问题、归纳改革发展重点的基础上，提出了一系列的具体的制度要求，这让立法有了方向。比如社会组织要分类管理，行业协会商会类、科技类、公益慈善类、社区服务类四类社会组织直接登记，社会组织要健全法人治理结构，要推动社会组织承接政府转移职能，等等，这一系列明确的、稳定的、成熟的制度要求，都有待社会组织法将其提升为法律制度，而这些制度要求也为社会组织法进行系统、全面的制度建构奠定了扎实的制度基础，使社会组织法的制定成为可能。三是党的政策明确了社会组织法的立法要求。党的政策关于社会组织的要求中，对于法治建设特别重视，多次

① 马庆钰：《在法治思维下促进社会组织发展》，《学习时报》2014年11月24日。

强调要“依法”，要“完善相关法律法规”，特别是十八届四中全会提出“加强社会组织立法，规范和引导各类社会组织健康发展”，这些要求将促使有关立法机关高度重视社会组织法的制定，推动社会组织法的早日出台。

第三节 对影响我国社会组织法制定几个问题的分析

制定社会组织法的重要性和紧迫性，已逐渐成为实务界和学界的共识。当前，在现实需求上，政府和民间对于制定社会组织法的要求都十分明显和迫切；在理论准备上，中国社科院法学所、清华大学 NGO 研究所、北京大学非营利组织法研究中心等高校科研机构已经产生一系列成果；在政策导向上，党中央关于社会组织已经明确了一系列新的政策方针；在地方实践上，广东、上海、深圳、南京、杭州、青岛等地已经就双重管理体制改革、政府购买社会组织服务等进行了诸多的制度创新。特别是《慈善法》和《境外非政府组织境内活动管理法》的出台，为社会组织法的制定积累了立法经验。应该说，制定社会组织法的立法条件已经基本具备。但在实践中，不仅社会组织法的制定一直停滞不前，就连《社会团体登记管理条例》的修订从启动至今也已十余年。究其原因，这与“有些人则把民间组织一概看成是抵制或对抗政府的异己力量，有些人看到民间组织在苏东剧变和东欧‘颜色革命’中的反政府作用而感到十分害怕”有关①。如果对这个问题没有正确的认识，社会组织法的制定仍将继续停滞下去。以问题为导向，我们应当对社会组织法对国家安全和社会稳定的影响给以正面的回答。

一 社会组织法与国家安全

毫无疑义，国家安全是一个国家法律秩序建立的前提和基础。缺乏国家安全，一切法律都将会显得毫无意义。因此，法律的一个重要使命是增进国家安全而不是减弱国家安全，社会组织法的制定亦应当如此。考察社会组织法对国家安全的影响，可以从两个层面展开，一个层面是社会组织对国家安全的影响，因为人们对于社会组织法制定的担忧，其实质是基于社会组织对于国家安全的影响，如果社会组织对于国家安全没有影响或者影响甚小，则社会组织法对于国家安全自然没有影响；另一层面才是社会组织法对于国家安全的影响，

---

① 俞可平：《改善我国公民社会制度环境的若干思考》，《理论动态》2005 年 11 月 10 日第 1688 期。

即对于社会组织可能对国家安全的影响，社会组织法通过对社会组织行为的规范，是减弱了还是增强了社会组织对于国家安全的影响。通过对这两个层面的考察，我们认为，社会组织对于国家安全具有一定的影响，特别是在“颜色革命”中具有推波助澜的作用；防范社会组织影响国家安全，有效制裁社会组织影响国家安全，需要我们制定社会组织法，全面规范社会组织的行为。换言之，社会组织法是维护国家安全之法制建设的必要内容。下面我们对此分别进行讨论。

（一）社会组织对于国家安全的影响

人们就社会组织法制定对于国家安全影响的担忧，主要源于对“颜色革命”中社会组织曾经发挥作用的警惕。21 世纪初发生在独联体国家和中东北非地区的一系列以和平、非暴力方式进行政治变革的“颜色革命”（又称“花朵革命”）中，各种各样的来自西方国家的非政府组织在事件过程中发挥了推波助澜甚至呼风唤雨的作用，以致现今一谈到社会组织很多人不自觉地联想起“颜色革命”，并对社会组织产生怀疑甚至敌视的态度，认为不应制定社会组织法为社会组织发展提供法律依据。那么应该如何看待“颜色革命”中的社会组织？综合有关文献，可以看出，社会组织确实对“颜色革命”起到了推波助澜的作用，但“颜色革命”的根本原因在于经济社会矛盾的存在。换言之，经济社会矛盾的客观存在和激发是“颜色革命”发生的内因，社会组织的推动只是“颜色革命”的外因之一。

首先，在“颜色革命”中，社会组织确实起到了一定的作用。非政府组织在独联体国家和中东北非地区推动“颜色革命”中，已经成为西方国家推广其民主价值观的重要工具，破坏了这些国家的社会安定。西方非政府组织的积极参与，已成为“颜色革命”的突出特征。这些非政府组织推动“颜色革命”的手段，包括：推动体制改造，为“革命”创造制度条件；支持反对派，为“革命”提供政治力量；赢得普通民众好感，为“革命”准备政治心理；新闻媒体推波助澜，为“革命”营造舆论环境；组织街头政治，掀起“颜色革命”。[①] 利用非政府组织来输出“颜色革命”，美国等西方国家可以躲在幕后，避免直接面对那些厌恶美国霸权的老百姓；非政府组织的民间形象表现出来的亲和力与独立性，也更具迷惑力和号召力；大量非政府组织及其相互联系构成的遍布世界各地的巨大网络，为美国等西方国家开展相关运动提供了现成的平台；非政府组织本身已经积累的活动资金和具有的融资能力可以放大美国

① 潘英明、徐红林：《非政府组织与独联体国家的“颜色革命”》，《文史资料》2007 年 1 月号上旬刊。

等西方国家政府投入的“种子资本”的力量，形成一种“杠杆效应”[①]。

其次，“颜色革命”具有深层的内因外因，社会组织只是外在推动因素之一。发生“颜色革命”的许多国家确实在政治、经济、社会等方面积累了许多矛盾。[②] 独联体国家和中东北非地区发生“颜色革命”的内因包括：国家贫困和严重贫富不均，破坏了国家社会稳定的基础；官僚腐败严重破坏了政府权力的合法性和政府权威的公信力；缺少适应经济社会转型的国家意识形态，使国家转型过程出现比较混乱的现象，人民群众对执政政府的良性预期大打折扣；世界民族分立主义泛滥，为“颜色革命”火上浇油。发生“颜色革命”的外因主要有：以美国为首的西方国家在经济、政治、文化和思想领域的全面渗透，大力输出“民主”的结果；国际宗教政治势力大力渗透，为“颜色革命”推波助澜；国际暴力恐怖势力、宗教极端势力在“颜色革命”中扮演了冲锋陷阵的角色[③]。其中，起着关键作用的是其内因。因此，我们不应当将“颜色革命”全部“归功”于非政府组织，甚至将“颜色革命”等同于非政府组织，而应当看到“颜色革命”后面深层的政治、经济和社会等方面的因素。

再次，防范“颜色革命”，关键在加强自身的政治经济文化和社会建设。格鲁吉亚、乌克兰和吉尔吉斯斯坦等国之所以发生“颜色革命”，重要原因是民众对其政府腐败、经济萧条的不满。只有当国内的政治、经济、社会等方面的问题积累到一定程度，社会不满情绪高涨时，外部因素才可能产生作用。内因决定着事物发展的基本趋向，外因对事物的发展只起着加速或延缓的作用。借用普京的话来说，那就是“革命”只发生在“那些政权软弱以及社会经济问题积重难返”[④] 的国家。中国作为唯一的社会主义大国，与西方在意识形态上存在根本差异。但中国是有着核武器的大国，西方不可能像对待弱小国家一样企图通过一场战争，而只能通过渗透、颠覆的和平演变战略来改变中国的颜色。对待西方所谓“颜色革命”的企图，最好的应对策略就是把自己的事情做好，集中精力发展自己。[⑤] 要有效防范“颜色革命”，最主要的是按照总体安全观的要求，“既打击外部敌对势力的破坏，又强调对内民主法治建设，重视对权力的制约监督，切实保障人民当家作主的各项权利；既重视安全问题，又重视发展问题，强调发展是安全的基础，安全是发展的条件；既强调国家安

---

① 翟东升、雷伯勇：《四处输出“颜色革命”的美国 NGO》，《半月谈》2005 年第 4 期。

② 张志洲：《“颜色革命”的深层原因与教训》，《人民日报》2015 年 6 月 14 日。

③ 竹效民：《独联体国家发生“颜色革命”的成因探析》，《云南行政学院学报》2006 年第 2 期。

④ 韩显阳：《“颜色革命”考验俄罗斯独联体政策》，《参考消息》2005 年 4 月 8 日。

⑤ 邵峰：《选择适合国情的政治体制》，《人民日报》2015 年 6 月 14 日。

全的状态，又强调不断提升维护国家安全的能力，加强能力建设”，[①] 通过全面建成小康社会、全面深化改革、全面推进依法治国、全面从严治党，切实解决好中国自身的政治、经济、文化、社会等问题。

除了客观分析社会组织在“颜色革命”中的作用外，我们还应当了解参与、推动“颜色革命”的社会组织是一些什么样的社会组织，通过社会组织的构成进一步准确把握社会组织在“颜色革命”中的角色和作用。我们发现，推动“颜色革命”的社会组织主要是国外非政府组织及其资助的部分本土社会组织，大多数本土社会组织并没有参与颜色革命。

其一，推动“颜色革命”的社会组织主要是西方非政府组织及其分支机构。“9·11”事件后，美国在中亚加大了对非政府组织（NGO）的利用，将其作为推广“民主”的重要手段，西方非政府组织及其分支机构成为“颜色革命”的主力军。据统计，截止到 2005 年 8 月 15 日，全球总共有 2914 家 NGOS 在中亚国家注册，其中在哈萨克斯坦的有 699 家，吉尔吉斯斯坦有 1010 家，塔吉克斯坦有 595 家，土库曼斯坦有 138 家，乌兹别克斯坦有 472 家[②]。这些组织大多有美国背景，且受到美国国际发展局（USAID）等机构的资助或直接领导，以参与政治为目的。它们分布极广，遍布中亚各个角落，成为“颜色革命”的直接推动者。

其二，受资助的部分本土社会组织是“颜色革命”的协助者。为了促进独联体国家尽快向民主和自由市场经济过渡，美国等西方国家不仅直接输出非政府组织，同时还大力培植资助符合自身需求的独联体国家国内的社会组织。1993—2003 年，美国用于帮助包括中亚各国在内的独联体国家进行“民主改革”的专项援助就有 90 亿美元，其中 3/4 以上都是提供给这些国家的非政府组织、私有企业和独立媒体等民间机构[③]。2004 年 12 月 3 日，美国国务院发言人鲍彻直言不讳地说，美国政府没有直接资助乌克兰的政党，大部分是通过非政府组织提供资助的，美国通过非政府组织国家民主基金会向乌克兰选举捐献了资金。仅 2003 年和 2004 年，“美国民主基金会”就花费了 6500 万美元资助乌克兰的反对派。当时“橙色”派别的竞选账户源源不断收到来自美国的资金，其中包括“福特基金会”150 万美元，“欧亚基金会”135 万美元，“自由论坛”95 万美元[④]。在西方的资助下，加之独联体各国对非政府组织持比较

① 王振民：《树立总体国家安全观》，《 人民日报 》2016 年 5 月 31 日。

② 金彪：《试析中亚“颜色革命”中外国非政府组织的作用》，《学会》2008 年第 4 期。

③ 闰文虎：《浅析俄罗斯和中亚非政府组织》，《俄罗斯研究》2007 年第 1 期。

④ 潘英明、徐红林：《非政府组织与独联体国家的“颜色革命”》，《文史资料》2007 年 1 月号上旬刊。

开放的态度，允许各类非政府组织在其境内活动，独联体各国本土的非政府组织得到空前发展。据美国有关机构统计，东欧、中亚地区的非政府组织20世纪90年代以来，增加了四五倍。

其三，上述参与“颜色革命”的非政府组织，并不属于真正的社会组织。真正的社会组织，具有比较明显的民间性，而参与“颜色革命”的非政府组织民间性普遍缺乏。一方面，参与“颜色革命”的非政府组织具有很强的官办色彩，实质上只是披着“非政府组织”的外衣。在格、乌、吉三国和其他中亚国家的“颜色革命”中表现活跃的国家民主基金会、欧亚基金会、国际共和研究院，是由美国政府直接建立或资助建立的，其经费主要直接来源于美国国会的拨款。例如国家民主基金会，其宗旨是帮助所谓非民主国家和“封闭国家”的“持不同政见者”和“民主人士”开展“民主运动”，该组织是根据里根总统1983年的“民主计划”倡议经国会批准后建立的，当时的主要对象国是苏联和东欧国家，成立该组织时的年度预算为1800万美元，到1994年增加到3500万美元，现已达上亿美元。另外，还有一些非政府组织虽然不是由美国政府直接资助建立，但其具有一定的政府背景，并且配合着美国政府的行动。另一方面，“颜色革命”不是真正社会组织应当从事的活动。非政府组织应该是非政府性、非营利性的，是独立的社会组织。但是在格、乌、吉等“颜色革命”发生国家的外国非政府组织，利用这些国家在转轨时期国内出现的矛盾和困难以及在非政府组织管理上的松懈，开展大量与其自身性质和宗旨不相关的活动。其中有些活动带有明显的政治意图，有明显的针对性，是经过精心策划的，其背后有相关国家政府的授意和支持，在一定程度上扰乱了所在国正常的政治、经济和社会秩序，甚至违反了所在国家的法律。这些外国非政府组织实际上成为了美国等西方国家实施国际干预、推行外交政策的政治工具。2005年5月12日，俄联邦安全局局长尼古拉·帕特鲁舍夫指出，据俄联邦安全局掌握的情报显示，来自美英等国的非政府组织正在俄罗斯大肆从事间谍活动，“外国情报机构除了利用传统的间谍技术外，还在积极地利用‘非传统手段’，其中就有包括众多的非政府组织。”帕特鲁舍夫认为，一些西方国家的非政府组织除了在俄罗斯境内为外国情报机构搞谍报活动外，还在苏联地缘政治空间帮助当地的反对派实现“政权更迭”。他举例说，美国的非政府组织国际共和研究院专门资助白俄罗斯的反对派，并组织那些参加过“橙色革命”的乌克兰激进组织，对白俄罗斯反对派进行所谓的“夺权培训”①，完全背离了社会组织的宗旨和业务范围。

① 姜辛：《非政府组织在独联体国家颜色革命中的角色》，《新民周刊》2005年6月23日。

(二) 防范社会组织影响国家安全应当制定社会组织法

当前，我国改革进入攻坚期和深水区，社会矛盾多发叠加，西方敌对势力始终没有放弃对我国进行和平演变。我们必须时刻警惕，防范、应对、抵制“颜色革命”，坚决、果断、果敢地捍卫国家安全不受威胁、不受侵蚀、不受损害①。借鉴国外特别是俄罗斯的应对经验，防止利用社会组织推动和参与“颜色革命”，必须加快完善社会组织立法特别是要制定社会组织法。

在“颜色革命”之后，为维护国家安全与稳定，避免“颜色革命”在俄境内发生，俄罗斯迅速反应，对其境内非政府组织的组织和活动情况进行全面调查，并加紧了对非政府组织立法的修改。2006 年 1 月 10 日，时任总统普京签署联邦法律第 18 号令批准《对俄罗斯联邦部分立法文件进行修改的法律》，对《俄罗斯联邦民法典》《俄罗斯联邦非商业组织法》《俄罗斯联邦社会联合组织法》和《秘密行政区域单位法》中有关非政府组织的条款进行了集中修改，加强了对非政府组织尤其是在俄领土上活动的境外非政府组织的法律规制。规定非政府组织的活动和宗旨不得与俄罗斯联邦宪法相抵触；大力提高非政府组织创始人、成员的资格要求，增加了“在俄罗斯联邦具有合法居留权”的资格限制，增加了五种“不得成为社会联合组织创始人、成员、参加者的情况”；规定了外国非政府组织在俄罗斯的登记程序，对外国非政府组织在俄境内的活动范围做出了限制；确认了非政府组织资金来源和用途的报告说明制度，规定非政府组织的活动和财务需随时接受俄罗斯政府的审查；进一步明确了非政府组织的法律责任，增加了取缔非政府组织的法定理由。②

俄罗斯联邦及时修改完善规制非政府组织特别是外国非政府组织的法律制度，对我国具有很强的启示和借鉴意义。事实上，基于独联体国家和中东北非“颜色革命”的教训，我国也存在如何应对非政府组织特别是境外非政府组织挑战的问题。长期以来，我国涉外社会组织立法只对境外基金会设立办事机构和外国商会的登记作出了规定，而其他涉外社会组织管理的立法缺失，大量未经登记注册的境外非政府组织在我国境内开展活动，且活动逐渐频繁，影响日益扩大，但又长期脱离政府监管，既不利于涉外社会组织的发展，也不利于国家的安全与稳定。为解决此问题，我国于 2016 年 4 月制定了《中华人民共和国境外非政府组织境内活动管理法》，从法律上对境外非政府组织的成立、运行和监管等一系列问题进行了规范。但是，防范社会

① 金灿荣：《“颜色革命”危害深重》，《人民日报》2015 年 6 月 14 日。

② 刘向文、王圭宇：《试析俄罗斯联邦对非政府组织的法律规制》，《郑州大学学报》（哲学社会科学版）2009 年第 4 期。

组织影响国家安全，除了加强对境外非政府组织的立法规范外，还必须加强对本土社会组织的规范。而对本土社会组织的规范，虽然登记管理方面的立法规范十分必要，但更重要的是对社会组织活动管理方面的立法规范。因此，借鉴俄罗斯应对“颜色革命”的立法经验，我国应当加快制定社会组织法，加强社会组织的登记管理和活动管理，以更加健全的立法加强防范境内外社会组织影响国家安全。

二 社会组织法与社会稳定

除了国外的“颜色革命”影响我国社会组织法的立法进程外，国内部分人员对社会组织的认识和判断发生偏差，也是影响社会组织法制定的一个重要因素甚至是最主要的因素。在俞可平（2005）看来，对社会组织存在着四种不友好或不恰当的态度：一是轻视和漠视社会组织，认为社会组织在中国的社会政治生活中无足轻重，成不了气候；一是对社会组织不信任，认为社会组织不是正式机构，不可靠；一是害怕社会组织，认为公民社会一旦变得强大，就会脱离政府的监管，政府对社会的控制力就会下降；一是敌视社会组织，认为社会组织总是跟政府不合作，甚至跟政府唱对台戏，要坚决予以遏制①。只有在思想上准确认识社会组织，才会在态度上正确对待社会组织，也才可能制定社会组织法为社会组织提供一个更加有利的法制环境。

（一）社会组织与政府是伙伴关系

社会组织虽然具有非政府性，但非政府不是反政府。企业也非政府，但同样不反政府。政府与企业、社会组织作为社会的三个部门，只是在社会中有不同的分工，承担不同的职能，提供不同的产品，彼此并不存在敌对关系，相反是一种伙伴关系，一种合作关系。政府提供公共产品，企业提供私人产品，社会组织弥补政府失灵和市场失灵。因为，市场尤其很难满足低收入群体的需要，更不能提供如消除贫困、社会保障和心灵宁静等我们极为珍视的东西②。而早在一个世纪前，西格维克就提出过这样的论断：“并非在任何时候自由放任的不足都是能够由政府的干涉弥补的，因为在任何特别的情况中，后者的不可避免的弊端都可能比私人企业的缺点显得更加糟糕。”③ 社会组织与政府都

---

① 俞可平：《改善我国公民社会制度环境的若干思考》，《理论动态》2005 年 11 月 10 日第 1688 期。

② 康晓光：《权力的转移——转型时期中国权力格局的变迁》，浙江人民出版社 1999 年版，第 35 页。

③ ［美］沃尔夫：《市场或政府——权衡两种不完善的选择》，谢旭译，中国发展出版社 1994 年版，第 15 页。

具有非营利性，在合作提供公共产品、弥补市场缺陷方面是天然的伙伴关系。当前，政府转型的方向是建设公共服务型政府，为全体公民提供完善而又高效的公共服务已经成为政府的要务，社会组织可以成为政府提升公共服务的好伙伴。一方面，由于政府主要面向社会公众提供普遍服务，无法满足社会各阶层的多元服务需求，社会组织因其规模较小、运转灵活、贴近民众而能最大限度地满足公众的多元需求，政府可以将大量个性化的服务转交由社会组织提供，从而使政府调整自身的服务方向和职能设置，从各项具体的“划船”工作中摆脱出来，集中精力做好关系全社会利益的“掌舵”事务。更为重要的另一方面是，政府的科层体制和官僚作风无疑会加大公共服务的成本、降低服务的效率，而社会组织的志愿性与贴近社会本原需求的特质，可以更经济、更有效地承接社会公共服务。因此，社会组织以政府委托的形式承接一些原本由政府提供的公共服务，必定会在质量、效率和成本等方面为政府做出更大贡献，同时，也必然会促进社会组织自身的良性发展与壮大，是一个“共赢”的选择。从我国汶川地震、奥运会、世博会的实践可以看出，社会组织在应对公共突发事件、服务国家重大活动中具有独特作用，各级党委政府也越来越重视转移职能给社会组织。正因为如此，《国务院机构改革和职能转变方案》强调要加强对社会组织的培育、规范和管理，把社会可以自我调节和管理的职能交给社会组织。只有政府、市场、社会之间建立良好的关系，保持相互的积极影响，三者才能弥补相互的不足，才能建设“一个健全的市场、自主的社会和强大的国家”[①]。因此，对于社会组织，我们要作为伙伴予以携手，不要作为反政府组织和敌人予以排斥，并努力完善社会组织立法为伙伴创造良好的环境，也为政府自己能够与其携手前进走得更快、更好、更远创造良好的法制环境。

（二）社会组织是社会稳定的维护者

社会组织对于促进社会稳定的作用是多方面的。在维护社会稳定、构建和谐社会中，需要各级政府的政策引导和精心组织，需要广大企业和公民的积极参与和自觉行动，同时，离不开社会组织作用的发挥。第一，社会组织可以提升公民素养。一个健康有效的公民社会是社会团结和谐的基础，是国家长治久安的基础，是保证国家政治、经济、社会内在机能健康稳定的社会基础。社会文明的程度和水平，归根到底取决于公民社会的组织性和自治能力[②]。社会组

① 梁治平：《市场·社会·国家》，载《市场社会与公共秩序》，生活·读书·新知三联书店1996年版，第26页。

② 文正邦：《构建社会主义和谐社会的新视野——促进我国非政府组织的有序化发展》，《现代法学》2006年3月号。

织是公民社会的基本主体①。在社会组织中，人们从原有的单位体制、科层组织的等级制度中解放出来，基于自愿奉献而不是谋生在社会组织这一宽松的环境中分享自身的知识、能力和热情，并使人们奉献爱心、诚实守信、互帮互助、关怀社会的道德情怀得到培育，“情感回复了，心胸宽大了，人的心灵在彼此互惠影响下发展起来了，社会互信、互助义务与互惠规范的公民习性养成了”,② 这些不仅可以从根本上为营造社会秩序、维护社会稳定奠定基础，而且可以激发人们更大的创造力，从而使得整个社会生机勃勃。第二，社会组织可以形成自律秩序。社会组织就是一种自治机制，充满了理性地调节行为的精神③。对内，社会组织可以组织成员体验实践团队活动，增强成员合作，加强成员对规则的认同，促进自觉、稳定的社会秩序的形成；对外，作为不同群体利益代表，通过加强纵向沟通和横向协调，能够以理性精神来实现民主自由权利，避免非理性的集体行动。特别是通过社会组织形成的党领导下的协商对话机制，远比非理性的个体行为要规范得多、好得多。因此，社会组织的内外自律，是维护社会稳定的重要方式。第三，社会组织可以化解社会矛盾。社会组织具有整合社会资源、缓解社会矛盾、维护社会稳定的“解压阀”和“稳定器”的功能。当市场经济的优胜劣汰带给人们的生存压力、两极分化等问题引发的社会矛盾成为现今社会最主要的不稳定因素时，社会组织引导人们广泛开展社会服务、慈善活动及其他公益事业，有效地动员社会力量和社会资源对失业人员、进城农民、妇女、儿童、老年人、残疾人、贫困人口等社会弱势群体提供社会援助，增进社会福利，缓解社会贫富差距，可以弥补政府保障的不足，缩短不同社会阶层之间的情感距离，从而减轻社会冲突。

由于社会组织具有天然的维护稳定、建立秩序的功能，故尽管中国目前社会组织整体素质不高，特别是还有大量的社会组织在法律上属于非法组织，但因社会组织带来的社会稳定问题并不多见，登记管理机关民政部门每年对社会组织的行政处罚也很少，即使有也主要集中在社会组织连续两年没有参加年检的消极行为上，因社会组织积极作为违法破坏社会稳定的案件屈指可数。特别使人惊奇的是，按照有关学人的统计我国有 800 多万个社会组织，但民政部门

① 公民社会的组成要素是各种非政府和非企业的公民组织，包括各种行业协会、民间的公益组织、社区组织、利益团体、同人团体、互助组织、兴趣组织和公民的某种自发组织等。参见俞可平《中国公民社会：概念、分类与制度环境》，《中国社会科学》2006 年第 1 期。

② 转引自矫海霞《从伦理学视角看民间组织在和谐社会构建中的作用》，《天府新论》2009 年第 3 期。

③ ［德］卡尔·曼海姆：《重建时代的人与社会：现代社会结构的研究》，张旅平译，生活·读书·新知三联书店 2002 年版，第 271 页。

登记的只有60多万个，几百万的社会组织处于非法状态，也很少有破坏社会稳定的行为，这充分说明了社会组织的安全性。非法社会组织况且如此，因此，对于合法社会组织更应信任。

（三）防范社会组织影响社会稳定应当制定社会组织法

尽管社会组织目前没有破坏社会稳定，但是几百万个的社会组织处于非法状态，本身就是一个很大的不稳定因素。一方面，社会稳定本身以合法为前提，合法是稳定的基础和前提，大量社会组织的不合法，在某种程度上可以说存在严重的社会不稳定的危机；另一方面，大量社会组织处于非法状态而游离于政府监控之外，有可能随时发生违法行为从而破坏社会稳定。但是，目前社会组织的非法状态问题不在社会组织而在于现行登记条件高等方面的制度制约，因此，只有通过完善社会组织立法，将大多数社会组织纳入合法渠道和有效监督范围内，才能有效防止社会组织对社会稳定可能造成的影响。总而言之，对于社会组织，我们“要把合法登记的社会组织与在中国境内从事非法活动的少数境外非政府组织区分开来；与未经登记、开展破坏社会稳定的少数草根组织区分开来；与少数行为不规范、违法乱纪的社会组织区分开来”，①既认识到社会组织对社会稳定影响的有限性，又要认识到社会组织对社会稳定影响的可能性，通过社会组织法的有效规制，既发挥好社会组织的积极作用，又防范社会组织的负面影响。

① 廖鸿：《社会组织的基本情况、存在问题及改革思路》，《中国机构改革与管理》2015年第3期。

第三章

我国社会组织法立法的整体构想

法律始终是文明国家对社会事务进行有效管理的基本方式，法治是中国社会发展的必然趋势。制定社会组织法，进一步完善社会组织法律制度，对社会组织进行有效的法律治理，是社会组织治理的必然选择。我们应该从全面建成小康社会、全面推进依法治国、全面深化改革、全面从严治党的战略要求出发，加快制定社会组织法。因为，全面建成小康社会，不仅意味着要发挥好社会组织扶贫济困和提供服务、反映诉求、规范行为等方面的独特功能，而且应将社会组织纳入全面建成小康社会的重要内容。全面小康不只是衣食住行等基本生活问题的解决，参加体育团体、兴趣团体、公益团体等各种社会组织，让每个人在自愿加入的社会组织中滋润身心，获得存在感、满足感和幸福感，亦应是未来全面小康社会的标志之一。因为，社会组织法是社会领域的基本法，在中国特色社会主义法律体系的大厦中不可或缺，全面推进依法治国要求我们加快社会组织法的制定步伐，将中央关于社会组织的一系列政策措施提升为国家法律，化解阻碍社会组织发展的制度桎梏和制度空白，让现有 66 万多个社会组织的发展和未来社会组织的发展得到社会组织基本法的规范和保障，从而全面提升社会组织的法治化水平。因为，全面深化改革，社会组织改革是重要方面，并与经济、政治、文化、社会等方面的改革密切相关。经济改革需要行业协会商会发展，政治改革需要社会组织参与民主协商并承载政府转移职能，文化改革需要文艺团体转型发展，社会改革更是需要社会组织发挥重要主体功能。所有这些，在重大改革都要于法有据的今天，需要我们通过社会组织法确定的新举措，打开社会组织改革的新局面，谱写我国深化改革的新篇章。因为，社会组织党建，是全面从严治党的重要组成部分。所以，我们要通过社会组织法的制定，使社会组织发展和管理的法律制度更具全面性、完整性、稳定性和权威性，完善社会组织治理体系，提升社会组织治理能力，更好地适应社会组织发展的内在要求和经济社会发展的现实需要。

第一节　一个定位——构建以社会组织法为核心的社会组织立法体系

我国社会组织立法，是由一系列的法律、行政法规、部门规章和地方性法规规章等构成的一个体系。制定社会组织法，不可能脱离现有的社会组织立法，也不可能不顾及今后的社会组织立法，而应当瞻前顾后，在社会组织立法体系中准确定位社会组织法，明确社会组织法在社会组织立法体系乃至中国特色社会主义法律体系中的地位、功能和作用，并据此确定社会组织法应有的框架、内容和制度，通过社会组织法的制定构建以社会组织法为核心的社会组织立法体系，从而最大限度地完善社会组织立法。按此要求，我们认为，社会组织法在社会组织立法体系中应当有三个方面的定位。

一　按照社会组织基本法定位社会组织法

自 20 世纪 80 年代以来，我国在没有制定法律调整公民结社自由和规范社会组织发展的情况下，面对民间结社十分活跃的实际，出于行政管理的需要，先行制定了社会团体登记管理条例等一系列行政法规和规章。2016 年，按照分类管理的思路，我国又制定了慈善法和境外非政府组织境内行为管理法。无论是关于社会组织登记管理的行政法规还是这些特定社会组织的专门法律，在社会组织法缺失的情况下，均属立法程序的倒置。理想的社会组织立法，应当首先对社会组织的基本原则、主体条件、组织形态、权利义务、经费财产、支持扶持、监督管理、法律责任等社会组织立法面临的一般性问题作出比较全面、系统、明确的规定，然后在此基础上再就特定种类的社会组织的特殊问题和登记管理等实施性问题分别立法，从而使社会组织立法比较系统、科学、配套。但受制于立法条件，我国社会组织立法顺序并没有按照理想的顺序展开。即使在特定社会组织立法和相关行政法规已经先行出台的背景下，社会组织法仍然必须承担社会组织基本法的功能。基于社会组织基本法的地位，社会组织法应对社会组织的一般性和共性问题作出规定，同时还应当通过妥善处理和有机衔接好与相关法律的关系而确立其社会组织基本法地位。①

---

①　实际上，1987 年中共十三大曾明确提出制定结社法律，并委托民政部起草《结社法》草案。从 1987 年开始，民政部按照国务院指示，开始了结社立法的工作，经过五年多的努力，十易其稿，于 1993 年报送国务院。尽管《结社法》没能按时出台，但这充分说明国家对社会组织统一立法的必要性已早有认识。与 1987 年相比，现在的社会组织发展情况显然更迫切地需要这样一部法律尽快出台。参

第一，社会组织法应与宪法有机衔接。在我国，宪法具有最高法律效力，一切法律、行政法规和地方性法规都不得同宪法相抵触。法律的制定，一般也是宪法原则规定的具体化。社会组织，实质上是公民结社的一种重要形式。社会组织法，就是对我国宪法规定的公民结社基本权利的落实。与此相关，社会组织法需要直接调整国家与公民之间的关系，直接规范国家权力和公民权利之间的关系。这就需要社会组织法必须是全国人大及其常委会制定的法律，而不只是国务院立法或国务院授权部委立法，否则很可能会由于行政权的过度扩张而影响公民和社会组织的正当权益。而社会组织法也必须贯彻宪法精神，协调好复杂利益主体之间的关系，通过人大立法保障其社会组织基本法的法律权威，才可能真正将宪法规定落实到位。

第二，社会组织法应与民法有机衔接。在某种程度上可以说，社会组织法也属于关于民事主体的立法。我国《民法通则》规定的四类法人中的社会团体法人，即属社会组织。《民法总则》将法人分为营利法人和非营利法人，非营利法人包括事业单位法人、社会团体法人、捐助法人，其中的社会团体法人和捐助法人属于社会组织。可见，社会组织法涉及民事基本制度。根据《立法法》第八条规定，"民事基本制度"属于法律保留事项，应采用由最高权力机关制定法律的立法形式。事实上，我国营利法人包括公司等民事主体的立法，都是采取法律的形式，作为非营利法人的社会组织法，依法同样也只能采取法律的形式。社会组织法作为全国人大以法律形式对社会组织进行的规范，应当与民法中的法人、非营利法人、社会团体法人和捐助法人以及非法人组织等民事基本制度相衔接。社会组织法在社会组织立法和社会主体立法中的地位，亦相当于公司法在企业立法和市场主体立法中的地位。

第三，社会组织法应协调处理好法律与法律、法律与行政法规、国家立法与地方立法的矛盾。在社会组织基本法缺失的情况下，我国已经制定了红十字会法、工会法、境外非政府组织境内行为管理法等社会组织的特别法，还有慈善法、民办教育促进法、律师法等法律涉及社会组织，同时还有许多行政法规、地方性法规、部门规章和地方政府规章对社会组织予以专门规范或者有所涉及。在这些法律法规规章中，有些地方存在矛盾冲突。在社会组织法缺失的情况下，社会组织三个登记管理条例由于位阶不高，往往无法协调处理好社会组织相关制度之间的矛盾冲突，很多社会组织特别法的规范往往突破了社会组

见"民政部杨衍银副部长在北京市第三次社会团体管理工作会议上的讲话"（1993 年 12 月 4 日），载民政部社团管理司管理处编《社会团体管理工作手册》（内部资料），1996 年 7 月，第 122 页。谢海定：《中国民间组织的合法性困境》，《法学研究》2004 年第 2 期。

织的一般性规定。社会组织法作为社会组织的基本法，应当弥补目前社会组织领域存在的法律体系中的欠缺，协调处理好社会组织诸多立法制度之间的矛盾冲突，使不同位阶的法律规范各得其所，形成有效和谐的社会组织法律制度体系。

第四，社会组织法应与有关国际公约有机衔接。环顾当下，全球化已成为不可逆转的潮流，法律秩序不再仅仅与国家权力相联系，而且必须服从或者受制于某些国际化的规则。"与国际规则接轨"的说法典型地表达了各民族国家在全球化面前的选择，民族国家的职能和能力在新的历史条件下受到严峻挑战，在这种来自外部的压力加之本国的社会要求下，近年来，各国都从本国需要出发，改革自身法律制度①。1998 年 10 月 5 日中国政府已经在联合国总部签署了《公民权利和政治权利国际公约》，该《公约》第二十二条对缔约国公民的结社自由有明确的法律要求，规定："一、人人有权享受与他人结社的自由，包括组织和参加工会以保护他的利益的权利。二、对此项权利的行使不得加以限制。除去法律所规定的限制以及在民主社会中为维护国家安全或公共安全、公共秩序，保护公共卫生或道德，或他人的权利和自由所必需的限制。本条不应禁止对军队或警察成员的行使此项权利加以合法的限制"。可见，依据该公约，对公民结社自由的权利，只有法律才能加以必要的限制。而根据我国国情，基于维护国家安全、社会安全和他人权利等方面的需要，对结社自由还有限制的必要，而限制必须依据公约制定法律。社会组织法作为社会组织的基本法，亦应当体现公约的规定。

二　按照社会组织促进法定位社会组织法

目前，我国社会组织的立法在整体上来说都属于管制型立法，各项制度的设计都是立足于加强对社会组织的管理，防止社会组织影响国家安全与社会稳定。这种立法有《社会团体登记管理条例》制定时特定的政治、经济、社会环境。但是，随着《社会团体登记管理条例》实施以来 20 多年的发展，我国经济、政治、文化和社会环境发生了很大的变化，社会组织在经济社会发展中的积极作用越来越凸显，党中央对社会组织的政策也由管制转向发展。特别是 2016 年的慈善法，构建了一系列促进慈善组织发展的法律制度。与此相适应，社会组织法也应当着眼于我国经济社会发展的需要，促进社会组织的发展。

第一，指导思想应该从"控制管理"向"培育发展"转变。我国现行社会组织立法是建立在"控制管理"的指导思想基础之上的，即基于对被管理

① 信春鹰、张烨：《全球化结社革命与社团立法》，《法学研究》1998 年第 3 期。

对象社会组织的不信任，对社会组织的设立规定了比较苛刻的实体条件和烦琐的程序。而当前社会组织发展的外在环境和政策条件都已经发生了很大的改变，要求在社会组织立法时，指导思想从“控制管理”向“培育发展”转变。只有在立法指导思想上转变为对社会组织的培育发展，社会组织法构建的法律制度才可能反映社会发展的真实需求和制度变革的理性要求。

第二，立法重点应该从“抑制消极作用”向“发挥积极作用”转变。基于前述“控制管理”的指导思想，现有社会组织立法的重点大多是限制社会组织消极作用的发挥，根据社会组织可能存在的问题，抑制社会组织的生存空间，控制社会组织的发展速度。而在现今的时代空间下，与“培育发展”指导思想相适应，社会组织法的立法重点应在鼓励社会组织积极作用的发挥，以法制的健全完善，改善社会组织的制度环境，促进社会组织健康发展，引导社会组织发挥自身独特的功能作用。

第三，制度设计应该从“堵”向“疏”的转变。我国社会组织目前还不成熟，无论内部治理机制还是对外服务能力，都距离典型的社会组织形态有着明显差距。但是，正是因为我国社会组织目前不成熟，服务社会功能不强，才更要立足于现实需要予以培育，予以引导。根据管理学的激励理论，对于现阶段的社会组织，主要给予的应该是“胡萝卜”，而不是“大棒”。与之相适应，社会组织立法构建的具体制度，应当主要是激励制度。激励社会组织，并不意味着放任社会组织发展。由于社会组织良莠不齐，在激励社会组织的同时必须强调政府的监管角色，在法律制度上准备必要的“大棒”，对社会组织损害公共利益的行为予以制止，对社会组织的违法违规行为予以制裁，对危害社会的黑社会组织、邪教组织、恐怖主义组织等，严厉打击和取缔，实现培育发展和有效监管的有机结合。

三 按照社会组织系统法定位社会组织法

国外发达国家社会组织管理的一个共同特征就是依托比较完备的法律体系，严格依法管理。有些法律规定可以上溯近百年，而且至今还在不断补充完善。英美法系国家虽然没有专门的非营利组织法律，但对非营利组织行为的规范均置于宪法、税法、商法等相关法律或判例之中，繁多而细致。大陆法系国家往往按照宪法、民法、非营利组织专门法律、相关法律规定的框架构建非营利组织法律体系，规定比较清楚和明确。比如，日本的社会组织法律法规种类十分齐全，基本上将各类社会组织纳入了法律规制的范围，形成了一个完整的社会组织法律体系。日本在民法中对公益法人（含财团法人、社团法人）的登记、管理等都作出了规范，并对一些特定类型的社会组织制定了专门的法律，如《商工会议所法》《商工会法》《促进特定非营利活动法》《中小事业、企业法》《宗教法人法》等。日本有关社会组织的法律体系体现了两个鲜明的特点：一是相关法律法规众多，尤其是专门的、单项的法律法规众多，构成了一个完整的法律体系；二是法律规定非常具体，具有较强的操作性。这不仅确保了社会组织的依法管理，也使得社会组织的活动有了明确的依据。我国社会组织立法起步较晚，社会组织自身发展也不完善，应当积极借鉴国外尤其是大陆法系国家的立法经验，对现行社会组织立法进行精心梳理、认真反思、着力完善，建立健全的社会组织法律体系，促进社会组织的发展壮大，促进社会的发展进步。当然，这是一项基础性、长远性的工作。具体到社会组织法的制定，我们必须在社会组织立法体系的背景下定位社会组织法，而不是由于社会组织法在社会组织立法中的基本法地位而对社会组织的所有内容一概予以规范，而忽略了其他相关立法的创制空间。也就是说，社会组织法应对社会组织的地位作用、权利义务、监督管理、培育发展等社会组织的一般性共性问题作出统一的、明确的规定，并要在社会组织法的基础上建立一套比较完善的社会组织法律体系。这套法律体系有四个层次：

第一，与宪法相衔接的社会组织法。作为政府部门和市场部门之外的社会第三部门，目前关于社会组织整体的立法规范仅有一些行政法规和政策文件，层次太低，难以支撑起一个法律体系。应制定与宪法中关于公民结社自由相衔接的社会组织法，全面规范社会组织的性质、法律地位、运行机制、管理体制、扶持措施等，将各类社会组织纳入法治化的轨道。

第二，与社会组织法相衔接的相关法律和行政法规。社会组织的种类很多，包括财团法人、社团法人、公益法人、互益法人，涉及经济社会发展的各个领域；同时，需要规范的内容也很多，包括社会组织自身的成立、运行和政府的登记、监管、税收等方面。单凭一部社会组织法专门法律，是不可能解决社会组织所有问题的。要在社会组织法的统领下，根据不同类型社会组织的不同特点，分别制定一些专门的法律和行政法规。在法律上，如制定行业协会商会法、学术团体法、群众团体法等。在行政法规上，依据有关法律可以分别制定具体的登记管理条例。同时，原有的工会法、红十字会法、工商联组织通则等对特定社会组织制定的法律法规，必须根据社会组织法的规定和自身发展需要进行修订。通过多个方面、多个角度对社会组织的规范，注重社会组织相关法律法规的配套，以形成较为健全的社会组织法律体系。

第三，与社会组织法律行政法规相适应的地方性法规。我国省级人大和设区的市人大拥有制定地方性法规的权力，应当鼓励有立法权的地方人大根据本地实际，对社会组织法律行政法规制定实施性地方法规，并自主创制国家法律行政法规没有规范的内容。

第四，制定与社会组织法律法规相衔接的规章。社会组织在中国是一种新兴的事物，通过部门规章、地方政府规章做出详细的规定，有利于社会组织的健康发展。制定规章时，应改变粗线条的立法思路，避免重复照抄上位法，而应通过制定详细的、具有可操作性的规定，尽可能使法律法规的规定具体、详尽，确保法律法规贯彻落实到位，社会组织具体活动有章可循。

第二节 两个方针——培育发展和监督管理的到位

培育发展和监督管理并重是党的文献多次强调的我国社会组织管理工作的基本方针。但是目前，在培育发展方面，该扶持的没有得到较好扶持，除税法有关于公益性社会组织的税收优惠外，我国社会组织立法缺乏相关培育发展制度支持，导致即使行业协会、农村专业经济协会等政府一直鼓励发展的经济类社会组织也缺乏具体制度支持其更好地发展。在监督管理方面，该管好的没有得到较好管理，由于原来涉外社会组织管理制度的缺失和国内社会组织管理制度缺乏操作性，导致应当重点管好的涉外社会组织、非法社会组织放任自流。制定社会组织法，应当通过具体的制度构建，让该扶持的社会组织得到发展，让该抑制的社会组织受到制约。如果说培育发展主要是一种通过利益诱导为主进行激励而不具有很强的强制性约束力的软法之治，监督管理主要是一种以明确、具体的法律责任和强制性约束为特征的硬法之治，那么现存的状态可说是软的不软，硬的不硬。社会组织法应当努力做到该软的软，该硬的硬，软硬兼施，有效管理。

一 培育发展制度要由缺失变为全面，做到该软的软

“软法是原则上没有法律约束力但有实际效力的行为规则”，[①] 软法之治，与社会组织具有天然的适应性。社会组织作为一种自治组织，其制定的章程、自律制度等，虽然没有法律约束力，但对其成员具有实际效力，也是必须遵循的行为规则。因此，可以说社会组织本身即属于软法之治的主体，社会组织应该最善于适应、运用软法。在国家对社会组织的治理中，除了必须以国家强制力保障实施的法律规范外，应当根据社会组织的特点，更多地赋予社会组织以自由，运用项目、财政、税收等方面的扶持措施引导社会组织发展，运用自律

① 转引自罗豪才、毕洪海《通过软法的治理》，《法学家》2006 年第 1 期。

引导社会组织自我规范。特别是目前，我国社会组织虽然取得了一定的发展，但同西方国家相比，无论是在数量上还是在质量上，都有较大的差距，还不能完全适应我国经济社会发展的需要。但改革开放以来国家颁布的关于社会组织的一些法规政策，多是从治理整顿社会组织出发，在加强社会组织管理方面下功夫，培育发展的内容很少。制定社会组织法，应当全方面建立健全社会组织扶持制度，如通过政策和舆论引导公众正确认识社会组织的作用，通过税收等方面的优惠政策吸引、鼓励社会组织在某些领域优先发展，通过项目引导社会组织功能的发挥，等等，以软法创造宽松的土地、充沛的雨水，以良好的环境滋润着社会组织的成长，使之能够迅速发展以适应我国经济社会发展的需要。

二　监督管理制度要由缺陷变为完善，做到该硬的硬

社会组织具有双重性，是把“双刃剑”，政府对社会组织的监管有其客观必然性。目前，虽然我国对社会组织采取的是管制型立法模式，但社会组织管理并不十分理想。在监督主体上，民政部门和业务主管单位的双重管理体制，民政部门重在审批登记，业务主管单位重在日常活动管理。但一些业务主管单位仅是社会组织的挂靠机构，没有履行好管理职能。这一方面导致了社会组织政出多门、多头管理的局面，另一方面又导致对社会组织无人管理、无所适从的局面。在监督内容上，重事前审批而轻事后监督，审批从严而监督缺位，导致社会组织的非法行为没有及时查处，非法社会组织没有及时取缔，涉外社会组织没有及时纳入管理。在新的国际形势下，西方发达国家日益重视利用社会组织进行渗透、颠覆活动和干涉他国内政。当前，我国正处于经济社会转型时期，社会两极分化，各种矛盾凸显，各种利益诉求极其复杂，如果不加以有效控制、引导，极有可能产生与现有体制相抵触的、难以驾驭的组织力量。为此，社会组织法的制定，应在充分考虑执法部门可能配置的执法力量和可能承担的执法成本，公民对社会组织法律规范的认可程度，社会组织现有及可能有的主要问题，合理强化民政部门的管理责任，既负责审批登记又承担日常监管责任，将对社会组织的监管重心从事前审批登记变为事后的监督规范；加强对社会组织日常活动的管理，对社会组织的财产管理、审计监督、违规处罚、撤销清算和社会监督等制定相应的操作性条款；把涉外社会组织的活动纳入法律规范，坚持分类管理、区别对待，综合运用多种法律手段，建立政府监管、行业自律和社会监督相结合的多元化、全方位的相互协调的监督管理体系。

三　社会组织立法要坚持软硬兼施，做到有效管理

目前，我国对社会组织管理的特点是重监管，轻扶持。这一手硬，一手软

的做法实际上影响了监管的有效性，也不利于社会组织的长远发展。对于培育发展与监督管理并重的社会组织管理工作方针，有的人认为这体现了政府既想发展社会组织、又怕社会组织发展壮大后难以控制的矛盾态度。但实际上，培育发展与监督管理并非对立，二者是相辅相成的。监督管理就是为了更好地培育发展社会组织，离开监督管理的培育发展是没有保障的。监督管理不是一种简单的控制约束，而是在相关法律法规的制度约束下更加有效地促进社会组织健康发展。正是有了监督管理，社会组织才能沿着正确的发展方向前进。只有科学、规范的监督管理，才能保障社会组织健康发展并发挥积极作用。如果缺乏科学、规范的监督管理，社会组织的问题就可能比较多，作用发挥也就可能不明显。从某种程度上说，政府监管不仅仅是指对社会组织的存在和发展进行限制和约束，还包括对社会组织的鼓励和促进，后者也是政府监管的一个内容。从境外发达国家和地区的实践来看，往往更多侧重于后者。因此，社会组织法应将培育发展与监督管理有效结合起来，在二者之间找到一个合适的平衡点。一方面要承认社会组织的独立性，为社会组织提供制度性的法律保障，使其具有一个合法的活动空间，并以软法引导其发展；另一方面，政府对社会组织应当进行必要而有效的监管，防止社会组织各种可能的违法行为，确保社会组织沿着正确的方向健康发展。

第三节 三个目标——保障结社自由、完善法人制度和调整政社关系

社会组织法关系到公民的结社自由，涉及经济、政治、文化、社会建设的方方面面，需要统筹考虑的立法价值多元，需要协调的法律关系复杂。但是，社会组织法最主要的目标应是保障公民结社自由、完善社会组织法人治理制度和建立新型政社关系三个目标。因为，社会组织法，在形式上是规范社会组织法人，在实质上是规范公民结社自由，而所有这些都可归纳为调整政社关系。

一 保障结社自由——社会组织法的基本目标

第一，社会组织法的实质是对公民结社自由的规范。社会组织法在表面看来是规范社会组织，但其实质是对公民结社自由的规范。结社自由是社会组织设立的宪法依据，也是社会组织获得合法主体地位的逻辑起点和法律前提。只有公民的结社自由得到国家的确认和保障，社会组织才能得以设立并取得合法地位。因此，可以说，在社会学或者组织学的视角下，社会组织问题可以是一

个本体问题。但在法律视角下，社会组织问题还只是一个滋生问题，其本体问题是公民结社自由的问题。特别是社会组织设立的问题，在实际上是一个在多大程度上保障结社自由的问题。愈是保障结社自由，则对设立社会组织的限制愈少，反之亦然。

第二，现行社会组织立法对结社自由保障不够充分。我国现行宪法明确了公民有结社自由。社会组织的有关法律法规应该贯彻宪法的规定，使公民的结社权利能够得到具体法律法规的确切保护。这不仅因为宪法是我国法律体系中的最高法律规范，所有的法律法规都必须落实宪法的精神，使宪法的规定具体化；而且，还因为法律的重要目的之一就是保护公民的权利。然而，《社会团体登记管理条例》等一系列社会组织管理的法律法规，都有浓厚的限制公民结社自由的色彩。这些行政法规，通过单一法人制度、业务主管单位和登记管理机关的双重许可制度、限制竞争制度等一系列制度，将依据宪法所存在的公民权利转变为行政机关批准的权利；将国家有义务提供种种方便来保证的公民权利转变为国家可以随时收放的公民权利①，影响了公民结社自由的行使。

第三，社会组织法应进一步保障公民的结社自由。结社自由是公民享有的一项最基本的宪法权利。当今世界各国均普遍规定或承认公民享有结社自由的基本权利②。改革开放以来，随着经济社会的发展，我国公民的结社愿望日趋强烈。特别是随着国家治理体系的不断完善和治理能力的不断提升，党委领导、政府负责、社会协同、公众参与的社会治理新格局的逐渐形成，广大公民通过结社参与社会治理的热情将被逐渐激发起来，党委政府也愈加重视社会组织的民主协商和参与治理的功能。如果我们承认结社自由对于公民权利和公共利益具有的重要价值，并且真正认真对待宪法规定的结社自由权利，就应当按照宪法规定的结社自由的精神来制定社会组织法，废除现行社会组织管理制度那些不必要、不合理的限制措施，切实维护公民的结社自由权利，建立与现阶段公民结社需求相适应的社会组织法律制度。

二　完善法人制度——社会组织法的直接目标

第一，社会组织法直接体现为对社会组织法人制度的规范。社会组织是法人的重要组成部分。在《民法通则》中，法人分为企业法人、机关法人、事

① 吴玉章：《从结社权利角度看社团管理问题》，载魏定仁主编《中国非营利组织法律模式论文集》，中国方正出版社 2006 年版，第 164 页。

② 托克维尔曾经阐述道："结社自由是基本人权，破坏结社自由就会损害社会本身；结社自由是反对专制政治的重要保障；结社可能会带来暂时的政治不稳定，但从长远看有利于社会稳定。"参见其著作《论美国的民主》（上卷），商务印书馆 1991 年版，第 216—218 页。

业单位法人和社会团体四大类，其中的社会团体即属于社会组织。1989 年的《社会团体登记管理条例》规定社会团体可以是法人，也可以不是法人，而 1998 年修订后的《社会团体登记管理条例》则明确社会团体必须登记为法人。1998 年的《民办非企业单位登记管理暂行条例》规定民办非企业单位具有法人、合伙和个人三种形式，而实践中民办非企业单位大部分都登记为法人。《基金会管理条例》则明确基金会只能是法人。可见，目前除民办非企业单位不一定是法人外，社会组织的大部分都具有法人资格。无论从形式上还是从内容上，社会组织法的有关制度与法人制度都是紧密相连的。在形式上，社会组织法直接表现为对社会组织这种组织进行法人制度的规范；在内容上看，社会组织法应当包括社会组织法人资格取得、法人治理制度等方面的内容。当然，即使是不具有法人资格的社会组织，立法也应当明确其法律地位，但非法人社会组织的立法规范，同样是与法人制度密切相关的组成部分。

第二，目前社会组织法人制度不够完善。自 1986 年 4 月 12 日通过《中华人民共和国民法通则》以来，我国已经正式确立法人制度 30 年。但在此期间，我国立法关于法人制度的修改完善主要集中在企业法人制度方面，社会组织法人制度还很不完善。如《民法通则》规定的四类法人中，无法包括现在的民办非企业单位和基金会。再如《民法通则》第三十六条规定“法人是享有权利能力、行为能力，能够享有权利承担义务的组织”，但目前的几个条例都主要是规范了社会组织登记管理方面的内容，社会组织有什么法律地位、有何权利能力和行为能力、内部法人治理结构如何安排等，都亟待立法规范。

第三，社会组织法应完善社会组织法人制度。社会组织法人制度存在的问题，在一定程度上代表了我国目前法人制度存在的缺陷。这也影响了社会组织的健康发展。为了建立健全社会组织法人制度，夯实社会组织的独立法人主体资格的法制基础，社会组织法应对社会组织法人设立、治理等法人基本制度予以完善。尽管法人制度是《民法通则》或者《民法总则》规定的内容，民法属于大法，其效力高于一般法律，民法关于法人制度的规定将直接影响社会组织法对社会组织法人制度的具体规范。但是，在制定社会组织法时，仍然应当借鉴公司法、中小企业促进法等方面的立法经验，在社会组织法可以规范的内容内，明确社会组织的法律地位，规范社会组织的法人种类和法人治理机构。

三 调整政社关系——社会组织法的最终目标

第一，社会组织法实际上是对政社关系的一种制度安排。社会组织是一种重要的组织形式，它将分散的个体的公民联结起来构成一种社会力量，成为公民社会的桥梁与纽带，是最核心的社会主体。按照社会三分法的逻辑，政府、企业、社会组织，构成了所谓的“三驾马车”“三根支柱”“三条腿走路”的现代社会治理结构。这些非政府和非企业的由公民组成的社会组织，包括各种行业协会、公益慈善组织、社区组织、互助组织、兴趣组织等，属于官方政治领域和市场经济领域之外的民间公共领域，构成了公民社会的核心要素。尽管单个的公民不仅是公民社会的出发点和归宿，也是公民社会的主要角色，但是，公民社会是一种社会组织形式，单个的公民只有组织起来，才具有社会的意义。由于社会组织特殊的社会角色，使得社会组织法不单纯是关于社会组织的制度安排，而直接体现为一种政社关系的构建：政府对社会领域是加强控制还是赋予自由？政府在多大程度上允许社会空间的存在、允许社会力量的存在、允许社会自治的存在？政府是否同意社会对政府自身的参与、合作、监督、制约等？但是，社会组织与政府的关系不是一种简单的管理与被管理的关系。对于政府来说，社会组织是一把“双刃剑”，既有积极的方面，也有消极的方面。当政府的制度安排和执法行为得当，就容易使社会组织与政府合作，有利于社会的和谐与稳定；如果制度安排与执法行为不当，社会组织与政府的合作就很困难，甚至会走到政府的对立面，甚至危害社会的团结与稳定。[①] 正因为如此，政府多大程度干预社会组织、政府怎样干预社会组织，成为社会组织法的一个难题。所以，为了建立良好的政社关系，努力做到政府对社会组织的适度有效管理，社会组织法构建的制度，包括社会组织的设立、治理、运行及其管理、扶持等，不能仅仅从社会组织单方的角度去设计和安排，而应当考虑到相关制度安排所导致的政社关系。

第二，现行社会组织立法确定的是政府对社会的控制性关系。自新中国成立之初，我国即进入政府高度集权的全能型社会。政府为每个单位确定一定的级别，按照行政科层对社会进行整合，其权力渗透到社会的各个角落。政治、经济、文化和社会等领域的大部分资源也由政府垄断，政府通过指令性计划安排资源的使用和产品的生产分配。与传统管理体制相适应，现行社会组织立法的制度安排基本属于控制管理性制度，政府通过登记、管理、处罚等多种形式的监管措施，同时通过直接举办社会组织、派人到社会组织任职等措施，避免社会组织做出对国家、社会、他人违法违规的行为。政府的过渡控制，影响了社会组织的发展和社会自治的形成，造成了政社不分、机构臃肿、效率低下、行政成本高昂等弊端。

第三，社会组织法要基于善治建立政社合作关系。善治实际上是国家权力

① 俞可平：《中国公民社会研究的若干问题》，《中共中央党校学报》2007 年第 6 期。

向社会的回归，其基本含义是在最大限度地增进公共利益的目标下，建立政府与社会组织之间的合作关系，实现政府与社会组织对公共事务的合作管理①。可见，善治就是一个还政于民的过程，有赖于公民自愿的合作和对权威的自觉认同。没有公民的积极参与和合作，至多只有善政，而不会有善治。② 所以，善治的基础与其说是在政府或国家，还不如说是在公民或社会组织。按照善治的要求，政府应当进一步转变对社会组织的态度，通过社会组织立法，对社会组织给以正确的定位和合理的分类，从审批、登记、监管、税收等方面，对社会组织既积极支持、热情帮助，又正确引导、合理规范，营造一个有利于社会组织健康成长的制度环境，促进社会组织发展和发挥其在公共物品供给中的作用，使其更好地与政府合作，形成政府与社会组织之间的新型关系，实现政府和社会组织的良性互动和功能互补，促进社会和谐③。

第四节 四个内容——完善社会组织设立、治理、监督和扶持制度

社会组织法的地位与公司法的地位相类似，都属于组织法。公司法是规范公司的主体地位和公司的内部关系的组织法，主要包括公司的设立、变更与终止和公司章程、组织机构、权利能力和行为能力以及股东之间、股东和公司之间等方面关系的法律。社会组织法作为组织法，主要规范的也应当是社会组织的主体地位和社会组织的内部法律关系，包括社会组织从成立到终止的过程，包括权利能力、行为能力、章程、组织机构，社会组织管理层与社会组织捐赠者、受益者之间的关系，社会组织的治理结构等方面的内容。同时，作为不同于公司的社会组织，基于社会组织自身特点和建立新型政社关系的需要，社会组织法还应当包括政府监督和扶持两方面的内容。具体来说，社会组织法主要包括四方面的制度。

一 完善社会组织设立制度

社会组织的设立，是社会组织形成的第一步，是公民行使结社权的第一步，同时也是处理政府与社会组织关系的第一步，直接关系到一个国家社会组

① 俞可平：《治理和善治》，社会科学文献出版社 2000 年版，第 11 页。

② 俞可平：《中国公民社会研究的若干问题》，《中共中央党校学报》2007 年第 6 期。

③ 王建军：《论政府与民间组织关系的重构》，《中国行政管理》2007 年第 6 期。

织的发展数量、生存状况和社会领域兴衰的问题。社会组织设立制度，包括国家制定和实施的规范社会组织设立的实体法律制度和程序法律制度。目前，我国对于社会组织的设立制度为许可登记制度，《社会团体登记管理条例》《民办非企业单位管理暂行条例》《基金会登记管理条例》和《行政许可法》等相关法律规范，对社会组织的设立进行了规范。具体而言，按内容划分，当前我国社会组织设立制度主要包括社会组织设立条件和设立程序；按主体划分，可分为社会团体的设立、民办非企业单位的设立和基金会的设立。虽然当前社会组织设立制度在我国社会组织立法中的内容是比较全面的，但由于当前我国社会组织设立制度是建立在控制管理理念基础上，导致当前社会组织设立制度与现实要求严重脱节。如，社会组织设立条件高，导致许多社会组织无法依法设立，成为非法组织；社会组织设立程序复杂，影响了社会组织的发展；社会组织设立过程中的行政行为缺乏规范，妨碍了公民结社自由的行使。从而，导致现行社会组织立法中最全面的内容，也是社会和学人批评最多的内容。因此，社会组织法应当从完善社会组织设立制度开始。

二　完善社会组织治理制度

社会组织的非政府性、非营利性、自愿性、自治性、组织性等五个基本特征，决定了社会组织是典型的自治性、自律性组织。特别是社会组织由于没有所有权人，剩余索取人虚位和代理问题的存在，更凸显了内部治理和自律机制的重要性。但是，目前我国社会组织立法主要是登记管理方面的内容，缺乏对社会组织内部治理的具体规定，只有在民政部的示范章程中涉及了社会组织的治理问题。由于制度的缺乏，一方面，社会组织的治理都或多或少地受到政府的行政干预。另一方面，一些社会组织自身治理比较混乱，有的社会组织的从业人员素质不高，缺乏有效的内部治理；有的社会组织声称不以营利为目的，但实际上却像企业一样想方设法获取利润，并且逃避国家的税收；有的社会组织则挖空心思向政府机关争取行政管理职能，试图成为“二政府”，以寻求租金。建立社会组织自主治理的组织机制，是社会组织不被滥用的基本保证，是社会组织健康发展的前提和基础。社会组织法应当借鉴公司法关于建立公司治理结构的有关制度，结合社会组织的特点，健全社会组织治理机构，通过治理制度提升社会组织的自律品质、管理水平、服务能力，获得社会的信任和公众的参与。

三　完善社会组织监督制度

自律是行为主体自我约束，以道德驱动的自律存在着可持续性限度和普遍性限度，对多数人和团体而言，自律行为的形成仍有赖于外部力量的监督与约束，因而有效的监管必不可少。在社会组织的法律规制上，监管与自律同等重要。目前，我国对社会组织的政府监督，主要关注的是社会组织的资格准入问题。一旦社会组织登记成立，除了例行公事地接受年检和财务审计外，很少其他监督管理方面的制度约束，呈现出比较明显的重事前审查轻事后监督的特点，这导致社会组织鱼龙混杂。由于日常监管不到位，社会组织良莠不齐，同时又影响了社会组织应当享受的有关减免税待遇难以落实，“劣币驱逐良币”现象不断上演。主管机关往往等到社会组织的问题积累到一定程度就来一次大规模的清理整顿，整顿的结果是再把登记门槛设计得高一点，而更加严格的“进门前审查”又占据了登记机关更多的精力，使其对于日常监督管理更无暇顾及，导致社会组织存在的问题不能被及时发现解决又逐步形成堆积，对于构造社会组织稳定的生态环境亦是弊大于利。改变这种状态，社会组织法应当按照前述加强监督管理的方针，构建社会组织评估、信息公开等方面的监督方式，进一步建立健全社会组织管理制度。

四 完善社会组织扶持制度

如前所述，目前社会组织扶持制度十分缺乏。随着政府管理模式的积极转变和政府对自身功能的准确定位以及对社会组织发展的充分认知，扶持社会组织发展已经越来越成为各界的共识。为了建立新型政社关系，社会组织法应当着力建立健全社会组织扶持制度，构建和维护政府与社会组织持续的良性互动关系。如，对于通过社会组织提供公共服务效率更高的领域，政府应加大支持力度，使社会组织提高提供公共服务、满足社会需求的能力。可以借鉴西方发达国家的做法，对社会组织的收入和捐赠等制定更大力度的税收减免制度，支持社会组织的公益性服务，鼓励社会慈善和志愿事业的发展，等等。

对于完善社会组织立法的上述四个制度，在第四章将进行详细论述。

第四章

我国社会组织法立法的具体制度

从社会组织法立法整体构想的分析中可以看出，社会组织法涉及的不只是单一部门法的内容，而涵盖了宪法、民商法、行政法、社会法乃至国际法等多个法律部门。如社会组织法涉及的公民结社自由问题，属于宪法调整的内容；行政主管机关对社会组织进行监管的问题，属于行政法调整的内容；社会组织法人治理结构的完善及相关财产的管理使用问题，属于民法调整的内容。同时，社会组织作为社会的重要主体，涉及社会法；社会组织立法中关于涉外社会组织的规范和国际上有关结社公约的履行，还涉及国际法。因此，在具体构建社会组织的各项法律制度时，不能从单一部门法的视角出发，也不能只运用单一部门法的理论和实践经验，而应当充分考虑到社会组织多方面的法律属性，运用多部门的法律理论和实践经验对社会组织进行全面、准确的法律规范。当然，多部门法律理论的综合运用，增加了社会组织法立法的难度，但唯有通盘考虑，统筹安排，才能实现社会组织的良法之治乃至善治。

第一节　基于结社自由理论的社会组织设立制度

如前所述，结社自由是社会组织设立的宪法依据，也是社会组织获得合法主体地位的逻辑起点和法律前提。特别是社会组织设立的问题，在实际上是一个在多大程度上保障结社自由的问题。愈是保障结社自由，则对设立社会组织的限制愈少，反之亦然。社会组织法应当建立与现阶段公民结社需求相适应的社会组织设立制度。

一　结社自由及其限制的立法要求

（一）结社自由及其限制

结社是指人们为了某种共同的目的而自愿组成一定形式的民间社会组织的社会活动过程。在现代社会，结社一般不再指基于商业目的并依照公司法成立的公司，而主要是指人们为了某种共同的目的组成一定的非营利的社会组织。

就结社自由而言，它是一种自然人或法人可以不经事先批准就自愿组织在一起的权利。就结社自由的本性而言，那是公民可以行使的若干种自由之一，是一种公民可以组织、参加或者不组织、不参加社会组织的自由。① 具体包括以下内容：② 一是结社与不结社的自由。公民个人除被剥夺政治权利者外，都有不经行政当局的许可结社的自由。公民的结社自由自然隐含着公民有不结社的自由，也即公民不得被强制加入某一组织或者因为他不是某一组织的成员而受歧视或给日常生活带来不便。二是选择结社组织与形式的自由。公民个人可以根据自己的兴趣、偏好、信仰等与其他公民个人建立不同类型的社会组织，可以根据法人登记条件建立具备独立法律人格的组织，也可以建立没有独立法律人格的非法人组织。三是自主决定结社内部事务的权利。社会组织有权自主制定章程和内部各项规则，自主选择组织领导人，自主进行管理和开展活动。四是结盟和建立联合会的自由。社会组织在一定意义上讲是公民的表达和实践组织，其能力与组织的规模具有一定程度的正关联。社会组织可以和其他组织建立联合和联盟，或者加入同类组织的国际联盟。结社自由作为一项自由权，既是一项积极权利，即公民具有出于某种目的或者基于某种原因而建立或加入某个社会组织的权利；又是一项消极权利，即公民可以不加入某个社会组织，也可以退出某个社会组织；既是一项个体性权利，即公民个人具有自愿参加或者退出社会组织的权利；又是一项集体性权利，即一个现存的社会组织具有为追求成员的共同利益而自由开展活动的权利；既是一项公民权利，又是一项政治权利。

但是，上述关于结社自由的理解还只是结社自由一个方面的内容。结社自由的另一个方面的含义就是，结社自由同公民享受其他的自由一样，都会受到限制。因此，这里的行使结社自由必须符合法律的规定实在是根本性条款。也就是说，结社自由并不是漫无边际的，它受到法律的限制。公民行使结社自由的边界，就是法律的规定。一旦超出法律的规定，那么行使包括结社自由在内的自由就不会再受到法律的保护，反而会受到严厉的限制。③ 因为，结社自由本身是把“双刃剑”，它可以被用来服务于正当合法的目的，也可能被用来从事违法犯罪活动，甚至有时沦为危害国家安全的工具。如果无视或者忽视结社自由这一潜在危险，对结社自由不加任何限制，必然会给国家、社会和公民带

① 吴玉章：《结社与社团管理》，《政治与法律》2008 年第 3 期。

② 参见刘培峰《结社自由及其限制》，社会科学文献出版社 2007 年版，第 44—57 页。

③ 吴玉章：《结社与社团管理》，《政治与法律》2008 年第 3 期。

来严重的灾难。对结社自由的这一潜在危险，即使是那些崇尚结社自由的思想家也不会否认。早在1930年托克维尔就曾经不无悲哀地指出："如果说结社自由在一些国家可促进和加快繁荣，那么在另一些国家又可能因为滥用和歪曲结社自由而使它由积极因素变为破坏的原因。"① 只有对结社自由加以适当的限制，结社自由才能产生无可估量的利益；如果缺乏必要的限制，结社自由将会成为混乱、罪恶和灾难的根源。

（二）结社自由及其限制的立法要求

第一，立法要保障结社自由。结社，是人的社会属性使然。作为社会动物，人天然具有结社的天性，对结社自由也具有天然的渴望，个人需要通过与他人的联系而丰富和发展自己的情感世界和精神世界。② 格老秀斯曾表示，"在人所独具的特性中有一种要求社交的强烈愿望，亦即要求过社会生活的愿望"。而"社会、政治、经济、宗教性等团体……都是由具有自觉的需求和目标的个人所组成"③。由于结社属于人的本性，因此，在希望人像人一样生活的国家里，结社不仅成为个人的需要，也成为国家的需要。"人之所以要结社，一方面是因为，通过结社，不同人的个人利益、爱好和追求都有可能成为一种群体利益或群体倾向而表现出来，从而更容易受到社会的重视，也更有可能尽快地解决或得到满足；另一方面，无论是环保还是关心弱势群体，总需要有人去推动，而且实践证明推动的人、参与的人越多越好。过去，我们总是习惯于把公民的结社当作是公民自己愿意的，这实际上并不全面。在一个转型社会中，结社或社会团体的出现其实也是政府的愿望"④。与此同时，政府及其立法亦应承担保障结社自由的责任。"公民的结社自由权利是公民的一项公认的基本权利，与此相关，保护公民的结社权利实际上已经成为承认上述国际人权公约的国家的一种义务。换句话说，国家应该积极创造条件，使公民行使结社权利更加安全和方便"⑤。托克维尔坚信："在规制人类社会的一切法则中，有一条法则似乎是最正确和最明晰的。这便是：要是人类打算文明下去或走向文明，那就要使结社的艺术随着身份平等的扩大而成正比地发展和完善。"⑥ 实际上，随着文明的发展，当前保障结社自由已经成为大多数国家和相关国际

① ［法］托克维尔：《论美国的民主》（上卷），董果良译，商务印书馆1988年版，第218页。

② 吴玉章：《从结社权利角度看社团管理问题》，载魏定仁主编《中国非营利组织法律模式论文集》，中国方正出版社2006年版，第164页。

③ ［英］柏林：《两种自由概念》，陈晓林译，载刘军宁等编《市场社会与公共秩序》，生活·读书·新知三联书店1996年版，第197页。

④ 吴玉章：《公法权利的实践——结社现象的法律意义》，《法学研究》2006年第5期。

⑤ 吴玉章：《社团的法律问题》，《环球法律评论》2004年秋季号。

⑥ ［法］托克维尔：《论美国的民主》（下卷），董果良译，商务印书馆1998年版，第640页。

条约的立法内容。就结社自由的国家立法保障来说，结社自由作为一种特殊的权利，大多数国家对此采取了一种由禁止、默许到宽容、支持的态度。英国虽然是世界上最早产生宪政意义上社团的国家，但从14世纪起到1825年废除禁止结社法，英国工人结社一直被认为是严重的犯罪行为。《美国宪法》作为世界上第一部成文宪法，也没有关于结社自由的内容。最早承认公民结社自由的宪法，是1831年的比利时宪法。随后，荷兰1848年的宪法、法国1901年的结社法、德国1919年的《魏玛宪法》都承认了公民的结社自由。第二次世界大战后，许多国家都在宪法中规定结社自由是公民的一项基本自由权。《意大利共和国宪法》第18条规定，“所有公民均有不经许可而自由结合之权利”。比利时宪法第211条规定，“比利时人民有结社权，此种权利不受任何预防措施的限制”。葡萄牙宪法第46条规定：“公民有权自由结社，不需任何批准。”据宪法学家对世界142个国家宪法的统计，明确规定公民享有结社自由权的国家占总数的83.8%。[①] 就结社自由的国际法保障来说，许多重要的国际人权文献都将结社自由作为基本自由权予以规定。《世界人权宣言》第20条规定“1. 人人有权享有和平集会和结社的自由。2. 任何人不得迫使隶属于某一团体”；第23条规定“4. 人人有为维护其利益而组织和参加工会的权利”[②]。作为对《世界人权宣言》上述内容的法律认定和具体阐释，《公民权利和政治权利国际公约》第22条规定“一、人人有权享受与他人结社的自由，包括组织和参加工会以保护他的利益的权利。二、对此项权利的行使不得加以限制。除去法律所规定的限制以及在民主社会中为维护国家安全或公共安全、公共秩序，保护公共卫生或道德，或他人的权利和自由所必需的限制，本条不应禁止对军队或警察成员的行使此项权利加以合法的限制”[③]。《经济、社会和文化权利国际公约》第8条规定“一、本公约缔约各国承担保证：（1）人人有权组织工会和参加他所选择的工会，以促进和保护他的经济和社会利益；这个权利只受有关工会的规章的限制。对这一权利的行使，不得加以除法律所规定及在民主社会中为了国家安全或公共秩序的利益或为保护他人的权利和自由所需要的限制以外的任何限制；（2）工会有权建立全国性的协会或联合会，有权组织或参加国际工会组织；（3）工会有权自由地进行工作，不受除法律所规定

① 参见［荷兰］马尔赛文等《成文宪法的比较研究》，陈云生译，华夏出版社1987年版，第151页。

② 需要说明的是，1948年的《世界人权宣言》从性质上只属于国际惯例的范畴，严格说并不属于国际法的范畴，它只是一种建议或口号，然而，几乎没有人会否认它对人权的重要意义，因为它是1966年的《经济、社会和文化权利国际公约》和《公民权利和政治权利国际公约》两大国际人权公约的渊源，已成为世界各国各地区制定国内人权法或区域性人权公约的基本标准和指南。

③ 王铁崖、田如萱编：《国际法资料选编》，法律出版社1982年版，第146页。

及在民主社会中为了国家安全或公共秩序的利益或为保护他人的权利和自由所需要的限制以外的任何限制；（4）有权罢工，但应该按照各个国家的法律行使此项权利。二、本条不应禁止对军队或警察或国家行政机关成员的行使这些权利，加以合法的限制”[①]。此外，《欧洲人权公约》（1950）的第11条、《美洲人权公约》（1961）第16条、《非洲公民权利宪章》第10条也规定了结社自由的权利。从上述规定可以看出，国际性的和区域性的国际公约都对结社自由的保护比较重视，规定只要出于合法目的，人们就有权组织社团，特别是可以组建工会组织；人们有权自主决定是否加入社团，自由选择自己加入的社团，而不受外界干涉；人们在社团内部可自由活动，自由退出。但是，为了国家安全、公共安全、公共秩序及他人自由和权利等原因，结社自由可以依照国内法的规定受到一定的限制。政府工作人员、警察、军队等一些具有特殊身份的人员的结社自由同样要受到保护，但保护的范围和程度可以与普通公民结社自由的保护不同。

第二，立法要对结社自由予以适当限制。社会组织的形成，实际上是公民结社的结果。无论是法学理论还是立法实践，均认为对于结社应当给予一定的限制。因为，“这样的结社中常存在对国家、对政治组织社会的人格的危害，因此法律对结社总有戒备”。同时，“集体行动的力量很大以致这样的结社，即使不是政治性的（因为他们往往是或者会变成是）也可能在整体或部分上有反社会的行为”。因此，法律从开始就对所有结社采取敌视态度。除了某些商业行会、宗教礼拜、慈善团体和合作企业，罗马法禁止其他结社。长期以来，普通法中有一种明显的猜疑倾向，并反映在“每个公司都要有一个监察员”的法规和关于共谋的原则中。[②] 另外，结社形成的社会组织还有可能侵犯其成员或者其他公民的权益。因此，国家有必要对公民的结社自由进行必要的干预，明确结社自由的边界和义务。[③] 纵观国外宪法及其相关法律，大多数国家在对结社自由进行确认的同时提出了一些限制条件。[④] 一是从结社主体上进行规制。主要是对军人、警察和公务员等人员的结社给予限制。军队和警察拥有合法的暴力，其结社容易导致暴力组织的形成，国际人权法和一些国家的宪法及法律对军人、警察的结社一般持否定态度。对于公务员结社，目前大多数国家宪法没有作出特别规定，只有少数国家宪法作出了限制。如白俄罗斯宪法

---

① 王铁崖、田如萱编：《国际法资料选编》，法律出版社1982年版，第155页。

② ［美］罗斯科·庞德：《法理学》（第三卷），法律出版社2007年版，第176—178页。

③ 刘培峰：《结社自由及其限制》，社会科学文献出版社2007年版，第215页。

④ 比利时等少数国家的宪法对结社自由未作限制，如比利时1971年宪法第20条规定“比利时人民有结社权；这项权利不受任何预防措施限制”。

第36条规定：每个人都享有结社自由的权利。法官、检察工作人员、内务部、国家监督委员会和安全机关的工作人员、军人，均不能成为追求政治目的的政党和其他社会团体的成员。日本国家公务员法第1947条规定：警察、在海上保安厅或监狱里服务的职员，都不能组织或加入本行业的工会。英国为了使政府雇员保持政治中立，大约有20%的公务员的结社自由受到限制。1947年美国劳资关系法对工会规定了禁止参加政治斗争、禁止举行同情罢工等组织和活动方面的限制和干预。1973年，美国最高法院又在文官委员会诉全美邮递员协会案中认为，如果要使政府有效而公正地运行，应对联邦雇员的权利加以限制，禁止他们参与政治团体和政治竞选。二是从结社目的上对结社自由进行规制。规定公民在行使这一权利时不得损害国家主权，如瑞士联邦宪法（1974）第56条规定："公民有结社的权利，但其目的及其行使方法不得对于国家有违法或危害的事，各州得以法律规定必要的措施，以防止滥用此项权利。"罗马尼亚宪法（1965）第37条第2款规定："政党和组织的目标及活动者违背政治多元化、法治国家的原则或罗马尼亚的主权，则被视为违反宪法。"公民在行使这一权利时不得危害社会制度，如波兰人民共和国宪法（1952）第72条第三款规定："凡其目的或行动在于破坏波兰人民共和国政治和社会制度或法律秩序的团体，均禁止创立和参加。"不得秘密结社，如意大利宪法（1947）第19条第二款规定："秘密结社，以及利用军事性的组织，即使是间接地，追求政治目的的结社，概予禁止。"公民在行使这一权利时不得以犯罪为目的，如西班牙宪法（1945）第22条第2款规定："追求之目的或使用之特别手段构成犯罪者为非法结社。"三是从结社程序上对结社自由进行规制。世界各国宪法与法律关于结社程序上的限制主要有"追惩制"和"预防制"，或称"放任制"与"许可制"①。前者要求在结社前不需要任何手续，社会组织在成立后政府对于其违法行为依法加以处罚，乃至禁止活动、解散社会组织。后者要求公民结社必须预先向政府寻求许可或者批准，至少向政府报告。"预防制"或者"追惩制"的采用，不仅取决于国家对社会组织的态度，而且与所在国家的法治水平密切相关。一般来说，在法制健全的国家，人们的各种行为规范比较完善，无须限制社会组织主体资格，在社会组织管理上多采取"追惩制"。从趋势上看，世界各国宪法和法律将逐渐由"预防制"转变为"追惩制"。

第三，立法要实现结社自由与限制的平衡。在结社自由的保障和限制两个

① 吴玉章：《"政府管理社团"模式及其效果》，载吴玉章主编《社会团体的法律问题》，社会科学文献出版社2004年版，第9页。

方面，立法应当努力实现平衡，以达到保障公民基本人权与维护社会基本秩序的统一。一是限制结社自由的目的遵循公共利益原则。限制结社自由，只能是为了维护社会的正常秩序，保障公民的其他权利，而不能打着维护秩序的幌子压制结社自由。自由是法律秩序必须具备的内涵，缺少此内涵，法律秩序就会徒具形式，不能恰当地保障大多数公民自由的法律必然会沦为不义之法，成为专制的工具。限制结社自由是为了划出人们正当结社行为的界限，使每个人的每种自由达到相互之间的和谐。不能因为结社自由可能具有的某些负面作用就压制甚至取缔公民的结社自由，这样做的结果将导致结社自由的正面作用也得不到发挥。如列宁所言，不要将婴儿与洗澡水一起倒掉了。二是限制结社自由的形式遵循法律保留原则。限制结社自由的只能是法律，而不能是其他任何社会规范。因为，结社自由是一项重要的宪法基本权利，限制结社自由实质上是对国家和公民之间的关系进行调整，必然会对国家、社会和公民产生重大深远的影响。法治国家原则要求这种关系应当受一般法律的调整，通过法律对行政活动进行控制，[①] 防止滥用国家权力侵犯公民权利。而来自法律之外的官方限制可能会导致人治的复苏，不能保证对权利的限制在正常的轨道中运行，其结果往往是从限制走向压制。三是限制结社自由的标准遵循比例原则。立法应当把限制结社自由看作不得已而为之的措施，遵循一定的限度，确保限制措施是妥当的、必要的、符合相称性原则的要求。除了采取的措施之外，不存在对结社自由更小侵害的适当措施。限制结社自由对公共利益构成的损害必须不高于其所实现的公共利益。限制结社自由的措施不能违反宪法的精神，更不能在实质上削减或取消结社自由，侵犯结社自由的本质。政府对结社自由规定的限制措施如果违反比例原则，超过了保障公共利益所必要的限度，特别是严重超过必要限度时，就会对结社自由这一宪法基本权利的本质构成侵犯，从而构成违宪。

二 当前我国社会组织设立制度对结社自由的影响

第一，结社自由的保障不充分。根据我国社会组织登记管理的三个条例，[②] 公民结社建立社会组织需要经过业务主管单位和登记管理机关两个部门的批准。成立社会组织，首先需要寻找自己的业务主管单位，经过业务主管单位审核批准后，才能拿着业务主管单位的批复和其他申请文件到登记管理机关

① 参见［德］毛雷尔《行政法学总论》，高家伟译，法律出版社 2000 年版，第 108 页。

② 社会组织三个条例目前均在修订中，修订条文尚未定稿，实施效果尚未显现，为了分析的科学性，本文的分析仍以 1998 年的《社会团体登记管理条例》《民办非企业单位登记管理暂行条例》和 2004 年的《基金会管理条例》为分析对象，后面相关分析亦然。

进行登记。这两个机关对于公民成立社会组织而言都具有特别重要的意义，都是具有实质权力的机关。由于业务主管单位和登记管理机关对于社会组织的影响，目前我国公民结社权的行使具有如下特点：一是结社权的启动需经行政机关决定。公民行使自己的结社自由权利，必须先经一个行政机关即业务主管单位认可。并且即使业务主管单位认可后还不能行使自己的权利，还需要再到另一个行政机关即登记管理机关申请登记。只有经过业务主管单位和登记管理机关两个行政管理机关的批准，公民才能实现自己结社的权利。二是结社自由行使的范围需经行政机关决定。业务主管单位和登记管理机关在审查公民组成社会组织的申请材料时，将对公民成立社会组织的宗旨、服务对象、业务范围和资金来源等内容进行比较详细的审查，确定公民希望组成的社会组织能够在什么业务范围内活动，社会组织成立后的活动不能偏离审定的业务范围。三是结社自由的终止需行政机关决定。当公民完成特定结社目的决定终止某个社会组织时，必须经业务主管单位和登记管理机关批准办理注销登记手续。同时，在公民行使自己结社权利的过程中，行政机关可能通过清理整顿、行政处罚等方式要求社会组织停止活动甚至撤销注销。可见，我国的结社自由深受行政权力的影响，对行政权力的依附性很强，这使其具有一些明显的弱点。一个弱点是，由于行政权力的指向和严厉程度可能随时发生变化，也由于行政事务的千头万绪，依附于行政权力的结社权利具有不可预期性，在此时此地可以成立的社会组织，在彼时彼地就可能是不能成立的，结社自由的实践总是因人而异，因地而异，换言之，现在的结社权还不是一种普遍的权利，而是一种受制于偶然因素的“权利”。另一个弱点是，与行政权力往来密切的人们能够比较容易地行使结社的权利，而与行政权力来往不多的人们则不能或很难行使这种权利，使结社权在实践上缺乏一种法律上的平等性。当前，许多社会组织属于“官办”，也缘于此。

第二，结社自由的限制不到位。我国对公民结社的限制较多，但集中在程序限制，而对于结社目的、结社主体缺乏具体的限制。具体说来，存在如下问题：一是结社程序限制过度。我国现行立法对社会组织实行的是双重许可。这种严格的“预防制”，虽然主要原因是出于政府管理和控制的需要，但使宪法赋予的结社自由权的行使成为一个不易实现的权利。二是结社目的限制空泛。如社团条例和民非条例都只是笼统地规定“必须遵守宪法、法律、法规和国家政策，不得反对宪法确定的基本原则，不得危害国家的统一、安全和民族的团结，不得损害国家利益、社会公共利益以及其他组织和公民的合法权益，不得违背社会道德风尚。不得从事营利性经营活动”。从性质上说，社会团体属于社团法人（人的集合），在结社目的上，应当重点防止其利用组织优势从事非法政治活动、牟取垄断利益、扰乱社会秩序等违法犯罪活动；而民办非企业单位作为实体单位，属于财团法人（财产的集合），在结社目的上，重点要防止其利用公益性组织的身份牟取个人利益、扰乱市场秩序，等等。另外，这两个条例把目的限制与行为控制相混淆。社会组织不能以营利或牟取利润作为组织的宗旨或目标，并不是“不得从事营利性经营活动”，而是要求这种活动所得必须用于宗旨指向的社会事业，并且不能把主要精力从事营利活动。如日本促进特定非营利活动法第5条规定，“特定非营利组织可以从事以营利为目的的活动，其收入可在一定程度上用于特定的非营利活动但不能影响其非营利活动”。三是结社主体限制缺位。我国目前对公务员、警察以及军人等具有特殊职位的工作人员行使结社权并无法律上的明文规定，只在基金会条例规定公务员在基金会不得任职，在中共中央办公厅、国务院办公厅1998年发布的《关于党政机关领导干部不兼任社会团体领导职务的通知》（中办发〔1998〕17号）对党政机关领导干部兼任社会团体领导职务进行了一定的限制。基于此，导致我国很多社会组织都有党政干部兼任了领导职务，有较大比率的社会组织属于官方或者半官方的组织，行政色彩过于浓厚。

第三，结社自由与限制不平衡。一方面，社会组织设立中的行政自由裁量权过大。我国现行社会组织法规的内容以行政机关规制社会组织为基点，业务主管单位和登记管理机关对社会组织都有进行实质审查和全方位规制的权力。但是，立法对社会组织设立登记的相关条件规定得比较模糊，而没有明确一个具体的、操作性强的标准，登记管理机关和业务主管单位在社会组织设立登记过程中都有相当大的行政自由裁量权。尤其是业务主管单位，即使社会组织达到法定条件，也可以选择不担任其业务主管单位，从而使社会组织因没有“婆家”无法登记。这使得社会组织设立的全过程充满了不确定性，公民无法预见行政机关将如何作出行政行为，公民的结社自由随时可被剥夺，这种相当任意的行政自由裁量权与法治原则是不相符合的。另一方面，社会组织设立中的救济机制存在漏洞。虽然行政许可法实施后，公民对于登记管理机关不予登记的行政行为可以提起行政诉讼，通过司法途径维护自己的结社权利。但对业务主管单位不同意成立社会组织的行为，公民或者其他组织能否申请行政复议或者提起行政诉讼，法学界尚未形成共识。业务主管单位审查同意的行为，有的认为是行政许可，有的认为不是行政许可。业务主管单位与社会组织的关系，有的认为是内部关系而不可申请行政复议或提起行政诉讼，有的认为是外部管理关系可申请行政复议或提起行政诉讼。在司法实践中，业务主管单位与社会组织之间的关系被认定为内部管理关系，公民或者其他组织对业务主管单位不予许可的决定并不能提起行政诉讼。[①] 业务主管单位还不能因拒绝社会组织的设立而成为行政复议和行政诉讼的对象。救济机制的缺失，影响了公民结社自由权利的行使。

三 完善社会组织设立制度，保障公民结社自由

目前，我国宪法中概括规定了“中华人民共和国公民有言论、出版、集会、结社、游行、示威的自由”，结社自由已经成为宪法赋予公民的基本权利。同时，我国还加入了关于结社的相关国际条约，保障结社自由已经成为我国对国际社会的庄严承诺。因此，社会组织法应当贯彻宪法关于结社自由的规定，根据我国参加的有关国际公约，借鉴国外结社立法的经验和教训，以结社自由理论为指导，以中国的结社实情为依据，建立与保障公民结社自由相适应的社会组织设立制度。

（一）明确结社自由的限制范围

自由就是从事法律不禁止的行为。只有当结社自由保障与限制的界限在法律中得到明确，公民的结社自由才能得到保障与实现。因此，社会组织法要保障公民的结社自由，首先需要明确结社自由保障与限制的范围。结社自由的保障与限制是对立统一关系。如果没有对结社自由的保障，就失去了社会组织法的意义；如果没有对不法行为的限制，结社自由就无法保障。在一定意义上，合理的限制就是一种保障。国际著名人权理论家汉弗莱曾经论述道：“极少有绝对的人权，即使是最基本的自由，在特定情况下也可能因道德规范、公共秩序和大众利益——也就是社会或国家的利益而受到限制。”[②] 我国对结社自由的限制，一是根据结社自由限制的法律保留原则，必须在社会组织法中予以明确规定。除了社会组织法的明确限制外，结社自由不受其他法规、规章和规范性文件的限制。二是在结社目的的限制上，在现行三个条例“必须遵守宪法、法律、法规和国家政策，不得反对宪法确定的基本原则，不得危害国家的统一、安全和民族的团结，不得损害国家利益、社会公共利益以及其他组织和公民的合法权益，不得违背社会道德风尚”和“不得从事营利性经营活动”的基础上，对需要禁止的其他结社目的予以明文的限制。如对民政部在1992年4月21日《关于在社团清理整顿工作中对校友会问题处理的通知》中规定一般不宜成立校友会、同乡会等联谊性社会团体，对宗教性社会团体不予批准等

① 2006年，发生了轰动一时的所谓“中国结社自由第一案”，“中国爱眼协会”筹办人之一董坚诉卫生部不履行法定职责一案，北京市第一中级人民法院驳回了董坚的诉讼请求，其司法实践证实了业务主管单位还不能成为行政复议和行政诉讼的对象。

② ［加］约翰·汉弗莱：《国际人权法》，庞森译，世界知识出版社1992年版，第13页。

方面的内容，可以适当法律化。三是借鉴国际结社公约的有关规定，禁止军人、警察结社。为了从立法上保证社会组织的独立性，减少政府对社会组织日常活动的行政干预，应当禁止公务员参与特定的结社。但是，如果对公务员一切结社活动都予以禁止，则又属于对公务员结社自由的过分限制，所以，应当保持自由与限制必要的度。

(二) 降低结社的条件

现行规定对社会组织会员人数和活动资金的要求过高，事实上剥夺了一些规模较小、活动经费不充裕、组织较松散的草根组织获得注册登记的权利，也使这些草根组织失去获得合法性身份的机会。许多草根组织由于难以达到注册登记要求，就从没想过要进行登记，一直以“地下组织”身份活动。社会组织这种法律地位的不确定性，制约了社会组织的健康发展，助长了社会组织的短期行为，也不利于政府的有效监管。因此，应当适当降低社会组织的会员数量和注册资金数额等设立条件，让规模较小、经费不充裕的社会组织特别是资金缺乏的弱势群体社会组织有机会合法设立。一是降低社会团体的人数要求。公民行使结社自由与人数没有关系，并不是说只有达到一定数量，如 30 人或 50 人，公民才能行使这种权利。早在 1901 年，法国法律就规定，两人以上就可以组成社会团体。意大利只要有三个人，有章程，就可以成立社团，不受任何条件的限制。只要该组织的活动没有违反现行法律，政府也就不会加以干涉。在德国甚至有这样的说法，即一个人看球赛，两个人喝咖啡，三个人在一起就是一个社团。只要有组成社会组织的意向，任何人都可以成立自己的社会组织。所以社会组织法应该适当降低设立时的会员数量要求，让人数较少的社会组织也能合法设立。二是取消社会团体的活动资金限制。社会团体是以自然人或者法人的结合为基础形成的组织，属于人的结合而不是财的结合，只要具有合法宗旨和目的，成员之间就章程达成一致，应当就可以成立，而无须要求在设立时具有一定数额的最低活动资金，只要求发起人在其章程中自行决定活动资金数额或者明确其活动资金来源即可。① 因此，社会组织法对于社会团体设立时的资金要求可降低标准，让不同的社会团体根据自己的活动需要确定活动资金的数额和来源。三是取消限制竞争制度。在商贸经济、公益慈善等社会需求较大的领域，允许成立业务范围相同或者相似的社会组织，破除目前一些社会组织的垄断地位，可以进一步增强社会公众参与公共服务和公益慈善事业的积极性，促进社会组织之间通过一定的竞争提升服务质量，提高社会资源利

① 葛云松：《非营利法人的财产法律问题》，载魏定仁主编《中国非营利组织法律模式论文集》，中国方正出版社 2006 年版，第 223 页。

用效率，实现优胜劣汰。四是取消民办非企业单位的分支机构限制。允许民办非企业单位设立分支机构，让民办非企业单位通过设立分支机构，整合力量，发挥规模效应。

（三）取消单一法人登记制度，建立法人登记和非法人登记并行制度

第一，结社自由要求社会组织不一定必须进行法人登记。结社与法人登记虽然有着紧密的联系，但是在法律上是两个不同的法律行为。结社可以进行登记，也可以不进行登记；可以进行法人登记，也可以进行其他组织登记。因为，公民的结社自由是一种宪法赋予的权利，是一种基本权利，其合理性并不依附于当事人之外的任何机关、任何组织或者个人。换句话说，“有行政机关批准，人们当然可以行使自己的结社权利；即使没有行政机关的批准，人们也应该行使这种权利”①。从国外的立法实践来看，社会组织的设立并非一定要进行法人登记，而是具有多种立法模式：第一种模式是如新加坡、泰国等国的立法，要求社会组织都必须登记，并规定了申请登记的严格条件。第二种模式是如印度尼西亚等国的立法，要求社会组织都进行登记，但是没有对登记条件作出实质性限制。第三种模式是如英国的立法，只要求慈善组织等特定类型的社会组织进行登记，不要求社会组织都进行登记。第四种模式是如美国、加拿大、南非等国的立法，基本采取自愿登记原则，并规定只有登记的社会组织才可享受税收及其他优惠政策。第五种模式是如意大利等国的立法，所有社会组织均无须登记，只在事后对违法社会组织予以惩戒。这五种模式中，第一和第二种模式有利于加强对社会组织的管理，但是行政成本高，只适合于社会组织数量不多的国家。第三种模式适当降低了制度成本，但是难点在如何结合社会发展的实际需要确定应该登记的社会组织的范围。第四种模式以法定优惠政策对社会组织因势利导，属于培育型管理，符合现代行政管理理念和行政法发展方向。第五种模式管理成本最低，但要求社会组织比较成熟，自律性强，这应该是社会组织管理制度的最终归宿。

第二，我国要求社会组织必须进行法人登记影响了结社自由。我国的社会组织法人登记制度有一个演变过程。1989 年的社团条例只规定全国性社团必须具备法人条件，除此之外，省市县民政部门登记的社会团体可以具有法人资格，也可以不具有法人资格。直到 1998 年社团条例修改时，才在该条例第三条规定“社会团体应当具备法人条件”。从此，我国要求所有登记的社会团体都必须具有法人条件，不符合法人条件的社会团体一律不予批准。而从现实国情看，我国城乡之间、区域之间、行业之间、阶层之间的经

① 吴玉章：《结社与社团管理》，《政治与法律》2008 年第 3 期。

济条件都有较大差别，不同的人所能支付的结社成本是不同的，法人条件成为一些处于社会底层、弱势群体组成的社会组织的一道难以逾越的鸿沟，这些社会组织往往因难以满足法人条件而沦为“非法组织”。而就结社的意义和功能而言，恰恰他们才是对结社最迫切的。[①] 另外，现实中还有一些社会组织无须进行法人登记，其活动仅限于其成员，如户外俱乐部、车友会等一些互助性、联合性社会组织，但强制性法人登记制度使其成为法规不承认的组织形式。因此，从现实需要出发，我国不应当将法人登记作为社会组织合法性的前提条件，判断一个组织是合法还是非法，应该根据该组织的行为而不是身份来判断。

第三，创设非法人登记制度，保障不经批准的结社自由。适应当前政治、经济和社会发展的客观实际，我国社会组织的设立制度选择，既要尽可能地突破影响社会组织发展的障碍，在登记规制上适当放松，以鼓励更多的社会组织发挥其功能；又要根据社会组织具体情况的不同，分类型、有层次地予以科学设计。建议改革现行的社会组织登记制度，具体包含以下两个方面：一方面，创设非法人登记或者备案制度。[②] 对所有的社会组织开放进行普遍的非法人登记或者备案的平台，通过非法人登记或者备案获取社会组织的主要负责人、成员、章程等方面的基本信息，除非有明显的违法犯罪事实，对所有已经非法人登记或者备案的社会组织，赋予其合法的身份和合法生存活动的基本权利。另一方面，建立强制法人登记和自愿法人登记制度。对于活动范围较广、资金规模较大、会员人数众多、涉及公民政治参与等具有特定性质或条件的社会组织，按照规范的名称、必要的组织、固定的场所、专职人员、会员数量、活动经费等法人登记的基本条件，实行强制性的法人登记制度，对符合条件审批合格的社会组织发放登记证书，赋予其法人资格。对于其他符合法人条件的，包括非法人登记或者备案一定时间后自愿要求改为法人登记的，亦可自愿申请取得法人资格。法人登记和非法人登记，两者都属于社会组织登记管理制度，所涉及的都是行政主体与行政相对人的关系，但在下述方面相区别：在目的方面，非法人登记的目的主要是登记备查，而法人登记的目的则在于赋予法人资格；在程序方面，非法人登记一般不涉及实体审查，而法人登记则意味着对是否具有法人资格实体条件的审查；在权利义务方面，非法人登记意味着，非法人登记既是申请者必须作

① 谢海定：《中国民间组织的合法性困境》，《法学研究》2004 年第 2 期。

② 谢海定：《备案制实践与双轨登记制的制度构想——过渡期的中国民间组织登记管理制度》，载魏定仁主编《中国非营利组织法律模式论文集》，中国方正出版社 2006 年版，第 199 页。

为的义务，不申请非法人登记意味着不合法，同时也是申请者相对于行政管理部门的权利，非法人登记申请一般不能驳回，除非章程规定的宗旨和业务范围等内容违法；法人登记则意味着，获得行政管理部门对其独立法人资格的认可，申请者的权利主要体现在当行政管理部门作出不予批准决定时，存在法律上的救济途径。简言之，非法人登记和法人登记都是关于如何确立合法主体的制度，两者的主要区别在于社会组织准入条件设置上的不同。社会组织非法人登记和法人登记并行制度，一方面以低门槛的方式解决社会组织的合法性问题，最大限度拓宽社会组织的准入范围，最大限度保障了公民结社自由的权利。另一方面又非常鲜明地表明了政府的职权，为合理限制结社自由提供了制度依据。

（四）调整双重管理制度，建立业务主管单位对特定社会组织许可制度

社会组织的双重管理制度，成为各方对现行社会组织管理制度批评的焦点，并且也事实上成为当前社会组织发展最大的阻碍，确实需要调整完善。就如何改革完善我国目前实施的双重管理制度，有以下几种代表性的意见。① 一是双重管理制度明显阻碍了我国社会组织的发展，应该尽快废除。二是我国目前社会组织发展还不成熟，双重管理制度还应坚持一段时期。三是在维持双重管理制度的同时积极开始改革，但最终目的是“形成更为完善的社会组织登记管理体制”②。

从历史上看，我国社会组织的设立并不一开始就是双重管理的，其制度变迁先后经历了四个阶段。第一阶段是在解放前，实行单一管理体制模式，社会团体只需到民政厅登记。第二阶段从解放后到“文化大革命”前，社会团体都是官办社团，先到主管部门开证明，再到民政部门登记，民政部门登记后不进行管理，这时可谓双重管理制度的雏形。第三阶段是“文化大革命”期间，各个部门均可批准成立社会团体，社会团体也可批准成立社会团体，这时可谓多头管理模式。第四阶段是1989年以后，特别到1998年《社会团体登记管理条例》修订以后，双重管理模式得到确立。

尽管我国社会组织管理在立法上实行了双重管理的严格许可制，但在执法实践中却是严格许可与自由放任的并行。因此，必须加快完善双重管理制度。但是，完全放开对社会组织设立限制的“放任制”，虽然可在一定程度上避免国家权力对结社自由的过度干涉，但也不是双重管理制度的最佳替代制度。首

① 吴玉章：《从结社权利角度看社团管理问题》，载魏定仁主编《中国非营利组织法律模式论文集》，中国方正出版社2006年版，第164页。

② 邓国胜：《双重管理体制能否取消?》，《广州社会组织》2004年第6期。

先，我国的社会发展长期是在政府主导的背景下松绑推动的，社会的自我控制能力与民主参与能力不足，理性的社会参与和社会动员机制尚在形成过程当中，与西方市民社会的内生型道路完全不同，一旦实行类似西方宽松的放任制，社会组织难免出现“一管就死、一放就乱”的局面。其次，现代社会组织从形式到内容都是复杂多元的，在带给人们福祉的同时，也可能由于团体优势地位的滥用，对个体产生社会歧视，威胁个人的自由，影响个体获取资源的机会。最后，社会组织进行登记，让社会组织获得稳定的法律形式和完善的组织结构，是社会组织发挥作用的一个重要条件，对社会组织取得社会公信力，保护与社会组织有联系的第三人的利益都是非常必要的。相反，如果没有必要的登记程序，社会组织缺乏必要的外在制约，有可能影响社会组织的活动和社会作用的发挥。因此，社会组织的双重管理制度需要的是调整完善，而不是完全放任不管。

在行政管理立法中，我国对于一些重要的、风险比较大的或者跨领域的事项，实行的也是双重管理甚至是多重管理。在经济组织的管理中，对诸如金融、保险、证券、交通、能源、电信等企业，都必须取得有关行业主管部门的事前许可后，才能到工商部门办理注册登记手续。因此，双重管理制度的弊端，并不在于业务主管单位和登记管理机关共同对同一社会组织进行管理，而在于确定的双重管理范围是否适当，设定的双重管理制度是否科学。就双重管理制度的范围来说，社会组织遍及政治、经济、文化、社会等各个领域，涉及各行各业，不应该所有社会组织都实行双重管理，而应当将范围限定为可能影响国家安全和社会稳定的社会组织，当前应该主要是政治类、宗教类、涉外类和其他涉及公共安全的社会组织。就双重管理制度的科学性来说，关键是要处理好结社自由与登记许可的关系、社会组织与业务主管单位的关系等问题，将业务主管单位对社会组织的监督管理作为外部行政行为而不是内部行政行为，让所有的公民、法人或者其他组织都有同样的机会向业务主管单位申请审批，业务主管单位审批是面向全社会的，审批标准是相同的，审批程序是公开、公平和公正的，审批结果是可诉可复议的。

我国社会组织管理实践中，民办学校的设立模式可以为调整完善双重管理制度提供一个可行的路径。根据《民办教育促进法》，民办学校的设立，教育主管部门的审批是一种实质性的行政许可，但这种许可是外部行政行为，所有公民、法人或者其他组织都可提出申请；民政部门的登记主要是核准，目的在于确立其法人主体资格。借鉴民办学校的设立模式，我国双重管理制度的调整完善，可确定为业务主管单位对特定社会组织许可制，即对于特定的社会组织，由相关业务主管单位按照法定程序进行许可，民政部门作为登记管理机关只负责法人登记，对是否具有法人条件予以审核，而不再对社会组织设立的必要性、可行性等进行实质性许可。在此模式下，只有特定的社会组织需要业务主管单位，特定的社会组织只需要通过业务主管单位的行政许可，登记管理机关如同工商登记机关一样只负责法人资质的审查登记。特定社会组织的范围可由社会组织法界定，亦可由相关法律予以明确。除这些法律规定的特定社会组织之外的社会组织，都直接向登记管理机关申请法人登记或非法人登记，只和登记管理机关发生直接联系；登记管理机关在必要时也可以转请相关主管部门协助审查。

业务主管单位对特定社会组织许可制是当前中国社会组织设立制度比较现实的选择，对于方便公民行使结社自由权、改善社会组织的行政监管等方面都具有很强的促进作用。对公民及其成立的社会组织而言，成立社会组织都经过一次不需进行实质审查的非法人登记或者法人登记，能使公民的结社行为及其成立的社会组织有机会获得国家认可，拥有合法地位，避免随意被取缔的危险。对于特定社会组织需要经过一次实质审查，能防止公民滥用结社权利，保证社会组织健康有序发展，且这部分特定社会组织只要经过一次实质审查，简化了程序，减轻了结社成本，保障了公民的结社自由。对于国家机关特别是业务主管单位和登记机关而言，业务主管单位对特定社会组织许可制将种类繁多、数量很大的社会组织纳入非法人登记或者法人登记，避免了双重许可制下大量非法社会组织实际存在但无法掌控的尴尬，有利于对社会组织的培育发展和有效监管。只对特定社会组织进行许可，合理限制结社自由，有利于维护社会稳定和国家安全。同时，明确划分许可机关和登记机关的不同职能，改变了双重许可制下对社会组织都管都不管的状态，有利于加强社会组织管理，提高社会组织管理效能。

（五）规范登记管理机关和业务主管单位的行政行为，并建立救济机制

根据我国现行制度，登记管理机关和业务主管单位在社会组织设立登记过程中都有较大的行政自由裁量权，并缺乏救济机制，完善社会组织设立制度，应当对此予以完善。一方面要规范登记管理机关和业务主管单位在社会组织设立中的行政行为。要改变现行社会组织立法中行政机关自由裁量权过大过多的内容，社会组织法在授予登记管理机关和业务主管单位对社会组织有效监管的必要权力的同时，必须明确行政权限的具体范围，对是否准予社会组织设立规定明确的、操作性强的标准，防止行政机关因内容模糊而滥用自由裁量权。同时，由于社会关系本身的复杂性，立法需要赋予行政机关一定范围内的自由裁量权，客观上不可能对登记管理机关和业务主管单位的行政行为实现全面的、准确的、具体的规范。但是在授予登记管理机关和业务主管单位及其他有关行

政机关自由裁量权时，必须对自由裁量权的行使提出要求，明确授予自由裁量权的目的，行使自由裁量权的原则，对自由裁量权也予以有效控制。另一方面，要健全救济机制。无救济，即无权利。我国目前最基本救济机制是行政复议和行政诉讼。为给结社自由以充分的救济，社会组织法在构建设立制度时，应明确规定当设立社会组织的申请未获批准时，行政相对人有申请行政复议或者提起行政诉讼的权利。同时，明确社会组织与业务主管单位的关系属于外部行政管理关系，社会组织设立时业务主管单位的审查行为是一种行政许可行为，行政相对人对业务主管单位作出的不予同意设立决定和其他不当行为，有申请行政复议和提起行政诉讼的权利，以此切实保护行政相对人的合法权益，最大限度地保护结社自由。

第二节　基于法人理论的社会组织治理制度

在法律上，人包括自然人和法人。社会组织是法人的一种重要表现形式。在法人理论的视野下，社会组织首先是民事主体，其成立是为了从事特定的民事活动，而不仅仅是行政管理的对象。而要成为民事主体，社会组织必须取得相应的资格，并具有从事相关民事活动的能力。社会组织法应当完善社会组织法人制度，明晰社会组织法人地位，健全社会组织法人治理结构，促进社会组织法人肌体健康，使社会组织成长为非营利性、非政府性、组织性、志愿性、自治性等特征明显的“人”，使其在国家经济、政治、文化和社会建设的战场上驰骋。

一　法人理论及其对社会组织法的立法要求

（一）法人

法人是世界各国规范经济秩序以及整个社会秩序的一项重要法律制度。各国法人制度具有共同的特征，但其内容不尽相同。不同内容的法人制度，形成了不同的法人理论。法人制度理论成为世界各国建立和完善法人制度、规范经济秩序以及整个社会秩序的重要理论基础。

具体说来，法人是社会组织在法律上的人格化，是社会组织具有的权利能力。一个社会组织如何才能够取得权利能力，从而成为法人？法人是一种法律拟制人格，社会组织必须符合法定条件并获得法律的承认，才具有法人资格。正如史尚宽所言：“为权利之主体，第一须于享有权利之社会存在，第二须经法律的承认。”[①] 因此，法律中要规定法人设立的条件和程序。关于法人设立的条件和程序的基本模式，主要有自由设立主义、准则主义、许可主义、特许主义、强制设立主义等几种。[②] 我国《民法通则》第36条规定：“法人是具有民事权利能力和民事行为能力，依法独立享有民事权利和承担民事义务的组织。”同时，第37条规定：“法人应当具备下列条件：（一）依法成立；（二）有必要的财产或者经费；（三）有自己的名称、组织机构和场所；（四）能够独立承担民事责任。”这说明，作为法人，应当符合一定的条件，具有民事权利能力、民事行为能力和独立享有权利承担义务的民事责任能力。

按照法人理论，法人的民事权利能力和民事行为能力，从法人成立时产生，到法人终止时消灭。法人的民事权利能力，是法人享有民事权利和承担民事义务的资格，是作为民事主体进行民事活动的前提条件，在本质上是法人的财产能力。法人的民事行为能力是法人以其行为取得民事权利和承担民事义务的资格，其实质是法人通过法定代表人和其他人员代表法人，有意识地、独立地实施民事行为，从而设定和行使民事权利，或者承担民事义务和责任。法人民事行为能力最重要的是建立法人治理结构，形成法人意思表达机制。

法人有多种分类方法，英美法系国家的基本分类方法是集体法人和独任法人，大陆法系国家对法人有多种分类方法，最重要的分类是将法人分为公法人和私法人，社团法人和财团法人。此外，还有营利法人和非营利法人、本国法人和外国法人等多种分类方法。我国《民法通则》把法人分为机关法人、事业单位法人、企业法人和社会团体法人四大类。《民法总则》将法人分为营利法人和非营利法人，非营利法人包括事业单位法人、社会团体法人、捐助法人，其中的社会团体法人和捐助法人属于社会组织，基金会和社会服务机构应属捐助法人。无论国内还是国外，每一大类法人又都包括具体的不同的组织形式，如我国企业法人，就包括公司法人和非公司企业法人，公司法人又包括有限责任公司和股份有限公司以及国有独资公司等。

按照法人理论，无论哪种组织的立法，都必须对该组织是否具有法人资格、如何获得法人资格和该组织的民事权利能力、民事行为能力、民事责任能力有何要求等方面的内容予以规范。在民事行为能力方面，主要是要明确组织的结构和意思形成机制；在民事责任方面，主要是要明确组织财产的要求。

（二）社会组织法人

顾名思义，具备法人资格的社会组织即为社会组织法人。国外没有社会组

---

① 史尚宽：《民法总论》，中国政法大学出版社2000年版，第86页。

② 参见洪逊欣《中国民法总则》，台北三民书局1992年版，第142页。另参见李哲松《韩国公司法》，吴日焕译，中国政法大学出版社2000年版，第71页。

织一说，所以亦无社会组织法人一说。与前述的社会组织概念基本对应国外的非营利组织概念一样，社会组织法人亦基本相当于国外的非营利法人。目前我国《民法总则》亦采用非营利法人这一概念。按照非营利法人的理论，我们可以在法人视角下这样理解社会组织及社会组织法人。

第一，社会组织不全是社会组织法人。不具备法人资格的社会组织当然就不是社会组织法人。非法人的社会组织大量存在于世界各国，它们虽然不具备法人成立的条件，或者主观上由于各种原因（比如规模不大，或者嫌麻烦）不愿意成为法人，但是在第三部门中也扮演着重要角色。非法人并不意味着“非法”，它们依然是合法组织。如美国律师协会还专门制定了《美国统一非法人非营利社团法》，以供各州参考。

第二，社会组织法人属于私法人。在区分公、私法人的大陆法系国家，社会组织法人属于依私法成立的私法人。政府下属的事业单位法人或其他特殊法人，尽管也从事公益事业，具有类似非营利性质，但是不能归入社会组织法人一类。私法对社会组织的调整，主要是对社会组织法人的调整。作为私法人，法律需要为社会组织法人设置组织法，规范社会组织的设立行为、法人机关（包括法人类型、内设机构设置、内设机构权限、内设机构相互关系等）、章程、活动规则、法人终止等事项，这些事项均属于民事法律的范畴，适用民事诉讼的救济渠道。除上述私法性质的组织法外，社会组织法人还有一些事项属于公法的范畴，主要是登记和行政管理两个方面的内容，登记方面的内容具体包括设立登记、变更登记、注销登记等的相关事项，行政管理方面的具体内容包括行政机关监管的方法、范围和执行措施等。这其中，有的内容如必要时行政机关协助完成法人的机构组成人员选任、清算人选任等是为了弥补私法上的不足，有的内容是为了公共利益而监督社会组织法人或者社会组织有关人员的行为，并且对违法行为进行处罚。

第三，社会组织法人包括社会团体法人和财团法人（捐助法人）。以人的组合作为法人成立基础的社会组织法人，称为社会团体法人或者社团法人，即目前我国法律制度中的社会团体。以捐助的一定的财产作为成立基础的社会组织法人，称为捐助法人或者财团法人，包括目前我国法律制度中的基金会和民办非企业单位。社团法人和财团法人（捐助法人）二者存在一些制度差别：[①] 一是设立人地位不同。社团法人的设立人，在法人成立后即取得社团的成员资格，享有社员权，有参与或决定法人事务的权利及其他权利义务。捐助法人的设立人，完成捐助法人设立后，既不作为法人成员，也

① 参见梁慧星《民法总论》，法律出版社 2011 年版，第 122 页。

不享受法人提供的财产利益。二是设立行为的差别。社团法人的设立行为，限于生前行为，并是二人以上所为的共同法律行为；捐助法人的设立基于捐助行为或者遗赠行为，其设立行为不限于生前，也可以是死后行为，仅有一人为之也无不可。三是内部组织不同。社团法人有自己的意思机关，以社员大会为意思机关或权力机关，董事会或理事会系依据其指示进行管理。而捐助法人则没有意思机关，只有一个管理机关，依章程目的进行管理。学理上称捐助法人是他律法人，社团法人是自律法人。四是目的不同。社团法人的目的事业既可以是为了公益也可以是为了互益，故对社团法人还有公益法人、互益法人的分别；而捐助法人一般都是为了公益。社团法人一般是“追求本身利益的自我性组织”，而捐助法人是“追求他人利益的非我性组织”①。五是在运行管理方面，社团法人的一切重要事务都由其成员共同决定并由选任的业务机构负责执行；捐助法人依法设立后，捐助法人即依照章程而独立运作，不受捐助人或者遗嘱执行人的干涉。因此，社团法人除法定变更和解散原因外皆由成员自愿决定是否变更或解散，而捐助法人的章程及组织变更或解散等更多地受主管机关或法院的干预。

（三）法人理论对社会组织法的立法要求

第一，立法要明确社会组织的法人地位。尽管各国对社会组织管理的制度框架有所不同，但是，在社会组织管理体制比较完备的国家，一个显著的特征就是社会组织的法律地位明确。大陆法系国家通常为社会组织提供的法人地位有社团法人和财团法人两大类，并且将主要的登记管理制度规定在民法典中，辅之以一些特定的法律来进行更为细致的规定。如社团在德国构成社会组织的主体，因此，德国在民法典之外，还专门制定有社团法来对社团活动进行更为全面的规定。还有一些大陆法系国家在民法典之外将社会组织细化为许多不同的法人形式，形成一个庞大的社会组织法人体系，如日本根据社会组织自身的业务范围和宗旨就可以选择成为公益法人、社团法人、NPO 法人、社会福利法人、学校法人、宗教法人、医疗法人、公益信托基金、共同组合、任意团体等法人形式中的一种。普通法系国家通常为社会组织提供的法人地位包括非营利公司、社团和信托等，这些不同的法人形式并不是由一个法律来规定，而是由不同的法律进行规范。社会组织一般通过税务部门依据税法规定进行税收优惠地位的确认和具体减免措施来选择法人形式。一般情况下，进行登记和取得法人地位是社会组织获得税收等优惠资格的前提条件。社会组织要获得税收优

① Carlos Alerto da Mota Pinto：《民法总论》，林炳辉等译，澳门法律翻译办公室、澳门大学法学院 1999 年版，第 151 页。

惠，就必须经过复杂的申请、验证，获得相应的法人地位，进而才能享受相应的税收优惠。因此，各国除通过宪法确定公民的结社自由外，都在具体的法律当中规定社会组织可以选择的法人形式，从而形成了明确的法人形式以供社会组织的设立者进行选择。

第二，立法要明确社会组织的法人组织机构。社会组织的组织性决定社会组织必须具有制度化的组织特征，包括有负责人、有内部规定、有经常性活动等。大多数国家的法律在规定社会组织注册登记的条件时，一般都将具备一定的治理结构作为社会组织设立的必备条件。同时，国外的法律还将社会组织内部管理活动的透明性，作为社会组织享受纳税和其他优惠政策的重要条件。社会组织法立法时，一方面应当基于社会组织的自治性而尽可能地减少行政机构对其组织内部事务的干预，但另一方面基于社会组织的组织性又必须要求社会组织具有某种组织决策结构，并保证其内部组织管理向公众保持一定的透明性。基于这两个方面的平衡，社会组织法应当对社会组织内部管理的规定较为宽松，给其相当的自由度在社会组织章程中规定。但是，对于社会组织权力机构、执行机构和监督机构的设置及其主要职能职责等，则一般应在社会组织法中明确规定。

第三，立法要明确社会组织法人内部的主要民事关系。最突出的是社会组织的法人财产制度。社会组织的财产理论上属于组织及其成员的私域，排斥外部的干预，但和个人财产有所不同的是社会组织的财产除发起者投入或会员缴纳费用外，还有来自政府直接资助或以税收优惠形式的间接资助和社会捐赠，因而存在着不同程度的公共性。为此，法律对社会组织的财产使用与处分应当有一定的限制，目的是为了防止社会组织管理者牟取个人私利，维护公众对社会组织的信任和支持。世界各国对社会组织财产管理的限制，主要包括对财产性质与归属的限制和财产运行方式及信息公开的限制。对于为了成员利益的互益性社会组织，一般不能够公开募捐和享受免税待遇，其财产应当属于成员或组织所有，其归属问题应当由章程作出规定，其财产运作主要受其成员的监督。对于公益性社会组织，其财产具有较强的公共性，法律法规应当按照公共财产的管理原则对其归属、使用与管理作出明确而又严格的规定，特别是对财产运作的公开性和运作方式作出制度安排。对于社会组织决策过程中的意思形成，基于社会组织是公民民主、平等、自治的空间，其内部权力关系不同于政府官僚层级，也不同于营利组织按股定权的权力关系，而蕴含有民主政治价值，法律一般要求建立决策机制、责任机制予以限制。

二 我国社会组织法人制度的主要问题

（一）现行立法忽视了社会组织法人制度

虽然社会组织法人和企业法人都是我国法人制度的重要组成部分，但是在法人的制度建设上，却成效迥异。

一方面，在法人制度的大厦里面，社会组织法人成为被忽视的内容。从《民法通则》确立法人制度起，社会组织法人制度即存在先天缺陷。在《民法通则》里面，第41条至第49条共用9个条文重点规定了企业法人，但机关法人、事业单位法人和社会团体法人三类法人却只用第50条一个条文，仅仅简单规定其成立要件，以致社会组织法人制度极其简陋。此后，国家立法对完善企业法人制度继续一往情深，在规范企业法人主体资格方面又先后制定了《公司法》《合伙企业法》等一系列法律，在规范企业法人行为方面先后制定了《证券法》等一系列法律。企业法、公司法在法人制度疆域内的无限扩张，几乎使企业法律制度、公司法律制度变成法人制度的同义语，而社会组织法人却鲜有提及。《民法总则》关于非营利性法人的规定有5条涉及社会组织法人，即第90条至第91条关于社会团体法人的两条规定和第92条至第94条关于捐助法人的三条规定，虽然与《民法通则》相比具有较大进步，但力度仍显不够，立法条款数量与企业法人的规定相比仍有较大差距。

另一方面，在社会组织的立法里面，法人制度成为被忽视的内容。现行社团条例、民非条例和基金会条例三个行政法规的内容，都主要是关于社会组织行政管理方面的规定。具体大致可以分为三个方面的内容：一是关于社会组织登记管理方面的规定，包括登记管理机关和业务主管单位如何确定，登记条件和程序如何设定，变更登记和注销登记如何办理，登记管理机关和业务主管部门的管理监督权限如何设置，等等。二是关于社会组织行政义务的规定，包括社会组织成立登记、变更登记、注销登记、年检等方面的行政义务。三是关于社会组织法律责任的规定。即社会组织违反行政义务时，如何进行行政处罚。相反，现行立法关于社会组织法人制度的内容的确微乎其微。

（二）现行社会组织法人制度存在的缺陷

社会组织法人制度的立法缺失，致使当前社会组织法人制度存在一些问题，突出地表现在社会组织法人主体资格不明确和社会组织法人治理制度缺失两个方面。①

① 由于《民法总则》尚未实施，现行社会组织法人制度的分析仍主要以《民法通则》的规定为分析对象。

在社会组织法人主体资格方面，由于现行《民法通则》法人分类不科学，导致有些社会组织属于哪类法人无法明确。《民法通则》规定的法人为四类，即企业法人、机关法人、事业单位法人、社会团体法人。企业法人是指以营利为目的，独立从事商品生产和经营活动的法人。机关法人是指依法享有行政权力，并因行使职权的需要而享有相应民事权利能力和民事行为能力的国家机关。事业单位法人是指利用国有资产举办的从事教育、科技、文化、卫生、体育、新闻出版等社会公益事业的各类法人。社会团体法人是由自然人或法人自愿组成，基于会员共同意愿，为实现公益目的或者会员共同利益等非营利目的设立的法人。我国目前的社会组织有社会团体、民办非企业单位和基金会三种组织形式，现有法人分类无法涵盖这三类社会组织。如基金会法人，在我国早期发布的《基金会管理办法》（国务院 1988 年颁布）和《社会团体登记管理条例》（国务院 1989 年颁布）等法规中，都将其纳入“社会团体”的范畴。但从二者的性质和特征来看，基金会与社会团体的组织形式是有明显区别的，其中最根本的区别就是设立人的地位和法人的组成形式不同。在社会团体法人中，设立人在法人成立后取得成员资格，享有参与或决定法人事务或获得个人利益的权利。而在基金会中，设立人在法人成立后几乎可以与法人脱离关系，如将其与社会团体混淆，则有可能将其管理人员误认为法人成员，从而导致其设立宗旨和财产用途被非法改变，这既不利于基金会的实际运作，又不符合基金会的特点，影响了基金会事业的发展。在 2004 年颁布的《基金会管理条例》中纠正了这一做法，将其正名为“非营利法人”，但是，我国《民法通则》中并没有“非营利性法人”这一概念。民办非企业单位也处于与基金会类似尴尬的法人地位，虽然依《民办非企业单位登记管理暂行条例》可以取得法人地位，但是《民法通则》中也没有与之对应的法人类型。从以上的归类过程可以发现，三类社会组织，有两类社会组织在现行《民法通则》中是处于“世界之大，竟没有容身之处”的缺位境地。

在社会组织法人治理制度方面，现行立法很少涉及。社会组织的民事关系从来就是各国相关立法中至为重要的部分，因为，法人主体资格只是社会组织从事与其宗旨目的相适应活动的前提与基础，社会组织法人主体的法律地位最终体现在它与其他主体的相互的民事关系中。但我国却恰恰相反，行政管理的程序性规定占了社会组织立法的绝大部分内容，且重点在管理社会组织的登记行为，而疏于对社会组织的组织机构、议事程序、资产财务规制等具有共性的一般事务的规定。一是缺乏对社会组织的组织机构的具体规定。对社会组织的组织机构及其议事决策程序，现有社会组织立法只作了概要性规定。如《社会团体登记管理条例》第十条只原则规定“要有相应的组织机构”，但是社会团体应当设立哪些“相应的组织机构”却没有明确，社会组织的决策机构(成员大会、成员代表大会、理事会等)、执行机构（秘书长、秘书处)、监督机构（如监事、监事会）和会员的权利义务、法定代表人的权利义务等不像公司法一样有详尽具体的规定，影响了社会组织的有效运作。二是缺乏对社会组织章程的具体要求。社会组织立法对社会组织章程只有简单的、原则性规定，缺乏可操作性。如在《社会团体登记管理条例》第十一条中，对社会团体的章程仅要求载明“名称、宗旨、经费来源、组织机构、负责人产生的程序和职权范围、章程的修改程序、终止程序”，没有明确具体地规定这些事项应当分别如何具体规定，致使社会团体的章程内容规定比较随意，没有发挥章程规范社会组织的应有作用。三是缺乏对社会组织财产管理使用的具体要求。除《基金会管理条例》对财产的使用与管理作出规定外，我国法律法规对社会组织的财产性质没有作出明确规定，其归属问题十分模糊，只是笼统要求“盈利不能分成，解体时财产不能私分”。由于规定缺乏具体操作性，导致社会组织运行中和监管中均很难保障财产按照非营利要求使用，不利于社会组织发展。

（三）社会组织法人制度的缺陷导致社会组织法律特征的消退

社会组织法人制度的上述缺陷，导致社会组织存在诸多问题。如社会组织的身份不明导致其过分地依赖政府，社会组织治理结构不完善导致其缺乏社会信任，社会组织财产管理问题导致其运转艰难，等等。总而言之，这些制度缺陷，使社会组织的非政府性、非营利性等自身应有的本质特征没有得到很好的维持和凸显，让人感觉社会组织不像社会组织。社会组织如果没有具有社会组织应有的特征，其他主体就找不到社会组织这个主体了，甚至有时候社会组织自己也找不到自己了。

第一，社会组织身份不明，导致行政依附性较强而使“非政府性”和“自治性”消退。由于在现有法人制度中找不到自己的清晰地位，很多社会组织为了证明其合法身份，就以获得特定行政机关支持、认可乃至由行政机关直接发起、由在职或者退休的公务员兼职等方式向社会证明自己是可以信任的组织，并进而参与相关的民事活动和其他活动。这导致社会组织与行政部门有着千丝万缕的联系，带有浓厚的官办色彩。甚至有些所谓的社会组织与政府部门是“一套班子，两块牌子”，实际上是直属政府部门的办事机构，同时也是政府精兵简政和公务人员退休的缓冲区。有的社会组织与政府部门虽然名义上脱钩了，但实际上仍然主要依赖于政府部门，在观念上延续了政府部门原有的思维定式，运作上延续了政府部门固有的管理模式，继续作为政府的附属机构发挥作用。因此，有学人将我国社会组织分为“自上而下”和“自下而上”两种不同的生成模式。虽然自20世纪90年代中后期以来，“自下而上”生成的社会组织逐渐增多，代表了今后社会组织的发展方向，但即使是“自下而上型”的社会组织，由于法人主体资格不到位、需要通过政府争取资源等原因，也在一定程度上依靠政府，在路径依赖的指引下具有比较明显的行政依附性，更何况我国目前“自上而下型”社会组织占较大比率。由此，导致有些人将我国社会组织形容为“二政府”。

第二，社会组织财产制度缺失，导致开展营利性活动而使“非营利性”消退。社会组织属于非营利性组织，由于社会组织三个条例对社会组织的非营利性只有原则性规定，而没有明确非营利性的界定标准及其具体要求，特别是没有建立保障社会组织“非营利性”的财产处理制度，实践中一些社会组织的非营利特征不突出。有的社会组织与业务主管单位相互勾结、相互利用，通过行政机关的权力、社会组织的名义牟取非法利益，成为行政机关的“小金库”。有的社会组织资金筹措、预算管理以及财务制度不完善，运作不透明，财产被非法侵占私分。有的社会组织虽然名义上是非营利组织，但实际上变成了营利组织，沦为某些个人或团体牟取私利的工具。这些不仅影响了社会组织的发展，而且影响了社会组织的社会形象。

第三，社会组织治理不规范，导致社会组织的组织结构不健全而使“组织性”消退。由于缺乏全面、具体的社会组织内部治理制度，目前很多社会组织的组织结构、决策程序、财务制度、激励制度、监督机制都不健全，影响了社会组织的持续发展。这些社会组织，有的名存实亡，长期不开展活动，处于歇业状态；有的尽管正常开展活动，但没有战略目标和发展方向，处于得过且过状态；有的组织涣散，人力资源缺乏，特别是一些领导兼任社会组织职务但无心或有心无暇顾及管理的社会组织，往往如一盘散沙；有的工作墨守成规，缺乏号召力，没有起到社会组织应有的作用。社会组织的上述问题，严重损害了其诚信，导致人们对其认同度低，从而又进一步影响了其发展。

三　完善社会组织法人制度，健全社会组织治理机制

（一）完善社会组织法人分类制度，明确社会组织的法律地位

第一，引入财团法人（捐助法人）概念，将社会组织法人分为社团法人和财团法人（捐助法人）。我国《民法通则》规定的社会团体法人，可以涵盖社会组织中的社会团体。社会组织中的基金会和法人型民办非企业单位，在法人类型上应归入财团法人或捐助法人，这是法学学者普遍认同的。但由于在《民法总则》颁布前我国法律上没有财团法人和捐助法人概念，也没有直接对应的制度，导致这两类社会组织的法人属性无法准确定位。实际上，大陆法系

国家都有财团法人或捐助法人。正如法学家马俊驹所言，“大陆法系国家的民法典在法人分类问题上保持了高度的一致性。由《德国民法典》确立的将法人在性质上区分为公、私法人两部分，然后将私法人划分为社团与财团，这种划分方式为大多数国家所接受。就私法人而言，社团法人和财团法人的划分是大陆法国家民法典最具特色和应用价值的分类方式”。[①] 因此，社会组织法立法，应当借鉴大陆法系的理论成果和成功经验，在《民法总则》的基础上，将社会团体纳入社团法人，将基金会和法人型民办非企业单位纳入捐助法人，并将《民法总则》的规定进一步细化和具体化，使社会组织的法人地位更加明确。

第二，明确非法人社会组织的法律地位。按照前述关于社会组织设立的要求，大量的社会组织只要求进行备案登记，而无须进行法人登记，因此，将有大量经民政部门备案登记但没有法人资格的社会组织。它们或许规模较小，也或许组织比较松散，但是，它们也是社会组织的重要组成部分，在社会公益或者互益事业中也将发挥着重要作用。在当前的法制环境下，它们很多都是作为“非法组织”在顽强地生存着，也即人们所说的“草根组织”。完善社会组织立法，在前述备案登记的春风吹掉其“非法组织”的帽子的同时，应当通过明确其法律地位，进一步给予雨露的滋润。对此，可以借鉴非法人型民办非企业单位[②]和合同法[③]的规定，明确非法人社会组织虽然不具有法人资格，但能够以自己的名义参加民事活动，在无支付能力的情况下，其财产责任须由设立非法人社会组织的法人组织或者个人承担。同时，对非法人社会组织的活动范围、负责人、民事责任等分别作出了明确规定。

第三，完善社会组织法人登记制度。按照前述关于社会组织设立的要求，将社会组织设立的非法人登记和法人登记分开，只有自愿登记为法人的和需要许可强制登记为法人的，才办理法人登记手续。法人登记的条件，按照法人独立承担民事责任所需要的标准设定，可以在现有基础上适当降低人员、资金等方面的要求，但不宜太低以致无法独立承担民事责任。对于自愿登记为法人的，登记管理机关只对其是否符合法人条件进行核准，如同现行的工商部门进行企业登记。对于需要许可强制登记为法人的，由相关行业的业务主管部门按

① 马俊驹：《法人制度的基本理论和立法问题探讨》，《法学评论》2004 年第 4 期。

② 非法人型民办非企业单位包括个体、合伙两种，在当前法律环境下，由于没有取得法人资格，其财产仍然归个人所有或者合伙人所有，而且该个人或者合伙人须对民办非企业单位的债务承担无限责任。

③ 按照合同法规定，依法设立的非营利性组织和依法领取营业执照的营利性组织，虽然不具有法人资格，但具有合同当事人的地位，得以自己的名义订立合同和履行合同。

照行政许可法的程序进行许可，登记管理机关也只对其是否符合法人条件进行核准，如同特种行业的企业进行工商登记。同时，由于我国现行的《企业破产法》和《民事诉讼法》中的企业法人破产程序不适用于社会组织，目前关于社会组织的解散的规定相当原则，缺乏操作性，造成相当一部分的社会组织无法完成解散、清算和注销登记，僵而不死，因此，在社会组织登记制度中要完善社会组织解散制度。

（二）完善社会组织法人组织结构，保障社会组织的组织性

第一，社会组织均应健全组织机构，只是复杂程度不同。组织性是社会组织的本质特征之一，指的是社会组织应当具有一定的组织形式，包括有比较固定的办公场所，有较为固定的人员，有一定的组织章程，有明晰的制度规范等。因此，完善社会组织立法，应当借鉴公司法的规定，要求社团法人、财团法人都要健全组织机构，加强组织内部的分权与制衡，提高组织的运作效率，防止内部人控制。同时，对于非法人社会组织也应要求建立一定的组织机构，只是其组织结构可以比较简单，特别是要明确其负责人。

第二，详细规范社会组织的组织机构。这是社会组织内部管理中最基本的法律问题，社会组织法应将组织机构作为重要内容予以详细规范。事实上，公司法的大量内容就是分别对有限责任公司、股份有限公司的组织机构进行明确，社会组织法的大量内容应当是对社团法人、财团法人和非法人社会组织的组织机构分别进行明确。一是要规范权力机构。明确规定社会团体全体会员大会和会员代表大会的召开条件、议事范围、表决方式，会员代表的条件和产生，社会团体、民办非企业单位和基金会的理事会及其常务理事会的构成、产生、职权、议事规则及其权利义务，监事或者监事会的产生和职权及其履职要求。二是要规范决策机构。我国的《基金会管理条例》规定了理事会组成人员的人数上下限及任期，但在社团条例和民非条例中没有作出类似规定，法律应对于理事会成员的条件、任期及其权利义务等作出原则性规定，然后由社会组织根据原则性规定在制定有关章程时予以具体明确。三是要规范监督机构。我国《基金会管理条例》明确规定基金会必须设监事，由于社会组织或者是公益性的，或者是互益性的，应当要求所有社会组织都建立监事会或者设立监事。

第三，增加规定理事、监事、高级管理人员的资格和义务。社会组织管理层的构成，对社会组织的使命实现和有效治理至关重要。一般来说，社会组织管理者及相关工作人员需要具有特定素质，包括利他主义、奉献精神、对组织使命的认同以及必要的专业知识和能力水平等，其要求比公司负责人的要求更高。公司法专设第六章公司董事、监事、高级管理人员的资格和义务，规定了

不得担任公司的董事、监事、高级管理人员的情形，董事、监事、高级管理人员应当承担的义务和禁止性规定，董事、监事、高级管理人员执行公司职务时违反法律、行政法规或者公司章程的规定给公司造成损失应当承担的赔偿责任等方面的内容。社会组织法亦应当明确理事、监事和高级管理人员的任职资格、义务性规定、禁止性规定及相关法律责任。当前，根据中国社会组织的实际情况，尤其要对党政机关领导干部兼任社会组织领导人的问题作出法律规范，真正实现“政社分离”，在保障社会组织组织性的同时，保障社会组织的独立性和非政府性。

(三) 完善社会组织法人意思表达机制，保障社会组织的自治性

第一，明确社会组织的自治内容。社会组织的自治性与组织在社会结构和法律地位上的独立性密切相关。除了独立于政府，社会组织还不应隶属于企业等营利组织，并且社会组织彼此之间也保持较强的独立性。但是，目前我国许多社会组织呈现出“半官半民”性，影响了社会组织作用的发挥，也不符合未来的发展方向。为了保障社会组织的自治性，在限制党政领导兼职社会组织职务的基础上，要通过法律明确社会组织的自治内容，限制党政机关及其工作人员的非法干预。如规定：每一个社会组织都有自己的组织机制，有独立自主的判断、决策和行为的能力；有独立的管理机制，可以自主地确定自己的负责人、自由地雇用工作人员、独立地决定自身的发展事务和行动目标；还有独立的经济来源，它们接受外界的资助和捐赠，但不依赖于出资方。概言之，它享有政治上、管理上和财政上的充分自主权。事实证明，社会组织自我管理的方法非常有效，与国家权力的介入相比，组织成员更乐意接受组织的自我管理。自我管理使组织本身的地位得到巩固：一方面可以加强组织的权威，另一方面可以刺激组织自我保护能力的发展。这不仅有利于社会秩序的自发生成，同时也降低了国家治理的成本。这也正是国家把一些社会治理职能下移给社会组织行使的原因所在。

第二，规范社会组织的章程。社会组织在民事活动中，大量的决策事项需要依据章程作出。我国社会组织的发展时间不长，社会组织自治机制还不成熟，社会组织法应当对社会组织章程进行更清晰、更明确的规范，增加章程的操作性。在程序上规定对于社会组织的备案登记、法人登记和日常管理都以章程为重点，增加章程的法律效力，促使社会组织通过执行章程，实现其内部决策、管理制度的合法化、标准化、具体化。同时，对法律上没有明确的有关问题，可以引导社会组织通过章程进行自我规范。应根据社会组织的不同形态，改进目前推行的《章程范本》，制定多种形式的章程范本供社会组织选择。

第三，规范社会组织管理者的决策程序和权限。社会组织人格的独立性体现在法人的意思机关上，社会组织就应该有自己的意思形成程序。约翰·格雷曾经说过："社团是国家已授予它权力以保护其利益的人的有组织的团体。而推动这些权力的意志是根据社团的组织所决定的某些人的意志。"[①] 社会组织的日常决策机构一般是其理事会或者常务理事会，应当明确理事会的决策原则，对理事会会议召开条件、召开次数、召开方式、表决程序、决策公开等均形成明确的制度。在理事会对重大的问题决策以后，大量的操作性事务一般由执行理事长、秘书长去完成，需要对执行理事长、秘书长及其权力义务作出规定，明确社会组织签订合同、运作资金、召集会议、举办活动等方面的运作机制，并建立一个权力相互制衡的架构。特别是对于财团法人理事会和监事会的基本权限应当在法律中明确规定，不允许章程中另作约定，以保障资金安全，但是其他权限可以允许在章程中作不同的规定。

(四) 完善社会组织法人财产制度，保障社会组织的非营利性

第一，明确界定"非营利性"。非营利性是社会组织的根本属性之一，是其区别于企业的重要特征。可以说，保持了社会组织的"非营利性"，就保持了社会组织最根本的属性，也就实现了社会组织管理的基本目标。西方社会对非营利性的主流看法，认为非营利的主要特征是必须遵守"不分配限制"，即不得向控制组织的人员分配利润，剩余利润不在分配之列，所有的剩余收益都必须留在非营利组织内部，用于支持组织从事其章程所规定的业务。[②] 由于这种"不分配限制"，非营利组织没有所有人，因为没有任何人能够既插手其管理又参与其剩余收益的分配。[③] 尽管社会组织的非营利性非常重要，但是目前我国法律对社会组织的非营利性界定不明确。除《基金会管理条例》对财产的使用与管理作出规定外，我国法律法规对社会组织的财产性质没有作出明确规定，其归属问题也十分模糊，只是笼统要求"盈利不能分成，解体时财产不能私分"。基于此，目前虽然有一些社会组织从事了营利性活动，但实践中查处社会组织营利性经营活动的案件很少。完善社会组织立法，应当清晰、明确地界定什么是"非营利性"，并对社会组织违背非营利性的行为明确处罚措施。在具体的制度构建时，应当包括以下几个方面的内容：首先，考虑到社会组织像其他任何组织一样，其生存与

① 转引自［奥］凯尔森《法与国家的一般理论》，沈宗灵译，中国大百科全书出版社 1996 年版，第 122 页。

② 参见［美］亨利·汉斯曼《企业所有权论》，于静译，中国政法大学出版社 2001 年版，第 332 页。

③ 同上。

发展都有赖于充足的资金，而资金短缺是我国社会组织目前普遍面临的困境，为保障社会组织的生存发展，法律应当允许社会组织在限定的范围内开展相关经营活动，社会组织可以通过与其宗旨和活动范围相关的商品或者服务的价款为主要收入来源。其次，基于社会组织的“非营利性”的性质要求，社会组织的经营活动应当是非营利性的，而社会组织的营利性与非营利性的区分标准为剩余索取权标准，即社会组织的出资者、管理者不得以任何形式分配组织的利润，社会组织的财产不能以任何形式分配转变为私人财产，社会组织的出资者、管理者均不得将社会组织的经营所得以任何形式分配给个人。只要没有将社会组织的财产分配给出资者、管理者等有关人员，社会组织的经营即不属于营利性经营活动，而属于非营利性活动；如果社会组织的出资者、管理者或者相关人员在社会组织的经营活动、项目管理或者其他活动中实际取得或者约定取得除正常工资福利以外的经济利益，则应当认定为营利性经营活动。最后，不仅社会组织的经营所得利润不能分配，同时社会组织的原始注册的活动资金亦不能分配，虽然这些活动资金由其设立人、成员或者其他组织与个人所提供，但人们提供这些资金不是为了通过该组织获取经济利益，而是为了支持实现社会组织章程所确定的宗旨，社会组织的出资人对社会组织投入的原始资金亦没有剩余索取权。概言之，非营利法人和营利法人的区别在于利润不得分配，而不在于是否有盈利。①

第二，明确社会组织经营活动的范围和方式。任何经营行为在本质上都是追求利润的最大化，社会组织从事经营活动也不例外。但任何经营活动都存在市场风险，高利润总是与高风险如影相随。社会组织的存在目的是为了社会公益和互益服务，允许社会组织开展经营活动，是为了筹集社会组织的开展社会公益和互益服务所需经费，因此，社会组织经营活动的首要前提是要保障社会组织财产的安全性。为了防止社会组织过度追求利润而忽视其财产的安全性和宗旨的公益性，我国法律应当对社会组织经营活动的范围予以限定。国际上，对社会组织的经营活动一般分为相关经营活动和不相关经营活动。相关经营活动是社会组织从事的与其宗旨紧密相连的经营活动，一般可以享受减免税优惠政策。不相关经营活动是社会组织从事的与其宗旨无关的经营活动，一般需要依法纳税。对于相关经营活动，我国应该鼓励社会组织直接开展，而不需要社会组织另行设立企业来开展，因为，这不仅有利于社会组织获得活动资金，更有利于社会组织实现其宗旨目的。对于非相关经营活动，我国法律则可以要求

① 葛云松：《非营利法人的财产法律问题》，载魏定仁主编《中国非营利组织法律模式论文集》，中国方正出版社2006年版，第223页。

社会组织另行举办企业来开展。如果社会组织直接开展非相关经营活动，则可认定为开展了营利性经营活动。

第三，建立社会组织经营价格限制制度。社会组织的相关经营活动与企业的经营活动一样，都需收回成本，并且收取的费用一般都要高于成本。但是，社会组织提供商品和服务的定价与企业、公司等营利组织的定价应当有所不同。企业、公司等营利组织提供的商品或服务的价格，除部分需要政府定价或者提供指导价的外，大都可以由市场规律来支配，价格高低取决于供求关系。而社会组织由于不以营利为目的，其向社会提供的商品或者服务时的价格必须保持在一个合理的范围内。价格过低，社会组织将缺乏资金而影响生存与发展；价格过高，不符合社会组织的存在目的。因此，社会组织的相关经营活动不能仅依靠市场调节，需要政府通过规制，对社会组织相关经营活动的价格给予一定的限制，由政府价格主管部门根据社会组织从事相关经营活动的成本要素和行业特征确定一个适当的价格幅度，以确保社会组织公益性或者互益性的体现。政府价格主管部门应当掌握充分的信息尤其是社会组织的运营成本，形成合理、透明的价格决策机制。如果社会组织的服务价格违反了该规定，则可认定为开展了营利性经营活动。

第四，建立社会组织支出比例限制制度。支出比例制度是指社会组织每年必须支出一定数额的资金用于符合其宗旨的活动。支出比例制度的目的在于促进社会组织履行其宗旨，确保社会组织对公益事业进行适当投入，防止社会组织将其所有收入积蓄起来或者将收入大量用于行政和筹资事项，是杜绝社会组织长期无作为或者偏离公益轨道的一项制度保障。《基金会管理条例》第 33 条规定“基金会每年按其宗旨用于资助活动的金额不得少于上年末基金余额的 10%；行政经费开支要严格控制，以体现基金会宗旨和捐赠人本意”。《基金会管理条例》第 29 条还确定公募基金会年公益支出不得低于上一年总收入的 70%，非公募基金会年公益支出不得低于上一年基金余额的 8%。但是除《基金会管理条例》外，社会团体、民办非企业单位没有支出比例制度方面的相关规定，因此，社会组织立法需要进一步建立健全社会团体、民办非企业单位等社会组织的支出比例制度。

第五，建立社会组织的工资福利制度。关于社会组织工作人员的薪酬，限制得太低，会导致社会组织难以吸引优秀的管理人才和员工，完全没有限制，可能会导致法人内部人员损公肥私。[①] 1998 年《社会团体登记管理条例》第

① 葛云松：《非营利法人的财产法律问题》，载魏定仁主编《中国非营利组织法律模式论文集》，中国方正出版社 2006 年版，第 223 页。

29条、2004年《基金会管理条例》等都对社会组织工作人员的薪酬做了简单的规定。对于社会组织个人不当利益的限制，《在社会团体登记管理条例》第29条和《民办非企业单位登记管理暂行条例》第21条中分别做了笼统规定；《基金会管理条例》第23条也做了简单明确规定。但是，总体看来，我国现行法规缺乏对社会组织个人利益限制的系统规范。而且除《基金会管理条例》第23条外，几乎没有涉及社会组织内部关联交易的可操作性规定。因此，对社会组织工作人员的工资福利待遇要有明确制定的依据、程序、标准，防止社会组织以工资、福利或者其他方式将社会组织的资产变为私有财产。同时，要禁止社会组织工作人员通过与社会组织的内部关联交易等方式获得经济利益。如果社会组织违反了这些规定，则可认定为开展了营利性经营活动。

第六，完善社会组织注销的财产处置制度。一般而言，公益法人的剩余财产应当归属于国家或者地方政府，或者归属于其他公益法人，章程只能在此范围内进行规定。但是非公益、非营利法人（中间法人）的剩余财产的归属问题是否应当作出限制，值得进一步研究。① 笔者建议参照《基金会管理条例》第33条"基金会注销后的剩余财产应当按照章程的规定用于公益目的；无法按照章程规定处理的，由登记管理机关组织捐赠给与该基金会性质、宗旨相同的社会公益组织，并向社会公告"的规定，对社会团体、民办非企业单位做出类似规定，并对有关自然人或者其他组织侵占、挪用、私分社会组织财产的，明确责令退还，并明确规定给予一定的处罚措施，确保有关投资者、管理者无法获得剩余索取权。

第七，健全社会组织财务制度。加强社会组织的财务管理，是避免发生社会组织内部人员腐败和抑制社会组织偏离宗旨目标的基础和核心。要建立健全社会组织的内部财务管理机制，完善社会组织的预算管理和收入支出管理，资产管理和专项基金管理，人员工资福利管理和项目运作经费管理，财务分析和财务监督等方面的管理制度，加强社会组织的财务信息和其他信息的公开，加大对社会组织财务违法违规行为的处罚力度，确保社会组织的财务安全和有效利用。

（五）完善社会组织法人责任制度，促进社会组织的自律

权力必须伴随义务和责任，否则就会导致滥用。目前，我国现有法律缺乏对社会组织管理人员及其工作人员的责任规定尤其是民事责任的规定，三个社会组织条例的法律责任都是针对社会组织本身的处罚，社会组织法应当完善社

① 葛云松：《非营利法人的财产法律问题》，载魏定仁主编《中国非营利组织法律模式论文集》，中国方正出版社2006年版，第223页。

会组织相关责任人的民事责任。目前，我国《基金会管理条例》对此进行了粗略的规定："基金会理事会违反本条例和章程规定决策不当，致使基金会遭受财产损失的，参与决策的理事应当承担相应的赔偿责任。"为促进社会组织管理人员及其工作人员谨慎履行职责，承担应负的忠诚义务和注意义务，避免利益冲突并绝对禁止利用职位牟取私利，除了前述制度、程序的约束外，还应以法律责任来约束其行为，明确社会组织管理人员及其工作人员在履行职务中应当承担的民事责任。同时，对社会组织工作人员不正当的职务行为给他人造成了损害，在社会组织以组织自有资产承担民事责任后，如何保证对相关责任人员的追偿到位（因为社会组织缺乏所有人的监督），法律应作出具体的制度设计。

第三节　基于平衡论的监督管理制度

加强对社会组织的监督管理，是各国社会组织立法的通行做法。因为，保障公民正确行使结社自由而不影响他人的自由，保障社会组织的活动是有益的而不是破坏性的，保障社会秩序和国家安全，都必须加强社会组织的监督管理。因此，社会组织法的立法内容，在保障公民结社自由、完善社会组织法人治理结构的基础上，重要的是要完善社会组织的监督管理制度。现实可行的监督管理制度，不仅可以消除立法者对社会组织的诸多顾虑与担忧，使社会组织法得以顺利通过，而且也是社会组织长远健康发展的基础。问题是，社会组织监督管理制度如何设计才是现实可行的？我们认为，社会组织监督管理制度的设计，应当以现代行政法理论为指导。而平衡论是现代行政法的一个重要理论，也契合社会组织监督管理立法的实际需要。

一　平衡论的基本内容

平衡论是随着中国社会转型和公共治理的兴起而发展起来的一种行政法理论。[①] 在平衡论看来，行政法中主要有管理论、控权论、平衡论三种模式。在传统的管理论模式下，强调通过维护行政特权保证行政管理的秩序和效率，行政权优先于个人权利，行政主体与行政相对人之间是一种命令与服从关系，公

---

① 参见罗豪才《现代行政法的平衡理论》，北京大学出版社 1998 年版；沈岿《平衡论：一种行政法认知模式》，北京大学出版社 1999 年版；宋功德《行政法的均衡之约》，北京大学出版社 2004 年版。

民处于被管理、被支配的地位，二者法律地位不平等。在控权论模式下，行政法就是控制行政权的法，行政权和公民权处于对立的地位，个人权利至上，行政权是必要的“恶”，要通过立法、司法、程序等手段严格控制行政权，保障公民权利和自由。在平衡论模式下，行政权力与公民权利应当保持平衡状态，运用制约、激励和协商机制，充分发挥行政主体与行政相对人的积极能动性，维护法律制度、社会价值的结构均衡，促进社会整体利益的最大化。

平衡论认为，行政法关系的核心是“权力—权利”（Power – Right）关系。构建现代行政法的均衡结构，包括权力——权利结构、制度结构、利益结构、规范结构和价值结构五个层面。在权力——权利结构方面，行政法律关系分为行政实体法律关系、行政程序法律关系和监督行政法律关系。在这些法律关系中，行政主体与行政相对人的权利义务是不对等的，但这些不对等并非指向同一方向，在整体上可以实现二者的平衡，这种平衡是一种不对称的平衡。在制度结构方面，平衡论认为在总体上行政管理制度与监督行政制度应当是协调的，同时要建立多元的纠纷解决机制和权利救济制度。在利益结构方面，公益与私益既不是相互对立的，也不能将二者简单等同，而应当使之相互兼顾。在规范结构方面，行政法规范体系可以划分为硬法、软法和混合法的体系。在价值结构方面，行政法应当兼顾秩序与自由、公平与效率，通过制度安排实现价值的均衡。①

平衡论主张引入制约机制、激励机制和协商机制等相关机制，保持行政权力与公民权利的协调发展。制约机制既包括制约行政权以保护行政相对人的合法权益，又包括制约行政相对人以维护行政秩序，但重点是要制约行政主体。在制约方式上，既包括以权力制约权力，也包括以权利制约权力；既包括实体的限制，也包括程序的约束；既包括内部制约，也包括外部制约。激励机制既包括激励行政主体积极行政而为公众谋求更多的公益，又包括激励行政相对人积极实践法定权利而增强私人的利益，但重点是以竞争机制、奖励措施、利益诱导等激励行政相对人。通过制约机制和激励机制，行政权和公民权将较好地实现结构性平衡。在此基础上，平衡论主张法律关系主体之间通过对话、协商、说服乃至辩论等协商机制，相互获得理解或同意，实现各方主体之间的稳定和平衡，构建合作共赢的行政关系。协商机制具体可以通过诸如协商行政、合作行政等制度体现出来。基于平衡理论和中国行政法的实践，行政法平衡机制的构建，可以建立三种机制，即行政主导和社会自治、民主参与相融合的机制，行政优先和法律监督、权利救济有机结合的机制，国家权力分立和制衡的

① 罗豪才：《中国行政法的平衡理论》，《法制日报》2009 年 7 月 1 日。

机制。[①]

二　基于平衡论的现行社会组织立法制度反思

在平衡论的理论指导下审视我国现行社会组织监督管理制度，可以看出我国现行社会组织立法不符合“平衡论”的要求，也不符合“控权论”的要求，还是属于“管理论”行政法模式。[②]

（一）“权力—权利”结构失衡

现行社会组织立法赋予了行政机关广泛的管理权力。各级民政部门作为登记管理机关，负责社会组织的成立、变更、注销的登记或者备案；对社会组织实施年度检查；对社会组织违反三个行政法规的问题进行监督检查并给予行政处罚。各级人民政府的有关部门和授权的组织，是有关社会组织的业务主管单位，负责社会组织筹备申请、成立登记、变更登记、注销登记前的审查；监督、指导社会组织遵守宪法、法律、法规和国家政策，依据其章程开展活动；负责社会组织年度检查的初审；协助登记机关和其他有关部门查处社会组织的违法行为；会同有关机关指导社会组织的清算事宜。同时，技术监督、人民银行、税务、财政等十几个专业部门分别对组织机构代码、银行账号、税收征管、财务票据等专项事务进行管理。但是，现行社会组织立法的着眼点在于加强对于社会组织的管理，在赋予相关部门权力的同时，很少条款赋予公民、社会组织以权利。公民的结社行为属于被管理的对象，社会组织也属于被管理的对象，公民、社会组织对业务主管单位的行政行为甚至连起诉的救济权力也没有。

（二）制度结构失衡

现行社会组织立法的管理制度几乎全部是行政管理制度，即关于如何加强对公民结社的管理和社会组织的监督的，但关于如何监督社会组织的登记管理机关、业务主管单位和相关行政机关的行政行为的监督行政制度几乎没有。同时，这些行政管理制度本身还存在一些制度矛盾、制度缺失，由此导致社会组织的监督管理存在很大的随意性，没有或者无法监管到位。

第一，监督体制不顺。现行立法构建的管理体制存在的主要问题是职责不清、责任分散。目前中央一级登记管理机关、业务主管单位和相关管理部门加起来共82个，每个部门职责不同，对于社会组织管理的指导思想、管理原则

---

① 沈岿：《平衡论：一种行政法认知模式》，北京大学出版社1999年版，第260—280页。

② 参见谢海定《中国民间组织的合法性困境》，《法学研究》2004年第2期。该文认为现行立法对社会组织的控制型管理类似于家长对未成年孩子的管教，是基于管理者相对于管理对象的权威，为防患于未然，通过严密监督、控制等手段，避免管理对象做出对国家、社会、他人和自身有害的行为。

与其他部门也不尽相同，呈现“九龙治水”状态。从业务主管单位看，由于机关三定方案一般没有单独明确社会组织管理职责，财政预算一般也没有安排社会组织管理专项经费，也很少设置社会组织专职管理人员，业务主管单位不同程度地存在不愿管或管不了的问题，导致对社会组织日常管理难以到位，而自发性社会组织也可能因找不到业务主管单位而无法登记成立，脱离了监管。从登记管理机关看，由于法律规范重在入口把关，工作中存在重登记轻管理的问题。从登记管理机关与业务主管单位双方关系看，由于法律未明确管理双方的相互制约和监督责任，存在各自为政、缺乏协同等问题。

第二，监管手段滞后。社会组织三大条例对社会组织监督管理提出了诸多方面的要求，但由于这些规定比较抽象，而实际可用管理手段缺乏，导致监督管理很难实施到位。这个问题对于业务主管单位尤为突出。虽然三个条例均赋予业务主管单位广泛的监督管理职责，但由于立法没有赋予业务主管单位相应的执法权，业务主管单位也就没有具体执法措施。为弥补监督手段的不足，有的业务主管单位建立了一种被称作“重大活动报送”的监督制度。[①] 如《民政部主管的社会团体管理暂行办法》第十二条规定：“社团开展重大业务活动，如召开大型研讨会、举办展览会等，应由主管司、局（厅）审查核准。”但是该制度的实际内容，事实上并不是很明确。比如，哪些活动属于重大活动，报送的目的只是作了解还是必须得经过业务主管单位的批准等，都很模糊，导致在实际中也没有得到较好执行。

第三，监管责任缺失。现行社会组织立法没有建立监督行政制度，业务主管单位和登记管理机关对于社会组织的监督具有较大随意性，无论是否履行了监督管理职责，都没有明确业务主管单位和登记管理机关应当承担的相应法律责任，从而导致有的监督管理机关不仅没有认真履行职责，甚至还积极参与社会组织的违规活动。就业务主管单位的监督来说，有的业务主管单位把其所主管的社会组织视为自己的势力范围，监管者与被监管的社会组织形成利益共同体，对社会组织的日常监管难以落实到位。就登记管理机关的监督来说，由于有的社会组织受到业务主管单位的庇护，加之登记管理机关受人力、物力限制等多种因素制约，对社会组织日常管理监督的主要方式是年检，但年检实际上很大程度流于形式。如“全国牙防组”事件就是一个很好的例证，如果它不依靠卫生部这一政府部门的公信力，仅凭牙防组专家和工作人员，根本不可能

① 重大事务报告制度是民政部门和一些业务主管单位所建立的一项行政管理制度，具体报告的内容包括：社团举行重大的业务活动，如召开大型研讨会、举办展览会、成立大会、换届大会、举办跨省活动等。参见苏力等《规制与发展——第三部门的法律环境》，浙江人民出版社 1999 年版，第67—68 页。

有如此之大影响力。“全国牙防组”非法存在多年，直到最后被查处，凸显了我国对社会组织日常监管的空白。

第四，监督机制不全。我国现行的社会组织立法，不仅业务主管单位和登记管理机关的监督管理制度还不完善，而且社会组织的内部监督制度和社会监督制度也十分缺乏，从而无法实现行政监督、社会监督和社会组织自我监督三者之间的有机互补，使社会组织日常监管比较松懈，与严格的登记管理形成鲜明的反差。因此，尽管我国社会组织的注册登记比较困难，但社会组织一旦登记成立，政府在相当大程度上便任其自生自灭了。

（三）规范结构失衡

整个社会组织立法，除了《基金会管理条例》有部分软法规范外，其他大都是硬法规范。主要强调了对社会组织的制约，而缺乏激励，更缺乏政府与社会组织的协商、对话、合作的制度。而作为社会组织，软法是最适宜的一种规制方式。如在美国等一些国家，就是以税收优惠政策为最主要的方式对社会组织进行监督管理的，当社会组织的活动符合法律法规的要求，则享受相关税收优惠政策，否则，不予享受相关税收优惠政策。具体详见下节的阐述。

（四）价值结构失衡

按照平衡法理论，社会组织立法应当兼顾维护社会秩序稳定的价值取向和保障公民结社自由的价值取向，通过制度安排实现两者价值的均衡。但是，现行社会组织立法主要基于维护社会秩序稳定的价值取向，制度安排的重点在于防范公民的非法结社和社会组织从事危害社会秩序的行为，而对公民结社自由的保护不够，使公民的结社自由成为依附于行政权的权利，有时甚至变成了行政机关的恩赐。对此，已经在对结社自由的分析中进行了阐述，不再重复。

三　完善社会组织监督制度，保障社会组织健康运行

社会组织的快速增长，显然将增加社会秩序的不可控因素。但问题的关键在于政府怎样监管和调控，才能发挥社会组织的积极作用，抑制其消极作用。根据上述平衡理论，社会组织的管理，一方面，要加强监督，构建政府管理、社会监督和社会组织自律相结合的多元调控格局，确保社会组织运行机制的建立和完善；另一方面，要加强扶持，尊重社会组织的自治，维护社会组织的权利，引导社会组织功能作用的发挥。“判断一种好的政府管理社团模式的标准不再是单独的某一方利益的独大，而应该是双方利益的同时满足。因此，未来的改革方向应该是一种双赢：既要使未经登记的社团合法化，又要赋予政府管

理部门以权威”。[①] 只有保持监管管理和培育发展的平衡、行政监督和监督行政的平衡、社会组织自律和他律的平衡、制约机制与激励机制的平衡、硬法和软法的平衡，社会组织才可能在硬法和软法两条轨道构成的道路上健康发展。对于社会组织的扶持和激励，将在下节结合软法进行分析。本节重点谈谈社会组织的监管。需要说明的是，即使仅仅是社会组织的监督，也应当按照平衡论的要求，保持权力—权利的平衡，在赋予行政部门监管社会组织职权的同时，应当赋予社会组织以权利救济；保持制度结构的平衡，在建立政府对社会组织的行政管理制度的同时，应当建立社会组织对政府的监督行政制度；在规范结构上，在坚持政府监督的硬法约束的同时，建立社会组织自律的软法约束；同时，在注重政府监督的同时，还注重社会监督。

（一）构建政府监督机制

第一，强化登记管理机关的监督职能。在前述社会组织设立制度的构建下，大量社会组织将不再拥有业务主管单位，只有特定的少数社会组织才需要业务主管单位，与此相适应，登记管理机关的监督职能应随之调整。一是社会组织的日常监管职能统一归口于民政部门。在大部分社会组织没有业务主管单位的情形下，应当将现行社会组织业务主管单位的大部分职能移交民政部门，实行民政部门的单一管理体制，由民政部门统一行使、统一负责。二是提高社会组织登记管理机构的行政级别。我国社会组织和政府之间的关系非常密切，有的脱胎于政府机构，有的由政府组建，有的由政府出资，为强化登记管理机关的监管职能，可像设立国务院证券监督管理委员会或者国家药品食品监督管理局那样，设立直属于国务院的“国家社会组织监督管理委员会”或者由民政部管理的副部级“国家社会组织管理局”。三是加强登记管理机关的监督能力建设。明确按照社会组织的数量为社会组织登记管理机关配备人员、经费和装备，不断提升社会组织登记管理人员的执法水平，不断提升社会组织执法办案的装备水平。

第二，重新界定业务主管单位的监督职能。在明确民政部门对社会组织的日常管理进行统一归口监督后，对那些特定的仍然坚持登记管理机关和业务主管单位双重管理体制的社会组织，应当合理划分各自的监管职责，避免监管重复和监管漏洞。一是业务主管单位的监管要有明确法律依据。在全面推进依法治国、建设法治政府的今天，行政机关必须依法行政，业务主管单位对社会组织的监管也必须坚持依法监管。如果没有明确法律依据，不仅业

① 吴玉章：《“政府管理社团”模式及其效果》，载吴玉章主编《社会团体的法律问题》，社会科学文献出版社2004年版，第22页。

务主管单位无法有效监管，即使监管了也于法无据，属于违法行政行为，最终受害的是政府的威信和社会组织的健康发展。目前，有一些特定领域的社会组织的业务主管问题，已经有法律依据明确了业务主管单位的监督管理方式和职责，如国务院《宗教事务管理条例》明确了宗教管理部门对宗教社团的管理规定，但还有一些特定领域的社会组织没有相应的规定。因此，这需要在制定社会组织法的同时，抓紧制定、修改有关法律法规，使业务主管单位对于特定社会组织的行政许可和监管都有法可依。目前，中央政策已经明确对于行业协会商会类、科学技术类、公益慈善类和基层社区服务类等社会组织，不再需要业务主管单位，真正需要业务主管单位的也就是对社会稳定和国家安全可能造成影响的少数几类社会组织。对于这少数几类社会组织，既可以通过制定修改相关法律予以规范，也可以通过社会组织法明确需要业务主管单位许可的社会组织类型、业务主管单位的确定方式以及业务主管单位的监管职责与职权。比如对涉外社会组织，明确由外事部门统一许可和监管。二是在明确业务主管单位监管的法律依据后，应当把社会组织监管职责职权纳入业务主管单位定职能、定机构、定人员的“三定”方案，以强化业务主管单位对社会组织的监管责任和力量配备，确保需要重点监管的社会组织监管到位。第三，分解目前业务主管单位的职能。除了现行三个条例明确业务主管单位的监督管理职责外，根据国家有关政策，目前业务主管单位实际承担的职能包括申请登记前置审批、思想政治工作、党的建设、财务和人事管理、研讨活动、对外交往、接受境外捐赠资助、按章程开展活动等九个方面的监督管理工作。社会组织的财务和人事管理、研讨活动、对外交往、接受境外捐赠资助依法应由财政、人力资源与社会保障、外事等相关部门负责监管，应不属于业务主管单位职责。社会组织按章程开展活动应以民政部门监督为主，业务主管单位的主要职责应该是对社会组织的有关活动是否违背特定领域的相关专门法律法规进行监督。只有依法分别履行各自职责，各就各位，才能增强监管的行政效能，切实保障社会组织依法发展。

第三，强化相关执法部门的监督职能。由于大量社会组织没有业务主管单位，除了加强登记管理机关的监管外，亟待加强相关专业管理部门的监管。因此，社会组织法应当进一步明确、强化与社会组织监督管理相关的财政、税务、银行、审计、公安、安全、工商、外交等专业管理机构在社会组织日常监管中的职责，确保相关专业监管的到位，提高综合监管水平。

第四，转变监督方式。社会组织法对社会组织的监管应当根据从入口登记管理到运作全程监管的需要，创新和完善有关监管方式方法。一是改革年检方式。由于参加年检的社会组织数量多，年检需要报告的内容多，实际上年检时登记管理机关和业务主管单位根本无暇对每个社会组织的年检报告内容逐一审核，故虽然耗费大量时间精力，但年检并未取得理想的实效。适应现代信息化条件下创新监管方式的需要，社会组织年检应当转为年报，并将年报作为监管的重要手段，进一步明确年报内容、规范报告程序和方式、强化报告后果。在社会组织年报的基础上，将年报内容通过网络向社会公开，接受社会监督。同时，对社会组织的年报内容按一定比例进行抽查，对没有进行年报、虚假年报、年报内容违法违规等情形的社会组织，严格按法律规定进行处罚。将现行全覆盖式、例行式的年检制度改革为年报制度，既可减少登记管理机关的人力投入，又可督促社会组织加强自我管理。二是强化执法职责。为了防范社会组织对社会秩序和国家安全可能的影响，对于社会组织的执法监督一般应当严于对公司企业的执法监督，但由于民政部门很少配备专门的社会组织执法监管机构和人员，实际上，民政部门对于社会组织执法职责的履行与工商部门对于公司企业执法职责的履行相距甚远。为改变这种状态，社会组织法应当明确登记管理机关应当建立社会组织专门执法机构，并赋予社会组织执法机构具体的执法权限，为加大社会组织违法违规行为查处惩罚力度提供法律保障，逐步实现对社会组织成立时的登记管理向成立后的行为管理过渡。与此同时，社会组织法应当明确社会投诉举报机制的建立，通过及时受理和处理群众举报和投诉，发现、查处、纠正社会组织的违法违规行为。三是健全监管信息沟通机制。社会组织设立后，登记管理机关及时告知业务主管单位和相应的执法监管部门有关登记信息，由登记管理机关、业务主管单位和相关监管部门共同监管，建立相关监管部门密切合作、有机协调的机制，形成监管合力。明确登记管理机关应当向社会公布社会组织的服务宗旨、业务范围、组织机构等基本信息以及年报抽查、违法查处等情况，便于群众监督。

（二）构建社会监督机制

第一，建立媒体监督制度。媒体监督是社会组织外部监督机制不可或缺的内容，是社会监督的主要形式。传媒对于社会组织的深入调查和信息揭露，可以成为政府监管机构的重要信息来源，能够大大减少政府监管机构的信息搜寻成本，提高监管机构的执法效率。同时，媒体曝光可以影响公众态度和行为，对社会组织形成巨大压力，促进社会组织的良治。但是，目前在对社会组织的外部监督机制中，媒体的监督缺乏具体的法律依据，也缺乏法律的有效规范。社会组织法应当对媒体监督既鼓励，又规范，充分发挥好媒体的作用。媒体监督作用的有效发挥，将有力地推动公众对社会组织的关注和参与，增进社会组织的透明度，提升社会组织的公信力。

第二，建立社会评估制度。社会组织没有所有人，管理者的义务不是最大化所有人收益，而是如何更好地实现组织的事业，因而很难衡量其是否履行了义务。比如管理者为了维护其自身工作的稳定性可能会维持组织无效率的规模运作，只进入那些风险比较低（相应地，收益也会比较低）的领域。为促进社会组织的有效运转，境外一些国家和地区建立了许多民间的或半官方中介性或学术性的评估机构，采用定量和定性的指标体系，定期或不定期对社会组织进行包括绩效、项目、组织管理和综合能力等在内的各种评估。[①] 以美国为例，纽约名为慈善信息署的团体收集了全国400多个大的非营利组织的全部资料，并建立了一套评价体系，每年对这些非营利组织进行评估，并将评估结果向社会公布。美国另外一个非营利组织基金会中心将全美3万多家基金会的资料收集整理，供公众付费查询。[②] 近年来，民政部及地方民政部门也通过直接组织或者以民政部门主导、委托或者联合有关机构参与等方式探索开展了社会组织评估，并取得了成功的经验和较好的效果。但是，我国社会组织发展迅速，单纯依靠民政部门直接组织或者牵头组织已不能满足其要求。因此，在保留民政部门官方评估的基础上，很有必要借鉴一些国外的经验和办法，在民政部门的支持或参与下，鼓励相对独立并具有一定学术权威的民间评估机构，对社会组织进行评估，通过独立的第三方评估报告对社会组织进行监督，逐步形成“社会组织管理社会组织”的体制。

第三，建立社会公众查询公益性社会组织档案制度。西方很多国家之所以一方面社会组织发达，另一方面又较少发生社会组织违法违规行为，其根本原因在于社会组织与社会之间的良性互动关系。如在澳大利亚，任何一个社会成员都可以到社团注册机关，查阅他想了解的社团档案资料。如果社会组织的财务收支情况都高度公开，社会成员的每一笔捐助随时都能查阅，社会组织的经费来源当然也将不再成为问题。如果社会组织运作情况都能真正透明，社会组织的管理者又如何可能轻易违法违规或者牟取私利呢？借鉴国外有益经验，根据我国实际情况，社会组织法可以规定，对于公益性社会组织的档案资料，社会公众可以向登记管理机关、业务主管单位、相关监管部门和公益性社会组织查询。

（三）构建自我监督机制

自我监督就是社会组织的自律，对社会组织的发展是一大促进。政府应制定社会组织的自律规范，并监督实施，逐步培养社会组织的诚信意识，倡导和弘扬社会组织的自律精神。事实上，促进社会组织的自律品质，是强化公民社

---

① 邓国胜：《非营利组织“APC”评估理论》，《中国行政管理》2004年第10期。

② 参见陈金罗《社团立法和社团管理》，法律出版社1997年版，第131页。

会之道，也是转变国家与社会权力结构的过程。

第一，建立信息披露制度。“没有公开则无所谓正义。”① 社会组织具有服务社会大众或者其成员的公益使命或者互益使命，其资金来源和运作亦依赖于社会，并在法律上享有一定的减免税待遇，因此公信力被视为社会组织的第二生命。公信力需要通过完善的信息披露来体现，只有公开，方有公信。社会组织一般不像企业那样拥有商业秘密，也不像政府那样拥有国家机密，应当最大限度地向社会公众全方位地公开其财务、活动、管理等方面的信息。长期以来，我国社会组织的信息披露的法律规范方面比较欠缺，已经成为对社会组织社会公信力提升的制约。为以法律促进信息公开，我国慈善法对于慈善组织的信息公开进行了专章规定。社会组织法应当将社会组织的信息披露作为重要内容，对于公益性组织和互益性组织的信息披露要求分别予以规范，特别是强制要求公益性社会组织将其组织机构、业务活动、财务收支等信息向社会公开，政府监管部门、捐助人、社会公众等对社会组织的有关信息有权随时索要、查询、质疑并得到答复，以此为基础建立社会组织与社会公众之间的信任关系。

第二，建立利益相关者监督制度。社团法人的成员、财团法人的捐助人和受益人，与社会组织具有直接利益关系，应当具有监督社会组织的权利。利益相关者的监督，对于社会组织的治理可以起到积极的制约作用。但是，如果没有法律的保障，这种监督的权利很可能是一种“裸体的权利”——被架空、被虚置的权利。西方法谚有云“有权利必有救济”“没有救济的权利不是真正的权利”。因此，在社会组织法中，有必要明确社团法人的成员、财团法人的捐助人和受益人除了获得相关信息外，在符合特定条件下，可以利益相关者的身份提起诉讼以寻求救济，给利益相关者以司法保障的后盾。借助于司法程序保证利益相关者成功发挥监督作用，既可以充分保障利益相关者主体诉权的实际行使，又不至于直接干预社会组织的日常事务。

第三，建立同业组织监督制度。社会组织的同业组织是由社会组织组成的行业性组织，主要从事制定社会组织的行业标准和行为规范，加强行业自律，开展行业评估、信息沟通和经验交流等工作。培育和建立社会组织的同业组织，既可以帮助社会组织维护合法权益，促进社会组织与政府的合作，向政府反映社会组织的愿望和建议，为社会组织服务；又可以体现行业管理性质，帮助政府监督管理社会组织，促进社会组织的行为规范，形成普遍的行业自律和互律，进而提升社会组织管理的透明度、工作效率及服务水平。因此，社会组

① ［美］伯尔曼：《法律与宗教》，梁治平译，中国政法大学出版社2003年版，第22页。

织法可以借鉴证券法、商业银行法等关于证券行业协会、银行业协会的规定，明确社会组织的同业组织的组建及其职能。

（四）构建监督行政制度

“一切有权力的人都容易滥用权力，这是万古不易的一条经验。有权力的人们使用权力，一直到遇有界限的地方才休止”①。权力受到约束才是天使，不受约束便是魔鬼。在强调政府监管权的同时，应当强化对政府监管权的有效制约和监督，也即应当强化对监督者的监督。在我国，对监管者的监督主要有立法机关的监督、行政机关的内部层级监督和专门监督、司法机关的监督以及新闻舆论监督和社会监督等。为防止政府有关部门对社会组织的监管偏离法治轨道，社会组织法应当强化对社会组织监管部门的制约和监督。

第一，要明确监管责任。在我国部门利益色彩比较浓厚的现实情况下，如何明确登记管理机关、业务主管单位、相关监管部门等监管者之间的权力边界，建立监管者之间既分工又协助的机制，是一个迫切需要解决的问题。为此，社会组织法应当依法明确社会组织各监管主体的具体权限范围，建立监管主体之间的合作机制，并按照权责一致原则强化监管主体的责任，让社会组织监管部门加强监管的时候，不仅意味着监管部门权力的行使，更是对社会组织的一种责任承担，特别是对社会组织发展和社会稳定的责任承担。通过有效的问责，让监管者对于社会组织的监管真正落到实处。

第二，要防止监管过度。我国的现代化进程属于政府主导型，政府在整个社会治理中都起到了核心作用。受此影响，我国的社会组织不发达，并且无论是社会组织的设立，还是社会组织的运作，都具有比较浓厚的官方背景和官僚机构作风，欠缺应有的独立性和自主性。然而，独立性、自治性、非政府性等是社会组织的基本属性。为此，社会组织法在保障监管部门依法监管社会组织的设立和相关活动，避免社会组织的消极作用的同时，应当明确监管部门不得干预社会组织内部事务，注意保障社会组织应有的独立性，在防止社会组织失控和保持社会组织独立之间寻求平衡，实现依法适度监管。

第三，要赋予社会组织诉权。对登记管理机关、业务主管单位、相关监督部门等监管者，在监管过程中侵犯社会组织合法权益的，社会组织均可以依法申请行政复议或者提起行政诉讼。

---

①［法］孟德斯鸠：《论法的精神》，张雁深译，商务印书馆1961年版，第154页。

第四节 基于软法理论的社会组织扶持制度

一 软法理论的基本内容

软法与硬法是按照能否运用国家强制力保证实施为标准对法律的一种划分。[①] 软法最早是一个国际法概念，是国际法主体之间达成的不具有严格国际法意义上的协议。法国学者弗朗西斯·施尼德（Francis Snyder）1994年将软法定义为“原则上没有法律约束力但有实际效力的行为规则”。后来，软法概念随着国内法的发展而被引用到国内法中成为与硬法相对应的法律概念。硬法是指传统意义上的国家立法，即“法是国家意志的体现、由国家制定或认可、并依靠国家强制力保证实施的社会规范”，也就是说，国家立法中那些具有“命令—服从”行为模式、能够运用国家强制力保证实施的规范，就是硬法。硬法是指那些需要依赖国家强制力保障实施的法律规范，软法则指那些效力结构未必完整、无须依靠国家强制保障实施、但能够产生社会实效的法律规范。[②] 与之相对应，那些旨在描述法律事实或者具有宣示性、号召性、鼓励性、促进性、协商性、指导性的条款，其逻辑结构不够完整，没有运用国家强制力保证实施的规范，称为“软法”[③]。软法一般限定在公法领域。在行政法中，行政规划、行政奖励、行政合同、行政指导等行政行为，都可称为软法。“硬法主要用来设定强制性公共治理行为方式，例如处罚、强制等，并对违法责任进行明确规定；而软法则侧重于设定非强制性公共治理行为模式，例如建议、指导、协商等，对法律责任规定较为含糊，或者交由当事人约定。”[④]

软法和硬法是一个国家法规范体系的两大组成部分，两者的目标都是构建一定的法治秩序，且都必须遵循宪法的框架，遵循共同的法律价值与法治原则。但是，软法和硬法存在很多不同的地方：在主体上，软法规则的形成既可以是国家机关，也可以是社会自治组织或者混合组织等，具有多样性；硬法的

① 能否运用国家强制力保证实施成为我们区分、理解和定义软法与硬法概念的一个关键。参见罗豪才、宋功德《软法亦法》，法律出版社2009年版，第297页。

② 罗豪才、宋功德：《认真对待软法——公域软法的一般理论及其中国实践》，《中国法学》2006年第2期。

③ 罗豪才：《直面软法》，《人民日报》2009年7月8日。

④ 罗豪才、宋功德：《公域之治的转型——对公共治理与公法互动关系的一种透视》，《中国法学》2005年第5期。软法与硬法的具体区别参见姜明安《完善软法机制，推进社会公共治理创新》，《中国法学》2010年第5期。

形成只能是国家机关，具有单一性。在形式上，软法可能是文本形式，也可能是具有规范作用的惯例；硬法只能是文本形式。在内容上，软法更多的是依靠自律和激励性的规定，硬法一般规定否定性后果和罚则。在效力上，软法通常依靠制度、舆论导向、伦理道德、文化等软约束力发挥作用，不具有国家强制约束力；硬法之所以硬正是因为其依赖于国家强制力。

正是软法与硬法迥然有异，使得软法具有硬法所不具有的独特功能，在调整社会关系方面扮演着重要角色，并与硬法两者之间存在互相转化、优势互补之关系。软法规范的优势是：第一，软法能够直接作用于行为人的思想，使其认同并自觉遵守软法，从而规范人们的行为。第二，软法的形成和实施，主要依靠社会主体的积极参与和行动，有助于社会主体精神的形成。第三，软法的形成和实施依赖的是社会力量而不是国家力量，有利于节约国家立法和执法的成本，避免资源的过度消耗。第四，软法规范可以根据社会生活的变动不断适时调整，使规范体系避免僵化而更具弹性、开放性和回应性。因此，我们必须更新法律观念，反思和修正对“法”的狭隘定义，充分认识软法的客观存在及其在现实中的重要作用，认真对待软法。①

在现代社会中，软法的作用越来越凸显。一是软法适应民主政治的需要。软法机制可以为不同利益群体有序参与国家管理和社会治理提供博弈的运作方式、途径及具体规则，为人们参与民主协商提供规范机制，促进民主政治发展。二是软法适应服务型政府建设的需要。与现代市场经济相适应，当今服务型政府的“有为”虽然也需要一定的硬法规范，但主要依靠的是行政规划、行政合同、行政指导、特许经营合同等非强制性的柔性手段实现，软法机制为建设法治政府、服务型政府提供了重要的规范机制。三是软法适应信息社会的需要。在信息社会特别是网络社会中，人们之间关系的调整和秩序的维护一开始都是由软法调整的，虽然国家后来为之制定了一些硬法，但软法仍然是最主要或最基本的规制机制。四是软法适应经济全球化的需要。软法是规范国际共同体成员行为和调整国际共同体成员相互关系的基本机制，国际共同体的规则和法基本是软法。因此，要发挥软法在现代社会治理中的作用。②

二　基于软法理论的现行社会组织立法制度反思

从软法和硬法的视角对以社会组织三个行政法规为主要文本的社会组织立

① 罗豪才、宋功德：《认真对待软法——公域软法的一般理论及其中国实践》，《中国法学》2006年第2期。

② 姜明安：《发挥软法在现代社会治理中的作用》，《人民日报》2010年7月30日。

法予以考察，可以发现，立法层面上对社会组织规定了诸多的强制约束，属于典型的硬法规制；但在实践中，这些硬法规范并没有严格付诸执行，中国社会组织法制表现出一种明显的硬法不硬特征。

（一）硬法规制——文本的分析

硬法与软法的划分针对的是法规范而非法律条款。判断特定法规范是软法规范还是硬法规范，固然应当以具体的法律条款作为分析基础，但更应该在整个法规范体系中考察该规范是否可以运用国家强制力保证实施。当我们对社会组织现行三个行政法规形成的法规范体系进行整体分析可知，大部分社会组织法规范，在实质上就是依靠国家强制力保证法定义务的实现，当法定义务未得到履行时，国家能够依据该规范纠正违法行为，制裁违法者，属于典型的硬法规范。

首先，现行社会组织立法设立了大量的义务规范。社会组织立法的硬法规制，首先表现为立法试图以禁止性、命令性等义务性规范实现对社会组织的严格限制。检索社会组织三个行政法规，大部分条款都以“应当”“不得”“必须”“禁止”等强制性规范确定社会组织义务。如在40条的《社会团体登记管理条例》中，有34个“应当”，18个“不得”，6个“必须”，1个“禁止”，而授权性的“可以”只有5个。在32条的《民办非企业单位登记管理暂行条例》中，有22个“应当”，11个“不得”，5个“必须”，1个“禁止”，授权性的“可以”只有3个。在48条的《基金会管理条例》中，有43个“应当”，22个“不得”，3个“必须”，授权性的“可以”只有4个。可见，在文本内容上，“命令—服从”的义务性行为规范贯穿于社会组织三个行政法规的始终。这些规范，对社会组织的名称、组织、财产、行为等作出了一系列约束，为运用国家强制力实施管理提供制度依据。

其次，现行社会组织立法设定了严格的法律责任。法律责任是违反法定或者约定义务而承担的不利后果，是运用国家强制力保证实施的直接内容。社会组织三个行政法规均设专章系统规定法律责任，包括非法社会组织的法律责任、社会组织违法行为的法律责任、社会组织登记中的法律责任和其他法律责任。对于非法社会组织，可以予以取缔，没收非法财产；构成犯罪的，依法追究刑事责任；尚不构成犯罪的，依法给予治安管理处罚。[①] 社会组织具有违法行为的，可以根据情节轻重分别给予警告，责令改正，限期停止活动，并可以责令撤换社会团体直接负责的主管人员；情节严重的，予以撤销登记；构成犯

① 参见《社会团体登记管理条例》第35条、《民办非企业单位登记管理暂行条例》第27条和《基金会管理条例》第40条。

罪的，依法追究刑事责任；有违法经营额或者违法所得的，予以没收，可以并处违法经营额1倍以上3倍以下或者违法所得3倍以上5倍以下的罚款。① 社会组织在申请登记时弄虚作假，骗取登记的，可以撤销登记。② 社会组织违反其他法律、法规的，由有关国家机关依法处理；有关国家机关认为应当撤销登记的，由登记管理机关撤销登记。③ 可以看出，三个行政法规对于社会组织的法律责任，在追究行为上具有广泛性，几乎涵盖了社会组织从成立到运作及注销的整个过程；在追究方式上具有多样性，从轻微的警告到严重的撤销登记，从经济上的没收罚款到人事上的撤换主管人员，管理机关对社会组织拥有全面广泛的强制职权。

最后，现行社会组织立法确立了较多的管理机关。根据社会组织三个行政法规，社会组织都要接受登记管理机关和业务主管单位的双重管理。除了双重管理外，社会组织违反其他法律、法规的，有关国家机关也可以依法处理。此外，法院对社会组织也可依法采取有关强制执行措施。可见，通过登记管理机关和业务主管部门相结合，社会组织管理部门与相关行政部门相结合，行政管理部门与司法机关相结合，我国对于社会组织的管理机关是相当多的。

（二）硬法实施不到位——实践的考察

虽然社会组织三个行政法规对于社会组织设立了广泛的强制内容、多样的强制措施和明确的管理机关，但是在社会组织的管理实践中，这些强制性的硬法规范并没有得到有效执行。

第一，义务性规范并没有得到有效遵守。社会组织三个行政法规确立的一些义务性规范，被下位法、规范性文件所取代，被实践部门以各种方式规避。如《社会团体登记管理条例》第9条规定“申请成立社会团体，应当经其业务主管单位审查同意，由发起人向登记管理机关申请筹备”，明确了双重管理体制，但《广东省行业协会条例》第11条和第14条取消了双重管理体制，规定行业协会直接向登记管理机关申请筹备登记和成立登记，而无须业务主管单位的审查。再如，《社会团体登记管理条例》第10条规定成立社会团体的资金条件是“全国性的社会团体有10万元以上活动资金，地方性的社会团体和跨行政区域的社会团体有3万元以上活动资金”，但民政部《关于加强农村

① 参见《社会团体登记管理条例》第33条、《民办非企业单位登记管理暂行条例》第25条和《基金会管理条例》第41条。

② 参见《社会团体登记管理条例》第32条、《民办非企业单位登记管理暂行条例》第24条和《基金会管理条例》第41条。

③ 参见《社会团体登记管理条例》第34条和《民办非企业单位登记管理暂行条例》第26条。

专业经济协会培育发展和登记管理工作的指导意见》规定“县（市、区）、乡(镇)、村区域内农村专业经济协会注册资金应不低于2000元”。除了法规规章和规范性文件明确变通社会组织三个行政法规的义务性规范外，在实践中还存在着更多、更广泛的义务性规范被实务部门以多种方式变通。

第二，法律责任并没有得到有效追究。一方面，非法组织没有得到有效查处。根据社会组织三个行政法规和《取缔非法民间组织管理暂行办法》，未经登记，擅自以社会团体、民办非企业单位或基金会的名义进行活动的，属于非法组织，依法应当予以取缔。但是，有的学者估计目前我国实际开展活动的社会组织总量约为300万家，① 还有学者估计为8031344个或8802343个，② 而依法登记的社会组织只有60万个，还有数百万的社会组织没有登记，依法属于非法组织，但并没有被取缔。其中包括“大量境外在华NGO游离于政府的集中监管之外”，③ 既没有依法登记，又没有作为非法组织予以取缔。另一方面，社会组织的违法行为没有得到有效查处。尽管“一些社会组织违法违规现象比较突出，操纵企业涨价、借评比乱收费、假慈善牟私利等行为不规范问题陆续出现，违背法律法规、影响安定团结的非法组织活动时有发生”，④ 但民政部直到2008年才“首次对年检不合格或者不参检社团进行了批量处罚”，“开创了对全国性社会组织批量处罚的先河”。⑤ 此后，社会组织执法监察逐步开展起来。但这些行政处罚与国家民政部的行政处罚基本如出一辙，主要是“对年检不合格或者不参检社团进行了批量处罚”，并不意味着对社会组织的违法行为及时有效地追究了相关责任。

第三，管理机关并没有充分行使强制职权。虽然登记管理机关、业务主管单位和相关执法部门都对社会组织具有特定的强制权力，但是这些执法部门并没有将自己拥有的强制职权充分地行使。就登记管理机关来说，长期是重登记轻管理，除了年检外，并没有充足的时间和精力去对社会组织进行全方面的监管，做到及时发现和查处社会组织的问题，其中最突出的是直接行使强制权的执法监察工作，直到2008年才召开会议予以部署，这次会议“是在全国范围

---

① 参见王名《走向公民社会——我国社会组织发展的历史与趋势》，《北京青年工作研究》2009年第12期。

② 参见何增科《中国公民社会组织发展的制度性障碍分析》，《宁波党校学报》2006年第6期。

③ 韩俊魁：《全球公民社会语境下的境外在华NGO：兼论中国本土NGO的国际化》，载《中国非营利评论》第八卷，社会科学文献出版社2011年版，第46页。

④ 参见中国社会组织年鉴编委会《中国社会组织年鉴2009》，中国社会出版社2009年版，第107页。

⑤ 同上书，第162页。

内全面推进社会组织执法监察工作的动员会”。[①] 就业务主管单位来说，其强制职权的行使，主要通过协助登记管理机关查处社会组织违法行为来实现，由于登记管理机关强制职权行使的不充分，业务主管单位强制职权也不可能充分行使。在社会组织专业执法部门尚未充分行使强制职权的背景下，社会组织相关执法部门大都没有将社会组织执法作为其工作的重点，针对社会组织的执法案件还很少。

（三）硬法实施不到位的原因

在立法上，我国社会组织采取硬法规制，既有历史原因，又与这些法规制定时特定的政治、经济、社会环境密切相关。一是基于特定的历史传统。“在我国古代，民间组织往往等同于秘密结社，后者一般处于官府的对立面，民反官的传统多来自秘密会社这种有组织的力量”，[②] 由此导致许多人认为社会组织就是反政府组织，是党和政府的异己力量，因此对社会组织及其活动采取怀疑、防范和抵制的态度。这种态度，体现在立法上，就是通过硬法规制对社会组织予以控制和惩处。二是基于特定的法制环境。新中国成立以来乃至改革开放后的一段时期，我国采取的是国家对社会的全能型控制管理模式，法也被认为是以国家强制力保证实施的。因此，长期以来，我国制定的相关法律法规，包括社会组织三个行政法规，都具有比较明显的硬法规制特征。三是基于特定的立法背景。《社会团体登记管理条例》颁布于 1989 年这个特殊时期，此后于 1998 年修订时主要针对两个方面的问题，即“一是，一些社会团体内部民主管理制度和财务管理制度不规范，一些社会团体进行营利性经营活动，有的社会团体甚至受西方敌对势力影响，成为影响我国政治、社会稳定的隐患；二是，社会团体登记管理体制不健全，有关部门职责不明确，社会团体管理出现不少漏洞，一些违法活动得不到及时、有效的查处”，条例修订的主要目的是“以维护政治、社会稳定，维护正常的经济秩序，防止别有用心的人利用合法组织的身份从事危害国家安全和社会稳定的活动，防范经济诈骗活动”，[③] 从而，社会组织法规无论是制定还是修订，各项制度都是立足于加强对社会组织管理，防止社会组织影响国家安全与社会稳定，体现为硬法之治。

在执法上，我国社会组织立法的硬法规制没有得到有效实施，无法从

① 民政部民间组织管理局：《全国社会组织建设与管理工作综述》，载《中国社会组织年鉴 2009》，中国社会出版社 2009 年版，第 161—162 页。

② 何增科：《中国公民社会制度环境要素分析》，载俞可平等著《中国公民社会的制度环境》，北京大学出版社 2006 年版，第 125—126 页。

③ 国务院法制办政法司、民政部民间组织管理局编著：《〈社会团体登记管理条例〉〈民办非企业单位登记管理暂行条例〉释义》，中国社会出版社 1999 年版，第 8—9 页。

"书本"走向现实，应该说是受立法、执法、守法等诸多因素共同影响的结果。[①] 当我们从软法和硬法的视角来分析社会组织立法在实践中欲硬不硬的原因时，会发现与社会组织硬法规制的不科学有关，"执法不能只是表面问题，更为深层的原因是立法不当"。[②]

社会组织的硬法规范，需要国家强制力保障实施。而国家强制力的实施，总是受制于一定的条件。社会组织立法之所以欲硬不硬，就是社会组织的硬法规范与社会组织硬法规范的实施条件不相适应。一是硬法规范内容过多。如前所述，社会组织的硬法规范，贯穿于社会组织从筹备到日常运行再到注销登记的整个过程。社会组织硬法规范内容过多，需要国家强制力保障实施的任务就重，如果这些硬法规范一一执行到位，"执法人员均给予有效的监督管理"，那么就必须保持"一个无比庞大的民间组织管理系统，并且在财政支出方面，也必定需要庞大的预算"。[③] 但社会组织管理部门的人力、物力、财力都是有限的，[④] 可以运用的国家强制力是一定的，无法保障社会组织这些硬法规范的逐一实施。社会组织管理部门在其可运用的国家强制力内，一般是保障其认为最重要的硬法规范的实施。而哪些硬法规范是重要的，不仅取决于社会组织管理当局有关人员的爱好与判断，也因时、因地、因事、因对象的不同具有很大的不同。为了促进某种社会组织的发展，有时候甚至是为了支持某个人发起的社会组织的发展，社会组织管理部门都可能放弃某些硬法规范的实施，并没有也不可能按照"有法必依、执法必严、违法必究"法治要求将所有硬法规范一一付诸实施。在当前社会组织监督管理可实际运用的国家强制力的局限下，现有社会组织立法过多的硬法规范是不科学的，甚至其中很多硬法规范还是不合理的，[⑤] 社会组织管理部门"全面履行上述法定职责本来就是不可能的"。[⑥] 如要保障社会组织硬法规范的逐一落实，建立科学的硬法规制机制，则应当减

① 参见吴玉章《"政府管理社团"模式及其效果》，载吴玉章主编《社会团体的法律问题》，社会科学文献出版社 2004 年版，第 19 页。

② 谢海定：《中国民间组织的合法性困境》，《法学研究》2004 年第 2 期。

③ 同上。

④ 据调查，全国绝大多数县区都没有单独设立社会组织登记管理机构，呈现出"市缺、县无"的状况。430 个市级登记管理机关平均只有 2 个编制，县级机关平均只有 0.7 个编制。全国社会组织登记管理机关面临着能力建设与社会组织发展形势、工作力量与承担的工作任务、业务经费与承担的工作职能、管理手段和业务管理信息化要求不相适应的矛盾。参见 2013 年 6 月 3 日《京华时报》。

⑤ 社会组织立法存在的不合理性，已有诸多学者进行论述，本文不再详述。具体可参见吴玉章《民间组织的法理思考》，社会科学文献出版社 2010 年版；陈金罗等《中国非营利组织法的基本问题》，中国方正出版社 2006 年版；刘培峰《社团管理的许可与放任》，《法学研究》2004 年第 4 期；前引②等。

⑥ 同前引②。

少社会组织硬法规制的内容。二是硬法实施主体重复。社会组织双重管理制度设计的初衷是实行双重审核和双重负责的双保险机制，运用登记管理机关和业务主管单位共同拥有的“国家强制力”控制社会组织影响社会秩序。但实践证明，监管职责的交叉重复易于导致相互推卸责任，出现监管漏洞。业务主管单位由于有登记管理机关负责，加之大多数业务主管单位“三定”方案没有社会组织管理职责、没有专职社会组织管理人员、财政预算没有社会组织管理专项经费，对社会组织往往采取放任自流的态度，不同程度地存在“不愿管”或“管不了”的问题。登记管理机关则因为有业务主管单位负责业务指导，也容易疏忽日常监管，最终使双重管理体制流于形式。[①] 三是硬法实施责任缺乏。现行社会组织立法没有建立监督行政制度，业务主管单位和登记管理机关对于社会组织的监督具有随意性，几乎是想监督就监督，不想监督就不监督，都无须承担严格的法律责任，从而导致监督管理没有实施到位。不仅如此，甚至还有业务主管单位利用所主管的社会组织获取不当利益，充当社会组织“保护伞”，进一步影响了社会组织硬法规范的实施。

社会组织法制的硬法不硬，不仅影响了法制的权威与尊严，而且影响了社会组织的发展。法律的生命在于它的实行。“如果法的规定不能在人们和他们组织的活动中、在社会关系中得到实现的话，那么就什么都不是。”[②] 社会组织法规中义务性规范没有得到有效遵守，法律责任没有得到有效追究，管理机关没有充分行使强制职权，使社会组织法律法规的权威深受影响，社会组织管理打上了浓厚的人治色彩。社会组织成立、运行及其监管过程中，人们习惯于寻找各种关系来获得支持，使社会组织的发展具有很大的不确定性，阻碍了社会组织的发展。为改善社会组织发展的制度环境，有的地方、有的部门通过立法或者制定规范性文件创新出台新的制度，[③] 取代国务院现行行政法规关于社会组织的规定，尽管这些制度创新在社会效果上获得了社会肯定，但在法律效果上进一步影响法制统一。

三　社会组织的善治呼唤软法之治

社会组织立法应当保持一定的硬法规制，既是由社会组织的特定性质决定的，又是由我国的现实国情决定的。社会组织的形成，实际上是公民结社的结

---

① 俞可平：《中国公民社会：概念、分类与制度环境》，《中国社会科学》2006 年第 1 期。

② ［苏］雅维茨：《法的一般理论——哲学和社会问题》，朱景文译，辽宁人民出版社 1986 年版，第 170 页。

③ 参见前述《广东省行业协会条例》和民政部《关于加强农村专业经济协会培育发展和登记管理工作的指导意见》。

果。按照庞德的观点，“这样的结社中常存在对国家、对政治组织社会的人格的危害，因此法律对结社总有戒备”。同时，“集体行动的力量很大以致这样的结社，即使不是政治性的（因为他们往往是或者会变成是）也可能在整体或部分上有反社会的行为”。因此，法律从开始就对所有结社采取敌视态度。除了某些商业行会、宗教礼拜、慈善团体和合作企业，罗马法禁止其他结社。长期以来，普通法中有一种明显的猜疑倾向，并反映在“每个公司都要有一个监察员”的法规和关于共谋的原则中。① 所以，为了防止社会组织影响政治稳定和社会秩序，大多数国家对社会组织都采取了一定的硬法规制。当前，我国正处于经济社会转型时期，社会两极分化，各种矛盾凸显，各种利益诉求极其复杂，而西方发达国家在新的国际形势下日益重视利用社会组织进行渗透、颠覆活动和干涉他国内政，② 如果不加以有效控制、引导，极有可能产生与现有体制相抵触的、难以驾驭的组织力量。因而，保持一定的硬法规制以有效控制和及时处置危害国家安全和社会稳定的社会组织，是十分必要的制度安排。但是，近期兴起的公共治理，是一种多元的、民主的、柔性的治理，是一种软硬兼施的治理。社会组织是多元治理中的一元，是民主治理的一种组织形式，更是期待自身的软法之治。

（一）软法之治更适应社会组织的自治性特征

法律作为一种社会关系的调节器，应当根据不同社会关系秩序化的难易程度选择不同刚性程度的法规范来调整。社会组织的治理需要硬法，但软法的特性与社会组织的特性有天缘的吻合，社会组织更适合软法之治。一方面，社会组织的一个特性是自治性，如果硬法干预的内容过多，力度过大，可能影响其自治性。反之，如果尽量少采取直接硬性干预的方法，更多地通过规划、指导、奖励等软法方式给予社会组织以引导和激励，则不仅同样可以引导社会组织朝政府指引的方向发展，而且可以较好地保持社会组织的自治性。另一方面，社会组织本身是软法的创制主体之一，对如何进行软法之治有自己的一套办法，因而软法对其更具有适应性。因为，除了国家立法制定的软法外，还有三类不属于国家立法的重要规范也属于软法的范畴③：其一，国家机关创制了大量的诸如纲要、指南、标准、规划、裁量基准等规范性文件，旨在满足部分公共管理，特别是国家机关自我管理方面的制度需求；其二，各类政治组织，比如政协、共青团等，创制了大量旨在解决参

① 罗斯科·庞德：《法理学》（第三卷），法律出版社 2007 年版，第 176—178 页。

② 参见金彪《试析中亚“颜色革命”中外国非政府组织的作用》，《学会》2008 年第 4 期；潘英明、徐红林《非政府组织与独联体国家的“颜色革命”》，《文教资料》2007 年第 1 期。

③ 罗豪才：《直面软法》，《人民日报》2009 年 7 月 8 日。

政、议政问题的自律规范；其三，名目繁多的社会共同体，比如足协、村委会等，创制了大量的自治规范，以实现社会自治的制度化、规范化和程序化。社会组织就是这样的一种社会共同体，其制定的章程、自律规范等，与国家立法中的软法规范具有三大相同特征——都体现公共意志，都要得到国家的明示或者默示，其实施也都不能依靠国家强制力，主要依靠利益诱导、社会舆论、组织自律、自愿服从等方式，因而也属于软法的范畴。对于社会组织此类能够自身创制软法的主体，如果国家立法对其的规制更多的是软法，则国家的软法规范很容易被社会组织自身创制的软法规范吸收，成为社会组织约束组织自身、约束组织的管理者、约束组织的成员的行为规范，不仅可以节省硬法的执行成本，而且还可实现社会组织的良好治理。事实上，软法的产生和发展的一个重要原因，就是以社会组织为主体的公民社会的兴起，要求国家权力向社会权力回归。因此，社会组织应当以软法调整为主，软法应当以社会组织为主要调整对象。

（二）软法之治可以弥补社会组织硬法之治的不足

当前，我国社会组织立法，很大部分是硬法对社会组织的制约，而缺乏软法对社会组织的引导激励。完善的社会组织法治，应当既以硬法建立完善的制约机制，又应当以软法建立完善的激励机制。其中，硬法的制约机制，应当既制约公民和社会组织等行政相对人滥用权利，预防和制裁行政违法；又应当制约登记管理机关、业务主管单位和有关部门滥用行政权，预防和制裁违法行政。软法的激励机制，应当既激励公民和社会组织等行政相对人积极实践法定权利，创造更多的公益和互益，依法积极有序地参与社会治理，并与行政机关更多地开展互动与合作；又应当激励登记管理机关、业务主管单位和有关部门积极行政，为社会组织的发展成长创造更多机会。硬法的制约机制与软法的激励机制虽然具有相对的独立性，但两者在功能上是相互依赖、共生共促的。当前，社会组织软法的缺失，不仅导致社会组织激励机制没有建立起来，而且也影响了社会组织硬法约束功能的发挥。从立法上来看，虽然目前的社会组织立法基本上是硬法，约束力强，但是这些硬法是有限的，而社会组织管理涉及社会组织从成立、运作、注销的整个过程，在软法缺失的情况下，社会组织管理的很多方面无章可循，没有任何约束；当存在大量的社会组织软法时，不仅可以弥补硬法没有调整的领域，而且可以将软法推崇的互动过程与崇尚的自愿服从的偏好与品质传导给硬法，使硬法制度安排更加重视民主协商机制，更加清晰地感受社会组织脉搏的跳动，更加贴近社会组织的发展需要，从而提高社会组织硬法的质量。从执法上来看，社会组织硬法的实施依赖于国家强制力，需要登记管理机关、业务主管单位和相关执法部门保持一支庞大的队伍和巨大的财力来支撑，现实往往无法满足这些要求，导致硬法失灵，无法得到有效实施，而软法的实施不仅不需要硬法所需要的执法成本，而且还可以通过推动社会组织内化硬法的方式来提高硬法的实效。对此，有学者认为："在现实的法律世界中，硬法其实只是软法海洋中的一些分散的岛屿。软法如同一个大而无形的磁场，从程序与实体两个方面悄无声息地导引着硬法实践，有力地强化着硬法的问题导向、需求导向、民主导向、实效导向，从而深刻地影响着硬法的品质与绩效。我们认为，如果普遍存在的软法是理性的，那么软法就不仅因其作为公法体系的一个必要的组成部分而在公法的均衡化中不可或缺，而且还能通过对硬法的补充与导引来有力促成公法的均衡化"①。这一论述对于社会组织领域软法与硬法的关系同样是适用的。

（三）软法之治是现代法治的发展方向

法律是调整社会关系的，随着社会的发展变化应当不断完善。随着公共治理的兴起和现代法治的发展，单靠使用传统强制的方法已经无法解决公共领域中的许多问题，越来越需要使用一些柔性的方法或软规则，软法在人们的生活中具有越来越重大的影响。由此，在现代法治的规范中，软法越来越多，软法的数量远远超过了立法机关制定的法律、法规和政府制定的行政法规、规章，在现实中规范着经济社会生活的方方面面。据罗豪才教授领导的报告组对我国立法中的软法所占比重展开的实证分析，在市场监管、教科文体、城乡建设、司法行政、公安、医药卫生、农业和财政税务金融等 8 个重要公法领域，统计了 84 部法律（占当时现行 229 部法律中的 36.7%），135 部行政法规（占当时现行 669 部行政法规中的 20.2%），92 部地方性法规和 189 部规章。这 500 部立法共有 20482 条，其中软法条款为 4328 条，占 21.13%。② 不仅现今软法在法制体系中已经占到了一定比例，更重要的是，在社会公共治理和现代法治建设中，软法将变得更为重要，发展将更为迅速。软法的迅速发展，是人类社会和经济的发展导致对法律需求的急剧增长与硬法因立法和实施成本过高导致法的供给严重不足的矛盾使然；软法的迅速发展，是经济全球化对国际统一规则的需求不断增加与民族国家因主权而各立各法的矛盾使然；软法的迅速发展，是人们追求公平正义的美好理想与硬法因种种条件限制而实现公平正义不足的矛盾使然；软法的迅速发展，是现代社会关系和事物的多样性、复杂性、变动

① 罗豪才、宋功德：《认真对待软法——公域软法的一般理论及其中国实践》，《中国法学》2006 年第 2 期。

② 罗豪才：《直面软法》，《人民日报》2009 年 7 月 8 日。

性与国家立法者认识能力的有限性的矛盾使然；软法的迅速发展，是人们追求自由、自治与自由、自治需要规则、秩序的保障的矛盾使然①。因此，可以说，软法是现代法治的发展方向。社会组织法应当适用现代法治的发展，亦应当顺应软法兴起的大势，加强社会组织的软法之治。

（四）软法之治是建立新型政社关系的需要

建立新型政社关系，是社会组织法立法的最终目标。新型政社关系，是建立在互信与合作的基础上。这就要求社会组织法改变依靠硬法由政府对社会组织进行单向控制管理的传统立法模式，更多地以软法引导和激励社会组织参与政府的合作。因为，硬法是建立在国家强制力的基础上，建立在不信任的基础上，是很难建立新型政社关系的。由此，我们应当基于对社会组织的信任，相信政府与社会组织的关系是互相依存、互相补充的关系而不是互相对立、互相竞争的关系，相信社会组织可以填补政府管理中的不足而做好许多政府想做却做不好的事情，相信社会组织可以在法律框架下完善治理结构、发挥积极作用而成为与政府、企业共同支撑经济社会的第三种力量，更多地注重以软法之治引导社会组织参与政府的合作。与此相适应，社会组织法应当建立健全社会组织的有关软法制度，通过政策引导、利益诱导、服务协调等柔性行政方式实现对社会组织的引导、激励和规制。总之，新型政社关系的建立，要求政府对社会组织更加重视软法之治，运用更少强制，寻求更多协商，实现更高自由，合作才有更多可能。

四　完善社会组织软法，激励社会组织充分发挥积极作用

综上所述，社会组织法的立法应当抛弃传统的单一硬法治理的思路，适应公共治理的新形势，在以硬法维护社会秩序和国家安全的同时，大力建立健全社会组织管理的软法制度，以软法引导社会组织不断发展壮大，以软法引导社会组织不断参与政府的合作，以软法引导社会组织不断发挥独特作用，实现社会组织管理软法和硬法的结构平衡，促进社会组织的善治，构建政府与社会组织之间良性互动、交流合作的关系。社会组织的良法之治，应该主要表现为一种软法之治。

社会组织软法的构成，按照制定主体的不同，可以分为国家软法和社会软法。社会组织的国家软法，包括社会组织立法中的软法和国家机关制定的除立法外的其他社会组织软法。社会组织的社会软法，主要是社会组织制定的自治章程和自律规范等。社会组织的软法之治，既需要加强国家软法的构建，又需

① 姜明安：《软法的兴起与软法之治》，《中国法学》2006 年第 2 期。

要加强社会软法的构建。但限于篇幅，本文只讨论社会组织立法中的软法，对除立法外的其他国家软法和社会软法暂不讨论①。

社会组织立法中的软法，侧重于设定非强制性公共治理行为模式。② 更直观地说，社会组织立法中的硬法是对行政许可、行政处罚、行政强制等强制性行政行为立法上的规范，社会组织立法中的软法主要是对行政规划、行政指导、行政合同、行政资助、行政奖励等非强制性行政行为立法上的规范。③ 因为，这些非强制性行政行为的实施无法运用国家强制力，关于这些非强制性行政行为的立法规范自然不能依靠国家强制力保证实施，亦自然属于软法。与强制性行政行为和硬法的命令性或强制性相比，非强制性行政行为和软法都更具引导性、建议性、激励性、协商性。国务院《全面推进依法行政实施纲要》也提出，要"充分发挥行政规划、行政指导、行政合同等方式的作用"，社会组织治理亦不例外。

（一）建立社会组织行政规划制度

行政规划，也即行政计划，是行政主体在其法定职权范围内，为在未来一定时期内达到特定行政目标、实现特定公共利益，与行政相对人沟通协商以安排和部署关于某一区域或者某一行业的事务，采取与此有关的方法、步骤或者措施，对涉及各方当事人均具有法律效力的一种行政行为。行政规划作为现代行政中的一种重要的行政行为，其特征不是单向的命令与强制，而是在交流基础上实现双方的理解与互信，共同完成行政使命，形成政府、社会、企业、社会组织和公民全方位的开放性互动规划。行政规划不仅可以确定各行政主体的共同目标，使行政资源得到最有效的利用，还可以在其拟订过程中集思广益，有利于维护各方利益的一致性。这种互动顺应了现代行政服务与合作精神的要求，使得行政规划对政府职能在现代环境下量与质的变化予以有效回应④。行政规划有多种表现形式，既可以是在实施公共事业及做出其他活动之前，作为

① 社会组织自治章程和自律规范等方面软法的完善，是社会组织软法之治的重要内容。具体可参见兰捷《作为软法的社团章程》，载罗豪才主编《软法的理论与实践》，北京大学出版社 2010 年版，第 214—254 页。

② 软法类治理方式可分为契约类、建议类、给付类、合意解纷类。最典型的契约类方式是行政合同，建议类的主要方式是行政指导，给付类的方式包括资助、救助、奖励等，合意解纷类方式是指纠纷解决领域的和解和调解。参见罗豪才、苗志江《社会管理创新中的软法之治》，《法学杂志》2011 年第 12 期。

③ "非强制行政行为是指行政主体在行政活动中针对相对人所实施的不带命令性或强制性的行为，主要包括行政指导、行政契约、行政奖励、行政调解和非拘束行政计划等非强制权力手段。"崔卓兰、刘福元：《强制行政行为制度化探微》，《法制与社会发展》2011 年第 3 期。

④ 文正邦、胡晓磊：《行政规划基本问题分析》，《时代法学》2007 年 4 月。

一种提示的行政目标，并为进一步实施该目标制定的政策性大纲而存在，例如“十三五”规划等；又可以在具体现实情况的基础之上，对于某一具体的行政目标，就公共资源的运用及工程运作进行活动，对相对人的具体权益产生影响，如具体项目的规划。在社会组织法的立法中，根据当前我国行政规划的立法现状和实践经验，有必要重点构建两项行政规划制度。

第一，建立政府制定社会组织发展规划制度。为增强社会组织发展的科学性，有效指引社会组织的发展方向，政府应当着眼于经济社会发展的实际需要，在对社会组织的发展趋势和合理布局进行前瞻性研究的基础上，制定社会组织发展的年度规划和中长期规划，确定社会组织发展的宏观目标和具体措施，并将其纳入国民经济和社会发展规划之中。与此同时，根据我国当前的实际情况，可以在社会组织法中明确行业协会商会类、科技类、公益慈善类、城乡社区服务类四类社会组织属于我国重点支持发展的社会组织，以集中有限的资源突出社会组织的发展重点。对于行业协会和商会，主要引导其履行行业代表职能，发挥行业协调作用，规范行业竞争行为，从而促进行业健康发展。对于科技类社会组织，主要是根据创新发展的需要，重点支持自然科学学术性社会组织和工程技术类社会组织，同时根据社会主义新农村建设和城乡统筹发展的要求，重点发展农村专业经济协会等农村社会组织，增强其服务农村经济社会发展的能力。对于慈善公益类社会组织，慈善法有了基本的制度规范，社会组织法重点引导其健全组织结构，完善服务功能，以不断满足广大人民群众参与慈善公益事业和享受慈善公益服务的现实需求。对于城乡社区社会组织，应当根据我国社会治理重心从单位转向社区的要求，支持城乡社区社会组织在社区服务和公共事务管理等领域开展工作。

第二，建立政府编制社会组织预算制度。政府预算与国民经济发展规划一样，都是一种用来确定国家未来的走向的规划，都应由国家权力机关批准。按照预算的有关法律要求，各项事业发展的资金安排都应当体现在预算中。虽然社会组织不是国家预算保障其日常经费的组织，但国家发展社会组织的有关规划政策导向的实施需要预算的保障。这就如同中小企业虽然不属于国家预算保障的组织但是国家为了扶持中小企业发展每年都安排了专门的预算，企业的技术改造虽然属于企业的事情但是国家每年也安排了专门的预算支持企业进行技术改造。为了扶持社会组织发展，引导和支持社会组织开展政府鼓励的特定活动，政府应当每年编制社会组织预算。事实上，许多国外议会每年通过的预算就包括了非政府组织预算的内容。

社会组织发展规划和社会组织预算对于调整社会组织的发展方向、发展结构以及功能作用的引导都具有重要的意义。

（二）建立社会组织行政指导制度

行政指导是行政机关和其他行政主体在其职权、职责或管辖事务范围内，为适应复杂多样化的经济社会治理需要，制定诱导性法律规则、政策；或者适时灵活地采取符合法律精神、原则、规则或政策的说服、劝告、协商、建议、鼓励、帮助、警示、发布信息、提供行动指南等不具有强制力的方法，谋求相对人同意或协力，引导相对人作出或不作出某种行为，以有效实现一定行政目的的一种新型行政行为①。由于行政指导采用劝告、建议等手段，是对行政相对人实施的“软”措施，易于消除行政相对人的抵触情绪，克服与行政相对人之间摩擦，从而能够顺利实现行政目的。同时，政府可以利用行政指导处理法律尚未规定的新问题。因此，随着市场经济体制的逐步完善、政府职能的加快转变和公民权利意识的迅速苏醒，行政指导日益成为行政管理的重要方式②。在社会组织法中，应进一步建立健全社会组织行政指导制度。

第一，明确行政指导的部门。在前述的社会组织设立登记制度下，大量的社会组织没有业务主管单位，为了促进社会组织的发展，原有业务主管单位对于社会组织的管理职能可以转移，但指导职能应当加强。同时，不仅社会组织原有业务主管单位可以对其进行业务指导，与社会组织业务相关的单位包括相关执法监督部门，均可以广泛地运用行政指导方式实现相关行政管理职能。由业务管理向业务指导转变，给予社会组织的是自由；由一个单位主管向多个单位指导转变，给予社会组织的是支持；两者的结合，是政府与社会组织的相互信任和合作关系的发展。

第二，明确行政指导的要求。行政指导包括说服、劝告、协商、建议、鼓励、帮助、警示、发布信息、提供行动指南等诸多不具有强制力的方法，应当遵守特定的规则。一是要坚持正当性原则。行政指导必须最大限度保障行政相对人的可接受性，使其认可行政指导将会产生有利于其的法律结果。二是要坚持自愿性原则。行政指导不能借助国家强制力强迫行政相对人接受，而应由行政相对人内心认同和自愿接受。否则，自愿性的行政指导行为就变质为具有强制力的行政行为，而不再是软法了。

第三，明确行政指导的责任。行政指导作为一种行政活动方式，由于主客观因素，必然存在不当使用或运用失误的可能。所以，行政指导与其他行政行为一样，需要加强监督约束，并建立纠错救济机制，才能保障其有效运作。但

---

① 上海市人民政府行政法制研究所“行政指导”报告组：《中国行政指导的实践与理论研究》，《政治与法律》2003 年第 3 期。

② 莫于川：《我国实施行政指导的原因、现状及法治化对策》，《渝州大学学报》（社会科学版）2001 年 2 月。

实际上目前关于行政指导的法律规定明显不足，从而使得行政指导缺乏有力的监督和救济保障。因此，社会组织法应当明确行政指导部门的责任，既促进行政指导部门积极履行指导职责，又保障行政指导部门不乱指导。

（三）建立社会组织行政帮助制度

行政帮助是行政机关为行政相对人提供某种便利条件，引导行政相对人实施符合行政管理目标行为的活动。在现代社会，行政机关所处地位决定其掌握了较多的政治、经济、文化和社会等方面的资讯和资源，社会组织掌握的资信和资源虽然有其独特性，但与行政机关相比还是相对贫乏。在社会组织从事相关活动时，行政机关给予必要帮助，必然可以引导社会组织的行为朝行政机关确定的管理目标方向发展。在社会组织法中，应当借鉴《中小企业促进法》的有关扶持制度设计[①]，建立行政帮助制度，通过行政机关有针对性的帮助，及时解决社会组织遇到的人、财、物等方面的问题，引导社会组织发挥其积极作用。

第一，建立社会组织财政资助制度。政府财政支持是社会组织发展的重要条件之一，也是国外引导社会组织发展的成功经验。特别是教育、卫生等社会公益服务领域社会组织的发展，政府的资助尤其显著。“以美国为例，1992 年美国第三部门的资源总量为 5085 亿美元，其中 31. 3% 来源于政府资助，50. 2% 来源会费、服务收费及投资回报，私人志愿捐款仅占总资源的 18. 4%，不到 1/5。……就历史趋势而言，政府补贴在各国第三部门预算中所占的比重一直呈上升趋势。”[②] 我国社会组织的健康发展，也需要加大财政支持力度，创新财政支持制度。社会组织法可以明确以下几项财政支持制度。一是建立社会组织发展专项基金。各级政府设立社会组织发展基金，专门用于资助政府重点培育发展的社会组织开展活动，促进社会组织健康发展。二是建立财政补贴社会组织制度。参照节能补贴的方式，对从事公共服务和其他公益慈善事业的社会组织，根据活动经费的开支情况和社会效益的大小，确定相应的补贴指标和补贴比例。除必须政府提供的基础性公共服务外，广泛运用财政补贴方式支持社会组织提供相关公共服务，使公共事业经费起到“四两拨千斤”的作用。三是建立社会组织专项投资扶持制度。社会组织从事的大都是公益性、福利性项目，对于其中一些基础性、投资大、回报低甚至无回报的项目，一般的社会组织难以独立投入运营，政府可以采取专项投资的政策予以扶持，或者将这些

---

① 2002 年我国《中小企业促进法》从资金支持、创业扶持、技术创新、市场开拓、社会服务五个方面明确了促进中小企业发展的制度措施。

② 参见王绍光《多元与统一——第三部门国际比较研究》，浙江人民出版社 1999 年版，第 42—43 页。

特殊项目建成后委托社会组织管理，通过公办民营等方式吸引社会组织介入，发展社会公益事业。

第二，建立社会组织人才支持制度。人力资源是最重要、最宝贵的资源。人才不仅是兴国强国之本，也是社会组织发展壮大之本。如果没有一定数量的高素质管理人才和专业服务人才充实加入社会组织，社会组织就会无法生存，更无法壮大。目前，社会组织不仅普遍存在资金短缺的问题，而且普遍存在人才缺乏的问题，迫切需要政府帮助社会组织解决引进和保留人才的问题。社会组织法可以明确以下几点。一是制定社会组织人才规划。要求各级政府将社会组织人才纳入人才培养的统一规划，有计划地培养社会组织管理人才和社会组织专业服务人才，并鼓励社会工作专业人才到社会组织就业从事管理服务工作，引导志愿者到社会组织从事志愿服务。同时，在具体实施上，可借鉴选聘大学生到社区当社工的模式，制订和实施大学生到社会组织工作计划，为社会组织补充急需人才。二是建立政府培训社会组织人员制度。政府应当建立健全社会组织从业人员继续教育制度，每年的免费就业培训和职业培训计划应当将社会组织管理人员和工作人员作为培训重点。三是建立社会组织人才优惠政策。政府应当完善社会组织人事管理、社会保险、人才交流、职称评定、技能鉴定等政策，逐步提高社会组织从业人员的薪酬待遇，优化社会组织人才发展环境。

第三，建立社会组织金融优惠制度。社会组织从事社会事业所需资金主要依靠社会捐助、政府资助等途径筹集。但在一般情况下，社会捐助聚集的资金比较有限，很难满足社会组织开展大型活动、大型项目的资金需求，从而可能拖延社会事业发展的步伐。借鉴国外的有益经验，借鉴中小企业立法扶持中小企业的制度设计，社会组织法可以明确社会组织的金融优惠政策，对于具有一定偿还能力的社会组织，在其开展公益活动、提供社会服务或者兴办社会事业的过程中，可以得到银行的优惠信贷支持。这对于充分调动社会组织参与社会服务和兴办社会事业的积极性，加快社会组织和社会事业发展步伐，实现金融服务覆盖经济社会各个领域，都具有很强的现实意义。

第四，建立鼓励社会支持社会组织制度。除了政府自身帮助社会组织外，政府还应当创造环境鼓励社会帮助支持社会组织。一方面，应鼓励成立社会组织服务机构。包括建立社会组织支持性机构和社会组织监督性机构。社会组织支持性机构包括各种基金会、孵化器、联合会、促进会等，特别是社会组织之间的联合，有利于完善社会组织服务体系、促进社会组织自治自律、规制社会组织发展方向、增强社会组织社会责任。社会组织监督性机构包括各种以社会组织为服务对象的信息中心、评估中心和管理委员会等，这些组织作为独立机构或者半独立机构可以代表社会对社会组织作出比较客观、公正的评价。支持性机构和监督性机构的成立将提高社会组织相互制衡的力度。另一方面，要构建与社会组织发展相适应的公民文化。政府应当在全社会大力弘扬公益精神和志愿精神，积极培育公民的公益意识和志愿意识，增强公民的社会责任感和使命感，尊重和保护公民个人权益，倡导平等自主精神，鼓励公民以主体姿态、以自治方式组织起来参与社会治理，营造浓郁的公民文化氛围，为社会组织的生长和发展奠定基石。

（四）建立社会组织行政合同制度

行政合同是指行政主体为了实现特定的行政管理目标，在行政主体之间，行政主体与公民、法人和其他组织之间，经过协商一致达成的行政法上的权利义务关系的协议①。行政合同和行政指导与传统意义上命令式行政方式相比，强制功能较弱，权力色彩较淡，行政相对人能动作用较大，都是适应现代行政管理需要发展起来的一种新型行政行为。但行政合同不同于行政指导，行政合同要以双方意思表示一致为成立条件，而行政指导是单方性的行政行为，一经行政主体作出便告成立②。行政合同也不同于民事合同，行政合同的目的是实现行政管理职能，行政主体享有行政优益权，而民事合同主体签订合同是为了自身利益，不存在优益权的问题。在社会组织法中建立行政合同制度，其实就是建立政府向社会组织购买公共服务制度③。根据当前立法，政府购买社会组织公共服务的行政合同制度需要完善以下几个方面的内容。

第一，明确将社会组织纳入政府购买的范围。根据现行的《政府采购法》，目前政府购买的参与主体主要是企业，社会组织作为参与主体的地位往往被忽视。随着市场经济的完善和社会治理的创新，政府将越来越多地将需要自身提供的公共服务转为向社会组织购买，社会组织应该被明确纳入政府购买的对象，促进更加广泛的政府购买市场的形成。

第二，明确政府向社会组织购买服务的范围。在我国的《政府采购法》中，尚未明确规定政府采购公共服务性产品，这就使得各级政府向社会组织购买公共服务缺乏法律依据。在社会组织法中，应当将目前已经达成一致认识的政府可以向社会组织购买的公共服务项目一一列举出来。同时，随着政府职能的转移，政府向社会组织购买的服务项目将越来越多；随着社会组织的发展成熟，社会组织可以承担的公共服务也越来越多。为了增强法律的适应性，在列

① 王勇：《论行政合同的法律定位》，《北京行政学院学报》2009年第4期。

② 上海市人民政府行政法制研究所“行政指导”报告组：《中国行政指导的实践与理论研究》，《政治与法律》2003年第3期。

③ 2012年中央财政首次安排了2亿元专项资金购买社会组织的社会服务，但目前尚未制度化。

举的基础上，可以就政府向社会组织购买服务的项目提出一个概括性要求，当达到特定要求后即可纳入购买的范围。

第三，明确政府购买社会组织服务的方式。政府购买社会组织服务，依法可以采取政府采购或者委托服务的方式。采取政府采购方式的，按照现行政府采购法的规定进行。委托服务的，应当按程序签订委托服务合同。考虑到公共服务的内容广、时间长、对象多，无论是政府采购或委托服务，都必须建立健全购买社会组织公共服务的一系列规章制度，明确政府如何采购或委托社会组织服务，社会组织服务过程中如何对服务质量进行专业评估，以及如何对社会组织提供公共服务进行责任追究等内容，形成包括购买—委托—评估—认证—问责等诸多环节的科学合理、公开公正、高效合理的公共服务新体制。

（五）建立社会组织行政奖励制度

行政奖励是指行政主体为实现行政目标，通过赋予物质、精神及其他权益，引导、激励和支持行政相对人实施一定的符合政府施政意图行为的非强制性行政行为。行政奖励有多种分类方法，包括：赋予权利的奖励和减免义务的奖励，物质奖励、精神奖励、权能奖励、信息奖励，行为性奖励和结果性奖励，普遍性奖励和限额性奖励，等等①。行政奖励以人为本，以追逐和实现利益为内驱力，可以促使行政相对人在市场机制外为获得行政主体给予的某些可能权益而自动、自愿、自主地按政府意愿积极作为。从而，行政奖励可以将经济发展和社会进步中最重要的资源即人的积极性和潜在才智全部调动、挖掘出来，并产生良好的社会经济绩效。同时，行政奖励还是一种奖优罚劣的优化选择机制，具有优化资源配置的功能，使得行政奖励成为政府备受推崇的行政方式。在社会组织法中，要重点建立两项制度，发挥好行政奖励的激励功能。

一方面，建立社会组织表彰制度。激励是运用一定的方法对管理层产生鼓舞或者工作动力，使其更好地实现组织目标的一种管理方法。按照马斯洛的需要层次理论，人的需求分为生理需要、安全需要、归属需要、尊重需要、自我实现需要五个层次，激励就是采取物质、精神等方面的措施满足人的需要。按照赫茨伯格的双因素激励理论，人的需求因素分为“保健因素”和“激励因素”。“保健因素”是公司政策、人际关系、工资福利、工作条件、管理措施、监督等工作环境和工作关系方面的因素，当人们认为这些因素很好时，它只是消除了不满意，并不会导致积极的态度。“激励因素”是属于工作本身或工作内容方面的挑战性、工作责任、赏识、成就、成长和发展机会等能带来积极态度和激励作用的因素。在赫茨伯格看来，保健因素是必需的，但只有“激励

① 傅红伟：《行政奖励研究》，北京大学出版社2003年版，第48页。

因素”才能促使人们取得更好的成绩。双因素激励理论与需要层次理论有相似之处，双因素激励理论的保健因素相当于需要层次理论中的生理需要、安全需要、感情需要等较低级的需要；激励因素则相当于需要层次理论中的受人尊敬的需要、自我实现的需要等较高级的需要。这说明，要调动人们的积极性，既要注意物质利益和工作条件等外部因素，而且要注意对人进行精神鼓励，给予表扬和认可。由于社会组织属于非营利组织，其管理者也不拥有对组织的剩余索取权，因此，社会组织及其管理者看重的不一定是物质，对其进行物质激励效果不一定好。从需求的角度出发，社会组织的激励更应当是在激励因素上，即尊重需要和自我实现需要上。对此，社会组织法可以明确各级政府应当建立表彰制度，对业绩突出的社会组织及其从业人员，定期以政府名义进行表彰。考虑到社会组织具有的广泛性，还可规定各地人大代表和政协委员应当有一定的社会组织代表，以满足社会组织及其从业人员的尊重需要和自我实现需要，最大限度地激励社会组织发展。

另一方面，完善社会组织税收优惠制度①。税收是社会组织管理的重要手段。在美国，调整社会组织发展的最主要制度不是登记管理制度，而是税收优惠制度。美国的税法规定了30余种免税组织，对社会组织的税收优惠包括所得税优惠、财产税优惠和失业税优惠；另外，向社会组织捐赠的机构和个人还享有应缴税所得额扣除和财产税、遗产税减免等。社会组织的活动符合政府的要求，就可以依法享受这些政策，其活动不符合政府的要求，则不能享受这些政策。为享受税收政策，美国的社会组织比较注重加强自身建设，积极开展符合政府要求的活动。近几年来，我国也开始重视以税法引导社会组织发展②，但还很不完善，没有形成比较统一、完善的社会组织税收制度，社会组织发展不规范使得相关的税收政策没有充分发挥作用，存在一些阻碍向社会组织捐赠的税制性因素③。但最突出地表现在三个方面，一是出台的公益性社会组织捐赠税前扣除制度覆盖面小，只有省级以上的公益性社会组织可以享受；二是除公益性社会组织外，大部分的社会组织缺乏税收优惠政策，适用的是企业税收

---

① 税收优惠是非常典型的减免义务型的行政奖励。参见傅红伟《行政奖励研究》，北京大学出版社2003年版，第48页。

② 个人所得税法及其实施条例规定，个人通过非营利的社会团体、国家机关用于公益、救济性的捐赠，其捐赠额未超过其申报的应纳税所得额3%的部分，准予税前扣除。自2008年1月1日起实施的新企业所得税法规定，企业发生的公益性捐赠支出，在年度利润总额12%以内的部分，准予在计算应纳税所得额时扣除，为落实此规定，财政部、国家税务总局、民政部发布了《关于公益性捐赠税前扣除有关问题的通知》（财税〔2011〕160号）。

③ 靳东升：《中国非营利组织税收优惠政策的现状和问题》，载魏定仁主编《中国非营利组织法律模式论文集》，中国方正出版社2006年版。

制度，不符合其非营利的性质；三是捐赠人实现税收优惠政策的手续特别繁杂，个人捐赠税收优惠政策真正落实得很少。为弥补目前税法的缺乏，社会组织法第一是要建立面向所有社会组织的税收优惠政策，第二是要将目前的公益性社会组织税收优惠政策由国家民政部和省级民政部门登记的社会组织扩大到所有公益性社会组织，第三是要切实减免程序，确保既严格条件，又容易操作，既让社会组织的非营利性、公益性真正体现出来，又创造条件方便社会组织更好地汇聚社会资源。

第二篇

条文论证

《中华人民共和国社会组织法》立法条文论证

中华人民共和国社会组织法

第一章　总则
第二章　社会组织的登记
第三章　社会组织的组织机构
第四章　行为规范
第五章　扶持措施
第六章　监督管理
第七章　法律责任
第八章　附则

立法缘由：社会组织如同公司企业一样，是现代经济社会的重要组织形式，社会组织构成非营利部门，公司企业构成营利部门。但我国社会组织立法制度没有公司企业立法制度完善，我国公司企业立法已经由公司法、中小企业促进法和公司登记管理条例、公司注册资本登记管理规定等法律法规规章构成了一个比较衔接配套的制度体系，而社会组织立法虽然已有《中华人民共和国慈善法》《中华人民共和国境外非政府组织境内活动管理法》《社会团体登记管理条例》《基金会管理条例》《民办非企业单位登记管理暂行条例》和《红十字会法》《工会法》等，但还缺乏如同公司法一样的社会组织基本法。本法之所以需要制定，就是要根据宪法制定社会组织的基本法，对社会组织的主要法律制度统一作出全面、系统、明确的规定。同时，着眼于我国经济社会发展的需要，立法应当促进社会组织的发展，但像中小企业促进法一样单独制定社会组织促进法比较浪费立法资源，且当前时机也不是十分成熟，而宜将促进社会组织发展的制度统一于社会组织基本法之中，这样既可节约立法资源，而且可以提高社会组织基本法制度的全面性。另外，为化解立法者对于社会组织可能影响国家安全和社会稳定等方面的担忧和顾虑，社会组织法还应当是行为法，规范社会组织行为，加强社会组织监管。总而言之，本法对于社会组织法的定位是组织法、行为法、促进法三者合一。

根据前述社会组织立法研究报告和上述定位，本法共八章。第一章总则，第二章社会组织的登记，第三章社会组织的组织机构，第四章行为规范，第五章扶持措施，第六章监督管理，第七章法律责任，第八章附则。第一章总则对立法的宗旨依据、调整对象、结社自由、社会组织活动准则、国家对社会组织的基本方针进行了规定。第二章社会组织的登记，基本是按照研究报告基于结社自由的社会组织设立进行制度设计的，共分四节，第一节对于社会组织设立应具有的共同的条件、程序等按照成立登记、变更登记、注销登记的顺序进行了规范，在此基础上，后三节根据社会团体、基金会、社会服务机构各自的特性对设立中的特殊要求分别进行了规范，其中社会团体突出了对会员的要求，基金会突出了对活动资金的要求，社会服务机构突出了对服务条件的要求。考虑到如同公司法后还需制定公司登记管理条例、公司登记管理条例实施细则等法规规章一样，本章只是规定了社会组织设立的条件、程序等内容，对于实际登记工作的材料等内容没有逐一规范，留待相关法规规章进一步细化。第三章社会组织的组织机构，基本是按照研究报告基于法人理论的社会组织治理制度进行制度设计的，共分四节，第一节对于社会组织需要共同设立理事会、监事会、秘书处、工会、党组织和相关人员的任职要求进行了规定，在此基础上，后三节分别对社会团体、基金会、社会服务机构的组织机构设置的特殊要求进行了规范，其中社会团体突出了对会员大会的要求，基金会和社会服务机构分别突出了其理事会与社会团体理事会不同的地位、不同的产生方式、不同的职权。第四章行为规范，分别对于社会组织行为规范的一般要求、收入要求、支出要求、财会要求、活动要求、职工权益保护要求、信息披露要求、接受监督要求进行了规定。第五章扶持措施，基本是按照研究报告基于软法理论的社会组织扶持制度进行制度设计的，主要对政府扶持社会组织发展工作机制、社会组织发展规划、扶持社会组织发展专项资金预算、社会组织财政补贴、购买社会组织服务、社会组织税收优惠、社会组织金融支持、社会组织人才支持、社会组织行政指导、社会组织公共服务、鼓励社会支持社会组织、社会组织行政奖励等制度进行了规定。第六章监督管理，分别对社会组织监督管理机制、登记管理机关的监督职责、业务主管单位的监督职责、登记管理机关的监督措施、社会组织公示信息监督、社会监督、利害关系人监督、同业组织监督和监督行政制度分别进行了规定。第七章法律责任，分别对非法社会组织的法律责任、设立行为的法律责任、严重违法行为的法律责任、违反财产管理使用规定的法律责任、违反非财产管理使用规定的法律责任、组织机构不符规定的法律责任、监督管理机关的法律责任进行了规定。第四章行为规范、第六章监督管理和第七章法律责任，基本是按照研究报告基于平衡论的社会组织监督管理制度进行制度设计的。第八章附则明确了概念界定、涉外社会组织法律适用和实施日期等方面的几个问题。

在起草具体条文时，本法注重法律制度的延续性和系统性，注重与宪法、民法通则及民法总则、慈善法、境外非政府组织境内活动管理法的衔接，对于《社会团体登记管理条例》《基金会管理条例》《民办非企业单位登记管理暂行条例》《红十字会法》《工会法》等法律法规中的有效制度安排尽量吸收到本法中，对于社会组织的分类也是尊重我国实行多年的社会团体、基金会、社会服务机构（原民办非企业单位）的分类方法。同时，本法注重借鉴国内相关立法的有关制度安排，这些立法包括《公司法》《中小企业促进法》《证券法》《公益事业捐赠法》《民办教育促进法》《就业促进法》《农民专业合作社法》等，这些立法与社会组织立法在某些方面具有相似性，其中一些成功的制度设计对于社会组织立法具有很强的借鉴意义。除此之外，本法还注重吸收借鉴国外相关立法的制度成果，这些立法包括《美国非营利法人示范法(1987)》《日本特定非营利活动促进法》《南非1997年非营利组织法》《吉尔吉斯斯坦共和国非商业组织法》《匈牙利公益组织法》《新加坡社团法》《爱沙尼亚非营利社团法》《法国非营利社团法》《立陶宛共和国社团组织法》《奥地利社团法》《印度尼西亚财团法》《爱沙尼亚财团法》《芬兰财团法》《摩尔多瓦基金会法》等[①]。需要说明的是，我们在参考依据部分列举了较多的立法例，这是为了便于立法人员和相关人员了解更多的相关立法，并在社会组织法的立法中吸收借鉴。

毫无疑义，本法的条文论证只是作者的一些初步想法，还很不成熟。如能对社会组织法的推进稍有作用，则无憾此稿的探索。

① 具体条文主要来自金锦萍、葛云松主编《外国非营利组织法译汇》，金锦萍等译《外国非营利组织法译汇（二）》，李本公主编《国外非政府组织法规汇编》和中国社会组织网，请恕在条文论证部分未逐一注明。

第一章

总　　则

第1条［宗旨依据］：为保障公民的结社自由，规范社会组织的组织与行为，保障社会组织的合法权益，引导社会组织健康发展，促进社会自治的形成和社会公益的发展，根据宪法，制定本法。

立法缘由：

本条是对本法立法宗旨和依据的规定。立法一般首先要明确立法的宗旨和依据。就具体立法宗旨来说，本条明确了三个方面。

第一，保障公民的结社自由。社会组织法在表面看来是规范社会组织，但其实质是对公民结社自由的规范。结社自由是社会组织设立的宪法依据，也是社会组织获得合法主体地位的逻辑起点和法律前提。我国《宪法》第35条规定中华人民共和国公民有结社的自由。坚持依法治国首先要坚持依宪治国，坚持依法执政首先要坚持依宪执政。社会组织法首要的宗旨就是要保障公民的结社自由，落实好宪法确定的公民结社自由的权利。

第二，规范社会组织的组织与行为，保障社会组织的合法权益。社会组织的成立是为了从事特定的社会活动，必须取得相应的民事主体资格，具有从事相关民事活动的能力。特别是作为从事社会活动的非营利组织，其具有与公司企业不同的特征，其治理结构是否科学合理，活动行为是否合法合规，直接关系到社会组织能否以最有效的方式从事社会活动。制定社会组织法，就是要通过制定与社会组织特点相适应的法律制度，健全社会组织法人治理制度，促进社会组织法人肌体的健康，使社会组织成长为非营利性、非政府性、组织性、志愿性、自治性等特征明显的"人"，不仅能够有效维护社会组织自身权益，而且能够充分发挥自身作用服务社会。

第三，引导社会组织健康发展，促进社会自治的形成和社会公益的发展。《中共中央关于全面推进依法治国若干重大问题的决定》指出"加强社会组织立法，规范和引导各类社会组织健康发展"，引导社会组织健康发展是党的文献确定的社会组织立法的目的，无疑是本法的宗旨。社会组织健康发展是为了发挥社会组织的积极作用。社会组织有多种类型，多方面的积极作用，但简言之，可以分为公益性和互益性两种。公益性社会组织的主要作用是促进公益事业发展，互益性组织的一个重要作用是增强社会自治。《中共中央关于全面推进依法治国若干重大问题的决定》要求“建立健全社会组织参与社会事务、维护公共利益、救助困难群众、帮教特殊人群、预防违法犯罪的机制和制度化渠道”，这主要是发挥社会组织促进公益事业发展的功能。《中共中央关于全面推进依法治国若干重大问题的决定》要求“支持行业协会商会类社会组织发挥行业自律和专业服务功能。发挥社会组织对其成员的行为导引、规则约束、权益维护作用”，这主要是发挥社会组织促进社会自治的功能。

以上三个宗旨，就是前文所述的社会组织立法的三个最主要的目标即保障结社自由、完善社会组织法人制度和建立新型政社关系的具体体现。

本法的立法依据是《中华人民共和国宪法》。宪法是国家的根本大法，具有最高的法律效力，是制定一切法律的依据，本法也不例外。《宪法》第 5 条规定，“中华人民共和国实行依法治国，建设社会主义法治国家”。“一切法律、行政法规和地方性法规都不得同宪法相抵触。”第 33 条规定：“国家尊重和保障人权。”“任何公民享有宪法和法律规定的权利，同时必须履行宪法和法律规定的义务。”第 35 条规定：“中华人民共和国公民有言论、出版、集会、结社、游行、示威的自由。”第 51 条规定“中华人民共和国公民在行使自由和权利的时候，不得损害国家的、社会的、集体的利益和其他公民的合法的自由和权利”。宪法的这些规定是制定本法的基本指导原则，本法的规定是对宪法的规定的具体化。

参考依据：

《南非 1997 年非营利组织法》第 1 条：本法律的目的在于以下列方法鼓励和支持非营利组织为满足共和国民众的各种需要而做出贡献：（一）创造一个有利于非营利组织繁荣发展的环境；（二）建立一个使非营利组织得以自治的行政管理体制；（三）鼓励非营利组织保持适当的管理水平、透明程度以及问责机制，并改进之；（四）创造一个使得公众可以获取已登记非营利组织的信息的环境；（五）促进政府部门、捐赠人以及其他利害关系人在非营利组织事务上的合作和共同负责的精神。

《日本特定非营利活动促进法》第 1 条（宗旨）：本法的目的是，通过赋予从事特定非营利活动的组织以法人地位等手段，促进志愿者从事的特定非营利活动以及其他由公民无偿进行的有利于社会的活动的健康发展，从而促进公共福利的进步。

《社会团体登记管理条例》第 1 条：为了保障公民的结社自由，维护社会团体的合法权益，加强对社会团体的登记管理，促进社会主义物质文明、精神文明建设，制定本条例。

《基金会管理条例》第1条：为了规范基金会的组织和活动，维护基金会、捐赠人和受益人的合法权益，促进社会力量参与公益事业，制定本条例。

《民办非企业单位登记管理暂行条例》第1条：为了规范民办非企业单位的登记管理，保障民办非企业单位的合法权益，促进社会主义物质文明、精神文明建设，制定本条例。

《公司法》第1条：为了规范公司的组织和行为，保护公司、股东和债权人的合法权益，维护社会经济秩序，促进社会主义市场经济的发展，制定本法。

《中小企业促进法》第1条：为了改善中小企业经营环境，促进中小企业健康发展，扩大城乡就业，发挥中小企业在国民经济和社会发展中的重要作用，制定本法。

第2条［调整对象］：本法所称社会组织是指自然人、法人或其他组织，为公益目的或者其他非营利目的，依照本法在中国境内设立的非营利性组织，包括社会团体、基金会和社会服务机构。

社会团体是指自然人、法人或者其他组织自愿组成，基于会员共同意愿，为实现章程规定的公益目的或者会员共同利益等非营利目的设立的社会组织。

基金会，是指利用自然人、法人或者其他组织捐赠的财产，为实现章程规定的慈善公益目的而设立的社会组织。

社会服务机构，是指自然人、法人或者其他组织主要利用非国有资产，为实现章程规定的公益目的或者其他非营利目的，以提供非营利性社会服务而设立的社会组织。

社会团体依法具有社团法人资格，不具有社团法人资格的社会团体依法取得非法人组织资格。基金会和社会服务机构依法具有捐助法人资格。

立法缘由：

本条是关于社会组织概念的界定即本法调整对象的规定。本条从内涵和外延两个方面定义了社会组织。在内涵上看，社会组织与公司企业等的根本区别是社会组织的非营利性，所以很多国家将社会组织称为非营利组织。我国过去比较强调社会组织的民间性，曾长期将其称为民间组织。尽管名称不一致，但一般都认为，社会组织具有五个特征：一是非政府性。社会组织赖以产生、存在和发展的基础不是国家职能，而是一定的社会旨趣，是一定的社会人群依据他们的兴趣、愿望、利益、意志、志向等自发组成的。二是非营利性。社会组织的存在目的不是积累财富或者创造利润，不是向经营者或所有者提供利润，而是提供公益性或者互益性的公共服务，社会组织的盈余必须用于与宗旨相关用途而不是在任何人之间进行分红。三是自治性。社会组织是独立的自治组织，也是独立的社会主体，依法按照章程独立开展活动。四是自愿性。社会组织的成立基于自愿，成员的参加基于自愿，是人们自发组建的组织，是自由人的自由联合体，不应是强迫、强制或行政指令性的组织。五是组织性。即有一定的制度和结构，这在一定程度上体现为组织的内部结构和活动的相对持续性等。

在外延上看，社会组织包括社会团体、基金会和社会服务机构三种组织形式。社会团体是以自然人、法人和其他组织为会员的“人”的组合体，基金会和社会服务机构由自然人、法人和其他组织举办，但不以自然人、法人和其他组织为会员，而是以自然人、法人和其他组织的财产为基础从事公益和服务的“财”的组合体。基金会与社会服务机构的主要区别是，基金会的财主要用于资助特定的公益事业，而社会服务机构的财主要用于开展特定的社会服务。社会服务机构即《民办非企业单位登记管理暂行条例》所称的民办非企业单位，民办非企业单位是从不是什么的角度作的界定，社会服务机构是从该类组织的职能作的界定，能够更好地体现该类组织的特征。

有学者建议将社会组织分为社团和财团两种，这种分类方法是大陆法系的普遍做法。但是社团法人制度和财团法人制度属于民法基本法的立法内容，目前我国民法通则尚未采取这种分类方法，但民法总则采取了社会团体法人和捐助法人的界定。为了与我国现行多年的社会组织立法相衔接，保障法制的稳定性和连续性，本条将社会组织的组织形式继续分为现行的社会团体、基金会和社会服务机构三种。同时，为了与民法相协调，明确社会组织的法律定位，本条规定社会团体依法具有社团法人资格，不具有社团法人资格的社会团体适用非法人组织的有关规定。基金会和社会服务机构依法具有捐助法人资格。本条引入社团法人和捐助法人概念但不作具体规范，既明确了社会组织的民事法律地位，又与民法的社团法人和捐助法人分类方式相衔接，并为进一步作具体规定奠定基础，是符合中国国情的比较现实的选择。

参考依据：

《吉尔吉斯斯坦共和国非商业组织法》第1条：本法的适用范围

本法调整非商业组织（包括在吉尔吉斯斯坦共和国领域内活动的外国非

商业组织）的设立、事业活动、重组、清算等社会关系。

本法适用于非商业组织，其形式包括社团、财团和事业机构。政党、工会、宗教团体和合作社的设立程序和事业活动的原则适用吉尔吉斯斯坦共和国的其他法律，不适用本法。

第2条：主要定义

非商业组织是指由自然人、法人基于满足其成员或者整个社会的精神需要或者其他非物质需要的共同志趣而设立的自愿、自治组织。获取利润不是其主要目的。所获得的利润不对成员、发起人或者管理人员分配。

非商业组织的发起人可以是法人和有行为能力的自然人，不论该法人住所，也不论该自然人的居所和国籍。

略

非商业活动是指法人或者自然人单独或者共同进行的不以营利为目的的活动，不论是否登记为独立法人。没有设立独立法人而从事非商业活动的人，应当根据现行立法的规定对第三人受到的损失承担责任。

社团是指数个公民为了满足其精神和其他非物质需要的共同志趣而参加的自愿性团体。

财团是指由自然人或者法人自愿捐助财产设立的追求社会、慈善、文化、教育和公益目的的、没有成员的组织。

事业机构是指为实现管理、社会、文化和其他非商业功能而由其所有人设立的组织。其所有人提供全部或部分的资金。

非商业组织的财产是指非商业组织的任何财产，包括财产权和非财产权，包括从经营活动和其他活动中获得的收入，以及有关其活动的商业秘密。

《民法总则》第87条：为公益目的或者其他非营利目的成立，不向出资人、设立人或者会员分配所取得利润的法人，为非营利法人。

非营利法人包括事业单位、社会团体、基金会、社会服务机构等。

第90条：具备法人条件，基于会员共同意愿，为公益目的或者会员共同利益等非营利目的设立的社会团体，经依法登记成立，取得社会团体法人资格；依法不需要办理法人登记的，从成立之日起，具有社会团体法人资格。

第92条：具备法人条件，为公益目的以捐助财产设立的基金会、社会服务机构等，经依法登记成立，取得捐助法人资格。

第102条：非法人组织是不具有法人资格，但是能够依法以自己的名义从事民事活动的组织。

非法人组织包括个人独资企业、合伙企业、不具有法人资格的专业服务机构等。

《社会团体登记管理条例》 第 2 条：本条例所称社会团体，是指中国公民自愿组成，为实现会员共同意愿，按照其章程开展活动的非营利性社会组织。

国家机关以外的组织可以作为单位会员加入社会团体。

《基金会管理条例》 第 2 条：本条例所称基金会，是指利用自然人、法人或者其他组织捐赠的财产，以从事公益事业为目的，按照本条例的规定成立的非营利性法人。

《民办非企业单位登记管理暂行条例》 第 2 条：本条例所称民办非企业单位，是指企业事业单位、社会团体和其他社会力量以及公民个人利用非国有资产举办的，从事非营利性社会服务活动的社会组织。

第 3 条［结社自由］：中华人民共和国公民，不分民族、种族、性别、职业、宗教信仰、教育程度，都有依法发起、参加或退出社会组织的自由。任何组织和个人不得非法阻挠和限制公民的结社自由。

立法缘由：

本条是关于结社自由的原则规定。结社自由是社会组织的逻辑起点。结社是指人们为了某种共同的目的而自愿组成一定形式的社会组织的社会活动过程。在现代社会，结社一般不再指基于商业目的并依照公司法成立的公司，而主要是指人们为了某种共同的目的组成一定的非营利的社会组织。就结社自由的本性而言，那是公民可以行使的若干种自由之一，是一种公民可以组织、参加或者不组织、不参加社会组织的自由。包括结社与不结社的自由、选择结社组织与形式的自由、自主决定结社内部事务的权利、结盟和建立联合会的自由。结社自由作为一项自由权，既是一项积极权利，即公民具有出于某种目的或者基于某种原因而建立或加入某个社会组织的权利；又是一项消极权利，即公民可以不加入某个社会组织，也可以退出某个社会组织；既是一项个体性权利，即公民个人具有自愿参加或者退出社团的权利，又是一项集体性权利，即一个现存的社会组织具有为追求成员的共同利益而自由开展活动的权利；既是一项公民权利，又是一项政治权利。为保障公民的结社自由，本条规定，中华人民共和国公民，不分民族、种族、性别、职业、宗教信仰、教育程度，都有依法组织、参加或退出社会组织的自由。任何组织和个人不得非法阻挠和限制。

结社自由并不是漫无边际的。结社自由同公民享受的其他自由一样，都会受到法律的限制，必须符合法律的规定。因此，这里强调公民都有“依法”

组织、参加或退出社会组织的自由。公民行使结社自由的边界，就是法律的规定。一旦超出法律的规定，那么行使包括结社自由在内的自由就不会再受到法律的保护，反而会受到严厉的限制。

参考依据：

《俄罗斯社会团体法》第 3 条：公民结社权的内容

公民的结社权，包括根据自愿原则成立社会团体以维护共同利益和实现总目标的权利，加入或拒绝加入现有社会团体的权利，以及毫无阻碍地退出社会团体的权利。

社会团体的成立有助于实现公民的权利和合法利益。

公民享有依照自己的意愿、未经国家权力机关和地方自治机关的事先许可，成立社会团体的权利以及在遵守其章程规定的条件下加入上述社会团体的权利。

由公民成立的社会团体可以依照本联邦法律规定的程序登记和获得法人权利，或者不进行国家登记就开展活动并获得法人权利。

《吉尔吉斯斯坦共和国非商业组织法》第 4 条：非商业组织的设立和事业活动的原则

非商业组织的设立和行为应以自愿、自治、合法和公开为原则。

一个公民对非商业组织的活动参加与否不得作为限制其权利与自由的理由。

非商业组织的无长期雇员应根据吉尔吉斯斯坦共和国劳动法、社会保障法和医疗保险法的规定开展工作。

《宪法》第 35 条：中华人民共和国公民有言论、出版、集会、结社、游行、示威的自由。

《工会法》第 3 条：在中国境内的企业、事业单位、机关中以工资收入为主要生活来源的体力劳动者和脑力劳动者，不分民族、种族、性别、职业、宗教信仰、教育程度，都有依法参加和组织工会的权利。任何组织和个人不得阻挠和限制。

《红十字会法》第 3 条：中华人民共和国公民，不分民族、种族、性别、职业、宗教信仰、教育程度，承认中国红十字会章程并缴纳会费的，可以自愿参加红十字会。

第 4 条［活动准则］：社会组织依法按章程独立自主开展活动，合法权益受法律保护，任何组织和个人不得非法干涉。

社会组织必须遵守宪法和法律，遵守社会公德，接受政府和社

会公众的监督，不得反对宪法确定的基本原则，不得危害国家的统一、安全和民族的团结，不得损害国家利益、社会公共利益和公民、法人以及其他组织的合法权益，不得违背社会道德风尚，不得从事营利性经营活动。

立法缘由：

本条是关于社会组织活动准则的规定。本条一方面强调了社会组织开展活动的独立性、自主性。社会组织作为独立享有法定权利的法人或者非法人组织，可以在章程规定的范围内自主开展有关公益性或者互益性活动，发挥其独特作用，不受行政机关、企业事业单位和其他组织与个人的非法干涉。法律对社会组织开展活动中的合法权益应当予以保护，防止受到侵犯。侵犯社会组织合法权益的，应当受到法律追究。

本条另一方面强调了社会组织开展活动必须依法按章程。具体来说，社会组织开展活动，必须履行以下几个方面的义务。一是必须遵守宪法和法律。社会组织的各项活动都必须依法进行，这是社会组织最基本的义务。宪法是我国的根本大法，规定了我国的政治制度、经济制度等根本制度和根本任务以及公民的基本权利和义务。宪法是国家一切活动的总章程，具有最高的法律效力。全国各族人民、一切国家机关和武装力量、各政党和各社会团体、各企业事业组织，都必须以宪法为根本的活动准则，并且负有维护宪法尊严，维护宪法实施的职责。这里的法律是指广义的法律，即立法法规定的法律、法规、规章。遵守宪法和法律，这是任何组织和公民，即任何法律主体都必须履行的最起码的义务。本条规定的“宪法确定的基本原则”主要是指“四项基本原则”，即坚持社会主义道路，坚持人民民主专政制度，坚持中国共产党的领导，坚持马列主义毛泽东思想。四项基本原则是立国之本，也是治国之策。它系统规定了国家的方向和道路、基本的政治基础、领导力量和意识形态。不得反对宪法确定的基本原则，这是从法律上和政治上对社会组织提出的基本要求。二是社会组织应当遵守社会公德，不得违背社会道德风尚。社会公德是指各个社会主体在其交往过程中应当遵循的公共道德规范；社会道德风尚，在我国就是社会主义道德风尚，是社会主义国家的社会伦理行为规范。道德规范虽然也属于社会的行为规范的范畴，但是它不像法律规范那样具有强制执行的效力。如果法律、法规明确规定某一法律主体必须遵守社会道德风尚，那么这种遵守就因此而上升为法律的义务。由于社会组织大多从事公益慈善事业，其行为具有较为广泛的社会影响，往往成为社会道德关注和评判的焦点，甚至影响整个国家和社会道德风尚的形成。因此，本条明确规定社会组织应遵守社会公德，使其成为一种法律规范。三是不得危害国家的统一、安全和民族的团结，不得损害国家利益、社会公共利益以及其他组织和公民的合法权益。我国《宪法》第51条规定："中华人民共和国公民在行使自由和权利的时候，不得损害国家的、社会的、集体的利益和其他公民的合法的自由和权利。"第52条规定："中华人民共和国公民有维护国家统一和全国各民族团结的义务。"第54条规定："中华人民共和国公民有维护国家的安全、荣誉和利益的义务，不得有危害国家安全、荣誉和利益的行为。"宪法的这几项规定虽然是针对公民作出的，但其原则适用于一切法律关系的主体。如前文所述，影响国家安全和社会稳定，是限制结社自由的合理范围，本条对此予以明确。四是不得从事营利性经营活动。社会组织是非营利组织，社会组织不得从事营利性经营活动，不是对社会组织权利能力的限制，而恰恰是为了维护社会组织自身的性质和特点。五是接受政府和社会公众的监督。社会组织的活动是否符合法律，是否符合社会道德规范，应由政府和社会公众来进行监督。通过监督促使社会组织的活动规范化，更有效地维护国家利益、社会利益和社会组织自身的合法权益，促进社会公益事业的健康发展。

参考依据：

《立陶宛共和国社团组织法》第3条：社团组织活动的基础

社团组织应该在立陶宛共和国宪法、本法、其他法律法规和行政规章规定的范围内开展活动。社团组织应该在其章程规定的基础上开展活动。章程应该按照本法规定的程序制定。

具备以下条件的社团组织应该被禁止：企图推翻或改变立陶宛共和国的宪法结构的；破坏立陶宛共和国领土完整的；主张战争、暴力或集权政府和极权政府的；会引起种族、宗教或社会冲突的；限制人权或自由的；违反立陶宛共和国法律或立陶宛共和国签订了的国际条约的；为其他国家利益服务（其利益与立陶宛共和国的利益相违背）的；其成员单位反对立陶宛共和国的独立和领土完整的社团组织的成立应该被禁止。

社团组织的住所和管理机构必须位于立陶宛共和国境内。

社团组织的活动应该符合本法的规定。

《法国非营利社团法》第3条：成立社团所要实现的目的是被禁止的，违反法律、善良风俗的，或者其目的是危害国家领土和政府的共和政体的，该社团是无效的。

《慈善法》第4条：开展慈善活动，应当遵循合法、自愿、诚信、非营利的原则，不得违背社会公德，不得危害国家安全、损害社会公共利益和他人合法权益。

《境外非政府组织境内行为管理法》 第 4 条：境外非政府组织在中国境内依法开展活动，受法律保护。

第 5 条：境外非政府组织在中国境内开展活动应当遵守中国法律，不得危害中国的国家统一、安全和民族团结，不得损害中国国家利益、社会公共利益和公民、法人以及其他组织的合法权益。

境外非政府组织在中国境内不得从事或者资助营利性活动、政治活动，不得非法从事或者资助宗教活动。

《社会团体登记管理条例》 第 4 条：社会团体必须遵守宪法、法律、法规和国家政策，不得反对宪法确定的基本原则，不得危害国家的统一、安全和民族的团结，不得损害国家利益、社会公共利益以及其他组织和公民的合法权益，不得违背社会道德风尚。

社会团体不得从事营利性经营活动。

第 5 条：国家保护社会团体依照法律、法规及其章程开展活动，任何组织和个人不得非法干涉。

《基金会管理条例》 第 4 条：基金会必须遵守宪法、法律、法规、规章和国家政策，不得危害国家安全、统一和民族团结，不得违背社会公德。

《民办非企业单位登记管理暂行条例》 第 4 条：民办非企业单位应当遵守宪法、法律、法规和国家政策，不得反对宪法确定的基本原则，不得危害国家的统一、安全和民族的团结，不得损害国家利益、社会公共利益以及其他社会组织和公民的合法权益，不得违背社会道德风尚。民办非企业单位不得从事营利性经营活动。

《工会法》 第 4 条：工会必须遵守和维护宪法，以宪法为根本的活动准则，以经济建设为中心，坚持社会主义道路、坚持人民民主专政、坚持中国共产党的领导、坚持马克思列宁主义毛泽东思想邓小平理论，坚持改革开放，依照工会章程独立自主地开展工作。

工会会员全国代表大会制定或者修改《中国工会章程》，章程不得与宪法和法律相抵触。

国家保护工会的合法权益不受侵犯。

《红十字会法》 第 4 条：中国红十字会遵守宪法和法律，遵循国际红十字和红新月运动确立的基本原则，依照中国参加的日内瓦公约及其附加议定书和中国红十字会章程，独立自主地开展工作。

第 5 条 ［基本方针］：国家对社会组织实行培育扶持、依法管理、发挥作用的方针，鼓励和支持社会组织发展公益事业、提供社会服务、参与公共管理、增强社会自治、促进社会和谐，为社会组织提升能力和实现宗旨创造有利的环境。

立法缘由：

本条是关于国家对于社会组织基本方针政策的规定。随着改革开放的深入，社会组织的作用逐渐凸显，党和国家就社会组织出台了一系列方针政策。将党和国家关于社会组织成熟的方针政策提升为法律制度，有利于增强社会组织发展的预期，保持社会组织发展的稳定。本条规定，是对党和国家关于社会组织发展政策的概括，也借鉴了中小企业促进法的相关规定。

自党的十六届六中全会比较系统论述社会组织的政策以来，对于社会组织的基本政策一直集中在积极扶持、依法管理、发挥作用三个方面。如十六届六中全会《中共中央关于构建社会主义和谐社会若干重大问题的决定》要求“健全社会组织，增强服务社会功能。坚持培育发展和管理监督并重，完善培育扶持和依法管理社会组织的政策，发挥各类社会组织提供服务、反映诉求、规范行为的作用”。党的十八届二中全会和十二届全国人大一次会议审议通过的《国务院机构改革和职能转变方案》要求“坚持积极引导发展、严格依法管理的原则，促进社会组织健康有序发展”，并就如何发挥社会组织作用提出了一系列要求。十八大以来关于社会组织的具体政策如下：

关于积极扶持，党的十八大提出“引导社会组织健康有序发展”。十八届二中全会要求“坚持积极引导发展、严格依法管理的原则，促进社会组织健康有序发展”。“重点培育、优先发展行业协会商会类、科技类、公益慈善类、城乡社区服务类社会组织。成立这些社会组织，直接向民政部门依法申请登记，不再需要业务主管单位审查同意”。十八届三中全会决定要求“激发社会组织活力。支持和发展志愿服务组织。重点培育和优先发展行业协会商会类、科技类、公益慈善类、城乡社区服务类社会组织，成立时直接依法申请登记”。

关于依法管理，党的十八大提出“加快形成政社分开、权责明确、依法自治的现代社会组织体制”。十八届二中全会决定要求“完善相关法律法规，建立健全统一登记、各司其职、协调配合、分级负责、依法监管的社会组织管理体制，健全社会组织管理制度，推动社会组织完善内部治理结构”。“加快形成政社分开、权责明确、依法自治的现代社会组织体制”。“逐步推进行业协会商会与行政机关脱钩，探索一业多会，引入竞争机制。民政部门要依法加强登记审查和监督管理，切实履行责任”。十八届三中全会决定要求“正确处理政府和社会关系，加快实施政社分开，推进社会组织明确权责、依法自治、发挥作用。限期实现行业协会商会与行政机关真正脱钩。加强对社会组织和在华境外非政府组织的管理，引导它们依法开展活动”。十八届四中全会决定要求“加强社会组织立法，规范和引导各类社会组织健康发展”。“加强在华境外非政府组织管理，引导和监督其依法开展活动”。

关于发挥作用，党的十八届二中全会决定要求行业协会商会要“强化行业自律，使其真正成为提供服务、反映诉求、规范行为的主体”。十八届三中全会决定要求“适合由社会组织提供的公共服务和解决的事项，交由社会组织承担”。十八届四中全会决定提出“发挥人民团体和社会组织在法治社会建设中的积极作用。建立健全社会组织参与社会事务、维护公共利益、救助困难群众、帮教特殊人群、预防违法犯罪的机制和制度化渠道。支持行业协会商会类社会组织发挥行业自律和专业服务功能。发挥社会组织对其成员的行为导引、规则约束、权益维护作用”。

参考依据：

《南非1997年非营利组织法》第3条：在法律规定的范围内，所有的国家机关都应当制定一定的政策和措施并协调其执行，该政策和措施应当以促进、支持非营利组织实现其职能并增强相应的能力为目的。

《吉尔吉斯斯坦共和国非商业组织法》第5条：政府与非商业组织的关系

政府应为非商业组织实现其章程规定的目的创造条件。政府部门和官员应依照吉尔吉斯斯坦共和国宪法保护非商业组织的权利和合法利益，并支持它们的活动。

政府支持的形式可以是对非商业组织的某些公益项目进行有目的的资助，也可以是法律不禁止的其他形式。

除法律另有规定外，国家机关或官员不得干涉非商业组织的活动，非商业组织也不得干涉国家机关和官员的活动。

《红十字会法》第5条：人民政府对红十字会给予支持和资助，保障红十字会依法履行职责，并对其活动进行监督；红十字会协助人民政府开展与其职责有关的活动。

《中小企业促进法》第3条：国家对中小企业实行积极扶持、加强引导、完善服务、依法规范、保障权益的方针，为中小企业创立和发展创造有利的环境。

第二章

社会组织的登记

第一节　一般规定

第 6 条［设立条件］：设立社会组织，应当具备下列条件：

（一）有明确的公益目的或者其他非营利目的和具体的业务范围；

（二）有规范的名称、固定的住所、符合要求的组织机构和负责人；

（三）有符合章程规定的注册资金；

（四）有依法制定并由创立大会通过的章程；

（五）发起筹办事项符合法律规定。

设立社会团体还应当具有符合本法规定的会员。

立法缘由：

本条是对社会组织设立条件的规定。社会组织的设立条件，主要是根据民法通则及民法总则关于法人的条件确定的。根据《民法通则》第 37 条，有自己的名称、组织机构和场所以及有必要的财产或者经费这四个条件是各类法人的必备要件。在此基础上，根据社会组织的特点，本条还要求社会组织必须有明确的公益目的或者其他非营利目的和具体的业务范围，发起筹办事项符合法律规定两个条件，同时社会团体还必须具备符合本法规定的一定数量的会员。

本条规定的条件大幅降低了现行社会组织登记的门槛，如取消了专职工作人员的规定，没有明确活动资金的数额，这有利于保障公民的结社自由，有利于将现行的大量草根组织依法纳入管理。

参考依据：

《民法通则》第 37 条：法人应当具备下列条件：（一）依法成立；（二）有必要的财产或者经费；（三）有自己的名称、组织机构和场所；

（四）能够独立承担民事责任。

《慈善法》第9条：慈善组织应当符合下列条件：（一）以开展慈善活动为宗旨；（二）不以营利为目的；（三）有自己的名称和住所；（四）有组织章程；（五）有必要的财产；（六）有符合条件的组织机构和负责人；（七）法律、行政法规规定的其他条件。

《社会团体登记管理条例》第10条：成立社会团体，应当具备下列条件：（一）有50个以上的个人会员或者30个以上的单位会员；个人会员、单位会员混合组成的，会员总数不得少于50个；（二）有规范的名称和相应的组织机构；（三）有固定的住所；（四）有与其业务活动相适应的专职工作人员；（五）有合法的资产和经费来源，全国性的社会团体有10万元以上活动资金，地方性的社会团体和跨行政区域的社会团体有3万元以上活动资金；（六）有独立承担民事责任的能力。

《公司法》第23条：设立有限责任公司，应当具备下列条件：（一）股东符合法定人数；（二）有符合公司章程规定的全体股东认缴的出资额；（三）股东共同制定公司章程；（四）有公司名称，建立符合有限责任公司要求的组织机构；（五）有公司住所。

《公司法》第76条：设立股份有限公司，应当具备下列条件：（一）发起人符合法定人数；（二）有符合公司章程规定的全体发起人认购的股本总额或者募集的实收股本总额；（三）股份发行、筹办事项符合法律规定；（四）发起人制定公司章程，采用募集方式设立的经创立大会通过；（五）有公司名称，建立符合股份有限公司要求的组织机构；（六）有公司住所。

第7条［社会组织名称］：社会组织的名称应当与其宗旨、业务范围、活动地域、组织形式相一致，准确反映其特征。

社会组织的名称应当符合登记管理机关的规定，不得违背社会道德风尚。社会组织的合法名称受法律保护。

全国性的社会组织的名称冠以“中国”“全国”“中华”“国际”“世界”等字样的，应当按照国家有关规定经过批准，地方性的社会组织的名称不得冠以“中国”“全国”“中华”“国际”“世界”等字样。

立法缘由：

本条是对社会组织名称的规定。申请成立社会组织必须有自己的规范的名称，以区别于其他的社会组织。规范的社会组织的名称，应当能够基本反映该社会组织的宗旨与业务范围、活动地域和组织形式，这有利于标明社会组织主体地位及权利义务的归属，树立社会组织的信誉，维护社会组织及相关联系人的权益，保障社会组织各项活动安全有序。社会组织的合法名称受法律保护。但什么样的名称才是规范的名称？本条只做了原则性规定，可由登记管理机关据此作出详细具体的规范。

参考依据：

《摩尔多瓦基金会法》 第7条：基金会的名称和标志

(1) 基金会的名称中必须包含“基金会”字样。

(2) 如果基金会的名称中包含了自然人的姓名，那么基金会必须向司法部提交该自然人针对基金会名称的同意书，如果名字被基金会使用的自然人已经去世，那么基金会要提交死者的丈夫（妻子）、父母或达到法定成年年龄子女的同意书。

(3) 基金会可以有会标、会旗、三角旗等。基金会的标志要得到基金会管理机构的批准并在司法部门登记注册。

(4) 基金会的名称和标志必须与其他法人的名称和标志不同，其中包括在法院的裁决下解散的法人组织和已经停止活动的法人组织。

(5) 基金会的标志不能和摩尔多瓦共和国以及其他国家的国家标志相同。禁止使用国家的军队标志作为基金会的特征标志。

《爱沙尼亚非营利社团法》 第4条：名称

I. 非营利社团的名称应当可以明显地区别于在爱沙尼亚登记的或者从登记簿注销不满三年的其他非营利社团和财团的名称。

II. 非营利社团的名称不得引起对该非营利社团的目的、业务范围和法律形式的误解。

III. 非营利社团由于其名称被未经授权而使用，利益受到损害的，可以请求停止对其名称的未经授权的使用，并可以请求赔偿所受到的财产损失。

IV. 一个非营利社团只能有一个名称。

V. 非营利社团的名称应当由爱沙尼亚文和拉丁字母组成。

VI. 非营利社团的名称中应当包括爱沙尼亚文的表明其社团性质的字样。

VII. 非营利社团的名称不得违反善良风俗。

VIII. 非营利社团的文件应当标明非营利社团的名称、住所和登记编号。

《社会团体登记管理条例》 第10条第2款：社会团体的名称应当符合法律、法规的规定，不得违背社会道德风尚。社会团体的名称应当与其业务范围、成员分布、活动地域相一致，准确反映其特征。全国性的社会团体的名称冠以“中国”“全国”“中华”等字样的，应当按照国家有关规定经过批准，地方性的社会团体的名称不得冠以“中国”“全国”“中华”等字样。

第8条［社会组织住所］：社会组织以其主要办事机构所在地为住所。

社会组织的住所应在登记管理机关所辖区域内。

立法缘由：

本条是关于社会组织住所的规定。按照《民法通则》第39条规定，法人以它的主要办事机构所在地为住所。所以，本条进一步明确，社会组织以其主要办事机构所在地为住所。从法律上确定社会组织住所，具有多重意义。一是住所可以据以确定社会组织的登记机关。社会组织由住所地登记管理机关负责登记管理。二是住所是法律文书的送达处所，无论是社会组织的日常活动，还是行政机关对社会组织的管理行为，以及社会组织参与有关诉讼，各种法律文书不论是直接送达还是邮寄送达，均以社会组织住所地为受送达处所。三是住所地可以据以确定债务履行处所。按照民法通则的规定，履行地点不明确的债务，给付货币的，在接受给付一方的所在地履行；其他标的，在履行义务一方的所在地履行。对社会组织来说，其履行所在地应为其住所地。四是住所地可以据以确定诉讼管辖。我国民事诉讼法规定，对企业事业单位、机关、团体提起民事诉讼，由被诉单位所在地人民法院管辖。社会组织住所依法确定后，不得任意变更；如果需要变动，应当依法办理变更登记。

参考依据：

《日本特定非营利活动促进法》第6条（住所）：特定非营利活动法人的住所是其主事务所所在地。

《爱沙尼亚非营利社团法》第3条：非营利社团的住所是非营利社团理事会所在地，但是章程另有规定的除外。

《摩尔多瓦基金会法》第8条：基金会的地点

（1）基金会的地点应该是基金会管理机构的所在地点。

（2）基金会的地点可以是其创立人的住所。

《公司法》第10条：公司以其主要办事机构所在地为住所。

第9条［社会组织注册资金］：社会组织的注册资金由其章程规定，数额应当与其从事的业务范围相适应。法律、行政法规对社会组织的注册资金有最低限额规定的，从其规定。

注册资金可以是货币，也可以用实物、知识产权、土地使用权等可以用货币估价并可以依法转让的非货币财产。以非货币财产作为注册资金的，一般应当评估作价，核实财产，不得高估或者低估作价。法律、行政法规对评估作价有规定的，从其规定。

社会组织申请设立时，注册资金应当按照章程规定缴足。以货币作为注册资金的，应当将货币存入社会组织在银行开设的账户；以非货币财产作为注册资金的，应当依法办理其财产权的转移手续。

立法缘由：

本条是关于社会组织注册资金的规定。社会组织的注册资金是社会组织设立后开展活动的物质条件，也是社会组织对外独立承担民事责任的保证，所以社会组织必须具备一定数额的注册资金。但由于社会组织的活动方式多样，注册资金要求不一，为了激发社会组织活力，本条没有明确一个具体的注册资金数额，而由社会组织根据自身特点和需求在社会组织章程中规定。但由于基金会、社会服务机构的注册资金要求比较高，有关法律、行政法规对此作出规定，对于这些规定，社会组织亦应遵循，所以本条规定法律、行政法规对社会组织的活动资金有最低限额规定的，从其规定。

参考依据：

《印度尼西亚财团法》第 14 条：略

IV. 第二款第四项规定的捐助财产的最低限额由行政法规规定。

《公司法》第 26 条：有限责任公司的注册资本为在公司登记机关登记的全体股东认缴的出资额。

法律、行政法规以及国务院决定对有限责任公司注册资本实缴、注册资本最低限额另有规定的，从其规定。

第 27 条：股东可以用货币出资，也可以用实物、知识产权、土地使用权等可以用货币估价并可以依法转让的非货币财产作价出资；但是，法律、行政法规规定不得作为出资的财产除外。

对作为出资的非货币财产应当评估作价，核实财产，不得高估或者低估作价。法律、行政法规对评估作价有规定的，从其规定。

第 28 条：股东应当按期足额缴纳公司章程中规定的各自所认缴的出资额。股东以货币出资的，应当将货币出资足额存入有限责任公司在银行开设的账户；以非货币财产出资的，应当依法办理其财产权的转移手续。

第 10 条［社会组织章程］：设立社会组织必须依法制定社会组织章程。社会组织章程应当包括下列事项：

（一）名称；

（二）住所；

（三）宗旨及业务范围；

（四）注册资金数额及来源；

（五）组织机构的组成、职责、议事规则和组织机构负责人的资格、产生罢免程序和任期；

（六）资产管理和使用的原则；

（七）章程的修改程序；

（八）终止程序和终止后资产的处理；

（九）应当由章程规定的其他事项。

社会团体的章程还应当明确会员资格、会员的权利义务和会员权利的救济。

社会组织章程对社会组织、理事、监事、秘书长和其他管理人员及利害关系人具有约束力。

立法缘由：

本条是对社会组织章程的规定。社会组织章程是社会组织最重要的法律文件，是社会组织自我管理、自我规范最根本的依据。章程的记载内容分为法定记载事项和任意记载事项。该条规定了社会组织九个方面的法定记载事项（社会团体有十个方面的法定记载事项），这些法定记载事项是每个社会组织的章程都不可缺少的，同时有关内容必须符合法律法规的规定。除这些法定记载内容外，社会组织可以在章程中自主确定其认为需要明确的内容，社会组织章程的这些任意记载内容只要不违反法律法规的强制性规定即可。社会组织章程的记载应当符合法定格式和要求。

参考依据：

《美国非营利法人示范法（1987）》第2.02条法人章程：

I. 法人章程必须记载：（一）满足第4.01条要求的法人名称。（二）下列事项之一：1. 法人是公益法人；2. 法人是互益法人；3. 法人是宗教法人。（三）法人初始注册办事处的地址及其在该地址的初始注册代理人的名称。（四）每个发起人的名称和地址。（五）法人是否有成员。以及（六）不违反法律的，关于解散财产的分配的规定。

II. 法人章程可以记载：（一）法人设立的目的，可以是从事任何的合法活动，无论是单独的还是与其他目的相结合；（二）初始董事人员的姓名和地址；（三）在不违反法律的前提下的下列事项：1. 法人事务的管理和监管。2. 法人、董事会和成员（或者成员集团）的界定、限制和监管，以及 3. 每个成员或者成员集团的特征、资格、权利、限制和义务；（四）本法要求或者允许章程细则记载的任何事项。

III. 章程提名的每个发起人和董事必须签署章程。

IV. 法人章程不必记载本法所列举法人的任何权力。

《南非 1997 年非营利组织法》第 12 条：

I. 任何非营利组织，如果不是国家机关，都可以向主任申请登记。

II. 除非非营利组织据以设立或者获得法人资格的法律已经对本款所要求的有关事项做出了规定，申请登记的非营利组织的章程应当：（一）记载该组织的名称；（二）记载该组织的主要和次要目的；（三）规定该组织的收入和财产不得分配给其成员或者负责人员，除非是作为对他们所提供服务的合理补偿；（四）规定该组织成为一个法人，具有区别于其成员和负责人员的法律地位；（五）规定该组织的存续不受成员或者负责人员变动的影响；（六）规定该组织的成员或者负责人员不会仅仅因为其作为成员或者负责人员的身份而对该组织的财产享有权利；（七）规定该组织的权限范围；（八）规定该组织内部管理的组织机构和工作机制；（九）确定有关召集和举行会议的规则，这些规则中还应包括关于会议召开的有效人数以及会议记录保存的有关规定；（十）确定做出决议的方式；（十一）规定该组织的经济交往必须通过银行账户进行；（十二）规定该组织财政年度终止的时间；（十三）规定章程修改的程序；（十四）规定该组织终止或者解散的程序；（十五）规定该组织终止或者解散时，全部债务清偿完毕后的剩余财产应当移转于和该组织目的相似的其他非营利组织；

III. 申请登记的非营利组织的章程中，可以就内部事务的处理作出规定，包括：（一）规定成为该组织成员的资格和条件；（二）规定在何种情况下一个成员不再有权享有成员利益；（三）规定该组织成员资格的终止；（四）规定可以因不再享有成员利益或者成员资格终止而提出申诉，以及申诉的程序和受理申诉的组织机构；（五）规定会费以及关于与决定会费和成员的其他应当支付的款项有关的事项；（六）规定该组织的成员或者负责人员并不仅仅因为其成员或者负责人员的身份而对该组织的债务和责任承担责任；（七）规定对负责人员的选任及其各自的职责；（八）规定提名、选举和任命负责人员的程序；（九）规定可以免除负责人员职务的事由和方式，以及可以对此种免职行为进行申诉、申诉的程序和受理的组织机构；（十）规定负责人员在代表非营利组织履行职责时，如果由于其基于善意的作为或者不作为而导致任何人受到损害，其个人不承担责任；（十一）规定关于对外投资的事项；（十二）规定该组织的资金可以用于的目的；以及（十三）规定关于取得和管理财产的事项。

《慈善法》第 11 条：慈善组织的章程，应当符合法律法规的规定，并载明下列事项：（一）名称和住所；（二）组织形式；（三）宗旨和活动范围；（四）财产来源及构成；（五）决策、执行机构的组成及职责；（六）内部监督机制；（七）财产管理使用制度；（八）项目管理制度；（九）终止情形及终止后的清算办法；（十）其他重要事项。

《社会团体登记管理条例》第 15 条：社会团体的章程应当包括下列事项：（一）名称、住所；（二）宗旨、业务范围和活动地域；（三）会员资格及其权利、义务；（四）民主的组织管理制度，执行机构的产生程序；（五）负责人的条件和产生、罢免的程序；（六）资产管理和使用的原则；（七）章程的修改程序；（八）终止程序和终止后资产的处理；（九）应当由章程规定的其他事项。

《基金会管理条例》第 10 条：基金会章程必须明确基金会的公益性质，不得规定使特定自然人、法人或者其他组织受益的内容。

基金会章程应当载明下列事项：（一）名称及住所；（二）设立宗旨和公益活动的业务范围；（三）原始基金数额；（四）理事会的组成、职权和议事规则，理事的资格、产生程序和任期；（五）法定代表人的职责；（六）监事的职责、资格、产生程序和任期；（七）财务会计报告的编制、审定制度；（八）财产的管理、使用制度；（九）基金会的终止条件、程序和终止后财产的处理。

《民办非企业单位登记管理暂行条例》第 10 条：民办非企业单位的章程应当包括下列事项：（一）名称、住所；（二）宗旨和业务范围；（三）组织管理制度；（四）法定代表人或者负责人的产生、罢免的程序；（五）资产管理和使用的原则；（六）章程的修改程序；（七）终止程序和终止后资产的处理；（八）需要由章程规定的其他事项。

第 11 条［社会组织宗旨和业务范围］：社会组织以公益目的为宗旨的，公益目的包括《中华人民共和国慈善法》规定的慈善活动和《中华人民共和国公益事业捐赠法》规定的公益事业。

社会组织以其他非营利目的为宗旨的，其他非营利目的包括促进社会组织内部成员的体育、学术、兴趣、技能或者行业利益等合法权益。

社会组织章程规定的宗旨和业务范围必须符合法律法规的规定，不得具有下列情形：

（一）违反本法第四条第二款规定；

（二）以宣传宗教教义、举行宗教仪式或者教育和发展信徒为目的；

（三）以推广、支持或者反对某一政治主张为目的；

（四）为了特定个人、法人或者其他组织的利益而活动。

社会组织的业务范围按照法律、行政法规的规定需要取得行业许可或者业务主管单位批准的，应当依法申请取得行业许可证或者批准文件。

社会组织章程确定的宗旨和业务范围，由登记管理机关依法登记。社会组织可以依法修改社会组织章程，改变宗旨和业务范围，但是应当办理变更登记。

立法缘由：

本条是对社会组织宗旨和业务范围的规定。社会组织的宗旨和业务范围是社会组织章程中的法定记载事项。本条对社会组织如何确定其宗旨和业务范围分三种情形进行规范。一是禁止做什么，对不能确定为社会组织宗旨和业务范围的事项以列举的方式予以明确，社会组织不得开展。二是限制做什么，对法律、行政法规规定须经批准的项目，应当依法经过批准，未经批准不得将该业务项目纳入社会组织业务范围。三是可以做什么，社会组织的成立是为了公益目的或者其他非营利目的，本条对公益目的为宗旨和以其他非营利目的为宗旨具体进行了界定，明确了公益目的、其他非营利目的的内容。对于业务范围的具体内容，本条没有详细列举，需要登记管理机关制定具体细则予以明确，如国家工商行政管理总局就制定了《企业经营范围登记管理规定》。社会组织在章程中明确的宗旨和业务范围需报登记管理机关登记，一方面便于登记管理机关确认其宗旨和业务范围是否符合法律规定，另一方面也便于社会了解社会组织的宗旨和业务范围，起到公示的作用。

社会组织在运行过程中，根据需要可以调整其宗旨和业务范围。但社会组织依法调整的宗旨和业务范围仍然不能超出法律法规的限制；增加的内容如果属于法律法规限制的项目，仍然必须经过许可。同时，社会组织调整宗旨和业务范围必须依照法定程序修改社会组织章程，并进行变更登记。

参考依据：

《美国非营利法人示范法（1987）》第3.01条　目的

I. 除非法人章程规定了目的限制，根据本法设立的任何法人的目的是从事任何合法行为。

II. 从事属于本州其他法规监管的业务活动的法人，只有其他法规不禁止根据本法规定设立的，才能根据本法设立。法人应当服从其他法规的所有限制。

《日本特定非营利活动促进法》第2条

I. 本法所称“特定非营利活动”，是指附录中列明的以促进多数不特定人的利益为目的的活动。

II. 本法所称“特定非营利活动法人”，是指以从事特定非营利活动为主要目的，符合下列各项条件，并且依据本法设立为法人的组织：（一）符合以下的二项要求，并不以营利为目的的组织：1. 没有对社员资格的取得和丧失规定不合理的条件；2. 领取报酬的负责人员不超过负责人员总数的三分之一。（二）事业活动符合以下各项条件的组织：1. 所从事的活动不以宣传宗教教义、举行宗教仪式或者教育和发展信徒为目的；2. 所从事的活动不以推广、支持或者反对某一政治主张为目的；3. 所从事的活动不以推举、支持或者反对某一公职［指《公职人员选举法》（1950年第100号法律）第三条规定的公职。以下相同］的某个候选人（包括将来的候选人）、某一个公职人员或者某个政党为目的。

《日本特定非营利活动促进法》附录（本法第2条）

1. 促进健康、医疗或者福利事业的活动；2. 促进社会教育的活动；3. 促进社区发展的活动；4. 促进文化、艺术或者体育的活动；5. 环境保护活动；6. 灾害救援活动；7. 促进社区安全的活动；8. 保护人权或者促进和平的活动；9. 促进国际合作的活动；10. 促进形成一个两性平等参与的社会的活动；11. 促进对青年的健全培养的活动；12. 对从事上述活动的组织进行行政管理，或者提供与上述活动有关的联络、咨询或者协助的活动。

《日本特定非营利活动促进法》第3条（原则）

I. 特定非营利活动法人不得从事为了特定个人、法人或者其他组织的利益的活动。

II. 特定非营利活动法人不得为一个特定的政党所利用。

《慈善法》第3条：本法所称慈善活动，是指自然人、法人和其他组织以捐赠财产或者提供服务等方式，自愿开展的下列公益活动：（一）扶贫、济困；（二）扶老、救孤、恤病、助残、优抚；（三）救助自然灾害、事故灾难和公共卫生事件等突发事件造成的损害；（四）促进教育、科学、文化、卫生、体育等事业的发展；（五）防治污染和其他公害，保护和改善生态环境；（六）符合本法规定的其他公益活动。

《公司法》第 12 条：公司的经营范围由公司章程规定，并依法登记。公司可以修改公司章程，改变经营范围，但是应当办理变更登记。

公司的经营范围中属于法律、行政法规规定须经批准的项目，应当依法经过批准。

第 12 条［社会组织发起人］：社会组织由发起人负责申请设立。发起人可以是自然人、法人或者其他组织。

发起人承担社会组织筹办事务，应当依法确定社会组织的名称、住所、宗旨、业务范围、拟定章程，提出组织机构及负责人建议，筹集注册资金，办理业务范围许可手续和业务主管单位审批手续，组织召开创立大会，并申请办理设立登记。社会团体的发起人还应当按照章程发展会员。筹办期间不得开展筹办以外的活动。发起人可以本人或者书面委托代理人办理筹办事务。

发起人对社会组织登记文件、资料的合法性、真实性、有效性、完整性负责，对社会组织的筹办事务承担责任。发起人二人以上的，应当签订发起人协议，明确各自在社会组织筹办过程中的权利和义务。

发起人不得具有本法第五十三条第一款规定情形。

立法缘由：

本条是对发起人的规定。我国现行社会组织立法对社会组织的设立者有发起人、举办者等不同的称谓，并且没有对设立过程的事项和责任进行明确。为规范设立行为，明确设立责任，本条将设立社会组织的人的称谓统一规范为发起人，就发起人需要负责的筹办事项进行了明确，并明确发起人对社会组织的筹办事务承担责任。之所以要求发起人之间应当签订发起人协议，主要是通过发起人之间签订协议，约定发起人各自认缴的活动资金、不按约定缴纳资金的违约责任、发起人在社会组织设立过程中的分工、社会组织设立失败时责任的分担等事项，明确发起人各自在设立社会组织过程中的权利义务关系，避免日后产生纠纷。社会组织的设立有赖于发起人筹办有关事务，否则，社会组织就不能成立，本条规定有利于保障设立顺利进行。

参考依据：

《立陶宛共和国社团组织法》第4条：社团组织的成立

年满18岁的立陶宛共和国公民可以成为社团组织的发起人。

社团组织的发起人必须举行一个筹备会议，制定组织的章程和选举执行机构。筹备会议不得少于15人。

《社会团体登记管理条例》第9条：申请成立社会团体，应当经其业务主管单位审查同意，由发起人向登记管理机关申请筹备。

第11条：申请筹备成立社会团体，发起人应当向登记管理机关提交下列文件：（一）筹备申请书；（二）业务主管单位的批准文件；（三）验资报告、场所使用权证明；　（四）发起人和拟任负责人的基本情况、身份证明；（五）章程草案。

第13条：有下列情形之一的，登记管理机关不予批准筹备：……（三）发起人、拟任负责人正在或者曾经受到剥夺政治权利的刑事处罚，或者不具有完全民事行为能力的；（四）在申请筹备时弄虚作假的；（五）有法律、行政法规禁止的其他情形的。

《公司法》第78条：设立股份有限公司，应当有二人以上二百人以下为发起人，其中须有半数以上的发起人在中国境内有住所。

第79条：股份有限公司发起人承担公司筹办事务。

发起人应当签订发起人协议，明确各自在公司设立过程中的权利和义务。

第83条：以发起设立方式设立股份有限公司的，发起人应当书面认足公司章程规定其认购的股份，并按照公司章程规定缴纳出资。以非货币财产出资的，应当依法办理其财产权的转移手续。

发起人不依照前款规定缴纳出资的，应当按照发起人协议承担违约责任。

发起人认足公司章程规定的出资后，应当选举董事会和监事会，由董事会向公司登记机关报送公司章程以及法律、行政法规规定的其他文件，申请设立登记。

第94条：股份有限公司的发起人应当承担下列责任：（一）公司不能成立时，对设立行为所产生的债务和费用负连带责任；（二）公司不能成立时，对认股人已缴纳的股款，负返还股款并加算银行同期存款利息的连带责任；（三）在公司设立过程中，由于发起人的过失致使公司利益受到损害的，应当对公司承担赔偿责任。

第13条［社会组织直接登记范围］：发起人设立下列社会组织，完成筹办事务后直接向社会组织登记管理机关申请设立登记：

（一）行业协会商会；

（二）在自然科学和工程技术领域内从事学术研究和交流活动的科技类社会组织；

（三）提供扶贫、济困、扶老、救孤、恤病、助残、救灾、助医、助学等服务的公益慈善类社会组织；

（四）为满足城乡社区居民生活需求开展活动的城乡社区服务类社会组织；

（五）法律、行政法规规定可以直接申请设立登记的其他社会组织。

立法缘由：

本条是关于直接登记社会组织范围的规定。根据中央有关政策规定和全国人大有关决议，我国对行业协会商会类、科技类、公益慈善类和城乡社区服务类四类社会组织实行直接登记，不再需要业务主管单位，改变了原来的双重管理模式。本条依据中央政策和全国人大决议对直接登记的社会组织的范围进行了界定。同时，为了保持立法的稳定性，适应今后社会发展需要，给相关立法留下制度空间，本条还规定法律、行政法规规定可以直接申请设立登记的其他社会组织，可以直接申请设立登记。

参考依据：

《慈善法》第10条：设立慈善组织，应当向县级以上人民政府民政部门申请登记……

第14条［社会组织设立登记申请］：发起人应于创立大会结束后三十日内，向社会组织登记管理机关报送下列文件、材料，申请设立登记：

（一）全体发起人签名或者盖章的登记申请书；

（二）全体发起人签名或者盖章的章程；

（三）住所证明；

（四）注册资金证明；

（五）法定代表人、理事、监事的任职文件及其基本情况、身份证明；

（六）发起人的基本情况及身份证明；

（七）全体发起人签名或者盖章的创立大会记录。

设立社会团体还应当提交会员的名册及入会申请书。设立的社会组织不属于前条规定情形或者法律、行政法规规定其业务范围需要取得行业许可的，还应当提交业务主管单位的批准文件或者行业许可文件。

立法缘由：

本条是关于社会组织设立登记申请的规定。本条规定发起人完成社会组织筹办事务后，应当依法向社会组织登记机关报送法定文件和材料，申请设立登记，以使社会组织能够最终成立。有关文件和材料主要是根据本法第六条规定的条件确定的。根据这些文件，登记管理机关可以判断申请的社会组织是否符合法定条件。除了列举的可以直接登记的五类社会组织，其他社会组织仍然应当在登记前取得业务主管单位的审查同意意见。

参考依据：

《日本特定非营利活动促进法》第 7 条（登记）

I. 特定非营利活动法人应当根据内阁法令的规定进行登记。

II. 前款规定应当登记的事项，登记完成后方可对抗第三人。

第 10 条（设立的认证）

I. 特定非营利活动法人的设立人，应当根据内阁府令（对于不适用第九条第二款规定的特定非营利活动法人，为都、道、府、县的法令；以下相同，但是第二十六条第三款和第四十四条第二款除外）提出申请以及下列文件，并且必须取得设立认证：（一）章程；（二）关于负责人员的下列文件：1. 负责人员名册（指关于每个负责人员的姓名、住所或者居所的名册）；2. 每位负责人员的同意任职信，以及内阁府令所规定的证明其住所或者居所的文件；3. 每位负责人员做出的关于其不属于第二十条规定的范围并且将不违反第二十一条规定的誓约的书面誊本；4. 领取报酬的负责人员的名册；（三）记载了十名以上社员的姓名（社员是法人的，指法人的名称和法定代表人的姓名）及其住所或者居所的书面文件；（四）确认第二条第二款第二项和第十二条第一款第三项的规定被遵守的书面文件；（五）设立趣旨书；（六）发起人名册（指每一个发起人的姓名和住所或者居所）；（七）记载有设立特定非营利活动法人的意思表示的会议记录誊本；（八）成立时的财产清单；（九）设有事业年度的，关于成立后第一个事业年度的说明；（十）成立后第一个年度和第二个年度的事业计划（规定了财务年度的，指第一个财务年度和第二个财务年度。下同）；（十一）成立后第一个和第二个年度的收支预算报告。

II. 前款规定的认证申请提出后，政府主管机关应当立即将该申请以及以下事项予以公告，并在收到申请之日起二个月内，将前款规定的第一项、第二项第一目、第五项、第十项以及第十一项规定的文件备置于指定地点，供公众查阅：（一）提出申请的时间；（二）申请中的特定非营利活动法人的名称，法定代表人姓名，主事务所所在地，以及章程中规定的目的。

《慈善法》第10条：设立慈善组织，应当向县级以上人民政府民政部门申请登记，民政部门应当自受理申请之日起三十日内作出决定。符合本法规定条件的，准予登记并向社会公告；不符合本法规定条件的，不予登记并书面说明理由。

《公司法》第6条：设立公司，应当依法向公司登记机关申请设立登记。符合本法规定的设立条件的，由公司登记机关分别登记为有限责任公司或者股份有限公司；不符合本法规定的设立条件的，不得登记为有限责任公司或者股份有限公司。

法律、行政法规规定设立公司必须报经批准的，应当在公司登记前依法办理批准手续。

公众可以向公司登记机关申请查询公司登记事项，公司登记机关应当提供查询服务。

第29条：股东认足公司章程规定的出资后，由全体股东指定的代表或者共同委托的代理人向公司登记机关报送公司登记申请书、公司章程等文件，申请设立登记。

第92条：董事会应于创立大会结束后三十日内，向公司登记机关报送下列文件，申请设立登记：（一）公司登记申请书；（二）创立大会的会议记录；（三）公司章程；（四）验资证明；（五）法定代表人、董事、监事的任职文件及其身份证明；（六）发起人的法人资格证明或者自然人身份证明；（七）公司住所证明。

以募集方式设立股份有限公司公开发行股票的，还应当向公司登记机关报送国务院证券监督管理机构的核准文件。

第15条［社会组织设立登记许可］：登记管理机关应当在受理发起人的申请之日起六十日内作出准予登记或者不予登记的决定。情况复杂，六十日内不能作出决定的，经登记管理机关负责人批准，可以适当延长，但延长的期限不得超过三十日。

符合本法规定的设立条件的，登记管理机关应当予以登记，发给社会组织登记证书并向社会公告。社会组织登记证书应当载明社会组织的名称、住所、宗旨、业务范围、活动地域、注册资金、法定代表人和负责人姓名、业务主管单位等事项。社会组织登记证书签发日期为社会组织设立日期。

不符合本法规定的设立条件的，登记管理机关应当作出不予登记的决定并书面说明理由。

登记管理机关在审查发起人提交的文件时，可以根据实际情况征求有关方面意见、组织专家评估或者召开论证会、听证会，所需时间不包括在登记时限内。但是登记管理机关应当将所需时间告知发起人。

社会组织登记证书正本应当置于社会组织住所的醒目位置。社会组织可以根据业务需要向登记管理机关申请核发登记证书若干副本。

社会组织凭登记证书申请刻制印章，开立银行账户，办理税务登记。社会组织应当将印章式样报登记管理机关备案。

立法缘由：

本条是关于社会组织设立登记许可的规定。社会组织的设立登记许可应当按照行政许可法的规定进行，由于行政许可法对行政许可的申请、受理、决定和法律责任等都有详细具体的规定，所以本法对登记许可的具体程序未作详细规定，可直接适用《行政许可法》的有关规定，如"申请材料不齐全或者不符合法定形式的，应当当场或者在五日内一次告知申请人需要补正的全部内容"等。本条只规定登记管理机关的许可时间为受理发起人的申请之日起60日内，并分别对登记和不予登记的行为进行了具体规范。60日内，自受理之日开始起算，而不是从申请之日起算。是否予以登记的判断标准，是申请登记的社会组织是否符合本法规定的条件即本法第六条规定的条件，而是否符合本法第六条规定条件的判断依据是前条规定的发起人向登记管理机关提供的文件。

参考依据：

《新加坡社团法》 第4条：列入附录的社团的登记和拒绝登记

Ⅰ. 根据本条规定，登记官应当根据在附录中可以确定的社团（本法中称为特种社团）的登记申请，并收受规定的登记费用，对社团进行登记。

Ⅱ. 如果存在下列情况，登记官应当拒绝登记申请：（一）该特种社团的章程不足以提供适当的管理和控制；（二）该特种社团可能被使用于非法目的或者被使用于有悖于新加坡的社会安宁、福利或者良好秩序的目的；（三）该特种社团的申请不符合本法或者其下条例的规定；（四）该特种社团的登记违反国家利益；（五）如果是政治社团，其章程没有规定只有新加坡公民才可以取得会员资格，或者它加入了被登记官认为违背国家利益的新加坡境外的其他组织或者与该组织有联系。

Ⅲ. 在下列情况下，登记官可以拒绝登记申请：（一）他认为该特种社团是另一社团的分支机构、成员或者与其有联系，而另一社团根据本法第24条或者其他与社团相关的先前成文法的规定被解散，或者曾被拒绝登记。（二）该特种社团的成员之间就谁担当管理人员、谁来持有或者管理社团的财产等问题存在争议。（三）登记官认为，该特种社团所要登记的名称存在下列情况：（1）该名称容易导致公众对该特种社团真正特征和目的发生错误认识，或者该名称与其他社团的名称过于近似，容易使公众和这两个社团的成员发生误认。（2）与现已存在的社团的名称一样；（3）登记官认为不适合的名称。

Ⅳ. 对登记官根据本条作出的决定不服的，可以自决定作出之日起30天之内向部长提出上诉，部长的决定是最终决定。

Ⅴ. 登记官应该通过公报的形式，公布他认为合适的根据本条规定登记的所有特种社团的具体情况。

《新加坡社团法》 附录

特种社团包括：1. 任何社团，其宗旨、目的或者活动（不管是否主要）符合下列情形之一的，（一）代表以下团体；（二）促进以下团体的主张或者利益；（三）探讨的问题涉及以下团体。这些团体包括：宗教团体、种族、部落、民族或者由性别或性取向为依据的团体。2. 政治社团。3. 在名称中使用了“国家”或者“新加坡”文字的社团，但是“新加坡”一词或其简称是用来表明该社团注册地的除外。4. 宗旨、目的或者活动（不管是否主要）代表、促进或者涉及民权或者政治权利（包括人权、环境权和动物权）的社团。5. 宗旨、目的或者活动（不管是否主要）涉及新加坡社会治理问题的社团。6. 宗旨、目的或者活动（不管是否主要）是为了促进或者探讨任何语言的使用和地位的社团。7. 在外国政府或者隶属于外国政府的组织的指示下成立的社团。8. 在外国组织的指示下成立、或者成为外国组织的分支机构、或者其资金主要来源于新加坡境外的社团，但是不包括扶轮青年服务团、扶轮社、英语演讲社和狮子会。9. 教育机构的校友会，如果该教育机构未在新加坡境内设立的。10. 社团的干事符合下列情形之一：（一）曾经在根据本法第二十四条规定或者解散命令被解散的社团中任职，距该社团解散未满三年的；

（二）作为任一社团的成员，曾因非法使用社团资金而被判罪的；（三）曾被部长以书面形式宣告为不适合担任社团高级职员的。11. 宗旨、目的或者活动（不管是否主要）是为了促进、探讨拳击或者武术，或者是为此提供任何形式培训的社团。

第 4 条 A 未列入附录的社团登记

Ⅰ. 如果某一社团不属于特种社团，将根据本条进行登记。

Ⅱ. 根据本条提交登记申请，还应当同时提交：（一）根据本条进行登记的规定费用；（二）社团拟定的章程的复印件；（三）以登记官所要求的格式就社团的目标、宗旨或者活动所作出的说明；（四）登记官要求的其他文件或者需要正确填写的表格。

Ⅲ. 登记官应当根据本条第二款的规定的社团申请，无需作进一步的询问，就：（一）在他接受申请的当天登记该社团；（二）通知申请人他已经收到登记申请并且登记了该社团。

Ⅳ. 登记官应该通过公报的形式，公布他认为合适的根据本条规定登记的社团的具体情况。

Ⅴ. 当登记官认为任何根据本条登记的社团属于特种社团而不应该如此登记时，可以不受本条第三款第一项规定的限制：（一）登记官应当要求该社团补足根据本法第四条和第四条 A 所规定的登记费用之间的差额；（二）根据本款规定登记的社团应该被认为自其登记之日起就是根据第四条的规定登记的。

Ⅵ. 第五款规定的任何内容都不得被解释为阻止部长根据本法第 24 条规定行使与本条规定的社团有关的权力。

《行政许可法》第 38 条：申请人的申请符合法定条件、标准的，行政机关应当依法作出准予行政许可的书面决定。

行政机关依法作出不予行政许可的书面决定的，应当说明理由，并告知申请人享有依法申请行政复议或者提起行政诉讼的权利。

《境外非政府组织境内活动管理法》第 13 条：对准予登记的境外非政府组织代表机构，登记管理机关发给登记证书，并向社会公告。登记事项包括：（一）名称；（二）住所；（三）业务范围；（四）活动地域；（五）首席代表；（六）业务主管单位。

境外非政府组织代表机构凭登记证书依法办理税务登记，刻制印章，在中国境内的银行开立银行账户，并将税务登记证件复印件、印章式样以及银行账户报登记管理机关备案。

《社会团体登记管理条例》第 16 条：登记管理机关应当自收到完成筹备工作的社会团体的登记申请书及有关文件之日起 30 日内完成审查工作。对没有本条例第十三条所列情形，且筹备工作符合要求、章程内容完备的社会团体，准予登记，发给《社会团体法人登记证书》。登记事项包括：（一）名称；（二）住所；（三）宗旨、业务范围和活动地域；（四）法定代表人；（五）活动资金；（六）业务主管单位。

对不予登记的，应当将不予登记的决定通知申请人。

《基金会管理条例》第 11 条：登记管理机关应当自收到本条例第九条所列全部有效文件之日起60 日内，作出准予或者不予登记的决定。准予登记的，发给《基金会法人登记证书》；不予登记的，应当书面说明理由。

基金会设立登记的事项包括：名称、住所、类型、宗旨、公益活动的业务范围、原始基金数额和法定代表人。

《民办非企业单位登记管理暂行条例》第 12 条：准予登记的民办非企业单位，由登记管理机关登记民办非企业单位的名称、住所、宗旨和业务范围、法定代表人或者负责人、开办资金、业务主管单位，并根据其依法承担民事责任的不同方式，分别发给《民办非企业单位（法人）登记证书》《民办非企业单位（合伙）登记证书》《民办非企业单位（个体）登记证书》。

第 16 条［社会组织变更登记］：社会组织的登记证书记载事项发生变更的，应当自决议变更之日起三十日内依法办理变更登记，由登记管理机关换发登记证书。

社会组织的章程修改的，应当自决议修改之日起三十日内报登记管理机关核准。

经业务主管单位审查同意后登记成立的社会组织，申请变更登记事项或者核准修改章程，应当自业务主管单位审查同意之日起三十日内，向登记管理机关申请变更或者核准。

立法缘由：

本条是关于社会组织变更登记的规定。社会组织登记证书记载的事项，从签发之日起，对社会组织具有法律约束力，对社会具有公示效果。社会组织登记证书记载的事项变更的，社会组织应当依法申请办理变更登记，由登记管理机关换发登记证书。未经变更登记，社会组织不得擅自改变登记证书所载明的事项。同时，社会组织章程是社会组织最重要的法律文件，也是社会组织登记设立时登记管理机关审查的重点，只有社会组织章程记载的内容齐全，并且符合法律、行政法规的规定，登记管理机关才会作出同意登记的许可决定。社会组织修订章程后，必须及时将新章程报登记管理机关重新核准。

参考依据：

《南非 1997 年非营利组织法》第 19 条

I. 已登记非营利组织可以变更其章程和名称。

II. 已登记非营利组织决议变更其章程和名称的，应当向主任寄送下列文件：（一）决议的复本，以及由获得适当授权的负责人员签署的声明该决议符合章程和相关法律要求的证明书；以及（二）如果该组织决议改变自己的名称，其现有登记证书的原件。

III. 收到一个已经决议变更其章程的组织按照第二款的要求提交的文件后，主任应当：（一）如果变更后的或者新的章程符合登记条件，对其予以登记；（二）在决议复本的背面签名，证明章程的修改或者更换已经予以登记；（三）将经背书的决议复本寄送该组织。

IV. 收到一个已经决议变更名称的组织按照第二款的要求提交的文件后，主任应当：（一）将该组织的新名称记录于登记簿，并且签发一份载有该组织新名称的登记证书；（二）将该组织的原名称从登记簿中涂销，并注销原登记证书；并且（三）将新登记证书寄送该组织。

《社会团体登记管理条例》第 20 条：社会团体的登记事项、备案事项需要变更的，应当自业务主管单位审查同意之日起 30 日内，向登记管理机关申请变更登记、变更备案（以下统称变更登记）。

社会团体修改章程，应当自业务主管单位审查同意之日起 30 日内，报登记管理机关核准。

《基金会管理条例》第 15 条：基金会、基金会分支机构、基金会代表机构和境外基金会代表机构的登记事项需要变更的，应当向登记管理机关申请变更登记。

基金会修改章程，应当征得其业务主管单位的同意，并报登记管理机关核准。

《民办非企业单位登记管理暂行条例》第 15 条：民办非企业单位的登记事项需要变更的，应当自业务主管单位审查同意之日起 30 日内，向登记管理机关申请变更登记。

民办非企业单位修改章程，应当自业务主管单位审查同意之日起 30 日内，报登记管理机关核准。

《公司法》第 7 条：略

公司营业执照记载的事项发生变更的，公司应当依法办理变更登记，由公司登记机关换发营业执照。

第17条［社会组织注销登记］：社会组织出现下列解散事由，理事会应当在解散事由出现之日起三十日内组织由全体理事、原发起人和有关人员构成的清算组向社会公告进行清算，并自清算完成之日起三十日内向登记管理机关办理注销登记：

（一）章程规定的存续期间届满或者其他解散事由出现；

（二）按章程规定程序决议解散；

（三）因合并或者分立需要解散；

（四）连续二年未开展活动的；

（五）依法被撤销登记或者吊销登记证书的；

（六）法律、行政法规规定应当解散的其他情形。

经业务主管单位审查同意后登记成立的社会组织，清算组应当由业务主管单位派员参加，注销登记申请应当先经业务主管单位同意。

立法缘由：

本条是对社会组织注销登记的规定。注销登记是指社会组织终止时应履行的法律程序。注销登记与设立登记是相对应的。社会组织办理注销登记，即终止，社会组织不再存在。本条规定了社会组织注销登记的情形、条件、日期。本条列举了社会组织需要办理注销登记的六种情形，也即社会组织解散的六种情形。社会组织解散是指社会组织因发生法律规定的解散事由而停止业务活动，最终使法人资格消灭的法律行为。解散包括强制解散与自愿解散。自愿解散是指依章程或决议而解散。自愿解散不等于解散的程序也为任意，仍必须依法定程序进行。本条第一款前三项规定了任意解散的具体原因。对于第三项社会组织因吸收合并时被吸收方解散、新设合并时原各方解散，需要社会组织特别决议做出。本条对于强制解散规定了三种情形：一是连续二年未开展活动的；二是依法被撤销登记或者吊销登记证书的；三是法律、行政法规规定的其他情形。这是一种概括式的写法，主要是为了避免列举不全。其含义是，如果有关法律、行政法规规定了社会组织解散的情形，一旦这种情形出现，社会组织就应当解散。当出现这些解散事由时，社会组织还不能立即注销登记，而必须事先进行清算，在清算完毕，处理好债权债务后方可申请注销，依法完成清算是社会组织注销登记的条件。

参考依据：

《日本特定非营利活动促进法》第31条（解散事由）

I. 特定非营利活动法人有下列事由时解散：（一）社员大会作出解散决

议；（二）章程规定的解散事由发生；（三）作为目的事业的非营利活动不可能完成；（四）没有社员；（五）合并；（六）破产；（七）根据本法第四十三条的规定被撤销了设立认证。

II. 因为前款第三项的规定解散的，在取得政府主管机关的批准后才生效。

III. 特定非营利活动法人要取得前款规定的批准的，应当向政府主管机关提交说明第一款第三项规定的事由的文件。

IV. 因为第一款第一项、第二项、第四项或者第六项规定的事由而解散的，清算人应当在解散后立即通知政府主管机关。

《新加坡社团法》第6条　社团的终止

Ⅰ. 登记官或者助理登记官有理由相信某一已登记的社团已经不存在的，可以在公报上发布通知，要求该社团在通知发布之日起3个月内向他提交该社团存在的证据。还应该以挂号信的方式将通知的复印件邮寄到该社团的办公地点。

Ⅱ. 如果3个月期限届满，登记官确信该社团已经不存在的，可以在公报上发布终止该社团的通知，自通知发布之日起，该社团终止。

《爱沙尼亚财团法》第42条：解散的事由

财团的解散事由包括：（一）监事会做出决议；（二）发起人的决定（如果章程中规定了发起人的该项权利）；（三）财团目的已经实现；（四）存续期限届满（如果财团有特定存续期限）；（五）法律或者章程规定的其他事由。

第44条　基于监事会决议的解散

监事会只能在章程规定的情形下决议解散财团。所有的监事均投票赞成的，决议通过。

第45条：破产申请的提出

财团明显资不抵债的，理事会应当提出破产申请。未提出申请或者迟延提出申请造成财团或者第三人损害的，有过错的理事承担连带责任。

《慈善法》第17条：慈善组织有下列情形之一的，应当终止：（一）出现章程规定的终止情形的；（二）因分立、合并需要终止的；（三）连续二年未从事慈善活动的；（四）依法被撤销登记或者吊销登记证书的；（五）法律、行政法规规定应当终止的其他情形。

第18条：慈善组织终止，应当进行清算。

慈善组织的决策机构应当在本法第十七条规定的终止情形出现之日起三十日内成立清算组进行清算，并向社会公告。不成立清算组或者清算组不履行职责的，民政部门可以申请人民法院指定有关人员组成清算组进行清算。

《社会团体登记管理条例》第21条：社会团体有下列情形之一的，应当在业务主管单位审查同意后，向登记管理机关申请注销登记、注销备案（以下统称注销登记）：（一）完成社会团体章程规定的宗旨的；（二）自行解散的；（三）分立、合并的；（四）由于其他原因终止的。

《基金会管理条例》第16条：基金会、境外基金会代表机构有下列情形之一的，应当向登记管理机关申请注销登记：（一）按照章程规定终止的；（二）无法按照章程规定的宗旨继续从事公益活动的；（三）由于其他原因终止的。

《民办非企业单位登记管理暂行条例》第16条：民办非企业单位自行解散的，分立、合并的，或者由于其他原因需要注销登记的，应当向登记管理机关办理注销登记。

民办非企业单位在办理注销登记前，应当在业务主管单位和其他有关机关的指导下，成立清算组织，完成清算工作。清算期间，民办非企业单位不得开展清算以外的活动。

《公司法》第180条：公司因下列原因解散：（一）公司章程规定的营业期限届满或者公司章程规定的其他解散事由出现；（二）股东会或者股东大会决议解散；（三）因公司合并或者分立需要解散；（四）依法被吊销营业执照、责令关闭或者被撤销；（五）人民法院依照本法第一百八十三条的规定予以解散。

第188条：公司清算结束后，清算组应当制作清算报告，报股东会、股东大会或者人民法院确认，并报送公司登记机关，申请注销公司登记，公告公司终止。

第18条［社会组织清算要求］：社会组织的理事、监事和原发起人是社会组织的清算义务人。理事会逾期不组成清算组进行清算的，原发起人、监事会和债权人可以向人民法院申请指定成员组成清算组进行清算，人民法院应当受理该申请，并及时指定成员组成清算组进行清算。

社会组织的清算程序和清算组职权，参照适用公司法的有关规定。

清算义务人及清算组成员应当忠于职守，依法履行清算义务，不得利用职权收受贿赂或者其他非法收入，不得侵占社会组织财产。因清算义务人及清算组成员怠于履行清算义务以及其他故意或者重大过失，给社会组织或者债权人造成财产损失的，应当在造成损失范围内对社会组织债务等承担责任；导致社会组织主要财产、账册、重要文件等灭失，无法进行清算的，对社会组织债务等承担连带责任。

社会组织合并或者分立的，可以不进行清算，但应当自合并或者分立决议作出之日起三十日内通知债权人。合并各方的债权、债务由合并后存续或者新设的组织承继，分立前的债务由分立后的组织承担连带责任。

立法缘由：

本条是对清算工作要求的规定。清算是一项工作量大并且复杂的工作，在经济上要公正地处分社会组织的财产，在法律上要消灭社会组织的法人资格。为了保证清算的顺利进行，实现清算的预期目的，本条从清算义务人、清算工作职责和清算组成员要求三个方面对清算工作进行了规范。

在清算义务人方面，清算和注销登记申请的第一责任主体，本条明确为理事会，因为理事会是社会组织的日常决策机构，不仅应当负责社会组织的日常运行，而且应当负责社会组织的善后事宜即清算和注销登记申请。当然清算的具体工作由理事会组织的清算组承担。监事会对理事会负有监督职责，当理事会不履行清算职责时，监事会应当督促理事会履行，仍然不履行的，监事会可以向人民法院申请指定成员组成清算组进行清算和办理注销登记。由此可见，社会组织的理事、监事当然属于社会组织的清算义务人。与此同时，本条还将原发起人也纳入了清算义务人的范畴，并赋予发起人可以向人民法院申请指定成员组成清算组进行清算，这规定是按照权责一致的原则创设的制度安排，发起人行使结社权利发起设立社会组织，亦应承担社会组织善后的责任，而不能只管设立不管善后；同时，社会组织的理事任免一般与发起人密切相关，这一规定也有利于督促发起人提名理事时选择依法办事、责任心强、勤勉履职的人员担任，改变因为没有清算导致“僵尸”组织大量存在的状况，促进经济社会发展的有序。需要说明的是，依照慈善法的规定，当慈善组织的决策机构不成立清算组或者清算组不履行职责的，民政部门也可以申请人民法院指定有关人员组成清算组进行清算，这属于社会组织清算的特别规定。

在清算工作职责方面，一般情况下，清算组要完成的工作主要是五个方面：一是处理与清算有关未了结业务。主要是清算组成立以前已经订立的但尚未履行的有关合同事项，拖欠职工的工资和保险费用，未结算的债权、债务及有关的纳税事宜等，清算组应当根据清算工作的需要决定进行或者停止相关业务，给对方造成损失的，应当从社会组织的财产中给予赔偿。二是清理财产和债权、债务。债权、债务是按照合同的约定或者依照法律的规定，在社会组织与其他组织、个人之间产生的特定的权利和义务关系。清理财产和债权、债务，就是了解掌握社会组织的“家底”，为债务清偿做好准备。三是通知、公告债权人。社会组织解散，债权人的利益应当得到保护，因此应当将社会组织解散的情况通知其债权人，以便债权人及时行使权利。四是处理清偿债务后的剩余财产。所谓剩余财产，是指社会组织的财产在支付清算费用、职工工资、社会保险费用和法定补偿金、缴纳所欠税款、清偿债务后余下的财产。五是代表社会组织参与诉讼、仲裁或者其他法律程序。清算组成立后，社会组织的理事会停止行使职权，其职权由清算组接管。在清算期间，清算组代表社会组织从事对外事务。由于社会组织清算的这些要求，与公司清算的要求基本相同，因此，本条没有对这些要求详细规定，而只明确参照适用公司法的有关规定。

在清算成员要求方面，本条规定了清算组成员的尽职义务、廉洁义务和责任。所谓忠于职守，是要求清算组成员以诚实信用的态度对待清算工作，认真、负责、公正地处理清算事务。所谓依法履行清算义务，是要求清算组成员严格依照法律、行政法规的有关规定处理清算事务。所谓故意，是指清算组成员明知自己的行为会产生损害社会组织或者债权人利益的后果，而希望或者放任这种结果发生。所谓重大过失，是指清算组成员处理清算事务，法律做出了要求其特别注意的规定，但是清算组成员因为疏忽大意，没有对该法律规定引起注意，或者虽然注意了，轻信可能避免，以致发生了不该发生的法律后果。由此给社会组织和债权人造成损失的，该清算组成员应当对社会组织和受损失的债权人承担赔偿责任。

参考依据：

《爱沙尼亚财团法》第 51 条：清算人的权利义务

I. 清算人在不违反清算目的的范围内拥有理事会和监事会的权利义务。

II. 清算人了结财团的事业活动、收取债权、出售财产、清偿债务，并且在债务清偿完毕后对归属权利人分配剩余财产。

III. 除非清偿债务或者对归属权利人分配剩余财产有必要，否则清算人不必出售财产。

IV. 清算人只能进行财团清算所必要的交易行为。

第 55 条：清算中提出破产申请

清算中的财团的财产不足以清偿所有债务的，清算人应当提出破产申请。

第 59 条：文件保管

I. 清算人应当指定一个清算人或者档案馆保管财团的文件。清算人未选任文件保管人的，法院应当选任之。

II. 文件保管人的姓名或名称、个人身份号码或者登记号码、居所或者住所，应当根据清算人的申请登记于登记簿。法院选任保管人的，应当根据法院的判决进行登记。保管人变更的，移转人应当在移转之前通知登记官，以便在登记簿上登记新信息。

III. 财团应当在法律规定的期限内负责保存因其事业活动而产生的或者收到的文件。财团清算之后，财团保存的文件可以根据与档案馆的协议移转于档案馆。文件移转于档案馆之后，文件保存的义务移转于档案馆。

第 60 条：清算人的责任

清算人未履行其职责或者在清偿所有的债务或者提存全额之前分配财团的财产的，有过错的清算人对债权人受到的损害承担连带责任。

《民法总则》第 70 条：法人解散的，除合并或者分立的情形外，清算义务人应当及时组成清算组进行清算。

法人的董事、理事等执行机构或者决策机构的成员为清算义务人。法律、行政法规另有规定的，依照其规定。

清算义务人未及时履行清算义务，造成损害的，应当承担民事责任；主管机关或者利害关系人可以申请人民法院指定有关人员组成清算组进行清算。

《社会团体登记管理条例》第 22 条：社会团体在办理注销登记前，应当在业务主管单位及其他有关机关的指导下，成立清算组织，完成清算工作。清算期间，社会团体不得开展清算以外的活动。

第 23 条：社会团体应当自清算结束之日起 15 日内向登记管理机关办理注销登记。办理注销登记，应当提交法定代表人签署的注销登记申请书、业务主管单位的审查文件和清算报告书。

登记管理机关准予注销登记的，发给注销证明文件，收缴该社会团体的登记证书、印章和财务凭证。

《基金会管理条例》第 18 条：基金会在办理注销登记前，应当在登记管理机关、业务主管单位的指导下成立清算组织，完成清算工作。

基金会应当自清算结束之日起 15 日内向登记管理机关办理注销登记；在清算期间不得开展清算以外的活动。

《民办非企业单位登记管理暂行条例》第 16 条：民办非企业单位自行解散的，分立、合并的，或者由于其他原因需要注销登记的，应当向登记管理机关办理注销登记。

民办非企业单位在办理注销登记前，应当在业务主管单位和其他有关机关的指导下，成立清算组织，完成清算工作。清算期间，民办非企业单位不得开展清算以外的活动。

第17条 民办非企业单位法定代表人或者负责人应当自完成清算之日起15日内，向登记管理机关办理注销登记。办理注销登记，须提交注销登记申请书、业务主管单位的审查文件和清算报告。

登记管理机关准予注销登记的，发给注销证明文件，收缴登记证书、印章和财务凭证。

《公司法》第183条：公司因本法第一百八十一条第（一）项、第（二）项、第（四）项、第（五）项规定而解散的，应当在解散事由出现之日起十五日内成立清算组，开始清算。有限责任公司的清算组由股东组成，股份有限公司的清算组由董事或者股东大会确定的人员组成。逾期不成立清算组进行清算的，债权人可以申请人民法院指定有关人员组成清算组进行清算。人民法院应当受理该申请，并及时组织清算组进行清算。

第184条：清算组在清算期间行使下列职权：（一）清理公司财产，分别编制资产负债表和财产清单；（二）通知、公告债权人；（三）处理与清算有关的公司未了结的业务；（四）清缴所欠税款以及清算过程中产生的税款；（五）清理债权、债务；（六）处理公司清偿债务后的剩余财产；（七）代表公司参与民事诉讼活动。

第185条：清算组应当自成立之日起十日内通知债权人，并于六十日内在报纸上公告。债权人应当自接到通知书之日起三十日内，未接到通知书的自公告之日起四十五日内，向清算组申报其债权。

债权人申报债权，应当说明债权的有关事项，并提供证明材料。清算组应当对债权进行登记。

在申报债权期间，清算组不得对债权人进行清偿。

第189条：清算组成员应当忠于职守，依法履行清算义务。

清算组成员不得利用职权收受贿赂或者其他非法收入，不得侵占公司财产。

清算组成员因故意或者重大过失给公司或者债权人造成损失的，应当承担赔偿责任。

第19条［社会组织剩余财产处理］：社会组织清算结束后，清算组应当制作清算报告，报监事会和登记管理机关或者人民法院确认。

社会组织清算后的剩余财产，由清算组按照章程规定处理；章程没有规定、规定不明确或者规定无效的，由登记管理机关主持转给与社会组织宗旨相同或者类似的社会组织，并向社会公告。

社会组织的监事会、债权人和登记管理机关对清算财产及其处理有异议的，可以委托会计师事务所进行审计，并可以向人民法院请求撤销对社会组织财产的有关处理决定和要求清算组人员承担相关责任。

立法缘由：

本条是对社会组织清算剩余财产处理的规定。本条从清算结果报告、剩余财产移交和异议处理三个方面对社会组织清算剩余财产处理进行了明确。一是关于清算结果报告。清算报告是清算组对清算工作的总结和汇报，包括清算组对社会组织财产的认定，对解散事由出现前未了结事务的处理以及债权债务的结算、剩余财产的处理等。社会组织的监事会、登记管理机关或者人民法院接到清算报告后，应当认真审核。经审查认为清算报告内容属实、合法的，应当予以确认。二是关于剩余财产移交。社会组织的剩余财产移交是社会组织相对于公司企业特有的制度，是社会组织非营利性的主要体现。我国《民法总则》在第95条也规定“为公益目的成立的非营利性法人终止时，不得向出资人、设立人或者会员分配剩余财产。剩余财产应当按照法人章程的规定或者权力机构的决议用于公益目的；无法按照法人章程规定或者权力机构的决议处理的，由主管机关主持转给宗旨相同或者相近的法人，并向社会公告”。由于只要是社会组织，都属于非营利组织，为在法律上保障社会组织的非营利性，本条对剩余财产的处理进行了明确，且不只限于公益性社会组织而是所有社会组织。三是关于异议处理。清算是个复杂的过程，为避免清算过程发生的问题，保证清算过程和结果的公正，应当加强对清算的监督。本条规定，社会组织的监事会、债权人和登记管理机关对清算财产及其处理有异议的，可以委托会计师事务所进行审计，并可以向人民法院请求撤销对社会组织财产的有关处理决定和要求清算组人员承担相关责任。按照前条规定，如果因清算组成员故意或者重大过失造成他人损失的，清算组成员应当承担赔偿责任。

参考依据：

《日本特定非营利活动促进法》第32条（剩余财产的归属）

I. 除合并和破产外，特定非营利活动法人解散后的剩余财产于将清算完成通知政府主管机关后归属于章程中指定的人。

II. 章程中没有规定剩余财产的归属的，清算人可以在得到政府主管机关的批准后，把剩余财产转移给中央政府或者一个地方公共团体。

III. 没有依照前两款的规定处分的财产，应当归属于国库。

《慈善法》第18条：慈善组织清算后的剩余财产，应当按照慈善组织章程的规定转给宗旨相同或者相近的慈善组织；章程未规定的，由民政部门主持转给宗旨相同或者相近的慈善组织，并向社会公告。

慈善组织清算结束后，应当向其登记的民政部门办理注销登记，并由民政部门向社会公告。

《社会团体登记管理条例》第25条：社会团体处分注销后的剩余财产，按照国家有关规定办理。

《公司法》第186条：清算组在清理公司财产、编制资产负债表和财产清单后，应当制定清算方案，并报股东会、股东大会或者人民法院确认。

公司财产在分别支付清算费用、职工的工资、社会保险费用和法定补偿金，缴纳所欠税款，清偿公司债务后的剩余财产，有限责任公司按照股东的出资比例分配，股份有限公司按照股东持有的股份比例分配。

清算期间，公司存续，但不得开展与清算无关的经营活动。公司财产在未依照前款规定清偿前，不得分配给股东。

第187条：清算组在清理公司财产、编制资产负债表和财产清单后，发现公司财产不足清偿债务的，应当依法向人民法院申请宣告破产。

公司经人民法院裁定宣告破产后，清算组应当将清算事务移交给人民法院。

第188条：公司清算结束后，清算组应当制作清算报告，报股东会、股东大会或者人民法院确认，并报送公司登记机关，申请注销公司登记，公告公司终止。

第190条：公司被依法宣告破产的，依照有关企业破产的法律实施破产清算。

第20条［社会组织基本信息公告］：登记管理机关应当设立登记簿，记载社会组织的设立、变更、注销登记情况，供公众查阅，并在登记管理机关的社会组织信用信息公示系统公布下列信息，内容变更时应当及时更新：

（一）社会组织设立、变更、注销登记的批准文件；

（二）社会组织名称、住所、联系方式；

（三）章程；

（四）理事会、监事会和秘书长的基本情况；

（五）年度工作报告、财务会计报告、审计报告和年检、评估情况；

（六）具有公开募捐资格、公益性捐赠税前扣除资格的社会组织名单；

（七）对社会组织的检查和表彰、处罚情况；

（八）清算组成员、清算方案和清算报告；

（九）法律、法规规定应当公开的其他信息。

登记管理机关以外的其他政府部门应当将履行职责过程中涉及社会组织的行政许可、税收优惠、资助补贴、购买服务、检查抽查、表彰奖励、行政处罚和其他依法可以公开的信息在其官网公开，并通过信息共享机制在登记管理机关的社会组织信用信息公示系统公开。

立法缘由：

本条是对社会组织信息公告的规定。社会组织往往承载了社会或者一定人群的关注，本条的主要目的是通过对社会组织基本情况信息公告的规范，加强社会组织信息的公示，促使社会组织自觉接受监督，赢得社会的公信。对于社会，通过公告，可以便于社会了解掌握社会组织的基本情况，参与社会组织的有关活动，加强对社会组织的监督；对于社会组织，通过公告，有利于社会组织增强社会责任感，自觉接受社会监督，并扩大社会组织的影响力；对于登记管理机关和相关监督管理部门，可以增强社会组织监督管理的严肃性，有利于社会组织的监督管理部门规范监管行为，借助社会力量加强和改善对社会组织的监督管理和扶持指导。

参考依据：

《南非 1997 年非营利组织法》 第 24 条

I. 主任应当保存一份依照规章规定的格式制作的登记簿，其中记载：（一）所有的已登记非营利组织；（二）所有的已经被注销登记的非营利组织；以及（三）所有的自愿撤销登记、解散或者终止的非营利组织。

II. 每一财政年度结束后的二个月内，主任必须在政府公报上并以至少其他一种可以广泛传播的方式公布下列组织的名称：（一）所有的已登记非营利组织；（二）所有的在上一财政年度被注销登记的非营利组织；（三）所有的在上一财政年度自愿撤销登记、解散或者终止的非营利组织。

III. 第二款规定并不禁止主任在认为合适时，可以以其他可以广泛传播的方式公布该款所规定的组织的名称。

第 25 条

I. 主任应当保存已登记非营利组织的章程的原件或者复本，同时主任还应当在规章规定的期间内以原件或者复本的形式保存下列文件：(一) 已经被注销登记或者已经自愿撤销登记、解散或者终止的非营利组织的章程；以及(二) 根据本法提交给主任的任何报告或者文件。

II. 所有的公众均有权利查阅主任有义务保存的所有文件。

III. 公众查阅上述文件的环境和条件由部长予以规定。

《慈善法》第 69 条：县级以上人民政府建立健全慈善信息统计和发布制度。

县级以上人民政府民政部门应当在统一的信息平台，及时向社会公开慈善信息，并免费提供慈善信息发布服务。

慈善组织和慈善信托的受托人应当在前款规定的平台发布慈善信息，并对信息的真实性负责。

第 70 条：县级以上人民政府民政部门和其他有关部门应当及时向社会公开下列慈善信息：(一) 慈善组织登记事项；(二) 慈善信托备案事项；(三) 具有公开募捐资格的慈善组织名单；(四) 具有出具公益性捐赠税前扣除票据资格的慈善组织名单；(五) 对慈善活动的税收优惠、资助补贴等促进措施；(六) 向慈善组织购买服务的信息；(七) 对慈善组织、慈善信托开展检查、评估的结果；(八) 对慈善组织和其他组织以及个人的表彰、处罚结果；(九) 法律法规规定应当公开的其他信息。

《社会团体登记管理条例》第 26 条：社会团体成立、注销或者变更名称、住所、法定代表人，由登记管理机关予以公告。

《基金会管理条例》第 19 条：基金会、基金会分支机构、基金会代表机构以及境外基金会代表机构的设立、变更、注销登记，由登记管理机关向社会公告。

《民办非企业单位登记管理暂行条例》第 18 条：民办非企业单位成立、注销以及变更名称、住所、法定代表人或负责人，由登记管理机关予以公告。

第二节 社会团体的登记

第 21 条［社会团体会员人数］：设立社会团体应当具有三个以上发起人、三十个以上会员。各级社会组织登记管理机关所登记社会团体的发起人、会员等要求由国家社会组织登记管理机关依法具体规定。

立法缘由：

本条是关于社会团体发起人和会员人数的规定。社会团体是“人”的集合，必须具备一定数量的会员，与之相适应，社会团体的发起人也应当具有一定的人数。为降低结社门槛，借鉴《爱沙尼亚非营利社团法》和《新加坡社团法》等国的规定，本条规定设立社会团体应当具有三个以上发起人、三十个以上会员。这只是社会团体法定的最低人数。国家、省、市、县四级社会组织登记管理机关都可进行社会团体登记，为实现比较科学合理的级别管辖和地域管辖，国家社会组织登记管理机关应当对其进行一定的分工，确定不同层级的登记管理机关负责登记管理不同的社会团体，而不同的社会团体应当具有不同的条件。因此，本条规定各级社会组织登记管理机关所登记社会团体的发起人、会员等要求由国家社会组织登记管理机关依法具体规定。但是，国家社会组织登记管理机关的具体规定都不能低于本法规定的最低条件。

参考依据：

《吉尔吉斯斯坦共和国非商业组织法》第19条：社团的成立

社团的成立应当由三个以上有行为能力的自然人发起，其存续期限可以确定，也可以不确定。

社团的发起人应当召集创立大会，作出设立社团的决议，决定其章程，以及设立管理机关和监察机关。

数个社团可以成立联合会、协会或者其他共同组织。

《爱沙尼亚非营利社团法》第5条：发起人

非营利社团可以由二人以上发起。发起人可以是自然人或者法人。

第12条：社员

I. 符合非营利社团章程的要求的自然人或者法人，可以成为非营利社团的社员。非营利社团的社员至少为二人，但是法律或者章程可以规定一个更高的数字作为最低限。

II. 理事会应当组织非营利社团的社员登记。登记官有权随时从非营利社团的理事会获取关于非营利社团社员人数的信息。

III. 非营利社团的社员不足二人或者不足法律或者章程规定的任何其他数目的，非营利社团理事会应当在三个月内提出解散非营利社团的申请。理事会在规定期限内未提出申请的，登记官应当强制解散非营利社团。

IV. 章程规定社员对非营利社团的出资义务或者其他义务。使社员负担义务必须根据章程规定的程序。

《新加坡社团法》第2条：解释“社团”包括任何性质或者目的、具有十个或者十个以上成员的俱乐部、公司、合伙或者协会，但是不包括：（一）根据在新加坡生效的与公司相关的成文法登记的公司；（二）根据成文法组成的公司或者协会；（二A）根据2005年有限责任合伙法登记的有限责任合伙；（三）根据在新加坡生效的与商会有关的成文法登记或者被要求登记的商会；（四）根据成文法登记的合作社；（五）根据在新加坡生效的与互益组织相关的成文法登记的互益组织；（六）成员不超过20人，只是为了从事使公司、协会、合伙或者各自成员获益的合法经营而成立的公司、协会或者合伙。（六A）根据保险法第二A部分制定的外国人承保计划，在新加坡开展保险业务的作为外国承保人的阶层、社团或者协会；（七）根据在新加坡生效的与学校有关的法律组成的学校或者学校管理委员会。

第22条［社会团体会员资格］：社会团体会员分为个人会员和单位会员。个人会员和单位会员具有同等的权利义务。

社会团体会员由本人递交入会申请书自愿入会。会员资格不得赠与、转让或者继承。除非法律另有规定，禁止强迫任何个人和组织加入或者退出社会团体。

社会团体的个人会员必须是年满十八周岁的中华人民共和国公民。十八周岁以下的中华人民共和国公民可以成为少年儿童活动领域的社会团体成员。

军人、警察和公务员加入社会团体应当报所在单位人事部门同意。

会员与社会团体就会员资格、权利义务等方面发生争议，可以自争议发生之日起六十日内向人民法院提起诉讼。

立法缘由：

本条是关于社会团体会员资格的规定。本法第十条规定社会团体的章程还应当明确会员资格、会员的权利义务和会员权利的救济。第十三条规定社会团体登记时，社会团体还应当提交会员名册及入会申请书。本条对会员的种类、会员资格的取得、会员资格的条件进行了明确。会员的种类上，包括个人会员和单位会员，单位会员即法人和其他组织。个人会员和单位会员具有同等的权利义务。会员资格的取得，必须由本人递交入会申请书自愿入会，递交申请书后，社会团体还会依照章程的规定确定是否同意加入。在会员资格的条件方面，本条规定个人会员必须年满18周岁，但18周岁以下可以加入少年儿童领域的社会团体。由于军人、警察和公务员的特殊性，为保持国家的稳定，本条对这些特定人员参加社会团体给予了一定的限制，即由所在单位人事部门同意。

参考依据：

《经济、社会和文化权利国际公约》第8条

一、本公约缔约各国承担保证：（1）人人有权组织工会和参加他所选择的工会，以促进和保护他的经济和社会利益；这个权利只受有关工会的规章的限制。对这一权利的行使，不得加以除法律所规定及在民主社会中为了国家安全或公共秩序的利益或为保护他人的权利和自由所需要的限制以外的任何限制；（2）工会有权建立全国性的协会或联合会，有权组织或参加国际工会组织；（3）工会有权自由地进行工作，不受除法律所规定及在民主社会中为了国家安全或公共秩序的利益或为保护他人的权利和自由所需要的限制以外的任何限制；（4）有权罢工，但应该按照各个国家的法律行使此项权利。

二、本条不应禁止对军队或警察或国家行政机关成员的行使这些权利，加以合法的限制。

《爱沙尼亚非营利社团法》第13条：入社

I. 非营利社团的社员资格的取得由理事会决定，但是章程规定由社员大会或者其他机关决定的除外。

II. 理事会或者某个社员大会以外的机关拒绝了申请人的入社申请的，申请人可以请求社员大会决定是否接受其入社。

第14条：社员资格不可转让

I. 非营利社团的社员资格或者社员权利的行使不得转让或者遗赠，但是法律另有规定的除外。自然人社员死亡或者法人社员解散的，丧失社员资格。

II. 法人以法律规定的方式变更其组织的，仍保有社员资格。法人合并或者分立的，丧失社员资格。

III. 作为社员的法人分立，而该法人仍存续的，仍保有社员资格。

第15条：退社

I. 非营利社团社员有权申请退出非营利社团。

II. 章程可以规定，社员只能在财务年度届满或者预告期限届满后，方可退出非营利社团。预告期限不得超过二年。

III. 社员的权利义务发生显著变化，或者根据公平衡量认为社员资格难以维持，本条第二款的规定不适用。

第16条：社员的开除

I. 根据章程规定的条件和程序，理事会可以决议将社员开除出非营利社团。章程可以规定由社员大会决定开除社员。

II. 不遵守章程或者严重损害社团的社员可以被开除出非营利社团，不论

章程是否有相反规定。

III. 应当以书面形式将开除社员的决议以及理由立即通知被开除出非营利社团的社员。

IV. 理事会决定开除社员的，该社员可以请求社员大会决定是否开除。由非营利社团的其他有权机关决定开除社员的，社员大会可以基于被开除社员的申请，宣告开除决议无效。

第 17 条：社员资格丧失的法律后果

I. 社员资格在财务年度内丧失的，章程规定的会费应当按照整个财务年度缴纳，但是章程另有规定的除外。

II. 丧失非营利社团社员资格的当事人对社团财产不享有权利。

《立陶宛共和国社团组织法》第 8 条：社团组织的个人成员和单位成员

社团组织包括个人成员和单位成员。个人成员必须是年满 18 岁的立陶宛共和国的公民。

18 岁以下的立陶宛人可以成为少年儿童活动领域的社团组织的成员。

社团组织的个人成员和单位成员拥有同等的权利，而不考虑在社团组织章程中所列的单位成员会费和个人资助数量的多少。

个人成员和单位成员都可以在任意时候自由退出该社团组织，但个人成员和单位成员的会费、有关资金和财产不予以退还。

社团组织应根据该社团组织的章程决定并选出一个或几个代表人。

社团组织的执行机构或其领导应按章程的要求保存组织的个人成员和单位成员名单。组织的个人成员或单位成员可以自由地查阅该名单。该名单应提交给该社团组织的登记管理机关，以备登记管理机关在检查该组织是否违反立陶宛共和国宪法、本法或其他法律法规时使用。本条的运用应是根据章程指派的社团组织代表人的责任。

第 23 条［社会团体创立大会］：社会团体发起人组织会员召开创立大会，应当在大会召开十五日前将会议日期通知各会员。创立大会应有三分之二以上会员出席方可举行。

创立大会行使下列职权：

（一）审议发起人关于社会团体筹办情况的报告；

（二）通过章程；

（三）选举理事会成员；

（四）选举监事会成员；

（五）对设立费用进行审核；

（六）对注册资金缴纳情况进行审核；

（七）发生不可抗力或者活动条件发生重大变化直接影响社会团体设立的，可以作出不设立社会团体的决议。

创立大会对前款所列事项作出决议，必须经出席会议的三分之二以上会员通过。发起人应组织记录创立大会召开和决议情况，创立大会记录应客观、真实、全面。

立法缘由：

本条是对社会团体创立大会的规定。本法第十四条规定发起人向登记机关申请设立登记应当报送全体发起人签名、盖章的创立大会记录。创立大会的召开，对于社会团体的成立具有重要意义，因为发起人起草拟定的一系列文件，只有经过创立大会由全体会员按章程审议通过，才具有法律效力。创立大会对相关文件的审议，不仅影响社会团体的成立，而且影响社会团体成立后的有效运转。为规范创立大会的召开，本条对创立大会的召开时间、会员出席要求、大会职权、决议通过要求进行了规定。

参考依据：

《爱沙尼亚非营利社团法》第6条：社团创立协议

I. 为设立非营利社团，发起人应当订立社团创立协议。

II. 社团创立协议应包括下列事项：（一）拟设立的非营利社团的名称、住所、地址和目的；（二）发起人的姓名或者名称、居所或者住所，以及个人身份号码或者登记编号；（三）发起人对非营利社团的义务；（四）理事的姓名、个人身份号码和居所。

III. 社团创立协议订立之后，发起人应当制定非营利社团的章程，并作为社团创立协议的附件。

IV. 社团创立协议和基于此而制定的章程，应当由所有发起人签署。发起人的代理人取得授权书的，可以签署社团创立协议。非营利社团登记之后，章程修改应当根据本法第二十三条规定的程序，社团创立协议不得修改。

《公司法》第90条：发起人应当在创立大会召开十五日前将会议日期通知各认股人或者予以公告。创立大会应有代表股份总数过半数的发起人、认股人出席，方可举行。

创立大会行使下列职权：（一）审议发起人关于公司筹办情况的报告；（二）通过公司章程；（三）选举董事会成员；（四）选举监事会成员；

（五）对公司的设立费用进行审核；（六）对发起人用于抵作股款的财产的作价进行审核；（七）发生不可抗力或者经营条件发生重大变化直接影响公司设立的，可以作出不设立公司的决议。

创立大会对前款所列事项作出决议，必须经出席会议的认股人所持表决权过半数通过。

第 24 条［依法批准成立的社会团体登记］：依照法律规定，自批准成立之日起即具有法人资格的社会团体，应当自批准成立之日起三十日内向社会组织登记管理机关提交批准文件，申领法人登记证书。登记管理机关自收到文件之日起三十日内发给社会组织法人登记证书。

立法缘由：

本条是对法律规定有法人地位社会团体登记的规定。依照法律规定，自批准成立之日起即具有法人资格的社会团体，由于国家的有关法律已经对其社会团体法人地位予以明确，所以无须社会组织登记管理机关再审查其是否具备合法成立的条件，而只需审查其是否已经批准成立即可，因此本条规定其提交批准文件，即可申领法人登记证书。需要说明的是，这里的依照法律规定，是指立法法规定的法律，应由全国人大及其常委会制定。同时，法律规定的内容必须是法律直接明确其具有社会团体法人资格，而不是依法取得社会团体法人资格。如《红十字会法》第 11 条规定“中国红十字会总会具有社会团体法人资格；地方各级红十字会、行业红十字会依法取得社会团体法人资格”，只有中国红十字会总会属于本条规定的依照法律规定，自批准成立之日起即具有法人资格的社会团体情形，地方各级红十字会、行业红十字会应当按照社会团体登记的一般程序进行登记。

参考依据：

《社会团体登记管理条例》第 17 条：依照法律规定，自批准成立之日起即具有法人资格的社会团体，应当自批准成立之日起 60 日内向登记管理机关备案。登记管理机关自收到备案文件之日起 30 日内发给《社会团体法人登记证书》。

社会团体备案事项，除本条例第十六条所列事项外，还应当包括业务主管单位依法出具的批准文件。

《红十字会法》第 10 条：中国红十字会总会具有社会团体法人资格；地方各级红十字会、行业红十字会依法取得社会团体法人资格。

《仲裁法》第15条：中国仲裁协会是社会团体法人。仲裁委员会是中国仲裁协会的会员。中国仲裁协会的章程由全国会员大会制定。

中国仲裁协会是仲裁委员会的自律性组织，根据章程对仲裁委员会及其组成人员、仲裁员的违纪行为进行监督。

《律师法》第43条：律师协会是社会团体法人，是律师的自律性组织。

全国设立中华全国律师协会，省、自治区、直辖市设立地方律师协会，设区的市根据需要可以设立地方律师协会。

《注册会计师法》第38条：注册会计师协会依法取得社会团体法人资格。

第25条［社会团体非法人组织登记］：社会团体不具备本法规定的法人登记条件，提交负责人姓名和联系方式、会员名册、住所证明、章程等材料，可以向县级社会组织登记管理机关申请非法人社会团体登记。登记管理机关应当在受理发起人的申请之日起二十日内作出登记或者不予登记的决定。发起人应当担任非法人社会团体的负责人。

非法人社会团体不具有法人资格，可以依法按照章程开展活动，由其负责人和成员承担连带责任。

非法人社会团体的变更登记、注销登记和其他事项参照适用社会组织的一般规定。

立法缘由：

本条是对社会团体非法人组织登记的规定。对于不具备本法规定的法人登记条件的社会团体，通过非法人组织登记赋予其合法的身份和合法生存活动的基本权利。同时，通过获取该组织的负责人、会员、章程等方面的信息，掌握该组织的基本情况，明确因组织活动而引起的责任承担主体，可使社会运行有序。需要说明的是，我国民法总则专设了非法人组织一章，并明确了“非法人组织应当依照法律的规定登记”，但是民法总则规定的非法人组织包括个人独资企业、合伙企业、不具有法人资格的专业服务机构等，而没有明确将非法人社会团体纳入其中。由于非法人社会团体在实际中大量存在，为解决由此导致的非法性问题，登记管理机关曾探索建立备案登记制度。为从根本上解决此问题，民法总则解释应根据现实情况和社会经济的发展需要，将非法人社会团体纳入非法人组织的范畴，社会组织法亦应对非法人社会团体的登记予以明确，使相关法律相互衔接。

参考依据：

《爱沙尼亚非营利社团法》第2条：权利能力

I. 非营利社团是私法法人。非营利社团的权利能力始于该非营利社团登记于非营利社团和财团登记簿（以下简称登记簿），终于非营利社团被注销于登记簿。

II. 未登记于登记簿的有非营利特征的社团不是法人，适用民法合伙的规定。以该社团的名义从事交易活动的人，对该交易活动发生的债务承担连带责任。

《民法总则》第102条：非法人组织是不具有法人资格，但是能够依法以自己的名义从事民事活动的组织。

非法人组织包括个人独资企业、合伙企业、不具有法人资格的专业服务机构等。

第103条：非法人组织应当依照法律的规定登记。

设立非法人组织，法律、行政法规规定须经有关机关批准的，依照其规定。

第104条：非法人组织的财产不足以清偿债务的，其出资人或者设立人承担无限责任。法律另有规定的，依照其规定。

第105条：非法人组织可以确定一人或者数人代表该组织从事民事活动。

第106条：有下列情形之一的，非法人组织解散：

（一）章程规定的存续期间届满或者章程规定的其他解散事由出现；

（二）出资人或者设立人决定解散；

（三）法律规定的其他情形。

第107条：非法人组织解散的，应当依法进行清算。

第108条：非法人组织除适用本章规定外，参照适用本法第三章第一节的有关规定。

第26条［社会团体会员证］：社会团体成立后，应当向会员签发会员证。

会员证应当载明下列事项：

（一）社会团体名称、宗旨、业务范围、成立日期；

（二）会员的姓名或者名称、入会日期和会费缴纳情况；

（三）会员证的编号和核发日期。

会员证由社会团体盖章。

立法缘由：

本条是关于社会团体会员证的规定。社会团体的会员证，是证明自然人、法人和其他组织已经成为社会团体会员的法律文件，是会员对社会团体享有权利、承担责任的重要依据。同时，会员证也有利于增强会员意识，促进会员更好地履行义务。目前，很多社会团体在实践中使用了会员证，但缺乏对会员证的法律规定。为了使会员证的记载明确、规范，保证其效力，本条对会员证的签发和记载内容、形式要件作了规定。

参考依据：

《公司法》第31条：有限责任公司成立后，应当向股东签发出资证明书。

出资证明书应当载明下列事项：（一）公司名称；（二）公司成立日期；（三）公司注册资本；（四）股东的姓名或者名称、缴纳的出资额和出资日期；（五）出资证明书的编号和核发日期。

出资证明书由公司盖章。

第27条［社会团体会员名册］：社会团体应当置备会员名册，记载下列事项：

（一）会员的姓名或者名称及身份证号码或者组织机构代码证号；

（二）会员的入会日期；

（三）会员证编号。

记载于会员名册的会员，可以依会员名册主张行使会员权利。

社会团体应当将会员名册向登记管理机关备案；会员名单发生变更的，应当及时更新并重新备案。未经备案的，不得对抗第三人。

立法缘由：

本条是关于社会团体会员名册主要内容及其效力的规定。本条之所以规定社会团体需要置备会员名册，有三个方面的原因。一是有利于掌握社会团体的基本情况。社会团体作为“人”的集合，会员状况是一个社会团体的基本“社情”。社会团体置备会员名册，既有利于社会团体自身掌握其会员状况，也便于社会和管理部门掌握其会员状况。二是有利于判断社会团体是否符合法定条件。因为，社会团体必须具有法定的会员人数，社会团体的实际人数是否达到法定会员人数标准，是社会团体是否符合法定条件的一个重要方面。社会团体置备会员名册，为准确判断社会团体的实际人数提供了依据。三是有利于处理会员和社会团体的关系。会员名册在处理会员之间关系和会员与社会团体关系上具有确定的效力，可依会员名册的记载来确定谁是对社会团体享有权利并承担义务的会员。会员只有记载于会员名册，才可以主张行使会员权利。社会团体仅对会员名册上现记载的会员确定为本社会团体的会员，给予会员待遇。同时本条还规定，社会团体应当将会员名册向登记机关备案，这是社会团体的法定义务。

参考依据：

《公司法》第 32 条：有限责任公司应当置备股东名册，记载下列事项：(一) 股东的姓名或者名称及住所；(二) 股东的出资额；(三) 出资证明书编号。

记载于股东名册的股东，可以依股东名册主张行使股东权利。

公司应当将股东的姓名或者名称向公司登记机关登记；登记事项发生变更的，应当办理变更登记。未经登记或者变更登记的，不得对抗第三人。

第 28 条［社会团体会员查阅复制资料权］ 会员有权查阅、复制社会团体章程、会员大会或会员代表大会会议记录、理事会会议决议、监事会会议决议和财务会计报告。社会团体拒绝提供查阅、复制的，会员可以请求人民法院要求社会团体提供查阅、复制。

立法缘由：

本条是关于会员查阅复制社会组织有关资料权利的规定。会员有权利享有选举权、被选举权和表决权，参加本团体的活动，获得本团体服务的优先权，对本团体工作的批评建议权和监督权等。但会员行使这些权利的一个基础是会员了解掌握社会团体的基本情况，对社会团体的知情权。为保障会员的知情权，并以此促进社会团体的组织机构依法决策，本条对会员查阅、复制社会团体有关重要资料的权利予以明确。

参考依据：

《公司法》第 33 条：股东有权查阅、复制公司章程、股东会会议记录、董事会会议决议、监事会会议决议和财务会计报告。

股东可以要求查阅公司会计账簿。股东要求查阅公司会计账簿的，应当向公司提出书面请求，说明目的。公司有合理根据认为股东查阅会计账簿有不正当目的，可能损害公司合法利益的，可以拒绝提供查阅，并应当自股东提出书面请求之日起十五日内书面答复股东并说明理由。公司拒绝提供查阅的，股东可以请求人民法院要求公司提供查阅。

第29条［社会团体免于登记范围］：下列团体可以不按照本法规定登记：

（一）参加中国人民政治协商会议的人民团体；

（二）由国务院机构编制管理机关核定，并经国务院批准免于登记的团体；

（三）机关、团体、企业事业单位、社区内部经本单位或者基层群众性自治组织同意成立，在本单位、社区内部活动的团体。

立法缘由：

本条是关于社会团体免于登记的规定。本条规定了三类免于登记的团体。这三类免于登记的团体是自1950年政务院通过的《社会团体登记暂行办法》至1998年通过的《社会团体登记管理条例》均有规定，且目前仍然符合我国政治生活的实际情况，因此，本条继续作了相应规定。参加中国人民政治协商会议的人民团体，由于我国宪法序言通过对人民政协地位和作用的阐述已对这八个人民团体的法律地位予以明确，无须再通过登记予以明确，这8个人民团体分别是中华全国总工会、中国共产主义青年团、中华全国妇女联合会、中国科学技术协会、中华全国归国华侨联合会、中华全国台湾同胞联谊会、中华全国青年联合会、中华全国工商业联合会。由国务院机构编制管理机关核定，并经国务院批准免于登记的团体，其人员编制、工作职责、机构设置是否明确，有关部门已经对其实施了严格管理，可以不再进行社会团体登记，目前这些团体包括中国文学艺术界联合会、中国作家协会、中华全国新闻工作者协会、中国人民对外友好协会、中国人民外交学会、中国国际贸易促进会、中国残疾人联合会、宋庆龄基金会、中国法学会、中国红十字总会、中国职工思想政治工作研究会、欧美同学会、黄埔军校同学会、中华职业教育社。在单位、社区内部活动的团体，由于无须对外开展活动，也没有登记的必要。需要说明的是，参加中国人民政治协商会议的8个人民团体和国务院批准免于登记的14个团体，对于这22个团体，本法规定是可以不登记。这些免于登记的团体如果愿意到登记管理机关进行登记，可按照规定办理登记手续。

参考依据：

《社会团体登记管理条例》第3条：略

下列团体不属于本条例规定登记的范围：（一）参加中国人民政治协商会议的人民团体；（二）由国务院机构编制管理机关核定，并经国务院批准免于登记的团体；（三）机关、团体、企业事业单位内部经本单位批准成立、在本单位内部活动的团体。

第三节 基金会的登记

第 30 条［基金会设立宗旨］：基金会的设立应当以从事特定慈善公益活动为目的。

立法缘由：

本条是关于基金会宗旨的规定。基金会区别于社会团体的一个特点是，社会团体既可以以互益为目的，又可以以公益为目的，而基金会只能以慈善公益为目的，只能是慈善公益性社会组织。故本条对基金会的慈善公益性质进行了规定。由于《中华人民共和国慈善法》对慈善活动进行了界定列举，《中华人民共和国公益事业捐赠法》对公益事业进行了界定列举，故本条未对慈善公益的概念进行界定列举，慈善公益的范围具体可以按照这两部法律的界定执行。

参考依据：

《摩尔多瓦基金会法》第 5 条：公共基金会

公共基金会是这样一些基金会，它们的行为直接是为了保护：人权、民主进程、知识的获取与传播、儿童的抚育、教育和科学的发展、文化与艺术、体质训练和业余体育活动、健康护理、社会保障、环境维护、人类共同价值的推广、宗教活动以及其他具有社会价值的领域等等。

《亚美尼亚共和国财团法》第 3 条：法律资格

I. 财团是为公民和法人的利益而自愿捐助的财产为基础设立的非营利组织，它没有成员，以追求社会、慈善、文化、教育、科技、公众健康、环境或者其他公共利益为目标。

《基金会管理条例》第 2 条：本条例所称基金会，是指利用自然人、法人或者其他组织捐赠的财产，以从事公益事业为目的，按照本条例的规定成立的非营利性法人。

第 8 条：设立基金会，应当具备下列条件：（一）为特定的公益目的而设立；略。

第 31 条［基金会设立方式］：基金会因捐赠行为设立的，设立基金会的捐赠人是发起人。基金会因遗嘱设立的，遗嘱执行人履行发起人的职责。

立法缘由：

本条是关于基金会设立方式的规定。基金会的设立方式有两种，一是因捐赠行为设立，二是因遗嘱而设立。由于设立工作依法应由发起人完成，本条对这两种设立方式的发起人进行了明确。发起人的职责在前述第一节已经规定。

参考依据：

《印度尼西亚财团法》第9条

I. 财团由一人或者多数人，以发起人的捐助其部分财产作为初始财产而设立。

II. 第一款规定的财团的设立应当以公证书的形式，并且应当以印度尼西亚语做成。

III. 财团可以以遗嘱设立。

IV. 第二款规定的制作公证书的费用由行政法规规定。

V. 一个外国人或者与一个外国人共同设立第一款规定的社团的，设立的条件和程序由行政法规规定。

第10条

I. 制作财团的捐助公证书时，发起人可以授权他人代理。

II. 财团根据遗嘱设立的，由立遗嘱人的继承人代理之。

III. 第二款规定的遗嘱没有被执行的，法院可以根据利害关系人的请求，命令有关的继承人执行该遗嘱。

《爱沙尼亚财团法》第5条：发起人和设立条件

I. 财团由一名或者数名发起人设立，其存续期限可以是指定目的实现之前的不特定期限，也可以是一个特定的期限。

II. 财团的发起人可以是有行为能力的自然人，也可以是法人。

III. 财团可以基于遗嘱而设立。

IV. 财团由数名发起人设立的，所有发起人仅得共同行使发起人的权利，但是创立决定书另有规定的除外。

V. 发起人的权利不移转于发起人在法律上的承继人。

VI. 向成立后的财团移转财产的人不取得发起人的地位。

第6条：创立决定书

I. 财团应当根据创立决定书而设立。其中应当记载：（一）财团的名称、住所和地址；（二）发起人的姓名或者名称、居所或者住所、地址及其个人身份号码或者登记编号；（三）发起人移转于财团的金钱的数额或者其他财产的价值；（四）理事和监事的姓名、居所和个人身份号码。

II. 财团章程应当作为创立决定书的附件由发起人同时订立。

III. 创立决定书和订立的章程应当由所有发起人签署。创立决定书和订立的章程应当进行公证。发起人的代理人也可以签署，但是该代理人所持的授权书应当先经过公证。财团设立登记后的章程修改应当根据本法第四十一条至第四十二条规定的程序，不得对创立决定书进行修改。

第7条：基于遗嘱设立财团

I. 财团可以基于公证遗嘱而设立，其中应当包括符合本法第六条规定的创立决定书。

II. 遗嘱未指定必须确保财团进行设立登记的遗嘱执行人的，法院应当指定一个遗嘱管理人，其拥有遗嘱执行人的权利和义务。

III. 本条第一款规定的遗嘱中包括的创立决定书不符合本法第六条规定的要件的，遗嘱执行人或者遗嘱管理人可以于必要时选任财团的理事会和监事会成员，并确定遗嘱中没有规定的创立决定书上的事项以及章程。

IV. 理事会和监事会选任前，遗嘱执行人或者遗嘱管理人有权行使依创立决定书发生的权利，以及管理依财团章程受让的财产。

V. 遗嘱执行人或者遗嘱管理人有权请求返还履行职责中发生的必要费用，以及请求履行职责的报酬。报酬数额由法院确定。

VI. 财团设立登记后或者设立登记已经不可能时，遗嘱执行人或者遗嘱管理人的权限终止。

第32条［基金会注册资金数额］：设立基金会应当具有不低于100万元人民币的注册资金。各级社会组织登记管理机关所登记基金会的注册资金数额及其他要求由国家社会组织登记管理机关依法具体规定。

立法缘由：

本条是关于基金会注册资金数额的规定。基金会是以“财”为基础构成的组织，属于“财”的集合。本条对基金会应当具有的活动资金数额进行了规定。为了促进基金会的发展，本条大幅度地降低了现行基金会法规对于基金会应具有的最低活动资金的数额要求。同时，为了适应今后经济社会的发展变化，避免因货币贬值、物价变动等因素影响而要修改各级登记管理机关登记基金会的注册资金数额，本条没有对国家、省、市、县登记管理机关登记基金会的注册资金分别予以明确，而是授权由国家社会组织登记管理机关规定，便于国家社会组织登记管理机关根据现实需要适时调整各级登记管理机关登记的基金会的相关注册资金数额，而无须再修订法律。

参考依据：

《摩尔多瓦基金会法》第9条：基金会的财产和责任：(1) 基金会的启动资金要包括其创立人移交出来的物资和/或货币资金。(2) 创立人移交出来的财产应归基金会所有。(3) 基金会的资金必须用来实施基金会章程中制定的目标。基金会的启动资金不得低于最低工资水平的200倍，并且在基金会运作过程中不得减少。(4) 基金会基金的来源可以是：a) 创立人的资金；b) 自然人和法人的捐赠；c) 国家公共预算和预算外基金的分配；d) 赠予的资金；e) 基金会及其企业的运作所得收益；f) 为积累资金而开展的活动（动机就是为了得到资金；包括文化、体育以及其他方面的活动、娱乐）所带来的收入。(5) 公共基金可以用来支持基金会开展的活动，这种情况只发生在这种支持是以竞争为基础同时它所支持的基金会必须被证明是具有公共性的时候。在这个过程中，公共基金不能够用来支付该基金会的行政开支。(6) 基金会的财产不能用来为其创立人、基金会管理机构的成员以及基金会成员牟取利益。(7) 创立人不为基金会的义务承担责任，基金会也不为创立人的义务承担责任。

《基金会管理条例》第8条：设立基金会，应当具备下列条件：（一）为特定的公益目的而设立；（二）全国性公募基金会的原始基金不低于800万元人民币，地方性公募基金会的原始基金不低于400万元人民币，非公募基金会的原始基金不低于200万元人民币；原始基金必须为到账货币资金；略。

第33条［基金会注册资金要求］：基金会发起人应当按照基金会章程的规定，按期足额将所认缴的货币资金存入基金会在银行开设的账户。

基金会发起人以实物、知识产权、股权、土地使用权等可以用货币估价并可以依法转让的非货币财产作为基金会注册资金的，可以评估作价，也可以不评估作价直接记载非货币资产的名称、数量，但应当依法办理其财产权的转移手续。

立法缘由：

本条是关于基金会注册资金缴纳方式要求的规定。基金会发起人捐助基金会的财产，只有按照特定的方式转移财产所有权，才能构成基金会的财产。本条对发起人将捐赠财产转移产权的方式进行了明确。为便于基金会的设立，减少基金会的设立成本，本条对非货币财产没有要求一定进行评估作价，而只要求办理财产权转移手续。因为这些非货币财产的价格是随着市场波动的，评估后价格可能随时变化；基金会一般是以这些非货币财产产生的收入如租金、专利使用费、股票分红等用于公益活动，对这些非货币财产评估作价的意义不是很大，直接记载非货币资产的名称、数量即可；并且评估作价需要一定的时间和评估费用，增加了基金会的设立成本。

参考依据：

《爱沙尼亚财团法》第10条：财团的设立

I. 财团设立过程中，为了以财团的名义从事活动，发起人应当使用财团拟使用的名称并附以“asutamisel”（设立中）的字样。

II. 将须登记的不动产或者动产移转于拟设立的财团的，应当将拟设立的财团以本条第一款规定的名称和附加字样登记于土地登记簿或者其他登记簿。

III. 为了将金钱移转于财团，发起人应当使用本条第一款规定的名称和附加字样以拟设立的财团的名义开设银行帐户，该帐户在财团设立登记后可以以财团的名义处分。

IV. 财团未能登记于登记簿的，以财团名义登记于登记簿的动产和登记于土地登记簿的不动产以及以财团名义开设的银行帐户只能根据法院裁定所规定的程序予以处分。法院应当根据发起人或者其他利害关系人的申请作出裁定。申请书应当说明未能设立的原因、捐助人、捐助财产的数额以及每个捐助人分别捐助了什么财产。

《公司法》第27条：股东可以用货币出资，也可以用实物、知识产权、土地使用权等可以用货币估价并可以依法转让的非货币财产作价出资；但是，法律、行政法规规定不得作为出资的财产除外。

对作为出资的非货币财产应当评估作价，核实财产，不得高估或者低估作价。法律、行政法规对评估作价有规定的，从其规定。

第28条：股东应当按期足额缴纳公司章程中规定的各自所认缴的出资额。股东以货币出资的，应当将货币出资足额存入有限责任公司在银行开设的账户；以非货币财产出资的，应当依法办理其财产权的转移手续。

股东不按照前款规定缴纳出资的，除应当向公司足额缴纳外，还应当向已按期足额缴纳出资的股东承担违约责任。

第34条［基金会设立中有关事项的决定］：基金会的名称、住所、宗旨、业务范围、组织机构、章程、资金的管理使用要求、负责人选任办法和负责人名单等事项，由发起人依法确定后，在创立大会公告。

遗嘱设立基金会的，发起人的前款决定不得违背遗嘱人的遗嘱和遗嘱人拟定的章程，除非遗嘱人的遗嘱和遗嘱人拟定的章程违反了本法规定。发起人申请设立基金会时，应当将遗嘱人的遗嘱和遗嘱人拟定的章程报登记管理机关备案。

立法缘由：

本条是关于基金会登记中有关事项决定权的规定。基金会是由他人捐赠财产设立的，尊重捐赠人（包括遗嘱人）的意愿是基金会立法的一条基本原则。只有保障捐赠人的意愿得到切实尊重，人们（自然人和法人）才会愿意捐赠资金设立基金会，发展慈善公益事业。为此，本条明确基金会登记中需要确定的有关事项，由发起人依法决定。遗嘱设立基金会的，应当尊重遗嘱人的意愿。

参考依据：

《德国巴伐利亚州财团法》第 2 条（捐赠人的意思；存续保护）

I. 对捐赠人意思之尊重，为适用本法之最高准绳。

II. 财团对其存续与名称，享有权利。

《芬兰财团法》第 3 条之一（1994 年第 1172 号法律修正）

I. 以遗嘱设立财团的，遗产管理人应当在知道遗嘱内容后三个月内，向遗嘱人的最后居所所在地法院提出申请。遗嘱人在芬兰没有居所的，应向赫尔辛基地方法院提出申请。法院应当将该遗嘱通知国家专利与登记委员会。

II. 法院收到第一款规定的遗嘱后，应当不迟延地查明遗嘱中指定负责财团设立事务的人是否同意承担该项任务。没有取得其同意的，或者指定的人不适宜于承担此项任务的，法院应当任命一人或者多人从事此项任务。捐助人没有指定任何人承担此项任务，或者因为其他原因而无人承担此项任务的，与此相同。法院应当将此项任命通知国家专利与登记委员会。《继承法典》（1965 年第 40 号法律）中关于遗产管理人解任的规定适用于上述受任人。

III. 国家专利与登记委员会收到第一款或者第二款规定的通知后，如果没有人在合理期限内就遗嘱中表示的财团设立提出许可申请，国家专利与登记委员会应当通知该遗嘱的管辖法院。

第 35 条［基金会变更登记］：发起人协商一致，可以依法变更基金会名称、住所、宗旨、业务范围、注册资金、法定代表人等登记证书记载事项。

一名或者数名发起人死亡、被解散或者因为其他原因不能或者不愿行使发起人权利的，以及遗嘱设立的基金会，基金会的名称、宗旨、业务范围不得变更。

立法缘由：

本条是关于基金会变更登记的规定。基金会的登记事项，应当尊重基金会发起人的意愿。当基金会发起人都存在时，发起人协商一致，可以对基金会的所有登记事项予以变更，只要变更的事项符合相关法律法规的规定。如果有一名或者数名发起人不能或者不愿就变更事项表达自己的意思表示，则为了避免变更事项违背发起人设立该基金会时的意愿，基金会的名称、宗旨和业务范围不能变更，除名称、宗旨、业务范围以外的其他事项则可以依法变更。因为，基金会的名称、宗旨、业务范围集中体现了发起人设立该基金会的目的和意愿。

参考依据：

《爱沙尼亚财团法》第40条：财团登记之前废除或者变更创立决定书和章程

I. 财团登记前，发起人可以废除或者变更设立决定书，或者变更章程。发起人有数人的，所有发起人只能共同废除或者变更创立决定书或者变更章程。

II. 如果一名或者数名发起人死亡、被解散或者因为其他原因不能或者不愿行使发起人的权利（撤出），其他发起人不得废除创立决定书。其他发起人只能根据财团的目的变更创立决定书或者章程。

III. 如果所有发起人均撤出，并且进行登记的障碍变得明显，理事会可以根据财团的目的变更创立决定书或者章程，以消除该障碍或者反映情势的变更。

第41条：财团登记之后修改章程

I. 财团登记之后，发起人只能根据本条第三款的规定修改财团章程。财团有数名发起人的，所有发起人只能共同修改章程。

II. 只有在下列情形下监事会才能修改财团章程：（一）所有发起人都已经撤出；或者（二）发起人未达成变更章程的协议；或者（三）章程授予监事会该权利。

III. 发起人或者监事会只能为了考虑情势的变更而根据财团的目的修改章程。

IV. 如果因为情势的变更，财团章程必须修改，但是有权变更章程的人未变更之，法院可以根据发起人之一、监事会或者利害关系人的请求修改章程。

第42条：章程变更的登记

章程的变更在该变更被登记于登记簿时生效。章程变更的登记申请书应当附具变更章程的决定和章程的新文本。章程的新文本应当由至少一名理事签字，或者，如果数名理事仅得共同代表财团，应当由所有有权代表财团的理事共同签字。

《印度尼西亚财团法》第17条：财团的章程可以修改，但是关于宗旨和目的的记载除外。

第21条

I. 章程的修改涉及名称、财团的事业活动的变更的，应当取得部长的批准。

II. 章程的修改涉及其他事项变更的，只需要向部长备案。

第四节　社会服务机构的登记

第36条［社会服务机构宗旨］：社会服务机构以提供社会服务，促进特定非营利目的为宗旨。

立法缘由：

本条是关于社会服务机构宗旨的规定。社会服务机构是提供社会服务的非营利性的社会组织。社会服务机构所提供的社会服务，是为了社会的公共利益和促进社会的进步与发展，具有社会公益事业的特点。公益性是社会服务机构区别于企业的一个基本特征。企业，包括服务类型的企业，其宗旨是通过其经营活动而获取利润，营利是一切企业的出发点。为此，本条规定社会服务机构以促进特定非营利事业为目标。

参考依据：

《民办非企业单位登记管理暂行条例》第2条：本条例所称民办非企业单位，是指企业事业单位、社会团体和其他社会力量以及公民个人利用非国有资产举办的，从事非营利性社会服务活动的社会组织。

第37条［社会服务机构发起人］：自然人、法人或者其他组织可以发起设立社会服务机构。国家机关及其工作人员不能发起设立社会服务机构。

立法缘由：

本条是关于社会服务机构发起人的规定。社会服务机构与事业单位的根本区别，是社会服务机构具有明显的民间性。事业单位主要是国家机关举办的，社会服务机构是由社会力量举办的。本条从正反两个方面规定了哪些主体可以成为社会服务机构的发起人，哪些主体不可以成为社会服务机构的发起人。

参考依据：

《吉尔吉斯斯坦共和国非商业组织法》

第31条：事业机构的设立

事业机构可以由一个或者数个有行为能力的自然人或者法人设立，其存续期限可以确定，也可以不确定。

第32条：设立事业机构的决定

事业机构根据所有人的决定设立。该决定应当包括下列内容：（一）事业机构的名称和住所；（二）所有人名册，其中，所有人是自然人的，其姓名、出生日期、地址、家庭和工作电话，所有人是法人的，其名称、住所、地址、登记日期和登记编号，以及联系电话；（三）所有人转移给事业机构的金钱和其他形式财产的总额，以及转移的程序；（四）事业机构章程的批准；（五）事业机构的理事和监事的姓名和地址。

全部的所有人应当在设立事业机构的决定上签字，该签字应当进行公证。

第38条［社会服务机构业务范围］：社会服务机构可以从事教育、科技、文化、卫生、体育、法律、社会福利等领域的社会服务，具体业务范围由章程依法规定。

社会服务机构应当具有与其业务范围相适应的组织机构、场所、工作人员。

立法缘由：

本条是关于社会服务机构业务范围的规定。社会服务机构所涉及社会服务的领域比较广泛，而且范围还在不断扩大。但社会服务机构的业务范围应当有一定的限制，不具有社会性、公益性的服务一般不属于社会服务机构的服务，而应当由企业按市场规律运作。为此，本条对社会服务机构的业务范围进行了不完全列举。从现行民办非企业单位的分布来看，教育事业中主要是指民办的幼儿园、小学、中学、学院、大学，民办专修（进修）学院或学校，民办培训（补习）学校或中心等。卫生事业中主要是指民办门诊部（所）、医院，民办康复、保健、卫生、疗养院（所）等。文化事业中主要是指民办图书馆、博物馆、艺术馆、书画院、演出团队等。科学研究事业中主要是指民办科研院（所）、研究中心、科技馆等。体育事业中主要是指民办体育场、馆、中心、俱乐部等。劳动和社会保障事业中主要是指民办职业培训学校或中心，民办职业介绍所等。民政事业中主要是指民办福利院、敬老院、养老院、老年福利机构，民办婚姻介绍所，民办社区服务中心（站）等。法律服务业中主要是指民办法律事务所、法律援助中心，律师事务所等。

参考依据：

《吉尔吉斯斯坦共和国非商业组织法》第2条：主要定义

事业机构是指为实现管理、社会、文化和其他非商业功能而由其所有人设立的组织。其所有人提供全部或部分的资金。

第39条［社会服务机构注册资金］：社会服务机构的注册资金由章程规定。法律法规对社会服务机构的注册资金等条件有规定的，从其规定。

社会服务机构的注册资金应当与其从事的社会服务相适应。

国有资产在社会服务机构的注册资金中不能超过百分之五十。社会服务机构使用国有资产的，应当遵守国有资产监督管理有关规定。

立法缘由：

本条是关于社会服务机构注册资金的规定。一定的活动资金是保证社会服务机构正常开展业务活动，促进其宗旨确定的事业发展的经济基础，是社会服务机构承担民事责任的必要物质条件。但社会服务机构服务领域广泛，各种社会服务机构需要的注册资金不一，本条没有统一明确社会服务机构的最低注册资金数额，但要求其注册资金应当与其从事的社会服务活动相适应，也即必须具备与其规模、业务活动范围和业务量相适应的注册资金。同时，如法律法规规定了注册资金的最低限额，则社会服务机构的注册资金应当符合相关规定。由于社会服务机构是民办的，即在主体上主要是社会力量，在资金上主要是非国有资金。但民办不是不允许有国有资产的成分，只要国有资产不占主导、支配地位，所以本条规定国有资产在社会服务机构的资产中不能超过百分之五十。社会服务机构中的国有资产主要来自国有企业和事业单位。

参考依据：

《民办教育促进法实施条例》第7条　举办者以国有资产参与举办民办学校的，应当根据国家有关国有资产监督管理的规定，聘请具有评估资格的中介机构依法进行评估，根据评估结果合理确定出资额，并报对该国有资产负有监管职责的机构备案。

第 40 条［社会服务机构变更登记］：社会服务机构发起人协商一致，可以依法变更其名称、住所、宗旨、业务范围、注册资金、法定代表人姓名等登记证书记载事项。

一名或者数名发起人死亡、被解散或者因为其他原因不能或者不愿行使发起人权利的，社会服务机构的名称、宗旨、业务范围不得变更。

立法缘由：

本条是关于社会服务机构变更登记的规定。社会服务机构的登记事项，应当尊重社会服务机构发起人的意愿。当社会服务机构发起人都存在时，发起人协商一致，可以对社会服务机构的所有登记事项予以变更，只要变更的事项符合相关法律法规的规定。如果有一名或者数名发起人不能或者不愿就变更事项表达自己的意思表示，则为了避免变更事项违背发起人设立该社会服务机构时的意愿，社会服务机构的名称、宗旨和业务范围不能变更，除名称、宗旨、业务范围以外的其他事项则可以依法变更。因为，社会服务机构的名称、宗旨、业务范围集中体现了发起人设立该社会服务机构的目的和意愿。

参考依据：

《民办非企业单位登记管理暂行条例》第 15 条：民办非企业单位的登记事项需要变更的，应当自业务主管单位审查同意之日起 30 日内，向登记管理机关申请变更登记。

民办非企业单位修改章程，应当自业务主管单位审查同意之日起 30 日内，报登记管理机关核准。

第三章

社会组织的组织机构

第一节　一般规定

第 41 条［社会组织必设机构］： 社会组织应当设立理事会、监事会和秘书长。

社会组织的理事会、监事会和秘书长名单应当在确定之日起三十日内报登记管理机关的社会组织信用信息公示系统公布。

理事、监事履行职责时产生的必要费用，由社会组织承担。监事和未在社会组织担任专职工作的理事，不得从社会组织领取薪酬。

立法缘由：

本条是关于社会组织内设机构的规定。我国现行社会组织法规对社会组织的内设机构没有进行统一规范，三种组织形式的社会组织的内设机构名称不一，要求不一。为规范社会组织的内设机构，本条规定三种组织形式的社会组织都应设立理事会、监事会和秘书处三个内设机构。虽然社会团体的理事会与基金会、社会服务机构的理事会在性质和职权上不一样，但这并不影响在组织机构的一般规定中作出统一要求。考虑到社会组织的社会性较强，本条要求内设机构为理事会、监事会而不只是执行理事、监事。需要说明的是，除了这三个机构社会组织必须设立外，社会团体还有会员大会、会员代表大会等组织机构，也是必须设立的。由于社会组织理事会、监事会和秘书长的基本情况属于本法第二十条规定应当公开的社会组织的基本信息，为便于登记管理机关及时掌握和公布，让社会周知，本条还规定社会组织的理事会、监事会和秘书长名单应当在确定之日起 30 日内报登记管理机关的社会组织信用信息公示系统公布。

参考依据：

《日本特定非营利活动促进法》 第 15 条（负责人员）：特定非营利活动法人应当设置理事三人以上，监事一人以上。理事与监事构成负责人员。

《印度尼西亚财团法》第2条：财团应当设置的机关包括受托人、理事会和监事会。

《慈善法》第12条：慈善组织应当根据法律法规以及章程的规定，建立健全内部治理结构，明确决策、执行、监督等方面的职责权限，开展慈善活动。

《民法总则》第91条：设立社会团体法人应当依法制定法人章程。

社会团体法人应当设会员大会或者会员代表大会等权力机构。

社会团体法人应当设理事会等执行机构。理事长或者会长等负责人按照法人章程的规定担任法定代表人。

第93条：设立捐助法人应当依法制定法人章程。

捐助法人应当设理事会、民主管理组织等决策机构，并设执行机构。理事长等负责人按照法人章程的规定担任法定代表人。

捐助法人应当设监事会等监督机构。

第42条［社会组织理事会的组成与任期］：社会组织理事会由三人以上构成，设理事长一人，副理事长和理事若干人，具体由章程规定。但理事中相互间具有近亲属关系的人数不得超过理事总人数的三分之一；具有公开募捐资格的社会组织，具有近亲属关系的不得同时在理事会任职。

理事任期由社会组织章程规定，但每届任期不得超过五年。理事任期届满，可连选连任。

理事任期届满未及时改选，或者理事在任期内辞职导致理事会成员低于法定人数的，在改选出的理事就任前，原理事仍应当依照法律、行政法规和公司章程的规定，履行理事职务。

社会组织第一届理事会应当包含发起人。

立法缘由：

本条是关于理事会组成与任期的规定。理事会作为社会组织法定、必备且常设的具有决策或执行权的机构，采取会议体制，有必要3人以上，有必要设置理事长负责理事会会议的召集、主持等程序事务，协调理事会成员之间的关系，检查理事会决议的执行情况。社会组织还可以根据实际需要设副理事长，协助理事长工作。为保持社会组织的公益目的和其他非营利目的，防止社会组织理事会的权力过于集中，本条对于近亲属的任职进行了规定。对于理事的任期，本条规定了5年的上限。在3人理事的最低限度和5年任期的最高限度内，社会组织可根据其组织的具体情况在章程中规定本组织的理事构成和任期。

参考依据：

《捷克公益法人法》第10条

I. 理事会是公益法人的法定必要机关。

II. 理事最少三人、最多十五人。理事的数目应当可以被三整除。至少三分之二的理事应当是捷克共和国公民。

III. 理事应当诚实正直，具有完全行为能力，并且其本人或者亲属没有受雇于公益法人或者有其他类似的关系。

IV. 本法规定的诚实正直指没有被生效判决确定为故意犯罪。

V. 公益法人的理事不得兼任同一公益法人的监事。理事和监事无权因执行职务而获取报酬。公益法人有权对于理事和监事的费用支出予以补偿，其范围由有关法规规定。

第11条

I. 理事的任期为三年。

II. 理事连任不得超过两届。担任理事六年之后，可以在一年期限经过后再次担任理事。

III. 理事经互选产生理事长。理事长负责召集和主持理事会会议。

IV. 理事会表决时，所有理事有平等的表决权。表决时双方票数相等的，由理事长决定。理事会决议的通过，必须过半数的理事出席，并且出席理事过半数同意，但是创立书或者内部规章另有规定的除外。

第12条

I. 理事由发起人选任，创立书另有规定的除外。

II. 第一届理事会成员选任后，应当以抽签的方式，决定三分之一理事的任期于一年后届满，另三分之一理事的任期于两年后届满。

III. 理事的职务因为下列原因而终止：（一）任期届满，（二）死亡，（三）辞职，（四）被解任。

IV. 理事丧失本法规定的理事资格的，发起人应当解除其职务。

V. 发起人已经不存在，并且发起人的权利没有转移给其他人的，理事的解任由根据公益法人的住所地而确定的有管辖权的地区行政长官决定。

VI. 理事会出现空缺的，应当在理事会下一次会议时增补新的理事。

《基金会管理条例》第20条：基金会设理事会，理事为5人至25人，理事任期由章程规定，但每届任期不得超过5年。理事任期届满，连选可以连任。

用私人财产设立的非公募基金会，相互间有近亲属关系的基金会理事，总数不得超过理事总人数的三分之一；其他基金会，具有近亲属关系的不得同时在理事会任职。

在基金会领取报酬的理事不得超过理事总人数的三分之一。

理事会设理事长、副理事长和秘书长，从理事中选举产生，理事长是基金会的法定代表人。

《公司法》第44条：有限责任公司设董事会，其成员为三人至十三人；但是，本法第五十一条另有规定的除外。

两个以上的国有企业或者两个以上的其他国有投资主体投资设立的有限责任公司，其董事会成员中应当有公司职工代表；其他有限责任公司董事会成员中可以有公司职工代表。董事会中的职工代表由公司职工通过职工代表大会、职工大会或者其他形式民主选举产生。

董事会设董事长一人，可以设副董事长。董事长、副董事长的产生办法由公司章程规定。

第45条：董事任期由公司章程规定，但每届任期不得超过三年。董事任期届满，连选可以连任。

董事任期届满未及时改选，或者董事在任期内辞职导致董事会成员低于法定人数的，在改选出的董事就任前，原董事仍应当依照法律、行政法规和公司章程的规定，履行董事职务。

第43条［社会组织理事会会议］：理事会例会每年至少召开两次，具体召开次数由章程规定。理事长、监事会或者三分之一以上理事提议召开理事会时，应当召开理事会临时会议。

召开理事会会议，应于会议召开五日前将会议的时间、地点、内容等一并通知全体理事。理事会须有三分之二以上理事出席方能召开。理事因故不能出席，可以书面委托其他理事代为出席理事会，委托书必须载明授权范围。

理事会会议实行一人一票制，其决议须经全体理事的过半数以上表决通过方能生效。章程对重要事项的决议另有要求的，从其规定。

理事会会议由理事长召集和主持；理事长不能履行职务或者不履行职务的，由副理事长召集和主持；副理事长不能履行职务或者不履行职务的，由半数以上理事共同推举一名理事召集和主持。

立法缘由：

本条是关于社会组织理事会会议召开的规定。本条对理事会会议的召开次数、召开条件、决议方法和召集主持作出了的规定。理事会作为社会组织的日常决策机构，应当适时召开会议，保证理事会的正常运行，保障理事依法行使权利，保障法律和章程规定的理事会职责的履行。理事会会议分为例会和临时会两种，本条规定例会应当每年至少召开两次会议，章程可以具体规定例会召开次数；临时会在三种情况下召开，即三分之一以上理事、理事长或者监事会提议时。监事会提议召开理事会会议，是监事会履行对理事会及其成员监督职责的具体体现。为防止会议流于形式，以便理事了解会议内容并做好准备和安排，应于理事会会议召开 5 日前将会议的时间、地点、内容等一并通知全体理事。理事会作为集体决策机构，举行会议应有足够的成员参加，并形成相对集中的意志，本条规定理事会须有三分之二以上理事出席方能召开，其决议须经全体理事的过半数以上表决通过方能生效。为保障会议的顺利召开，本条对不同情况下会议的召集和主持进行了规定。

参考依据：

《日本特定非营利活动促进法》第 16 条（理事的代表权）

理事在一切事务上代表特定非营利活动法人，但是章程可以限制理事的代表权。

第 17 条（事务决定）

特定非营利活动法人的事务，由理事过半数决定，但是章程另有规定的除外。

《捷克公益法人法》第 13 条

略

II. 理事会每年至少举行两次会议。

《公司法》第 47 条：董事会会议由董事长召集和主持；董事长不能履行职务或者不履行职务的，由副董事长召集和主持；副董事长不能履行职务或者不履行职务的，由半数以上董事共同推举一名董事召集和主持。

第 48 条：董事会的议事方式和表决程序，除本法有规定的外，由公司章程规定。

董事会应当对所议事项的决定作成会议记录，出席会议的董事应当在会议记录上签名。

董事会决议的表决，实行一人一票。

第 110 条：董事会每年度至少召开两次会议，每次会议应当于会议召开十日前通知全体董事和监事。

代表十分之一以上表决权的股东、三分之一以上董事或者监事会，可以提议召开董事会临时会议。董事长应当自接到提议后十日内，召集和主持董事会会议。

董事会召开临时会议，可以另定召集董事会的通知方式和通知时限。

第111条：董事会会议应有过半数的董事出席方可举行。董事会作出决议，必须经全体董事的过半数通过。

董事会决议的表决，实行一人一票。

第44条［社会组织法定代表人］：社会组织法定代表人由理事长担任，并由登记管理机关依法登记；社会组织法定代表人变更，应当办理变更登记。

本社会组织法定代表人不得兼任其他组织的法定代表人。具有公开募捐资格的社会组织的理事长，连任不得超过两届。

立法缘由：

本条是关于社会组织法定代表人的规定。我国《民法通则》第38条规定"依照法律或者法人组织章程规定，代表法人行使职权的负责人，是法人的法定代表人"。我国现行社会组织立法由于没有统一社会组织的内设机构设置，故法定代表人的担任有的是理事长，还有的是秘书长。在本法对社会组织内设机构统一规范后，本条统一规定社会组织法定代表人由理事长担任。因为，理事会是社会组织的日常决策机构，由理事长代表社会组织行使职权担任法定代表人比较适合。一个自然人按照本法和社会组织章程规定的程序被确定为法定代表人，即具有了社会组织法定代表人的身份，可以以社会组织的名义在法律、法规规定和社会组织章程规定的权限范围内从事活动，法定代表人的行为构成社会组织的代表行为。为保障交易安全，本条要求法定代表人应依法报登记管理机关登记。

参考依据：

《基金会管理条例》第20条：理事会设理事长、副理事长和秘书长，从理事中选举产生，理事长是基金会的法定代表人。

《公司法》第13条：公司法定代表人依照公司章程的规定，由董事长、执行董事或者经理担任，并依法登记。公司法定代表人变更，应当办理变更登记。

第45条［社会组织秘书长］：社会组织设秘书长，负责秘书处等办事机构的日常工作。

秘书长由理事会决定聘任或者解聘，对理事会负责，行使下列职权：

（一）主持社会组织的日常工作，组织实施理事会决议；

（二）组织实施社会组织年度工作计划；

（三）拟订社会组织内部管理机构设置方案；

（四）拟订社会组织的内部管理基本制度；

（五）制定社会组织的具体工作制度；

（六）提请聘任或者解聘社会组织副秘书长、财务负责人；

（七）决定聘任或者解聘应由理事会决定聘任或者解聘以外的人员；

（八）章程和理事会授予的其他职权。

社会组织理事会可以决定由理事兼任秘书长。不担任理事的秘书长列席理事会。

立法缘由：

本条是关于社会组织秘书长的规定。理事长和理事会对社会组织的管理主要是决策性的，而秘书长则隶属于理事会，是具体管理事项的执行者，负责社会组织的日常运行管理，在理事会的授权下，执行理事会决议，完成理事会交给的任务，维持社会组织正常运转。本条将秘书长作为社会组织的必设内部机构，主要是通过秘书长的普遍设立，保障社会组织的正常运转；同时，也有利于社会组织通过引进专门的管理人员，提高社会组织的管理水平，促进社会组织从业人员的职业化、专业化。

秘书长是理事会的业务执行机构，因此，本条规定秘书长由理事会决定聘任或者解聘，在理事会的领导下工作，对理事会负责。秘书长的职权在性质上属于民法上的代理权，社会组织章程有权对秘书长的职权做出规定，理事会也可以根据具体情况给予秘书长授权。因此，本条规定，秘书长的职权包括章程和理事会授予的其他职权。

根据我国现实情况，社会团体和基金会的执行机构一般称为秘书处，但民办社会服务机构的执行机构的名称有的称为秘书处，有的没有称为秘书处。因此，本条规定秘书长是负责秘书处等执行机构的日常工作。

参考依据：

《美国非营利法人示范法（1987）》第 8.40 条：必须设置的执行官

I. 除章程或者章程细则另有规定外，法人可以拥有董事会选任的总裁、秘书、财务执行官或者其他执行官。

II. 章程细则或者董事会应当选派其中一名执行官负责制作董事会和成员会议的会议记录和鉴定法人的记录。

III. 一个自然人可以在一个法人同时担任数个职务。

第 8.41 条：执行官的职责和权利

每名执行官有权和应当履行章程细则规定的职责，或者以符合章程细则为限，董事会决议规定的职责或者董事授权一名执行官规定其他执行官职责和权责的，其指令规定的职责。

《捷克公益法人法》第十四条

I. 诚实正直的人才有资格被任命为经理。

II. 经理不可以兼任理事或者监事，但有权参加理事会会议并且有权进行建议性投票。

III. 经理负责管理公益法人的事业活动，但是法律、创立书或者内部规章将某项事务的管理权赋予理事会或者其他机关的除外。

《公司法》第 49 条：有限责任公司可以设经理，由董事会决定聘任或者解聘。经理对董事会负责，行使下列职权：（一）主持公司的生产经营管理工作，组织实施董事会决议；（二）组织实施公司年度经营计划和投资方案；（三）拟订公司内部管理机构设置方案；（四）拟订公司的基本管理制度；（五）制定公司的具体规章；（六）提请聘任或者解聘公司副经理、财务负责人；（七）决定聘任或者解聘除应由董事会决定聘任或者解聘以外的负责管理人员；（八）董事会授予的其他职权。

公司章程对经理职权另有规定的，从其规定。

经理列席董事会会议。

第 46 条［社会组织监事会组成］：社会组织设监事会，其成员不得少于三人。监事会设主席一人，由全体监事过半数选举产生。监事任期与理事相同。

监事不得由理事、秘书长、副秘书长、财务会计人员及其近亲属担任。监事之间不得有近亲属关系。

立法缘由：

本条是关于社会组织监事会组成的规定。社会组织成立后，其发起人并不直接管理或者控制社会组织，并且发起人对社会组织也没有剩余索取权，在很大程度上，社会组织的运作主要依赖理事会的诚信履职程度。为了防止理事会和秘书长等高级管理人员滥用权力和怠于履职，保护社会组织发起人、社会组织和社会公众的利益，就需要监事会这样的一套监督机制，对理事会以及秘书长等社会组织的实际管理人员进行监督。为此，本条要求社会组织都要设立监事会。之所以规定不只是设立监事而是3人以上构成的监事会，主要是由于社会组织往往涉及社会大众的利益，监事会有利于加强监事之间的内部制约，尽量防止监事被收买。由于监事会设立的目的在于监督社会组织管理层，为了保证监事会独立、公正地行使职权，立法一般限制理事、秘书长、财务人员与监事相互兼职，本条也做了类似规定，明确禁止理事等高级管理人员兼任监事。

参考依据：

《匈牙利公益组织法》第10条

I. 一个公益组织的年度收入超过500万匈牙利元的，应当设立独立于管理机关的监察机关，即使其他法律没有规定该义务。

II. 监察机关自行规定决定其内部工作程序。

《捷克公益法人法》第15条

I. 监事会是公益法人的监察机关。

II. 对于政府或者地方投入的财产，公益法人应当设立监事会，并依法根据复式记帐法保持会计记录。监事会也可以根据创立书的规定而设立。

III. 监事会的成员不得少于三人，不得多于七人。监事互选产生主席。主席负责召集和主持监事会会议。

IV. 发起人选任第一届监事会的成员。

V. 本法关于理事会的规定，准用于监事会设立的方式以及成员执行职务的方法，但是本法另有规定的除外。

《基金会管理条例》第22条：基金会设监事。监事任期与理事任期相同。理事、理事的近亲属和基金会财会人员不得兼任监事。

监事依照章程规定的程序检查基金会财务和会计资料，监督理事会遵守法律和章程的情况。

监事列席理事会会议，有权向理事会提出质询和建议，并应当向登记管理机关、业务主管单位以及税务、会计主管部门反映情况。

《公司法》第51条：有限责任公司设监事会，其成员不得少于三人。股东人数较少或者规模较小的有限责任公司，可以设一至二名监事，不设监事会。

监事会应当包括股东代表和适当比例的公司职工代表，其中职工代表的比例不得低于三分之一，具体比例由公司章程规定。监事会中的职工代表由公司职工通过职工代表大会、职工大会或者其他形式民主选举产生。

监事会设主席一人，由全体监事过半数选举产生。监事会主席召集和主持监事会会议；监事会主席不能履行职务或者不履行职务的，由半数以上监事共同推举一名监事召集和主持监事会会议。

董事、高级管理人员不得兼任监事。

第52条：监事的任期每届为三年。监事任期届满，连选可以连任。

监事任期届满未及时改选，或者监事在任期内辞职导致监事会成员低于法定人数的，在改选出的监事就任前，原监事仍应当依照法律、行政法规和公司章程的规定，履行监事职务。

第47条［社会组织监事会职权］：监事会对理事、秘书长等高级管理人员遵守法律和章程的情况进行监督，行使下列职权：

（一）对高级管理人员执行职务的行为提出质询和建议，要求纠正违反法律、行政法规、章程或者会员大会的决议，并可提出罢免或者解聘人员的议案；

（二）检查财务和会计资料，在理事长、秘书长和财务主管人员变动时以及必要时，可以聘请会计师事务所对财务进行审计；

（三）发现社会组织的活动和财务情况异常，可以进行调查，并向登记管理机关、业务主管单位、税务、会计主管部门和其他有关部门报告；

（四）章程规定的其他职权。

监事列席理事会会议。监事会履行上述职责，费用由社会组织承担。社会组织有关人员应当如实向监事会提供有关情况和资料，不得妨碍监事会行使职权。

立法缘由：

本条是关于监事会职权的规定。监事会设立的目的，是对理事会、秘书长和执行机构遵守法律和章程的情况进行监督，最大限度地保障社会组织章程宗旨的实现。为保障监事会的有效监督，本条规定了监事会四个方面的监督职权，一是对高级管理人员关于社会组织基本业务执行情况的监督，对此，监事会有质询权、建议权、要求纠正权和人员罢免议案提出权。二是财务监督权，监事会有检查权和委托审计权。三是监事会对社会组织的异常情况有调查权和报告权。监事会的报告权，可构建监事会的内部监督与登记管理机关等外部监督相互衔接沟通的机制。四是章程规定的其他职权。为保障这些职权的落实，本条还规定监事会履行这些职责，费用由社会组织承担。社会组织有关人员应当如实向监事会提供有关情况和资料，不得妨碍监事会行使职权。

参考依据：

《匈牙利公益组织法》第 11 条

I. 监察机关对公益组织的事业活动和管理进行监督。在履行此职责时，它可以要求负责人员提交报告，要求公益组织的雇员提供信息，还可以审查公益组织的帐簿和文件。

II. 监察机关成员可以参加管理机关的会议，并且有建议权。如果法律或者章程有规定，监察机关成员应当参加。

III. 监察机关了解到下列情形之一的，应当通知并且召集有权采取相应行动的管理机关：（一）在业务活动中发生了违法行为，或者发生了其他严重损害公益组织利益的行为（包括不作为），需要有权采取相应行动的管理机关作出终止该行为或者避免、减轻其后果的决定；（二）发生了负责人员应当承担责任的情形。

IV. 有权采取相应行动的管理机关应当在监察机关提议后 30 日内召集。如果没有在此期限内召集，监察机关也可以直接召集。

V. 有权采取相应行动的管理机关不采取行动以恢复事业活动的合法性的，监察机关应当立即通知负责监督其合法性的国家机关。

《公司法》第 53 条：监事会、不设监事会的公司的监事行使下列职权：（一）检查公司财务；（二）对董事、高级管理人员执行公司职务的行为进行监督，对违反法律、行政法规、公司章程或者股东会决议的董事、高级管理人员提出罢免的建议；（三）当董事、高级管理人员的行为损害公司的利益时，要求董事、高级管理人员予以纠正；（四）提议召开临时股东会会议，在董事会不履行本法规定的召集和主持股东会会议职责时召集和主持股东会会议；（五）向股东会会议提出提案；（六）依照本法第一百五十二条的规定，对董事、高级管理人员提起诉讼；（七）公司章程规定的其他职权。

第 54 条：监事可以列席董事会会议，并对董事会决议事项提出质询或者建议。

监事会、不设监事会的公司的监事发现公司经营情况异常，可以进行调查；必要时，可以聘请会计师事务所等协助其工作，费用由公司承担。

第 150 条：董事、高级管理人员应当如实向监事会提供有关情况和资料，不得妨碍监事会行使职权。

第 48 条［社会组织监事会会议］：监事会例会每年度至少召开二次，具体由章程规定。监事可以提议召开临时监事会。

立法缘由：

本条是关于监事会会议的规定。监事会作为社会组织的监督机构，是以会议的形式来行使自己的权力的。为了避免监事会常年不召开会议，流于形式，本条要求监事会每年至少召开两次会议，履行监督职责。章程还可以增加监事会召开会议的次数，但不能少于两次。为了充分发挥每位监事的作用，便于监事及时通报其在履行监督职责过程中发现的问题，并及时审议处理，本条规定监事可以提议召开临时监事会会议。除了监事会自己召开的例会和临时会外，监事还应依据前条规定列席理事会，理事会不论是定期会议还是临时会议，都应当通知监事参加，从而更好地实现其监督职能。

参考依据：

《公司法》第119条：监事会每六个月至少召开一次会议。监事可以提议召开临时监事会会议。

监事会的议事方式和表决程序，除本法有规定的外，由公司章程规定。

监事会决议应当经半数以上监事通过。

监事会应当对所议事项的决定作成会议记录，出席会议的监事应当在会议记录上签名。

第49条［社会组织会议要求］：社会组织理事会、监事会的议事方式和表决程序，除本法有规定的外，由社会组织章程规定。

理事会、监事会应当制作会议记录，并由出席会议的理事、监事审阅、签名。会议记录应当由社会组织秘书长保存。

理事会、监事会决议违反法律、法规或章程规定，致使社会组织遭受损失的，参与决议的理事、监事应当承担责任。但经证明在表决时反对并记载于会议记录的，该理事、监事可免除责任。

立法缘由：

本条是关于社会组织理事会、监事会会议要求的规定。理事会、监事会是以会议方式履行其职责的，为发挥社会组织的自治性，本条对理事会、监事会的具体议事方式和表决程序没有进行规定，只要求“除本法有规定的外，由社会组织章程规定”。但为了促进理事、监事谨慎、勤勉地履行职责，要求理事会、监事会应当制作会议记录，以便根据会议记录确定理事、监事的履职情况，并据以承担相应责任。会议记录应当由出席会议的理事、监事审阅签名，以保证会议记录的真实性和效力。

参考依据：

《公司法》第48条：董事会的议事方式和表决程序，除本法有规定的外，由公司章程规定。

董事会应当对所议事项的决定作成会议记录，出席会议的董事应当在会议记录上签名。

董事会决议的表决，实行一人一票。

第55条：监事会每年度至少召开一次会议，监事可以提议召开临时监事会会议。

监事会的议事方式和表决程序，除本法有规定的外，由公司章程规定。

监事会决议应当经半数以上监事通过。

监事会应当对所议事项的决定作成会议记录，出席会议的监事应当在会议记录上签名。

第112条：董事会会议，应由董事本人出席；董事因故不能出席，可以书面委托其他董事代为出席，委托书中应载明授权范围。

董事会应当对会议所议事项的决定作成会议记录，出席会议的董事应当在会议记录上签名。

董事应当对董事会的决议承担责任。董事会的决议违反法律、行政法规或者公司章程、股东大会决议，致使公司遭受严重损失的，参与决议的董事对公司负赔偿责任。但经证明在表决时曾表明异议并记载于会议记录的，该董事可以免除责任。

第50条［社会组织分支代表机构］：社会组织可以设立分支代表机构。社会组织应当将所设分支代表机构的名称、地址、负责人、授权范围等向其登记管理机关备案。

分支代表机构不具有法人资格，应当使用所属社会组织名称的规范全称，在所属社会组织的授权范围内开展活动，其全部收支纳入所属社会组织财务统一核算，法律责任由所属社会组织承担。

社会组织之间不得建立或者变相建立垂直管理关系。

立法缘由：

本条是关于社会组织分支代表机构的规定。我国现行社会组织法规规定社会团体、基金会可以设立分支代表机构，但是民办非企业单位不得设立分支机构。但是，目前一些民办学校、民办医院在实践中也需要设立分校、分院等分支机构。为了适应社会组织的发展需求，本条规定所有社会组织都可以设立分支代表机构。由于分支代表机构没有独立的财产，其所有财产属于所设社会组织；其主要管理人员及主要业务活动由社会组织决定并委任，没有人事、活动上的自主权；其对外从事活动必须以社会组织的名义，遵守社会组织的章程；其不具有法人资格，不能独立享有权利、承担责任，一切行为的后果及责任由社会组织承担，因此，分支代表机构的地位基本相当于社会组织的内设机构。因此，本条只要求社会组织将分支代表机构报登记管理机关备案，而不要求报登记管理机关批准。

参考依据：

《新加坡社团法》第9条：社团的分支机构

Ⅰ.未经登记官的批准，任何已登记社团不得成立分支机构。

Ⅱ.在下列情况下，册官可以拒绝批准已登记社团成立分支机构：（一）该社团的章程没有规定成立分支机构的；（二）该社团分支机构的章程表明该分支机构是一个没有充分地置于该社团的控制之下的独立社团。

Ⅲ.任何已登记社团未经登记官事先批准成立分支机构的，该分支机构被视为非法社团。

Ⅳ.对登记官根据本条作出的决定不服的，可以自决定作出之日起30天之内向部长提出上诉，部长的决定是最终决定。

《吉尔吉斯斯坦共和国非商业组织法》第8条：非商业组织的分支机构和代表机构

非商业组织可以在吉尔吉斯斯坦共和国领域内和领域外依法设立分支机构和代表机构。

分支机构和代表机构没有法人资格。它们的财产由总部投入，并应当按照总部批准的规章开展活动。分支机构和代表机构的财产应当记录于一份单独的资产负债表，同时记录于总部的资产负债表。

分支机构（或代表机构）的负责人应当由非商业组织任命，并根据该组织的授权代理人所授予的代理权限进行活动。

分支机构（代表机构）应以总部的名义开展活动。总部应对分支机构或代表机构的行为承担法律后果。

《社会团体登记管理条例》第19条：社会团体成立后拟设立分支机构、代表机构的，应当经业务主管单位审查同意，向登记管理机关提交有关分支机构、代表机构的名称、业务范围、场所和主要负责人等情况的文件，申请登记。

社会团体的分支机构、代表机构是社会团体的组成部分，不具有法人资格，应当按照其所属于的社会团体的章程所规定的宗旨和业务范围，在该社会团体授权的范围内开展活动、发展会员。社会团体的分支机构不得再设立分支机构。

社会团体不得设立地域性的分支机构。

《基金会管理条例》第12条：基金会拟设立分支机构、代表机构的，应当向原登记管理机关提出登记申请，并提交拟设机构的名称、住所和负责人等情况的文件。

登记管理机关应当自收到前款所列全部有效文件之日起60日内作出准予或者不予登记的决定。准予登记的，发给《基金会分支（代表）机构登记证书》；不予登记的，应当书面说明理由。

基金会分支机构、基金会代表机构设立登记的事项包括：名称、住所、公益活动的业务范围和负责人。

基金会分支机构、基金会代表机构依据基金会的授权开展活动，不具有法人资格。

《民办非企业单位登记管理暂行条例》第13条：民办非企业单位不得设立分支机构。

《公司法》第14条：公司可以设立分公司。设立分公司，应当向公司登记机关申请登记，领取营业执照。分公司不具有法人资格，其民事责任由公司承担。

公司可以设立子公司，子公司具有法人资格，依法独立承担民事责任。

第51条［社会组织工会］：社会组织职工依照《中华人民共和国工会法》组织工会，开展工会活动，维护职工合法权益。社会组织应当为本组织工会提供必要的活动条件。工会代表职工就职工的劳动报酬、工作时间、福利、保险等事项依法与社会组织签订集体合同。

社会组织依照宪法和有关法律的规定，通过职工代表大会或者其他形式，实行民主管理。

社会组织研究决定重大问题、制定重要规章制度时，应当听取工会的意见，并通过职工代表大会或者其他形式听取职工的意见和建议。

立法缘由：

本条是关于社会组织工会的规定。根据工会法的规定，所有职工都有权依照工会法的规定组织工会，开展工会活动。职工依法开展工会活动，参与管理法律规定的事务，可以更好地代表和维护职工的合法利益，调动职工的积极性，促进社会组织的发展。为此，本条规定社会组织应当提供必要的条件，支持工会的工作。工会的基本职责，一是维护职工合法权益，二是依法实行民主管理。

参考依据：

《民办教育促进法》 第26条：民办学校依法通过以教师为主体的教职工代表大会等形式，保障教职工参与民主管理和监督。

民办学校的教师和其他工作人员，有权依照工会法，建立工会组织，维护其合法权益。

《公司法》 第18条：公司职工依照《中华人民共和国工会法》组织工会，开展工会活动，维护职工合法权益。公司应当为本公司工会提供必要的活动条件。公司工会代表职工就职工的劳动报酬、工作时间、福利、保险和劳动安全卫生等事项依法与公司签订集体合同。

公司依照宪法和有关法律的规定，通过职工代表大会或者其他形式，实行民主管理。

公司研究决定改制以及经营方面的重大问题、制定重要的规章制度时，应当听取公司工会的意见，并通过职工代表大会或者其他形式听取职工的意见和建议。

第52条［社会组织党组织］：在社会组织中，根据中国共产党章程的规定，设立中国共产党的组织，开展党的活动。社会组织应当为党组织的活动提供必要条件。

立法缘由：

本条是关于社会组织中中国共产党基层组织活动的规定。我国宪法确立了中国共产党的领导地位。党的领导贯穿于各个领域、各个方面，在社会组织的建设中也应当加强党的领导。加强社会组织中的党组织建设，有利于加强和改善党对社会组织的领导。近几年，我国也将社会组织中的党组织建设，作为社会组织管理工作的重要内容。为此，本条依据宪法规定的原则，对社会组织中党的基层组织活动做了进一步具体的规定。这一规定包括两层含义：一是在社会组织中设立党的组织，开展党的活动，应当遵守中国共产党章程的规定。按照中国共产党章程的规定，凡有正式党员3人以上的基层单位，都应当成立党的基层组织。社会组织中如果有正式党员3人以上的，应当成立党的基层组织。党的基层组织应当按照党章的规定开展活动。二是社会组织要为党组织开展活动提供场所、资金等方面的支持。

参考依据：

《公司法》 第19条：在公司中，根据中国共产党章程的规定，设立中国共产党的组织，开展党的活动。公司应当为党组织的活动提供必要条件。

第53条［社会组织管理人员任职资格］：有下列情形之一的，不得担任社会组织的理事、监事等高级管理人员：

（一）无民事行为能力或者限制民事行为能力的；

（二）正在被执行刑罚、被执行刑事强制措施、被通缉的，或者因故意犯罪被判处刑罚而执行期满未逾五年的，或者因犯罪被剥夺政治权利而执行期满未逾五年的；

（三）在被吊销登记证书、被取缔的组织担任负责人，自该组织被吊销登记证书、被取缔之日起未逾五年的；

（四）组织解散时属于清算义务人但该组织尚未完成清算或者尚未办理注销登记的；

（五）非中国内地居民的；

（六）法律、行政法规规定的其他情形。

社会组织违反前款规定选举、委派理事、监事或者聘任其他高级管理人员的，该选举、委派或者聘任无效。

理事、监事和其他高级管理人员在任职期间出现本条第一款所列情形的，社会组织应当解除其职务。

立法缘由：

本条是关于理事、监事等高级管理人员消极资格的规定。消极资格就是不得担任特定职务的情形。本条规定了六种情形的人不得担任社会组织的理事、监事等高级管理人员。理事、监事等高级管理人员要执行职务，独立行使权利、履行义务、承担责任，必须是完全民事行为能力人，故无民事行为能力或者限制民事行为能力不能担任。董事、监事等高级管理人员作为社会组织的高级职员，应当有较高的诚信度，被判处刑罚或者因犯罪被剥夺政治权利的人员，在刑罚执行期满后的一定期限内，不宜担任社会组织领导职务，正在服刑或者被追究刑事责任的更加不宜。曾在被吊销营业执照或者登记证书或者被取缔的组织担任负责人的，这类人员缺乏守法意识，应当让他们经过一段时间的反省改过，增强法律观念、培养守法意识后，再担任社会组织领导职务。本法主要规范境内公民成立的社会组织，其领导也应由境内居民担任为宜。

需要说明的是，本条第一款第四项规定，组织解散时属于清算义务人，但该组织尚未完成清算或者尚未办理注销登记的，也不能担任社会组织的理事、监事等高级管理人员，属于新创设的制度安排。本法第十八条规定，社会组织的理事、监事和原发起人是社会组织的清算义务人。理事会具有组织清算组进行清算的义务，原发起人、监事会具有向人民法院申请指定成员组成清算组进行清算的义务，第十八条规定还明确了有关责任承担。如果他们对于社会组织的相关特定义务没有履行，也不得享有相关社会组织特定权利。因为，在我国，权利义务具有一致性，不能只享有权利而不履行义务，也不能只履行义务不享有权利。

参考依据：

《匈牙利公益组织法》第8条

I. 一个人或者其近亲属（根据《民法典》第685b条确定）或者其以夫妻名义同居的配偶（以下统称为亲属），根据公益组织的一个决定有下列情形的，不得参加管理机关的决议过程：（一）被免除义务或者责任，或者（二）获得其他利益，或者对将要进行的法律行为有兴趣。但是，对所有人毫无限制地提供的、在公益组织的目的事业资助范围内的非金钱性服务，或者基于民间社团与其成员之间的关系而给予的、与章程的规定一致的目的事业资助，不视为利益。

II. 有下列情形之一的，不得担任监察机关的主席、成员或者监事：（一）管理机关的主席或成员，（二）除了受托职责外，还与第三人有雇佣关系或者有以雇佣为目的的其他法律关系，但是法律另有规定的除外，（三）接受公益组织的目的事业资助，但是对所有人毫无限制地提供的非金钱性服务以及基于民间社团与其成员之间的关系而给予的、与章程的规定一致的目的事业资助除外，（四）是第（一）至（三）项规定的人的亲属。

第9条

I. 在过去的两年内，担任一个公益组织的领导职务一年以上的人，如果该公益组织被终止但是没有清偿《税收程序法》规定的公债，则在该公益组织被终止后的两年期限内，不得担任其他公益组织的负责人员。

II. 负责人员或者该职务的候选人，应当预先将其同时所担任的其他公益组织的相同职务告知所有有关的公益组织。

《基金会管理条例》第23条：基金会理事长、副理事长和秘书长不得由现职国家工作人员兼任。基金会的法定代表人，不得同时担任其他组织的法定代表人。公募基金会和原始基金来自中国内地的非公募基金会的法定代表人，应当由内地居民担任。

因犯罪被判处管制、拘役或者有期徒刑，刑期执行完毕之日起未逾5年的，因犯罪被判处剥夺政治权利正在执行期间或者曾经被判处剥夺政治权利的，以及曾在因违法被撤销登记的基金会担任理事长、副理事长或者秘书长，且对该基金会的违法行为负有个人责任，自该基金会被撤销之日起未逾5年的，不得担任基金会的理事长、副理事长或者秘书长。

基金会理事遇有个人利益与基金会利益关联时，不得参与相关事宜的决策；基金会理事、监事及其近亲属不得与其所在的基金会有任何交易行为。

监事和未在基金会担任专职工作的理事不得从基金会获取报酬。

第24条：担任基金会理事长、副理事长或者秘书长的香港居民、澳门居民、台湾居民、外国人以及境外基金会代表机构的负责人，每年在中国内地居留时间不得少于3个月。

《慈善法》第16条：有下列情形之一的，不得担任慈善组织的负责人：（一）无民事行为能力或者限制民事行为能力的；（二）因故意犯罪被判处刑罚，自刑罚执行完毕之日起未逾五年的；（三）在被吊销登记证书或者被取缔的组织担任负责人，自该组织被吊销登记证书或者被取缔之日起未逾五年的；（四）法律、行政法规规定的其他情形。

《公司法》第146条：有下列情形之一的，不得担任公司的董事、监事、高级管理人员：（一）无民事行为能力或者限制民事行为能力；（二）因贪污、贿赂、侵占财产、挪用财产或者破坏社会主义市场经济秩序，被判处刑罚，执行期满未逾五年，或者因犯罪被剥夺政治权利，执行期满未逾五年；（三）担任破产清算的公司、企业的董事或者厂长、经理，对该公司、企业的破产负有个人责任的，自该公司、企业破产清算完结之日起未逾三年；（四）担任因违法被吊销营业执照、责令关闭的公司、企业的法定代表人，并负有个人责任的，自该公司、企业被吊销营业执照之日起未逾三年；（五）个人所负数额较大的债务到期未清偿。

公司违反前款规定选举、委派董事、监事或者聘任高级管理人员的，该选举、委派或者聘任无效。

董事、监事、高级管理人员在任职期间出现本条第一款所列情形的，公司应当解除其职务。

第54条［社会组织管理人员履职义务］：理事、监事等高级管理人员应当遵守法律、行政法规和章程，忠实履行职责，维护社会组织利益，不得有下列行为：

（一）违背宗旨或者超越业务范围开展活动；

（二）违反决策程序或者内部管理规定，超越职权或者怠于履职；

（三）工作中隐瞒情况或者虚假报告；

（四）参与与自身利益有关的决策或者利用职务之便谋取其他不正当利益；

（五）将社会组织资金违规进行借贷、担保或者侵占、挪用，以及利用关联交易损害社会组织利益；

（六）违反忠实义务和勤勉义务的其他行为。

理事、监事等高级管理人员违反前款规定所得的收入，应当归社会组织所有。

理事、监事等高级管理人员违反本法和章程规定决策或者执行不当，给社会组织造成损失的，应当依法承担赔偿责任。

立法缘由：

本条是关于理事、监事等高级管理人员履职义务的规定。理事、监事等高级管理人员的履职义务，按其内容一般可分为注意义务和忠实义务两大类。注意义务又称为勤勉义务或善管注意义务，是指理事、监事等高级管理人员履行职责时，应当为社会组织的最佳利益，具有一个善良管理人的细心，尽一个普通谨慎之人的合理注意。忠实义务，是指理事、监事等高级管理人员应当忠实履行职责，其自身利益与社会组织利益发生冲突时，应当维护社会组织利益，不得利用其地位牺牲社会组织利益为自己或者第三人牟利。在本条中明确了理事、监事等高级管理人员履职负有忠实和勤勉义务。在实际中，理事、监事等高级管理人员违反忠实义务，利用职务便利牺牲社会组织利益为自己牟取利益的问题比较多，给社会组织的发展造成很大危害，并往往成为社会关注的焦点。为了更好地规范理事、监事等高级管理人员的行为，本条对违反忠实义务的几类主要行为做出严格的禁止性规定。

参考依据：

《美国非营利法人示范法（1987）》第 8.42 条：执行官的行为标准

I. 拥有自由裁量权的执行官应当在其权利下履行其职责：（一）善意地；（二）尽一般谨慎的人处于相同地位相似环境不作为的注意义务；以及（三）以执行官合理认为符合法人最佳利益的方式；

II. 履行其职责时，执行官有权信赖信息、观点、报告或者说明，包括财务说明和其他财务数据，如果其由下列人员制作或者提供：（一）一名或者数名法人的职员或者雇员，执行官合理地认为其在提供的资料中是值得信赖的和充分的；（二）法律顾问、公共会计师或者其他人，执行官合理地认为该事项为其专业能力或者其专业能力所及范围之内；（三）于宗教法人的情形，宗教教长、神父、教士或者其他在宗教组织任职的人，执行官有理由认为其值得信赖，并且董事就其提供的资料认为其值得信赖和充分。

III. 执行官知道有关讨论中的资料使得第二款允许的信赖成为无理由的，执行官不能被认定善意。

IV. 执行官符合本条行为的，不因其作为执行官所为或者未为的任何行为而对法人、任何成员或者其他任何人承担责任。

《奥地利社团法》第23条：社团的债务责任

社团以其财产对社团债务负责。只有根据其他的法律规定或者基于私人约定的义务，机关管理人和社员才承担个人责任。

第24条：机关管理人和财务审计人对社团的责任

I. 社团机关之成员由于未尽一般的或者谨慎的机关管理人的注意义务，违反其法定的或者章程规定的义务的或者违反主管的社团机关的合法决议的，根据《奥地利普通民法典》第1293条及以下各条之规定，其就由此造成的损害向社团承担责任；本规定亦准用于财务审计人。就注意义务标准之评定，应当顾及行为的无偿性。仅享有社员大会参加者身份的社员非为机关管理人。

II. 尤其是有过失地为下列行为之一的，机关管理人得承担损害赔偿义务：（一）违反目的使用社团财产，（二）在无充分资金保证的情形下着手实施社团计划，（三）未尽与社团的财政财务会计制度相关的义务，（四）未及时申请启动社团财产的破产程序，（五）在社团解散的情形下阻碍或者破坏清算，或者（六）解除社员或者第三人对社团的损害赔偿义务。

III. 根据章程所规定的负责决策的社团机关所作出的、其内容符合法律并符合规定的决议而作出行为的，不产生损害赔偿义务。机关管理人欺诈该社团机关的，并不取消其损害赔偿义务。

IV. 对财务审计人，准用《奥地利商法典》第275条第2款关于责任限额之规定。

《公司法》第21条：公司的控股股东、实际控制人、董事、监事、高级管理人员不得利用其关联关系损害公司利益。

第147条：董事、监事、高级管理人员应当遵守法律、行政法规和公司章程，对公司负有忠实义务和勤勉义务。

董事、监事、高级管理人员不得利用职权收受贿赂或者其他非法收入，不得侵占公司的财产。

第148条：董事、高级管理人员不得有下列行为：（一）挪用公司资金；（二）将公司资金以其个人名义或者以其他个人名义开立账户存储；（三）违反公司章程的规定，未经股东会、股东大会或者董事会同意，将公司资金借贷给他人或者以公司财产为他人提供担保；（四）违反公司章程的规定或者未经股东会、股东大会同意，与本公司订立合同或者进行交易；（五）未经股东会或者股东大会同意，利用职务便利为自己或者他人谋取属于公司的商业机会，自营或者为他人经营与所任职公司同类的业务；（六）接受他人与公司交易的佣金归为己有；（七）擅自披露公司秘密；（八）违反对公司忠实义务的其他行为。

董事、高级管理人员违反前款规定所得的收入应当归公司所有。

违反前款规定，给公司造成损失的，应当承担赔偿责任。

第149条：董事、监事、高级管理人员执行公司职务时违反法律、行政法规或者公司章程的规定，给公司造成损失的，应当承担赔偿责任。

第55条［社会组织决策违法救济途径］：理事会、监事会的决议内容违反法律、行政法规的无效。

理事会、监事会的会议召集程序、表决方式或者决议内容违反法律、行政法规或者社会组织章程的，理事、监事或者发起人、主要捐助人可以自知悉决议内容之日起六十日内，请求人民法院撤销。

社会组织根据理事会决议已办理变更登记的，人民法院宣告该决议无效或者撤销该决议后，社会组织应当向登记机关申请撤销变更登记。

立法缘由：

本条是关于理事会、监事会决议救济途径的规定。理事会、监事会通过召开会议，形成决议行使权力。有关决议有瑕疵的，可能损害社会组织乃至社会公众的合法权益，应当确定一定的救济途径。根据本条的规定，理事会、监事会决议的瑕疵分为内容瑕疵和程序瑕疵：内容瑕疵分为违反法律、法规的瑕疵和违反章程的瑕疵；程序瑕疵主要指召集程序、表决方式违反法律、行政法规及违反社会组织章程的瑕疵。理事会、监事会决议内容瑕疵的无效，可以提起决议无效之诉。决议被法院认定为无效的，自始无效。理事会、监事会决议程序瑕疵的，可以提起撤销之诉。无效之诉和撤销之诉，由理事、监事或者发起人在知悉决议内容之日起60日内提出。

参考依据：

《奥地利社团法》第7条：社团决议的无效和可撤销

社团机关的决议违反法律的内容和目的或者违反善良风俗的，无效。其他违反法律或者章程的决议，若自形成决议起一年内未被法院撤销的，仍为有效。社团决议所涉及的任何社员有权请求撤销该决议。

《民法总则》第94条：捐助人有权向捐助法人查询捐助财产的使用、管理情况，并提出意见和建议，捐助法人应当及时、如实答复。

捐助法人的决策机构、执行机构或者法定代表人作出决定的程序违反法律、行政法规、法人章程，或者决定内容违反法人章程的，捐助人等利害关系人或者主管机关可以请求人民法院撤销该决定，但是捐助法人依据该决定与善意相对人形成的民事法律关系不受影响。

《公司法》第22条：公司股东会或者股东大会、董事会的决议内容违反法律、行政法规的无效。

股东会或者股东大会、董事会的会议召集程序、表决方式违反法律、行政法规或者公司章程，或者决议内容违反公司章程的，股东可以自决议作出之日起六十日内，请求人民法院撤销。

股东依照前款规定提起诉讼的，人民法院可以应公司的请求，要求股东提供相应担保。

公司根据股东会或者股东大会、董事会决议已办理变更登记的，人民法院宣告该决议无效或者撤销该决议后，公司应当向公司登记机关申请撤销变更登记。

第二节　社会团体的组织机构

第56条［社会团体会员大会的组成］：社会团体会员大会由全体会员组成。会员大会是社会团体的权力机构，依照本法行使职权。

社会团体会员人数二百人以上，可以按照章程规定的程序选派会员代表组成会员代表大会，会员代表大会按照章程规定可以行使会员大会的部分或者全部职权。会员代表大会适用会员大会的有关规定，但法律或者章程另有规定的除外。

立法缘由：

本条是对社会团体会员大会组成及其法律地位的规定。在社会组织中，会员大会是社会团体特有的组织机构，也是社会团体作为“人”的集合的特征的主要体现。会员大会在社会团体的组织机构中具有最高地位，可以对社会团体的一切重大事务依法作出决定，理事会、监事会都由会员大会选举产生，对会员大会负责。会员大会由全体会员组成，参加会员大会是会员身份的体现，也是会员的基本权利。但是，有的社会团体会员数量比较多，无法也不可能将所有会员召集到一起举行会议决定社会团体的重大事务，在此情况下，就只能由会员按照一定的程序选派会员代表，由会员代表组成会员代表大会，行使会员大会的部分或者全部职能。

参考依据：

《爱沙尼亚非营利社团法》第 18 条：社员大会

I. 非营利社团的最高机关是社员大会。非营利社团的所有社员都可以出席社员大会，但是法律另规定的除外。

II. 除了法律或者章程规定由非营利社团理事会或者其他机关决定的事项，社员大会可以对非营利社团所有管理事务以决议决定之。

第 25 条：社员代表大会

I. 非营利社团的章程可以规定由非营利社团社员互选产生的社员代表大会在章程规定的范围内履行社员大会的职责。社员代表的数目及其选举的程序应当由章程规定。非营利社团的所有社员有权参加社员代表的选举。

II. 本法关于社员大会的规定适用于社员代表大会，但是其他法律或者章程另有规定的除外。

III. 章程可以规定社员代表大会的某些决议在非营利社团社员批准之后生效。表决的时间和程序应当由章程规定。

《公司法》第 98 条：股份有限公司股东大会由全体股东组成。股东大会是公司的权力机构，依照本法行使职权。

《农民专业合作社法》第 25 条：农民专业合作社成员超过一百五十人的，可以按照章程规定设立成员代表大会。成员代表大会按照章程规定可以行使成员大会的部分或者全部职权。

第 57 条［社会团体会员大会职权］：会员大会或者会员代表大会行使下列职权：

（一）制定和修改章程、会费标准和法定代表人、理事、监事以及其他负责人的选举办法；

（二）选举和罢免理事、监事，决定理事的报酬；

（三）审议批准理事会、监事会的工作报告和年度财务预决算方案；

（四）改变和撤销理事会、监事会不适当的决定；

（五）对解散、清算等事项作出决议；

（六）本法和章程规定的其他职权。

会员大会或者会员代表大会要求高级管理人员列席会议的，高级管理人员应当列席并接受会员或者会员代表的质询。

会员大会或者会员代表大会决议的通过，可以采取会议形式或者书面表决的方式。召开会议和书面表决的程序，由章程规定。

立法缘由：

本条是对社会团体会员大会或者会员代表大会职权的规定。会员大会是社会团体的最高权力机构，可以依法决定社会团体的一切重大事务，本条列举了会员大会最主要的几项职权。一是章程修改权。社会团体的“宪法”即章程由会员大会制定和修改。二是人事任免权。社会团体的日常管理机构、监督机构的成员由会员大会任免，对其负责。三是重大事项决定权。包括理事会、监事会的工作计划，年度财务预决算方案，社会团体的解散、清算等事项。四是监督权。可以改变和撤销理事会、监事会不适当的决定。会员大会应当依法行使其权力，即应当行使法律规定的职权，并在行使职权时遵守法律规定的议事方式、表决方式及程序。

参考依据：

《爱沙尼亚非营利社团法》第19条：社员大会的职权

社员大会的职权包括：（一）修改章程；（二）变更目的；（三）选任理事，但是章程另有规定的除外；（四）选任章程规定的其他机关（第三十一条）成员，但是章程另有规定的除外；（五）决定与理事或者其他机关的成员进行交易，决定对上述人员主张权利，或者在上述交易或者权利主张中任命非营利社团的代理人；（六）决定其他没有被法律或者章程规定为由其他机关决定的事项。

《吉尔吉斯斯坦共和国非商业组织法》第20条：社员大会

社员大会是社团的最高机关。社员大会的决议通过必须有三分之一以上的社员同意；社员总数为一百人以上的，必须不少于二十五人。

下列事项专属于社员大会的职权范围：（一）章程修改和增补；（二）决定社团事业活动的优先考虑方向以及财产使用的程序；（三）社员的加入与开除（但是章程另有规定的除外）；（四）管理机关选任的程序；（五）审查同意事业活动的年度报告和年度财务报告；（六）决定设立分支机构和代表机构；（七）参与其他法人的活动；（八）重组和清算；（九）章程中规定的其他事项，但是属于社团其他机关职权范围的除外。

社员大会决议的通过，可以以会议的形式或者社员书面表决的方式。召开会议和书面表决的程序，由章程规定。

《公司法》第37条：股东会行使下列职权：（一）决定公司的经营方针和投资计划；（二）选举和更换非由职工代表担任的董事、监事，决定有关董事、监事的报酬事项；（三）审议批准董事会的报告；（四）审议批准监事会或者监事的报告；（五）审议批准公司的年度财务预算方案、决算方案；（六）审议批准公司的利润分配方案和弥补亏损方案；（七）对公司增加或者减少注册资本作出决议；（八）对发行公司债券作出决议；（九）对公司合并、分立、解散、清算或者变更公司形式作出决议；（十）修改公司章程；（十一）公司章程规定的其他职权。

对前款所列事项股东以书面形式一致表示同意的，可以不召开股东会会议，直接作出决定，并由全体股东在决定文件上签名、盖章。

第150条：股东会或者股东大会要求董事、监事、高级管理人员列席会议的，董事、监事、高级管理人员应当列席并接受股东的质询。

董事、高级管理人员应当如实向监事会或者不设监事会的有限责任公司的监事提供有关情况和资料，不得妨碍监事会或者监事行使职权。

第58条［社会团体会员大会种类］：会员大会或者会员代表大会分为定期会议和临时会议。

定期会议应当依照社会团体章程的规定按时召开，但最长不得超过一年。十分之一以上的会员或者会员代表、三分之一以上的理事或者监事会提议召开临时会议的，应当在收到书面提议之日起一个月内召开临时会议。法律和章程规定必须经会员大会或者会员代表大会作出决议的事项出现时，应当及时召集会员大会或者会员代表大会就该事项进行表决。

立法缘由：

本条是对社会团体会员大会或者会员代表大会种类的规定。社会团体会员大会或者会员代表大会分为定期会议和临时会议。定期会议是按照社会团体章程，应当按时召开的会员大会。如章程规定每年一次或者几次，这一般根据社会团体的性质、特点和会员人数来确定。临时会议是基于特定缘由而临时提议召开的。本条规定了四种应当召开的情形：第一种是十分之一以上的会员或者会员代表提议召开。第二种是三分之一以上的理事提议召开。第三种是监事会提议召开。法定人员提议召开临时会议的，应当召开临时会议。第四种是法律和章程规定必须经会员大会或者会员代表大会作出决议的事项出现时。

参考依据：

《公司法》 第39条：股东会会议分为定期会议和临时会议。

定期会议应当依照公司章程的规定按时召开。代表十分之一以上表决权的股东，三分之一以上的董事，监事会或者不设监事会的公司的监事提议召开临时会议的，应当召开临时会议。

第59条［社会团体会员大会的召集主持］： 会员大会或者会员代表大会由理事会召集，理事长主持；理事长不能履行职务或者不履行职务的，由副理事长主持；副理事长不能履行职务或者不履行职务的，由半数以上理事共同推举一名理事主持。

理事会不能履行或者不履行召集会员大会或者会员代表大会职责的，由监事会召集和主持；监事会不召集和主持的，十分之一以上的会员或者会员代表可以自行召集和主持。

立法缘由：

本条是对会员大会或者会员代表大会召集主持人的规定。会员大会或者会员代表大会的召开应当遵守法定程序，确定会议的召集人和主持人，这是会议能够正常召开并有序进行的重要保证。本条采用一种递进、替补式的制度安排，规定了社会组织的理事会、监事会和符合法定条件的会员在特定情形下的会员大会的召集权，在程序上保证了会员大会的正常召开，以防止社会团体的权力机构陷入瘫痪，这实际上是设计了一种社会团体治理僵局的救济办法。需要说明的是，不论是会员大会或者会员代表大会的定期会议或临时会议，都要按照上述要求召集和主持。

参考依据：

《爱沙尼亚非营利社团法》 第20条：社员大会的召集

I. 社员大会由理事会召集。

II. 理事会应当根据法律或者章程规定的条件和程序召集社员大会，以及社团利益需要的时候召集社员大会。

III. 非营利社团十分之一以上的社员以书面形式请求召开社员大会并说明了理由，并且章程未规定更高的比例要求的，理事会应当召集社员大会。

IV. 理事会在本条第三款规定的情形下未召集社员大会的，请求召集社员大会的社员可以自行根据与理事会相同的程序召集社员大会。

V. 社员大会通知应当提前七天以上作出，但是章程规定更长期限的除外。

《公司法》第40条：有限责任公司设立董事会的，股东会会议由董事会召集，董事长主持；董事长不能履行职务或者不履行职务的，由副董事长主持；副董事长不能履行职务或者不履行职务的，由半数以上董事共同推举一名董事主持。

有限责任公司不设董事会的，股东会会议由执行董事召集和主持。

董事会或者执行董事不能履行或者不履行召集股东会会议职责的，由监事会或者不设监事会的公司的监事召集和主持；监事会或者监事不召集和主持的，代表十分之一以上表决权的股东可以自行召集和主持。

第60条［社会团体会员大会议事规则］：召开会员大会或者会员代表大会，应当将会议召开的时间、地点和审议事项于会议召开15日前通知全体会员或者会员代表；在接到通知之日起五日内，对属于会员大会或者会员代表大会职权范围的事项，百分之三以上的会员或者会员代表可向会议召集人提出具有明确议题和具体决议事项的临时提案；会议召集人应当在收到提案后五日内通知其他会员或者会员代表，并将该提案提交会员大会或者会员代表大会审议。会员大会或者会员代表大会不得对通知中未列明的事项作出决议。

会员大会或者会员代表大会应当全体会员或者会员代表三分之二以上出席方可举行。会员或者会员代表可以委托代理人出席大会，代理人应当向召集人提交授权委托书，并在授权范围内行使表决权。

每个会员或者会员代表在会员大会或者会员代表大会享有一票表决权。会员大会或者会员代表大会的决议应当经出席会议的会员或者会员代表过半数通过。但是，作出修改社会团体章程和社会团体合并、分立、解散的决议必须经出席会议的三分之二以上会员或者会员代表表决通过方可生效。

会员大会或者会员代表大会应当对所议事项的决定作成会议记录，出席会议的会员或者会员代表应当在会议记录上签名。

会员大会或者会员代表大会的议事方式和表决程序，除本法有规定的外，由社会团体章程规定。

立法缘由：

本条是关于会员大会或者会员代表大会议事规则的规定。本条对社会团体会员大会或者会员代表大会的会议通知、议题提出、出席会员或者会员代表数量、表决权和决议方法、会议记录等内容进行了明确。为便于会员或者会员代表提前了解会议议程并做好相关准备工作，保障会议的顺利进行，提高会议质量，本条要求应当将会议召开的时间、地点和审议事项于会议召开 15 日前通知全体会员或者会员代表，大会不得对通知中未列明的事项作出决议。为加强对会员或者会员代表权益的保护，本条设定了会员或者会员代表的提案权，会员或者会员代表具有按照法定条件和法定程序提出提案作为会员大会或者会员代表大会审议事项的权利。为保障会员或者会员代表权利的平等，并使会员大会或者会员代表大会决议体现大多数会员或者会员代表的意见，本条规定每个会员或者会员代表在大会享有一票表决权，大会应当全体会员或者会员代表三分之二以上出席方可举行，大会的决议应当经出席会议的会员或者会员代表过半数通过，作出修改章程和合并、分立、解散的决议必须经出席会议的三分之二以上会员或者会员代表表决通过方可生效。为保障会员大会或者会员代表大会决策的严肃性，防止随意决策，便于高级管理人员掌握会员大会或者会员代表大会精神，并使有关管理机关了解会员大会或者会员代表大会对社会团体重大问题的决策，本条要求会员大会或者会员代表大会应当对所议事项的决定作成会议记录，出席会议的会员或者会员代表应当在会议记录上签名。

参考依据：

《爱沙尼亚非营利社团法》第 21 条：社员大会的程序

I. 社员大会的召集符合法律和非营利社团章程规定的所有要求的，可以通过决议。非营利社团的章程可以规定举行社员大会时出席人数的最低比例，以及出席社员大会的社员人数不符合要求时重新召集社员大会的程序。

II. （废止）

III. 社员大会的召集违反法律或者章程的规定的，社员大会无权通过决议，但是所有社员均出席或者授权代理人出席了社员大会的除外。

IV. 社员大会有权就社员大会召集通知中载明的事项通过决议，但是章程另有规定的除外。非营利社团的所有社员均出席或者授权代理人出席社员大会的，可以就社员大会召集通知未载明的事项通过决议。

V. 非营利社团的社员或者社员的授权代理人可以出席社员大会并且投票。只有非营利社团的其他社员才可以作为代理人。

第 22 条：社员大会的决议

I. 出席社员大会的非营利社团社员或者其代理人的二分之一以上投票同意的，社员大会的决议通过，但是章程中规定了更高比例要求的除外。

I－1. 社员大会进行选举时，得票数超过其他候选人的人当选，但是章程要求更高比例的除外。得票数相等的，应当抽签决定，但是章程另有规定的除外。

II. （废止）

III. 非营利社团的所有社员以书面形式投票同意决议的，虽未召集社员大会，亦应视为通过了社员大会决议。

IV. 非营利社团的每个社员有一个表决权。但是，非营利社团决定与社员或者和社员有共同经济利益的人从事交易，或者对社员提起或者终结诉讼的，该社员不得表决。

V. 取消和变更社员的权利从而使其与非营利社团其他社员的权利不同的，以及使社员承担不同于其他社员的义务的，需要取得该社员的同意。

VI. 担任理事会或者其他机关成员的非营利社团社员，不得参加对该社员主张权利的决议的表决。本条规定的不得参加表决的社员，其表决权在计算比例的时候不予计入。

《公司法》第 102 条：召开股东大会会议，应当将会议召开的时间、地点和审议的事项于会议召开二十日前通知各股东；临时股东大会应当于会议召开十五日前通知各股东；发行无记名股票的，应当于会议召开三十日前公告会议召开的时间、地点和审议事项。

单独或者合计持有公司百分之三以上股份的股东，可以在股东大会召开十日前提出临时提案并书面提交董事会；董事会应当在收到提案后二日内通知其他股东，并将该临时提案提交股东大会审议。临时提案的内容应当属于股东大会职权范围，并有明确议题和具体决议事项。

股东大会不得对前两款通知中未列明的事项作出决议。

第 103 条：股东出席股东大会会议，所持每一股份有一表决权。但是，公司持有的本公司股份没有表决权。

股东大会作出决议，必须经出席会议的股东所持表决权过半数通过。但是，股东大会作出修改公司章程、增加或者减少注册资本的决议，以及公司合并、分立、解散或者变更公司形式的决议，必须经出席会议的股东所持表决权的三分之二以上通过。

第 106 条：股东可以委托代理人出席股东大会会议，代理人应当向公司提交股东授权委托书，并在授权范围内行使表决权。

第 61 条［社会团体会员议事义务］：社会团体会员或者会员代表应当遵守法律、行政法规和章程，依法行使会员或者会员代表权利，不得滥用会员或者会员代表权利、社会团体法人独立地位和会员或者会员代表有限责任损害社会团体、其他组织或者个人的利益或者公共利益，否则应当依法承担赔偿责任。

立法缘由：

社会团体会员和会员代表在享受会员或者会员代表各项权利的同时，按照权利义务对等的原则，负有正当行使权利的义务。其正当行使权利受法律保护，滥用权利将受到法律的制裁。本条规定了社会团体会员和会员代表正当行使权利的一般原则和滥用权利的民事责任。

参考依据：

《爱沙尼亚非营利社团法》第24条：社员大会决议的无效

I. 根据非营利社团的一名社员或者一名理事的申请，法院可以宣告违反法律或者章程的社员大会决议无效，但是该申请必须在决议通过后的三个月内提出。

II. 宣告非营利社团其他机关的决议无效也应当根据本条第一款规定的程序。

《公司法》第20条：公司股东应当遵守法律、行政法规和公司章程，依法行使股东权利，不得滥用股东权利损害公司或者其他股东的利益；不得滥用公司法人独立地位和股东有限责任损害公司债权人的利益。

公司股东滥用股东权利给公司或者其他股东造成损失的，应当依法承担赔偿责任。

公司股东滥用公司法人独立地位和股东有限责任，逃避债务，严重损害公司债权人利益的，应当对公司债务承担连带责任。

第62条［社会团体理事会组成和性质］：社会团体理事由会员大会或者会员代表大会选任和罢免。

社会团体理事会是会员大会和会员代表大会的执行机构，在闭会期间领导本社会团体开展日常工作，对会员大会和会员代表大会负责。

立法缘由：

本条是关于社会团体理事会人员选任和理事会性质的规定。社会团体、基金会和社会服务机构虽然都设立理事会，但是社会团体理事会中理事的产生及其职权不同于基金会和社会服务机构理事会中的理事的产生及其职权。社会团体由于组织机构中存在会员大会、会员代表大会，理事会只是会员大会、会员代表大会的执行机构，理事由会员大会或会员代表大会选任和罢免，理事会对会员大会、会员代表大会负责。

参考依据：

《爱沙尼亚非营利社团法》第 28 条：理事会的选任和职权

I. 理事由社员大会选任，但是章程另有规定的除外。

II. 选任理事的机关可以决议随时无需理由地解任理事，但是与该理事缔结的合同上的权利和义务仅根据合同而终止。如果理事由非营利社团的其他机关解任，社员大会可以基于被解任理事的申请宣告解任决议无效。

III. 章程可以规定理事的解任只能基于其严重不履行职责、无能力管理非营利社团或者其他正当理由。

IV. 理事不得将职责的履行移转于第三人，但是章程或者社员大会决议另有规定的除外。

V. 理事会应当向非营利社团社员提供关于非营利社团管理的必要信息，并在社员提出请求时提供相应的报告，但是章程另有规定的除外。

VI. 理事有权就履行职务发生的必要开支请求补偿，但是章程另有规定的除外。

《社会团体示范章程》第 17 条：理事会是会员大会（或会员代表大会）的执行机构，在闭会期间领导本团体开展日常工作，对会员大会（或会员代表大会）负责。

第 63 条［社会团体理事会职权］：社会团体理事会依照章程规定行使下列职权：

（一）召集会员大会和会员代表大会，向会员大会和会员代表大会报告工作，执行会员大会和会员代表大会决议；

（二）拟订年度工作计划和年度财务预算方案、决算方案；

（三）决定内部管理机构设置和内部管理基本制度；

（四）决定聘任或者解聘秘书长，根据秘书长的提名决定聘任或者解聘副秘书长、财务负责人等高级管理人员，并决定其报酬事项；

（五）决定会员的吸收、处分或除名；

（六）拟订社会团体变更、解散和清算等事项的方案；

（七）章程规定的其他职权。

立法缘由：

本条是关于社会团体理事会职权的规定。社会团体理事会职权是由理事会的性质和地位决定的。社会团体理事会作为会员大会的执行机构，其首要的职权就是召集会员大会和会员代表大会，向会员大会和会员代表大会报告工作，执行会员大会和会员代表大会的决议，理事会的这些职权，体现了理事会与会员大会和会员代表大会的实质关系。同时，理事会作为社会团体的日常决策机构，具有一定的决策权，这些决策权分为两种情形，一种情形是理事会提出方案、建议，需要会员大会和会员代表大会最终表决，另一种情形是理事会直接决定。对于第一种情形，本条规定理事会拟订年度工作计划和年度财务预算方案、决算方案；拟订社会团体变更、解散和清算等事项的方案。对于这些事项，会员大会和会员代表大会具有最终决定权，但理事会可以通过制订方案并提交会员大会和会员代表大会审议表决来施加影响，参与社会团体重大事项的决策。对于第二种情形，本条规定理事会决定内部管理机构的设置，制定内部管理制度，决定聘任或者解聘秘书长，根据秘书长的提名决定聘任或者解聘副秘书长、财务负责人等高级管理人员，并决定其报酬事项。这些职权是理事会管理权的重要体现，也是理事会执行会员大会和会员代表大会决议、实施社会团体工作计划、保障社会团体良好运行的基础。同时。会员的吸收、处分或除名也是一项日常性工作，由理事会负责有利于保障这项工作的有序开展，但是，如果会员人数不是很多，章程规定需由会员大会批准，则从其规定。

参考依据：

《爱沙尼亚非营利社团法》第27条：理事会的代表权

I. 每个理事有权在所有法律行为中代表非营利社团，但是法律另有规定的除外。

II. 章程可以规定全体或者部分理事只能共同代表非营利社团。该限制只有经登记才能对抗第三人。

III. 社团章程或者社员大会决议可以限制理事会代表非营利社团的权利。关于代表权的限制不对抗第三人。

IV. 理事会可以根据社员大会的决议和决议规定的条件，转让或者受让非营利社团的经登记的不动产物权或动产物权，但是章程另有规定的除外。该限制经登记的，可以对抗第三人。

《公司法》第46条：董事会对股东会负责，行使下列职权：(一) 召集股东会会议，并向股东会报告工作；(二) 执行股东会的决议；(三) 决定公司的经营计划和投资方案；(四) 制订公司的年度财务预算方案、决算方案；(五) 制订公司的利润分配方案和弥补亏损方案；(六) 制订公司增加或者减少注册资本以及发行公司债券的方案；(七) 制订公司合并、分立、解散或者变更公司形式的方案；(八) 决定公司内部管理机构的设置；(九) 决定聘任或者解聘公司经理及其报酬事项，并根据经理的提名决定聘任或者解聘公司副经理、财务负责人及其报酬事项；（十）制定公司的基本管理制度；（十一）公司章程规定的其他职权。

第64条［社会团体监事会任免和性质］：社会团体监事会成员由会员大会或者会员代表大会选任和罢免，对会员大会和会员代表大会负责。

立法缘由：

本条是关于社会团体监事会成员任免的规定。社会团体的监事会是与理事会并立的，负责对理事会及秘书长等是否正确履行职责进行监督的常设监督机构，其成员产生程序应与理事会成员产生程序基本对等，以保障监事会有足够的权威、地位对理事会及秘书长等的履职情况进行监督，为此，本条规定监事会成员由会员大会或者会员代表大会选任和罢免，对会员大会和会员代表大会负责。

参考依据：

《爱沙尼亚非营利社团法》第34条：监督

I. 社员大会监督其他机关的活动。为了履行职责，社员大会可以要求审查或者审计。

I-1. 理事或者非营利社团的会计不得作为审查人或者审计人。

II. 理事或者其他机关的成员应当允许审查人或者审计人审核所有审查或者审计所必需的文件，并提供必要的信息。

III. 审查人和审计人应当制作关于审查或者审计结果的报告，并提交社员大会。

第三节 基金会的组织机构

第65条［基金会理事会成员的任免］：基金会理事的条件及产生和罢免程序，由章程规定。

基金会第一届理事，由发起人按照章程规定指定。基金会理事会换届或者理事需要增补时，由理事会按照章程规定的条件和程序产生新的理事。

基金会理事会、监事会可以罢免理事。发起人可以提请理事会、监事会罢免理事。

基金会发起人、现任理事、现任监事认为理事的产生或者罢免不符合法律或者章程规定，可以向人民法院申请撤销。登记管理机关认为理事的产生或者罢免不符合法律或者章程规定，可以要求理事会、监事会按照章程规定程序重新确定理事名单。

立法缘由：

本条是关于基金会理事的产生和罢免的规定。基金会不同于社会团体，其理事的产生和罢免没有会员大会选举产生这样的程序。理事如何产生，应当尊重基金会发起人的意愿，发起人的意愿一般就是最初设立该基金会的意愿，而基金会发起人意愿的集中体现，就是发起人设立基金会时制定的章程。为此，本条规定基金会理事的产生和罢免程序，由基金会章程规定。基金会理事的日常选任和罢免由理事会按章程开展，监事会作为监督机构也有权罢免理事。为保障基金会理事的任免体现发起人的原意，本条同时还作三个方面规定，一是基金会第一届理事，由发起人按照章程规定指定。二是发起人可以提请理事会、监事会罢免理事。三是基金会发起人、现任理事、现任监事认为新的理事的产生或者理事的罢免不符合章程规定，可以向人民法院申请撤销。由于理事对于基金会具有重要意义，为了加强对基金会的外部监督，保障理事的任免符合法律和章程规定，保障基金会的发展，本条赋予登记管理机关对于理事任免一定的监督权，要求理事名单应当于确认之日起三十日内报登记管理机关备案。登记管理机关认为理事产生或者罢免不符合章程规定，可以要求理事会、监事会按照章程规定程序重新确定理事名单。

参考依据：

《爱沙尼亚财团法》第17条：理事会

I. 财团应当设置理事会以管理和代表财团。理事会可以由一名或者数名理事组成。

II. 理事必须是具有行为能力的自然人。

III. 理事半数以上必须在爱沙尼亚有居所。

IV. 理事会有二名以上理事的，理事应当互选产生理事长。理事长应当负责组织理事会的活动。

V. 章程规定了受益人的范围的，受益人或者享有与其具有共同经济利益的人不得担任理事。

VI. 监事或者破产人不得担任理事。章程可以规定不能担任理事的其他人。

VII. 管理财团时，理事会应当遵守监事会的合法指令。超出日常经济活动范围的交易行为必须经监事会同意后由理事会为之。

VIII. 理事会应当至少每四个月一次向监事会说明财团的经济活动和资金状况的概况，并应当及时将财团资金状况的任何严重恶化或者有关财团经济活动的任何其他重大事实通知监事会。

第 19 条：理事的选任

I. 理事应当由创立决定书选任。

II. 理事会组成的变更以及理事的解任由监事会决定。

III. 理事不得将职责移转于第三人，但是章程或者监事会决议另有规定的除外。

IV. 理事会应当向监事提供有关财团管理的必要信息，并根据其要求提出相应的报告，但章程另有规定的除外。

第 21 条：理事的解任

I. 监事会可以随时无需理由地解任理事，但是与该理事缔结的合同上的权利和义务仅根据合同而终止。

II. 章程可以规定理事的解任只能基于正当理由，尤其是严重不履行其职责或者无能力管理财团。

《基金会管理条例》 第 20 条：基金会设理事会，理事为 5 人至 25 人，理事任期由章程规定，但每届任期不得超过 5 年。理事任期届满，连选可以连任。

用私人财产设立的非公募基金会，相互间有近亲属关系的基金会理事，总数不得超过理事总人数的三分之一；其他基金会，具有近亲属关系的不得同时在理事会任职。

在基金会领取报酬的理事不得超过理事总人数的三分之一。

理事会设理事长、副理事长和秘书长，从理事中选举产生，理事长是基金会的法定代表人。

《基金会章程示范文本》 理事的产生和罢免：（一）第一届理事由业务主管单位、主要捐赠人、发起人分别提名并共同协商确定。（二）理事会换届改选时，由业务主管单位、理事会、主要捐赠人共同提名候选人并组织换届领导小组，组织全部候选人共同选举产生新一届理事。（三）罢免、增补理事应当经理事会表决通过，报业务主管单位审查同意。（四）理事的选举和罢免结果报登记管理机关备案。[用私人财产设立的非公募基金会应注明：相互间有近亲属关系的基金会理事，总数不得超过理事总人数的 1/3；其他基金会应注明：具有近亲属关系的不得同时在理事会任职。]

第 66 条［基金会理事会的性质和职权］：基金会理事会是基金会的决策机构，根据法律、法规和章程开展活动，对基金会负责，行使下列职权：

（一）修改章程；

（二）选举、罢免理事长、副理事长、理事和聘任、解聘秘书长；

（三）设定和管理内部组织机构，制定内部管理基本制度；

（四）决定资金筹集、管理和使用方案；

（五）审定年度工作计划、年度工作报告、收支预算和决算；

（六）审定重大业务活动计划，包括章程规定的重大募捐活动、投资活动、关联交易等；

（七）决定由秘书长提名的副秘书长和各机构主要负责人的聘任；

（八）听取、审议秘书长的工作报告，检查秘书长的工作；

（九）决定基金会的分立、合并或终止；

（十）决定其他重大事项。

立法缘由：

本条是关于基金会理事会的法律地位和职权的规定。基金会理事会上面没有社会团体会员大会这样的机构，基金会的所有重大事项，理事会具有最终的决策权，所以，本条明确基金会理事会是基金会的决策机构，而社会团体的理事会是会员大会的执行机构。在职权上，基金会理事会不仅具有社会团体理事会的相关职权，而且基本具有社会团体会员大会的相关职权。对于这些权限，本条参照基金会章程示范文本的规定进行了明确。

参考依据：

《摩尔多瓦基金会法》第 27 条：基金会董事会的职能

（1）基金会董事会必须：a）详细拟定基金会发展的策略；b）批准基金会活动的预算及其变动、财政报告和年度报告；c）管理经营基金会财产（资产），决定跟其他基金会进行联合的程序（这样的联合必须是基金会章程所允许的）；d）选举董事会新成员，做出撤销基金会董事会成员的决议；e）建立基金会其他机构；f）负责指导基金会为扩张其财产所开展的活动；g）对基金会活动中所出现的所有问题做出决议；h）保证基金会遵守非商业部门的道德准则。

(2) 基金会董事会必须审查基金会的所有文件，并应该有权控制基金会的财务和财产记录，保证基金会所开展的活动的合法性。

《基金会管理条例》 第 21 条：理事会是基金会的决策机构，依法行使章程规定的职权。

理事会每年至少召开 2 次会议。理事会会议须有三分之二以上理事出席方能召开；理事会决议须经出席理事过半数通过方为有效。

下列重要事项的决议，须经出席理事表决，三分之二以上通过方为有效：(一) 章程的修改；(二) 选举或者罢免理事长、副理事长、秘书长；(三) 章程规定的重大募捐、投资活动；(四) 基金会的分立、合并。

理事会会议应当制作会议记录，并由出席理事审阅、签名。

《基金会章程示范文本》 本基金会的决策机构是理事会。理事会行使下列职权：(一) 制定、修改章程；(二) 选举、罢免理事长、副理事长、秘书长；(三) 决定重大业务活动计划，包括资金的募集、管理和使用计划；(四) 年度收支预算及决算审定；(五) 制定内部管理制度；(六) 决定设立办事机构、分支机构、代表机构；(七) 决定由秘书长提名的副秘书长和各机构主要负责人的聘任；(八) 听取、审议秘书长的工作报告，检查秘书长的工作；(九) 决定基金会的分立、合并或终止；(十) 决定其他重大事项。

第 67 条 [基金会监事的任免]：基金会监事的条件及产生和罢免程序，由基金会章程规定。

基金会第一届监事，由发起人按照章程规定指定。基金会监事会换届或者监事需要增补时，由监事会按照章程规定程序产生新的监事。

监事会可以罢免监事。理事会、发起人可以提请监事会罢免监事。

基金会发起人、现任理事、现任监事认为监事的产生或者罢免不符合章程规定，可以向人民法院申请撤销。登记管理机关认为监事的产生或者罢免不符合法律或者章程规定，可以要求监事会按照章程规定程序重新确定监事名单。

立法缘由：

本条是关于基金会监事的产生和罢免的规定。基金会的监事与基金会的理事一样，同样没有社会团体会员大会产生和罢免这样的程序。基金会的监事与基金会的理事在基金会中属于并立的机构，具有同等的地位，对于保障基金会的有序运行同等重要，本条对基金会监事的任免程序作了与基金会理事的任免基本相同的规定。

参考依据：

《吉尔吉斯斯坦共和国非商业组织法》第29条：监事的选任、撤换和解任

监事会由三名监事组成，但章程可以规定监事为三人以上。有行为能力的自然人可以成为监事。

财团理事会应当向登记机关提交监事名册。监事会组成有任何变更的，理事会应当在七日内通知登记机关。

监事的选任、解任程序，由章程规定。

监事因为身体原因不能从事监事会的工作，或者以任何方式造成财团的实质性损害的，监事会可以根据一个或多个发起人或者其他监事的申请，或者其本人的申请，解任该监事。

《印度尼西亚财团法》第41条

I. 财团的监事会由受托人会议的决议选任，并可以随时解任。

II. 监事会的选任、解任和变更不符合章程规定的，根据利害关系人的请求，或者根据检察署代表公共利益而提出的请求，法院可以宣告该选任、解任或者变更无效。

《基金会章程示范文本》监事的产生和罢免：（一）监事由主要捐赠人、业务主管单位分别选派；（二）登记管理机关根据工作需要选派；（三）监事的变更依照其产生程序。

第68条［登记管理机关委派基金会临时理事监事］：当理事、监事无法或者不愿履行职责，或者履行职责违反法律、行政法规或者章程，导致基金会无法正常运行或者利益严重受损时，登记管理机关可以依职权或者根据发起人、其他理事或者监事、主要捐赠人、受益人等利害关系人的请求，选任临时理事、监事代替被撤换的理事、监事，临时理事、监事任职到按照章程选任新的理事、监事为止。

立法缘由：

本条是关于基金会登记管理机关委派临时理事、监事的规定。理事、监事是基金会正常运作必不可少的管理人员。当理事、监事由于死亡、丧失行为能力等无法履行职责时，理事、监事懈怠职务而不愿履行职责时，以及理事、监

事违反法律、行政法规或者章程规定损害基金会利益时，为保障基金会的正常运作，必须临时增补理事、监事。由于理事会、监事会是由理事、监事组成的，在理事、监事具有上述特殊情况时，有可能理事会、监事会履职能力也无法正常行使，影响基金会的利益和慈善公益事业的发展，为保障社会公益，有必要由登记管理机关临时选任。

参考依据：

《爱沙尼亚财团法》第20条：理事的替换

有正当理由时，尤其是理事暂时或者持续地无能力履行其职责时，法院可以根据监事会或者利害关系人的请求选任新理事以替代被撤换的理事。法院选任的理事的资格持续至监事会选任新理事。

第28条：法院选任和解任监事

I. 法律或者章程规定的监事不存在时，法院应当根据利害关系人的请求或者依职权选任之。

II. 章程有规定时或者有其他正当理由时，尤其是严重不履行职责、无能力参加监事会工作或者以其他方式严重损害财团的利益，或者对该监事的破产程序开始时，法院应当根据利害关系人的请求或者依职权解任监事。

III. 本条第二款规定的程序进行期间，法院可以对财团的管理发出必要的命令，以及暂停该程序进行期间的监事的职权。

IV. 法院解任的监事在被解任后五年内不得担任任何财团的理事或者监事。

第四节 社会服务机构的组织机构

第69条［社会服务机构理事会成员的任免］：社会服务机构的理事会由发起人或者其代表、秘书长、职工代表等人员组成，其中三分之一以上的理事应当依法取得相关专业社会服务资格或者具有五年以上相关社会服务工作经验。理事的条件及产生和罢免程序由社会服务机构章程规定。

社会服务机构第一届理事，由发起人按章程规定指定。理事会换届或者理事需要增补时，由理事会按照章程规定的条件和程序产生新的理事。

社会服务机构理事会、监事会可以罢免理事。发起人可以提请理事会、监事会罢免理事。

社会服务机构发起人、现任理事、现任监事认为理事的产生或者罢免不符合法律或者章程规定，可以向人民法院申请撤销。登记管理机关认为理事的产生或者罢免不符合法律或者章程规定，可以要求理事会、监事会按照章程规定程序重新确定理事名单。

立法缘由：

本条是关于社会服务机构理事会的产生和罢免的规定。社会服务机构区别于基金会有两个重要特征：一是社会服务机构主要从事专业社会服务。由于理事会负责决定社会服务机构的重大事项，对相关社会服务工作的熟悉和了解是作出正确决策的基础，决策机构中有一定数量从事过相当时间实际社会服务工作、了解相关社会服务规律的人员，有利于提高决策水平。为了确保社会服务机构的社会服务符合国家法律法规，提高社会服务质量，本条强调其中三分之一以上的理事应当依法取得专业社会服务资格或者具有五年以上社会服务工作经验。二是社会服务机构是一个实体性机构，有一定的员工具体从事社会服务工作，为了实现社会服务机构的民主决策、民主管理，社会服务机构理事会也应当具有一定的职工代表。同时，由于秘书长具体负责社会服务机构日常事务管理，秘书长参加理事会，有利于决策机构广泛了解社会服务机构的实际情况，有利于使决策符合社会服务机构的宗旨，提高社会服务机构的服务质量。除这两项规定以外，社会服务机构理事会成员的任免规定与基金会理事会成员的任免规定基本相同。

参考依据：

《民办教育促进法》第 20 条：学校理事会或者董事会由举办者或者其代表、校长、教职工代表等人员组成。其中三分之一以上的理事或者董事应当具有五年以上教育教学经验。

学校理事会或者董事会由五人以上组成，设理事长或者董事长一人。理事长、理事或者董事长、董事名单报审批机关备案。

第 70 条［社会服务机构理事会性质和职权］：社会服务机构理事会是社会服务机构的决策机构，根据法律、法规和章程独立开展活动，行使下列职权：

（一）修改章程；

（二）选举、罢免理事长、副理事长、理事和聘任、解聘秘书长；

（三）设定和管理内部组织机构，制定内部管理基本制度；

（四）制定业务发展规划，筹集业务经费，确定增减注册资金；

（五）审定年度工作计划、年度工作报告、年度财务预算和决算报告；

（六）审议重大业务活动、大额财产处置、关联交易以及重要涉外活动；

（七）决定由秘书长提名的副秘书长和各机构主要负责人的聘任或者解聘；

（八）听取、审议秘书长的工作报告，检查秘书长的工作；

（九）决定社会服务机构的分立、合并或终止；

（十）决定其他重大事项。

立法缘由：

本条是关于社会服务机构理事会职权的规定。社会服务机构与基金会一样，在理事会上面没有社会团体会员大会这样的机构，理事会对于重大事项具有最终的决策权，所以，本条明确社会服务机构理事会是社会服务机构的决策机构。在具体职权方面，与基金会理事会职权不同的规定主要有两个方面，一是根据社会服务机构作为一个从事社会服务的实体机构的需要，明确理事会制定业务发展规划，筹集业务经费，确定增减注册资金。二是明确理事会审议重大业务活动、大额财产处置、关联交易以及重要涉外活动。

参考依据：

《吉尔吉斯斯坦共和国非商业组织法》第 33 条：管理机关

管理机关的结构、组建程序、工作程序及其职权，由所有人在事业机构的章程中规定。

第 34 条：事业机构与其所有人的关系

事业机构应当根据其章程以及吉尔吉斯斯坦共和国民法典的规定进行事业活动。

所有人的权利可以由所有人的继承人继承。事业机构成立后对其转移财产的人，不享有所有人的权利。

《民办教育促进法》第 21 条：学校理事会或者董事会行使下列职权：（一）聘任和解聘校长；（二）修改学校章程和制定学校的规章制度；（三）制定发展规划，批准年度工作计划；（四）筹集办学经费，审核预算、决算；（五）决定教职工的编制定额和工资标准；（六）决定学校的分立、合并、终止；（七）决定其他重大事项。

其他形式决策机构的职权参照本条规定执行。

《民办非企业单位章程示范文本》 理事会行使下列职权：（一）修改章程；（二）业务活动计划；（三）年度财务预算、决算方案；（四）增加开办资金的方案；（五）本单位的分立、合并或终止；（六）聘任或者解聘本单位院长（或校长、所长、主任等）和其提名聘任或者解聘的本单位副院长（或副校长、副所长、副主任等）及财务负责人；（七）罢免、增补理事；（八）内部机构的设置；（九）制定内部管理制度；（十）从业人员的工资报酬。

第 71 条［社会服务机构监事会成员的任免］： 社会服务机构监事的条件及产生和罢免程序，由社会服务机构章程规定。但社会服务机构监事应当有职工代表。

社会服务机构第一届监事，由发起人按照章程规定指定。社会服务机构监事会换届或者监事需要增补时，由监事会按照章程规定程序产生新的监事。

社会服务机构监事会可以罢免监事。理事会、发起人可以提请监事会罢免监事。

社会服务机构发起人、现任理事、现任监事认为监事的产生或者罢免不符合章程规定，可以向人民法院申请撤销。登记管理机关认为监事的产生或者罢免不符合法律或者章程规定，可以要求监事会按照章程规定程序重新确定理事名单。

立法缘由：

本条是关于社会服务机构监事会成员任免的规定。社会服务机构的监事会与基金会的监事会一样，都是与理事会并立的机构，没有社会团体会员大会产生和罢免这样的程序。社会服务机构的监事会与基金会的监事会的主要区别是，应当根据社会服务机构主要是由职工提供社会服务这一性质，规定监事会应当有职工代表。除此之外，本条对社会服务机构的监事会成员的任免程序作了与基金会监事会成员的任免程序基本相同的规定。

参考依据：

《吉尔吉斯斯坦共和国非商业组织法》 第三十二条：设立事业机构的决定

事业机构根据所有人的决定设立。该决定应当包括下列内容：……（五）事业机构的理事和监事的姓名和地址；……

第四章

行为规范

第72条［一般规定］： 国家鼓励社会组织依法开展活动，实现社会组织章程规定的宗旨。

社会组织应当根据法律法规以及章程的规定，建立健全内部治理结构，明确决策、执行、监督等方面的职责权限，保证各项行为遵守法律法规的规定，符合章程规定的宗旨和业务范围。

立法缘由：

本条是关于社会组织行为规范的一般规定。本条对于社会组织的行为从积极行为和消极行为两个方面进行了规定。一方面，为发挥社会组织的积极作用，规定国家鼓励社会组织依法开展活动，实现社会组织章程规定的宗旨，这是对于社会组织积极作为的引导；另一方面，为防范社会组织的行为影响国家安全和社会稳定，消除社会组织的不良影响，规定社会组织的各项行为应当遵守法律法规的规定，并符合章程规定的宗旨和业务范围。

参考依据：

《立陶宛共和国社团组织法》 第12条：社团组织活动的限制

社团组织：1）不得履行国家及其机构或官员的职责；2）不得具有贸易组织的功能；3）除非依法，否则不得武装其成员或组织军事训练；4）除非用于教育、文化、卫生和体育，不得从其他国家的政府、政府部门或政府组织获得资金或其他财产。

《摩尔多瓦基金会法》 第22条：基金会的义务

（1）基金会必须：a）遵守宪法、本法、其他法律和基金会的章程；b）如果法律进行了修改或者如果发现基金会的组织文件和法律发生矛盾，则要对组织文件做必要的修改；c）每年向司法部门提交报告，其内容必须包括基金会活动的记录、完成的计划、资金的来源、在一个财政年中使用的资金总量、基金会的受益者、行政管理费用的总量。该报告还必须包括基金会董事会成员的姓名、基金会雇员的姓名，以及基金会的地点和基金会负责人的证明材料；d）如果基金会的地点发生变动，要在15天之内通知司法部门。

（2）如果基金会在两年内没有提交第（1）点第c）小点中所说的报告，那么司法部门要要求法院做出裁决，把基金会从国家非赢利组织登记册上清除出去。

《基金会管理条例》第25条：基金会组织募捐、接受捐赠，应当符合章程规定的宗旨和公益活动的业务范围。

《慈善法》第12条：慈善组织应当根据法律法规以及章程的规定，建立健全内部治理结构，明确决策、执行、监督等方面的职责权限，开展慈善活动。

第15条：慈善组织不得从事、资助危害国家安全和社会公共利益的活动，不得接受附加违反法律法规和违背社会公德条件的捐赠，不得对受益人附加违反法律法规和违背社会公德的条件。

《境外非政府组织境内活动管理法》第18条：境外非政府组织代表机构应当以登记的名称，在登记的业务范围和活动地域内开展活动。

第73条［收入要求］：社会组织的财产来源必须合法。社会组织的会费、捐赠收入、提供服务收入、政府资助、保值增值收入和其他合法收入受法律保护。

社会团体的会费标准应当经会员大会或者会员代表大会表决通过，收取会费应当开具收据。

社会组织可以接收捐赠，具备募捐资格的社会组织可以依法开展募捐。社会组织不得接受违反法律、行政法规以及违反社会公德的捐赠。

社会组织提供服务取得收入，所提供服务应当与社会组织的宗旨和业务范围相关联。

社会组织为实现财产保值、增值进行投资的，应当遵循合法、安全、有效的原则，确立投资风险控制机制。

社会组织财产来源于国家资助或者社会捐赠、资助的，应当接受审计机关监督。

立法缘由：

本条是关于社会组织财产收入要求的规定。社会组织作为具有独立法人地位的法律主体，依法取得一定的财产是社会组织开展一切行为活动的前提，是社会组织健康发展的必然要求，是发挥社会组织应有作用的物质基础。只有一方面鼓励社会组织依照章程的规定积极开展业务活动并取得合法收入，另一方面要求社会组织的合法收入必须用于章程规定的业务活动，社会组织才能处于良性循环，不断增强发展后劲。对于社会组织的财产来源，本条只规定要求合法，一切合法的财产，社会组织都可以拥有，并且受法律保护。本条列举了社会组织财产来源的几个主要途径，除了列举的这几个途径外，其他途径来源的合法财产同样受到法律保护。在列举的这几个途径中，来自政府资助的合法性是不容置疑的。除了政府资助外，本条对会费、捐赠收入、提供服务收入和保值增值的来源要求进行了原则性规定。

参考依据：

《匈牙利公益组织法》第 12 条

I. 以公益组织的名义或为公益组织的利益而进行的筹集资金活动，不得妨碍捐赠人或其他人，不得侵犯人身权和人格尊严。

II. 以公益组织的名义或为公益组织的利益而进行的筹集资金活动，应当根据公益组织的书面授权进行。

第 13 条：对公益组织的捐赠应以账面价值进行登记。在没有账面价值时，按通常的市场价格进行登记。

第 16 条

I. 公益组织不得签发汇票或者其他构成信用工具的证券。

II. 除了公益性公司外，公益组织（一）不得为了发展商业活动而进行信用贷款并因此妨碍其公益活动的开展；（二）不得以从国家预算的细项中获得的资助为贷款作担保，或者用于清偿贷款。

第 17 条：从事投资活动的公益组织应制定关于投资的规则，该规则应获得其最高机关的批准。

《慈善法》第 24 条：开展公开募捐，应当制订募捐方案。募捐方案包括募捐目的、起止时间和地域、活动负责人姓名和办公地址、接受捐赠方式、银行账户、受益人、募得款物用途、募捐成本、剩余财产的处理等。

募捐方案应当在开展募捐活动前报慈善组织登记的民政部门备案。

第 54 条：慈善组织为实现财产保值、增值进行投资的，应当遵循合法、安全、有效的原则，投资取得的收益应当全部用于慈善目的。慈善组织的重大投资方案应当经决策机构组成人员三分之二以上同意。政府资助的财产和捐赠协议约定不得投资的财产，不得用于投资。慈善组织的负责人和工作人员不得在慈善组织投资的企业兼职或者领取报酬。

前款规定事项的具体办法，由国务院民政部门制定。

《社会团体登记管理条例》第29条：社会团体的资产来源必须合法，任何单位和个人不得侵占、私分或者挪用社会团体的资产。

社会团体的经费，以及开展章程规定的活动按照国家有关规定所取得的合法收入，必须用于章程规定的业务活动，不得在会员中分配。

社会团体接受捐赠、资助，必须符合章程规定的宗旨和业务范围，必须根据与捐赠人、资助人约定的期限、方式和合法用途使用。社会团体应当向业务主管单位报告接受、使用捐赠、资助的有关情况，并应当将有关情况以适当方式向社会公布。

社会团体专职工作人员的工资和保险福利待遇，参照国家对事业单位的有关规定执行。

《民办非企业单位登记管理暂行条例》第21条：民办非企业单位的资产来源必须合法，任何单位和个人不得侵占、私分或者挪用民办非企业单位的资产。

民办非企业单位开展章程规定的活动，按照国家有关规定取得的合法收入，必须用于章程规定的业务活动。

民办非企业单位接受捐赠、资助，必须符合章程规定的宗旨和业务范围，必须根据与捐赠人、资助人约定的期限、方式和合法用途使用。民办非企业单位应当向业务主管单位报告接受、使用捐赠、资助的有关情况，并应当将有关情况以适当方式向社会公布。

《基金会管理条例》第27条：基金会的财产及其他收入受法律保护，任何单位和个人不得私分、侵占、挪用。

基金会应当根据章程规定的宗旨和公益活动的业务范围使用其财产；捐赠协议明确了具体使用方式的捐赠，根据捐赠协议的约定使用。

接受捐赠的物资无法用于符合其宗旨的用途时，基金会可以依法拍卖或者变卖，所得收入用于捐赠目的。

第74条［支出要求］：社会组织应当充分、高效运用其财产，全部用于章程规定的宗旨和业务范围，不得在发起人、捐赠人、理事、监事和工作人员中分配。任何单位和个人不得侵占、私分或者挪用社会组织的财产。

社会组织与捐赠人、资助人约定了财产具体使用方式的，应当根据约定使用。募捐财产的使用，应当符合募捐方案的规定。接受捐赠的物资无法用于宗旨规定或者约定的用途时，社会组织可以依法拍卖或者变卖，所得收入用于捐赠目的。

社会组织的业务活动支出、行政办公支出和工作人员工资福利支出等，国家有规定的，应当遵循相关规定；没有规定的，应当遵循管理费用最必要原则，厉行节约，保持合理的限度。

社会组织的发起人、主要捐赠人以及管理人员，不得利用其关联关系损害社会组织、受益人的利益和社会公共利益。社会组织的发起人、主要捐赠人以及管理人员与社会组织发生交易行为的，不得参与社会组织有关该交易行为的决策，有关交易情况应当向社会公开。

立法缘由：

本条是关于社会组织财产支出要求的规定。社会组织接受使用的财产是社会财力、物力的一种再分配形式，表达了捐赠人和资助人发展某项社会公益或者互益事业的愿望和要求。由于社会组织的宗旨和业务范围不同，捐赠人和资助人的捐赠和资助意愿也不同，因此社会组织应当按照各自不同的宗旨和业务范围接收和使用其财产，只有这样，才有利于调动社会资源用于公益或者互益事业的积极性，提高社会资源的使用效率。因此，社会组织的财产，必须用于章程规定的宗旨和业务范围。社会组织接受财产时作出的承诺，应当严格遵守有关承诺使用财产。如与捐赠人、资助人约定了财物的使用期限、方式和合法用途，应严格按照约定执行，专款专用，不得相互挤占、挪用。

参考依据：

《印度尼西亚财团法》第 3 条

I. 财团可以为了有助于实现其宗旨和目的，以设立一个商事组织或者参加一个商事组织的方式从事商业活动。

II. 财团不得将其商业收入分配给受托人、理事会或者监事会。

第 5 条：财团根据本法取得的金钱、动产以及其他财产，不得直接或者间接地转移或者分配给受托人、理事会、监事会、雇员或者其他与财团有利害关系的当事人。

第 6 条：财团的机关在执行财团职务中支出的成本或者费用，财团应予补偿。

《匈牙利公益组织法》第 14 条

I. 公益组织不得分配利润，但应当将其用于章程规定的活动。

II. 除了经常性资助外，公益组织从国家预算的各细项中获得资助必须订立书面合同。该资助的在财务上的内容和方式应当在合同中规定。

III. 第二款规定的资助的取得、数额以及具体条款应当在媒体上公布。有关公益组织提供的目的事业资助的信息应当能够被所有的人了解。

IV. 公益组织不得向负责人、捐赠人以及他们的亲属提供目的事业资助，但是那些对所有人毫无限制地提供的服务，以及基于民间社团与其成员之间的法律关系而给予的、与章程的规定一致的资助除外。

《慈善法》第14条：慈善组织的发起人、主要捐赠人以及管理人员，不得利用其关联关系损害慈善组织、受益人的利益和社会公共利益。

慈善组织的发起人、主要捐赠人以及管理人员与慈善组织发生交易行为的，不得参与慈善组织有关该交易行为的决策，有关交易情况应当向社会公开。

第60条：慈善组织应当积极开展慈善活动，充分、高效运用慈善财产，并遵循管理费用最必要原则，厉行节约，减少不必要的开支。慈善组织中具有公开募捐资格的基金会开展慈善活动的年度支出，不得低于上一年总收入的百分之七十或者前三年收入平均数额的百分之七十；年度管理费用不得超过当年总支出的百分之十，特殊情况下，年度管理费用难以符合前述规定的，应当报告其登记的民政部门并向社会公开说明情况。

具有公开募捐资格的基金会以外的慈善组织开展慈善活动的年度支出和管理费用的标准，由国务院民政部门会同国务院财政、税务等部门依照前款规定的原则制定。

捐赠协议对单项捐赠财产的慈善活动支出和管理费用有约定的，按照其约定。

《基金会管理条例》第29条：公募基金会每年用于从事章程规定的公益事业支出，不得低于上一年总收入的70%；非公募基金会每年用于从事章程规定的公益事业支出，不得低于上一年基金余额的8%。

基金会工作人员工资福利和行政办公支出不得超过当年总支出的10%。

第75条［财会要求］：社会组织应当执行国家统一的财务、会计制度，依法进行财务、会计核算，建立健全会计监督制度，保证会计资料合法、真实、准确、完整。

社会组织财务收支应当全部纳入其开立的银行账户，不得使用其他组织或者个人的银行账户。社会组织除法定的会计账簿外，不得另立会计账簿。

社会组织应当在每一会计年度终了时编制财务会计报告，并按规定进行审计。社会组织换届或者变更法定代表人前，监事会应当组织进行财务审计。

社会组织应当向聘用的会计师事务所提供真实、完整的会计凭证、会计账簿、财务会计报告及其他会计资料，不得拒绝、隐匿、谎报、漏报。

立法缘由：

本条是关于社会组织财务会计工作要求的规定。社会组织的财产来源于举办人筹措或者国家资助及社会捐赠与资助的财产，如果在管理和使用中出现问题，将直接影响社会组织业务活动的顺利开展，也将影响社会资源的有效合理使用。因此，社会组织必须严格执行国家规定的财务会计管理制度，加强社会组织的财务管理，规范财务行为，以保证社会组织健康发展。社会组织的财务会计管理首先应严格执行《中华人民共和国会计法》《民间非营利组织会计准则》等国家有关法律、法规和财务规章制度。同时，为加强对社会组织法定代表人的财务会计监督，本条规定了社会组织法定代表人的离任审计制度。

参考依据：

《日本特定非营利活动促进法》第 27 条：特定非营利活动法人的会计帐目，应当根据本法以及下列原则进行记录：（一）收入和支出应当以预算为基础；（二）会计帐簿应当根据正式的记帐准则进行准确记录；（三）财产清单、资产负债表和收支计算书必须根据帐簿的记载，反映真实的收支状况和财务状况；（四）会计处理上遵循的标准和程序必须每个年度（如果特设财务年度的，指每个财务年度。第二十八条第一款和第二十九条第一款相同）互相一致，不得随意变更。

《南非 1997 年非营利组织法》第 17 条

I. 已登记非营利组织应当根据被普遍接受的会计准则，（一）保留关于其收入和支出、资产和负债的会计记录；（二）在财政年度结束后的六个月内，草拟其财政报告，该报告应当至少包括下列内容：1. 关于本财政年度收入和支出的说明；2. 反映其资产、负债和本财政年度结束时财政情况的资产负债表。

II. 在草拟财政报告后的两个月内，已登记非营利组织应安排会计主管制作正式报告书并且提交该组织，其中应当说明：（一）该组织的财政报告同其会计记录是否一致；（二）该组织的会计政策是否适当，在制作财政报告过程中是否得到遵循；（三）该组织是否遵守了本法和其章程中有关财政事项的规定。

III. 任何非营利组织应在规章规定的期间内保存所有的会计帐簿、有关凭证、成员捐赠或者缴纳费用的记录、收入和支出的说明、资产负债表和会计主管报告书的原件或者复本。

《慈善法》第12条：慈善组织应当执行国家统一的会计制度，依法进行会计核算，建立健全会计监督制度，并接受政府有关部门的监督管理。

《社会团体登记管理条例》第30条：社会团体必须执行国家规定的财务管理制度，接受财政部门的监督；资产来源属于国家拨款或者社会捐赠、资助的，还应当接受审计机关的监督。

社会团体在换届或者更换法定代表人之前，登记管理机关、业务主管单位应当组织对其进行财务审计。

第76条［业务活动要求］：社会组织开展资助、服务等活动，应当建立项目管理制度，向社会公布所资助、服务的项目种类和资助、服务对象的条件及申请、确定程序，不得指定社会组织管理人员及其利害关系人作为受助人或者服务对象。社会组织可以与受助人或者服务对象签订协议，受助人或者服务对象违反协议的，社会组织有权解除协议。社会组织不得对受助人或者服务对象附加违反法律法规和违背社会公德的条件。

社会组织反映其成员或者其他服务对象的诉求，应当依法向有关国家机关提出书面建议。有关国家机关应当在收到建议之日起二十个工作日内作出书面答复。情况紧急时，社会组织在书面建议中可以要求有关国家机关提前答复，有关国家机关应当依法及时处理。

社会组织可以制定行业规章、团体章程等规范其成员的行为，但是不得侵犯其成员和他人的合法权益，不得违反国家法律法规的规定。

社会组织开展对外合作项目、接受境外捐赠、加入国际组织等活动，应当遵守国家有关规定。

立法缘由：

本条是关于社会组织业务活动要求的规定。社会组织根据章程规定的宗旨和业务范围开展活动，其业务活动形式多种多样。从总的方面看，社会组织的主要活动可以大致概括为三个方面，即提供服务、反映诉求、规范行为。本条分三款分别对社会组织如何提供服务、反映诉求、规范行为进行了基本的规范，为社会组织的主要业务活动提供基本遵循。同时，为了维护国家安全，本条还对社会组织的涉外活动作了原则性规定。

参考依据：

《匈牙利公益组织法》第15条

I. 根据章程中规定的规则，公益组织可以以招标的方式决定对目的事业资助的分配。在此情形下，根据招标的条款，从所有相关情形考察，中标人不得显然已经预先确定（虚伪招标）。

II. 虚伪招标不得作为目的事业资助的根据。

《立陶宛共和国社团组织法》第13条：社团组织的对外交往

依据其组织章程，社团组织可以加入国际性非政府组织，但该国际性非政府组织的目标和宗旨不得违反立陶宛共和国的宪法、本法和其他法律。只要保证不违反共和国宪法、本法和其他法律，社团组织可以保持同外国和国际性非政府组织的联系，并与其签订契约。

《慈善法》第56条：慈善组织应当合理设计慈善项目，优化实施流程，降低运行成本，提高慈善财产使用效益。

慈善组织应当建立项目管理制度，对项目实施情况进行跟踪监督。

第57条：慈善项目终止后捐赠财产有剩余的，按照募捐方案或者捐赠协议处理；募捐方案未规定或者捐赠协议未约定的，慈善组织应当将剩余财产用于目的相同或者相近的其他慈善项目，并向社会公开。

第58条：慈善组织确定慈善受益人，应当坚持公开、公平、公正的原则，不得指定慈善组织管理人员的利害关系人作为受益人。

第59条：慈善组织根据需要可以与受益人签订协议，明确双方权利义务，约定慈善财产的用途、数额和使用方式等内容。

受益人应当珍惜慈善资助，按照协议使用慈善财产。受益人未按照协议使用慈善财产或者有其他严重违反协议情形的，慈善组织有权要求其改正；受益人拒不改正的，慈善组织有权解除协议并要求受益人返还财产。

《基金会管理条例》第30条：基金会开展公益资助项目，应当向社会公布所开展的公益资助项目种类以及申请、评审程序。

第31条：基金会可以与受助人签订协议，约定资助方式、资助数额以及资金用途和使用方式。

基金会有权对资助的使用情况进行监督。受助人未按协议约定使用资助或者有其他违反协议情形的，基金会有权解除资助协议。

第77条［职工权益保护］：社会组织应当保护职工的合法权

益，依法与职工签订劳动合同，参加社会保险，加强劳动保护，改善工作环境。

社会组织应当采用多种形式，加强职工的职业教育和岗位培训，提高职工素质。

立法缘由：

本条是关于社会组织保护职工权益的规定。职工对于社会组织的发展具有重要意义。随着社会组织的发展，对社会组织职工素质的要求也越来越高。只有创造良好的社会组织从业环境，社会组织才有可能吸引优秀人才，社会组织也才能得以发展。为此，本条规定了社会组织对其从业人员的基本义务。本条规定的社会组织对从业人员的义务主要有两个方面：第一个方面是社会组织依据劳动法、社会保险法等法律应当维护的职工的基本权益。根据这些法律，社会组织应当本着平等自愿、协商一致的原则，与职工签订劳动合同，确立劳动关系、明确双方的权利和义务，充分尊重和保障职工的劳动权益；应当为职工办理养老、医疗、工伤、失业、生育等社会保险，使职工在年老、患病、工伤、失业、生育等情况下获得帮助和补偿；应当为职工提供安全、卫生、舒适的工作条件，并不断加以改善，保障职工能以健康的体力工作。第二个方面是社会组织对于职工发展权的维护义务，即社会组织应当通过提供教育培训，使职工业务素质和个人能力得到发展提高。将加强职业教育和岗位培训作为社会组织的一项法定义务，有利于促使社会组织积极采取措施，提高职工素质，也有利于调动职工的工作积极性，使职工更好地适应社会组织的发展要求。这两方面的义务都是社会组织的法定义务。

参考依据：

《立陶宛共和国社团组织法》第 16 条：社团组织雇员的劳动规则

应根据本法规定的程序，社团组织与雇员签订劳动合同。

在签订劳动合同的基础上，社团组织的雇员有权享有法律规定的社会保险和其他权利及保障。相应地，社团组织也就如同政府部门、机构和组织一样支付同样份额的收入给国家社会保险基金。

《公司法》第 17 条：公司必须保护职工的合法权益，依法与职工签订劳动合同，参加社会保险，加强劳动保护，实现安全生产。

公司应当采用多种形式，加强公司职工的职业教育和岗位培训，提高职工素质。

第 78 条［信息披露要求］：社会组织应当将其登记情况、章程、组织机构、财务、业务活动等方面的信息在信息形成之日起十日内在其官网和登记管理机关的社会组织信用信息公示系统公布。

社会组织应当于每年1月1日至3月31日，通过社会组织信用信息公示系统向登记管理机关报送上一年度工作报告和财务会计报告，并向社会公示。

社会组织公布的信息和报送的年度工作报告、财务会计报告等应当真实、准确、完整，不得有虚假记载、误导性陈述或者重大遗漏。但涉及国家秘密、商业秘密或者个人隐私以及捐赠人不同意公开的姓名、名称、住所、通讯方式等信息的，不得公布。

社会组织信息公布、年度报告及其监督检查的办法由国家社会组织登记管理机关制定。

立法缘由：

本条是关于社会组织信息披露要求的规定。信息披露对于社会组织具有特殊重要的意义。社会组织的财产来源于社会，只有社会组织真实、全面地公开信息，让社会相信该社会组织的宗旨和价值符合自己的追求，该社会组织具有的行动能力可以帮助实现自己的意愿，社会组织才会基于“公开”而获得社会的“公信”，并因“公信”而获得资源去从事“公益”等方面的活动。美国卡内基基金会前主席卢塞尔说：“慈善组织要有玻璃做的口袋。”本条对于社会组织的信息披露进行了四个方面的规定，一是社会组织信息的日常披露，二是社会组织信息的年度报告，三是社会组织信息披露的质量要求，四是社会组织信息披露具体办法的制定机关。

参考依据：

《日本特定非营利活动促进法》第28条

I. 特定非营利活动法人应当根据内阁府令，在每个年度的前三个月内，制作关于上一年度（特设财务年度的，指上一财务年度。本款以下相同）的一份事业报告书、财产清单、资产负债表和收支计算书（本款、第二十九条和第四十三条第一款中统称“事业报告书等”），以及一份负责人员名册（指上一年度中所有负责人员的姓名、住所或者居所的列表），此名册中所有领取报酬的负责人员的名册，以及至少十名以上的社员的姓名（对于法人社员，指该法人的名称和法定代表人的姓名）和各自的住所或者居所（本款以及第二十九条、第四十三条第一款中统称“负责人员名册等”）。特定非营利活动法人应当在其主事务所保存这些文件，直到下一年度（特设财务年度的，指下一个财务年度）的最后一日。

II. 如果社员或者其他有兴趣者要求查阅事业报告书等［在法人成立至制作这些文件期间，指第十条第一款第（八）项规定的文件；在法人合并到制作这些文件期间，指第三十五条第一款规定的财产清单。第二十九条第二款的规定中含义相同］、负责人员名册等、章程或者有关认证或者登记的文件（在第二十九条和第四十三条第一款中称作“章程等”），特定非营利活动法人应当允许其查阅，但是有正当理由的情形除外。

第29条

I. 特定非营利活动法人应当根据内阁府令，每年一次向政府主管机关提交事业报告书等、负责人员名册等和章程等（限于经过修改的章程，以及对该修改予以认证和登记的有关文件）。

II. 如有请求查阅一个特定非营利活动法人向政府主管机关提交的事业报告书等、负责人员名册等（限于过去三年中所提交的）或者章程等，政府主管机关应当根据内阁府令允许其查阅。

《慈善法》第71条：慈善组织、慈善信托的受托人应当依法履行信息公开义务。信息公开应当真实、完整、及时。

第72条：慈善组织应当向社会公开组织章程和决策、执行、监督机构成员信息以及国务院民政部门要求公开的其他信息。上述信息有重大变更的，慈善组织应当及时向社会公开。

慈善组织应当每年向社会公开其年度工作报告和财务会计报告。具有公开募捐资格的慈善组织的财务会计报告须经审计。

第73条：具有公开募捐资格的慈善组织应当定期向社会公开其募捐情况和慈善项目实施情况。

公开募捐周期超过六个月的，至少每三个月公开一次募捐情况，公开募捐活动结束后三个月内应当全面公开募捐情况。

慈善项目实施周期超过六个月的，至少每三个月公开一次项目实施情况，项目结束后三个月内应当全面公开项目实施情况和募得款物使用情况。

第74条：慈善组织开展定向募捐的，应当及时向捐赠人告知募捐情况、募得款物的管理使用情况。

第75条：慈善组织、慈善信托的受托人应当向受益人告知其资助标准、工作流程和工作规范等信息。

第76条：涉及国家秘密、商业秘密、个人隐私的信息以及捐赠人、慈善信托的委托人不同意公开的姓名、名称、住所、通讯方式等信息，不得公开。

《证券法》第58条：经国务院证券监督管理机构核准依法发行股票，或者经国务院授权的部门批准依法发行公司债券，依照公司法的规定，应当公告招股说明书、公司债券募集办法。依法发行新股或者公司债券的，还应当公告财务会计报告。

第59条：公司公告的股票或者公司债券的发行和上市文件，必须真实、准确、完整，不得有虚假记载、误导性陈述或者重大遗漏。

第61条：股票或者公司债券上市交易的公司，应当在每一会计年度结束之日起四个月内，向国务院证券监督管理机构和证券交易所提交记载以下内容的年度报告，并予公告：（一）公司概况；（二）公司财务会计报告和经营情况；（三）董事、监事、经理及有关高级管理人员简介及其持股情况；（四）已发行的股票、公司债券情况，包括持有公司股份最多的前十名股东名单和持股数额；（五）国务院证券监督管理机构规定的其他事项。

第64条：依照法律、行政法规规定必须作出的公告，应当在国家有关部门规定的报刊上或者在专项出版的公报上刊登，同时将其置备于公司住所、证券交易所，供社会公众查阅。

第79条［接受有关机关监督义务］：社会组织应当自觉接受登记管理机关、业务主管单位、业务许可机关和税务、财政、审计等有关部门依法实施的监督管理，如实反映情况，提供相关材料。

立法缘由：

本条是关于社会组织接受监督义务的规定。社会组织如何面对有关监督管理机关的监督管理，也是社会组织行为规范的重要方面。本条对社会组织如何接受有关监督机关的监督管理进行了基本的规范。社会组织对于有关监督管理机关的监督管理，基本的行为规范要求是自觉接受监督、如实反映情况、提供相关材料。社会组织应当自觉接受监督，是因为接受有关监督管理机关的监督管理，是社会组织的法定义务，拒绝接受监督是一种违法行为，将面临本法规定的惩罚。如实反映情况，是指社会组织应当就监督管理机关调查处理的问题实事求是地反映，不得弄虚作假。提供相关材料，是指社会组织应当就组织和活动中形成的有关材料，提供给监督管理机关，为监督管理机关就调查处理的问题作出判断提供依据。

参考依据：

《立陶宛共和国社团组织法》第11条：社团活动的保证

政府机构和官员、政党、政治组织、和其他组织以及个人不应干涉社团组织的活动。

在调查因社团组织违反立陶宛共和国宪法、本法或其他法律法规，是否给与其警告、暂停或终止行为处罚时，政府登记机关有权查证其行为是否违反立陶宛共和国宪法、本法或其他法律法规。社团组织的代表性机构或经章程授权代表组织的个人应按要求提供被要求的文件和解释。

《境外非政府组织境内活动管理法》第39条：境外非政府组织在中国境内开展活动，应当接受公安机关、有关部门和业务主管单位的监督管理。

第五章

扶持措施

第80条［政府扶持工作机制］：各级人民政府应当制定扶持鼓励政策，支持社会组织发展，引导社会组织发挥提供服务、反映诉求、规范行为等作用。

国务院建立全国社会组织发展工作协调机制，研究社会组织发展中的重大问题，协调推动全国的社会组织发展。国家社会组织登记管理机关具体负责全国的社会组织发展工作。

县级以上地方人民政府根据社会组织发展工作的需要，建立社会组织发展工作协调机制，协调解决本行政区域社会组织发展中的重大问题。

县级以上人民政府有关部门按照各自的职责分工，共同做好社会组织发展工作。

立法缘由：

本条是关于政府扶持社会组织工作机制的规定。社会组织的发展，对于保障公民权利、转变政府职能、创新社会治理都具有十分重要的意义。扶持社会组织发展，已经成为各级人民政府及其部门的重要职责。但是，扶持社会组织发展，涉及各级政府及其各个部门，无法也不应只由一个部门来承担，需要建立一定的协调机制。本条在原则规定各级人民政府扶持社会组织发展义务的基础上，就政府扶持社会组织发展工作机制的建立进行了明确。其中，在国家层面，规定国务院建立全国社会组织发展工作协调机制，研究社会组织发展中的重大问题，协调推动全国的社会组织发展工作，这其实就是要做好扶持社会组织发展的国家顶层制度设计。为了落实责任，防止都管都不管，本条还规定由国家社会组织登记管理机关具体负责全国的社会组织发展工作，国家社会组织登记管理机关应当加强与有关部门的沟通联系，通过全国社会组织发展工作协调机制，及时推动扶持社会组织发展的有关政策制定实施。

参考依据：

《南非1997年非营利组织法》第3条：在法律规定的范围内，所有的国家机关都应当制定一定的政策和措施并协调其执行，该政策和措施应当以促进、支持非营利组织实现其职能并增强相应的能力为目的。

第4条：部长应当在中央主管部门内建立一个非营利组织委员会。

第5条：除部长决定的以及本法其他规定条款所规定的职能外，委员会负责下列事项：（一）为政策制定和执行的过程提供便利条件；（二）决定和执行工作项目，其中包括1. 对非营利组织登记中的事务予以支持；以及2. 确保非营利组织的内部管理水平能够得到保持和提高；（三）同其他政府部门以及利害关系人保持联系；并且（四）为涉及多个部门、多个领域的工作项目的发展和执行提供便利。

第11条：部长在向国会两院负责福利事务的委员会以及其他与给予已登记非营利组织的优惠待遇或者补助有关的各部部长磋商后，可以规定给予已登记非营利组织优惠待遇或者补助。

《慈善法》第77条：县级以上人民政府应当根据经济社会发展情况，制定促进慈善事业发展的政策和措施。

县级以上人民政府有关部门应当在各自职责范围内，向慈善组织、慈善信托受托人等提供慈善需求信息，为慈善活动提供指导和帮助。

《境外非政府组织境内活动管理法》第33条：国家保障和支持境外非政府组织在中国境内依法开展活动。各级人民政府有关部门应当为境外非政府组织在中国境内依法开展活动提供必要的便利和服务。

《农业机械化促进法》第22条：各级人民政府应当采取措施，鼓励和扶持发展多种形式的农业机械服务组织，推进农业机械化信息网络建设，完善农业机械化服务体系。农业机械服务组织应当根据农民、农业生产经营组织的需求，提供农业机械示范推广、实用技术培训、维修、信息、中介等社会化服务。

《就业促进法》第6条：国务院建立全国促进就业工作协调机制，研究就业工作中的重大问题，协调推动全国的促进就业工作。国务院劳动行政部门具体负责全国的促进就业工作。

省、自治区、直辖市人民政府根据促进就业工作的需要，建立促进就业工作协调机制，协调解决本行政区域就业工作中的重大问题。

县级以上人民政府有关部门按照各自的职责分工，共同做好促进就业工作。

第81条［发展规划］：国家社会组织登记管理机关会同国家发展改革部门编制全国社会组织发展规划，报国务院批准后公布施行。县级以上地方人民政府社会组织登记管理机关会同本级人民政府发展改革部门编制本行政区域社会组织发展规划，报本级人民政府批准后公布施行。

社会组织发展规划应当包括规划目标、主要内容、重点任务和保障措施等。

国务院和县级以上地方人民政府，应当将社会组织工作纳入国民经济和社会发展规划、年度计划以及相关规划、计划。

各级社会组织登记管理机关以制定社会组织发展指导目录等方式，确定扶持重点，引导鼓励社会组织发展。

立法缘由：

本条是关于社会组织发展规划的规定。扶持社会组织发展，首先要明确社会组织的发展方向。规划是一种面向未来的行政设计，是指引社会组织发展方向的现代行政制度安排。通过规划明确一段时期社会组织的目标、任务、措施，不仅可以确定社会组织的发展方向，使政府扶持社会组织的资源得到最有效的利用，而且可以促进社会各界对社会组织发展的理解，使社会各界更多地参与和支持社会组织的发展。特别是社会组织涉及政治改革、经济发展、社会和谐、文化繁荣和环境保护等诸多方面，国家应当制定社会组织发展规划，在宏观上、全局上、长远上确定社会组织的发展目标和发展措施。本条对社会组织发展规划的制定主体、主要内容和实施方式进行了原则规定。社会组织发展规划，可为社会组织的发展指引方向，增强社会组织发展的科学性。

参考依据：

《中小企业促进法》第4条：国务院负责制定中小企业政策，对全国中小企业的发展进行统筹规划。

国务院负责企业工作的部门组织实施国家中小企业政策和规划，对全国中小企业工作进行综合协调、指导和服务。

国务院有关部门根据国家中小企业政策和统筹规划，在各自职责范围内对中小企业工作进行指导和服务。

县级以上地方各级人民政府及其所属的负责企业工作的部门和其他有关部门在各自职责范围内对本行政区域内的中小企业进行指导和服务。

第5条：国务院负责企业工作的部门根据国家产业政策，结合中小企业特点和发展状况，以制定中小企业发展产业指导目录等方式，确定扶持重点，引导鼓励中小企业发展。

《循环经济促进法》第12条：国务院循环经济发展综合管理部门会同国务院环境保护等有关主管部门编制全国循环经济发展规划，报国务院批准后公布施行。设区的市级以上地方人民政府循环经济发展综合管理部门会同本级人民政府环境保护等有关主管部门编制本行政区域循环经济发展规划，报本级人民政府批准后公布施行。

循环经济发展规划应当包括规划目标、适用范围、主要内容、重点任务和保障措施等，并规定资源产出率、废物再利用和资源化率等指标。

《清洁生产促进法》第4条：国家鼓励和促进清洁生产。国务院和县级以上地方人民政府，应当将清洁生产促进工作纳入国民经济和社会发展规划、年度计划以及环境保护、资源利用、产业发展、区域开发等规划。

第7条：国务院应当制定有利于实施清洁生产的财政税收政策。

国务院及其有关部门和省、自治区、直辖市人民政府，应当制定有利于实施清洁生产的产业政策、技术开发和推广政策。

《就业促进法》第4条：县级以上人民政府把扩大就业作为经济和社会发展的重要目标，纳入国民经济和社会发展规划，并制定促进就业的中长期规划和年度工作计划。

第82条［预算安排扶持资金］：各级财政预算设立社会组织科目，预算安排扶持社会组织发展专项资金。

扶持社会组织发展专项资金用于下列扶持社会组织的事项：

（一）支持社会组织的开办；

（二）支持社会组织的人员培训；

（三）支持社会组织信息网络的建立；

（四）支持社会组织服务体系的建立；

（五）支持社会组织的政策研究；

（六）支持社会组织的国际交流；

（七）支持社会组织能力提升和发展环境改善的其他事项。

扶持社会组织发展专项资金的使用管理办法由各级人民政府财政部门会同社会组织登记管理机关规定。

立法缘由：

社会组织从事的事业，很大部分是应由政府直接出资完成的事业。支持社会组织的设立创办，让更多的社会力量参与慈善公益事业；支持社会组织提升能力，让社会组织有能力更好地完成慈善公益事业；支持社会组织改善环境，让社会组织更好地发展，最终将既促进慈善公益事业的发展，又将提高政府财政资金对公益事业的投入效益。因此，政府设立社会组织发展专项资金，从长远来看将减少财政资金的支出压力，提高财政资金的使用效益。因此，本条对各级财政预算安排扶持社会组织发展专项资金进行了规定。需要说明的是，扶持社会组织发展专项基金，主要专门用于资助社会组织的设立创办、能力提升和发展环境改善三个方面。资助设立创办的社会组织一般应当是社会组织发展规划重点培育发展的社会组织。

参考依据：

《印度尼西亚财团法》第 27 条

I. 在特定情形下，国家可以给予财团帮助。

II. 第一款规定的国家帮助的条件和程序，由行政法规作进一步规定。

《中小企业促进法》第 10 条：中央财政预算应当设立中小企业科目，安排扶持中小企业发展专项资金。

地方人民政府应当根据实际情况为中小企业提供财政支持。

第 11 条：国家扶持中小企业发展专项资金用于促进中小企业服务体系建设，开展支持中小企业的工作，补充中小企业发展基金和扶持中小企业发展的其他事项。

第 12 条：国家设立中小企业发展基金。中小企业发展基金由下列资金组成：(一) 中央财政预算安排的扶持中小企业发展专项资金；(二) 基金收益；(三) 捐赠；(四) 其他资金。

国家通过税收政策，鼓励对中小企业发展基金的捐赠。

第 13 条：国家中小企业发展基金用于下列扶持中小企业的事项：(一) 创业辅导和服务；(二) 支持建立中小企业信用担保体系；(三) 支持技术创新；(四) 鼓励专业化发展以及与大企业的协作配套；(五) 支持中小企业服务机构开展人员培训、信息咨询等项工作；(六) 支持中小企业开拓国际市场；(七) 支持中小企业实施清洁生产；(八) 其他事项。

中小企业发展基金的设立和使用管理办法由国务院另行规定。

《清洁生产促进法》第 9 条：中央预算应当加强对清洁生产促进工作的资金投入，包括中央财政清洁生产专项资金和中央预算安排的其他清洁生产资金，用于支持国家清洁生产推行规划确定的重点领域、重点行业、重点工程实施清洁生产及其技术推广工作，以及生态脆弱地区实施清洁生产的项目。中央预算用于支持清洁生产促进工作的资金使用的具体办法，由国务院财政部门、清洁生产综合协调部门会同国务院有关部门制定。

县级以上地方人民政府应当统筹地方财政安排的清洁生产促进工作的资金，引导社会资金，支持清洁生产重点项目。

《就业促进法》第 15 条：国家实行有利于促进就业的财政政策，加大资金投入，改善就业环境，扩大就业。

县级以上人民政府应当根据就业状况和就业工作目标，在财政预算中安排就业专项资金用于促进就业工作。

就业专项资金用于职业介绍、职业培训、公益性岗位、职业技能鉴定、特定就业政策和社会保险等的补贴，小额贷款担保基金和微利项目的小额担保贷款贴息，以及扶持公共就业服务等。就业专项资金的使用管理办法由国务院财政部门和劳动行政部门规定。

第 83 条［社会组织补贴］：各级人民政府及其有关部门应当将符合条件的社会组织纳入政府产业扶持和社会事业发展扶持政策范围。

各级人民政府及其有关部门对社会组织开展慈善公益活动和行业自律协调等方面的工作经费和有关支出，可以给予补贴。补贴资金的使用应当遵循公开、公平、公正、及时、有效的原则。具体办法由各级人民政府财政部门会同社会组织登记管理机关规定。

立法缘由：

本条是关于社会组织财政补贴制度的规定。目前，我国对于农业、清洁生产、循环经济等产业和教育、科技、文化、卫生等事业建立了政府产业扶持政策和社会事业发展扶持政策，社会组织从事和服务相关产业和社会事业，亦应享受相关政府产业扶持政策和社会事业发展扶持政策。如农村专业经济协会应当与农民专业合作社一样享受农业相关产业扶持政策，从事教育、科技、文化、卫生等服务的社会组织应当享受教育、科技、文化、卫生等方面的社会事业发展扶持政策。社会组织除了享受相关产业扶持和社会事业发展扶持政策外，基于社会组织的非营利性特征，政府还应当根据业务活动经费的开支情况和社会效益的大小，确定相应的补贴指标或者补贴比例，对社会组织开展公益活动和行业协调等方面工作的经费给予一定补贴，支持社会组织开展相关服务。需要说明的是，社会组织补贴资金不同于前述社会组织扶持专项资金，社会组织补贴资金是对社会组织已经支出的业务活动经费给予一定的弥补，既减少社会组织的工作费用，又表明对社会组织特定活动的鼓励；而社会组织扶持专项资金不直接与社会组织的业务活动经费支出联系，主要用于支出社会组织的设立创办、能力提升和环境改善三方面。

参考依据：

《捷克公益法人法》第 18 条

I. 在为了进行事业活动而进行的必要准备时，公益法人可以向下列机构申请补贴：政府预算，地区行政机关预算，社区预算，或者其他地方行政机关预算。公益法人也可以向依法设立的基金申请资助。

II. 政府、社区、地区行政机关或者其他地方行政机关的预算中作出的补贴，只能从一个机构获得对单个项目或者单个活动的补贴。

III. 对于从政府预算中给予的补贴，公益法人应当根据其所从事的主要业务向相应的政府主管机关申请。

IV. 补贴机关应当制定补贴的具体条件，并且监督和评价对补贴的利用。

《农业机械化促进法》第 27 条：中央财政、省级财政应当分别安排专项资金，对农民和农业生产经营组织购买国家支持推广的先进适用的农业机械给予补贴。补贴资金的使用应当遵循公开、公正、及时、有效的原则，可以向农民和农业生产经营组织发放，也可以采用贴息方式支持金融机构向农民和农业生产经营组织购买先进适用的农业机械提供贷款。具体办法由国务院规定。

第 28 条：从事农业机械生产作业服务的收入，按照国家规定给予税收优惠。

国家根据农业和农村经济发展的需要，对农业机械的农业生产作业用燃油安排财政补贴。燃油补贴应当向直接从事农业机械作业的农民和农业生产经营组织发放。具体办法由国务院规定。

《循环经济促进法》第 42 条：国务院和省、自治区、直辖市人民政府设立发展循环经济的有关专项资金，支持循环经济的科技研究开发、循环经济技术和产品的示范与推广、重大循环经济项目的实施、发展循环经济的信息服务等。具体办法由国务院财政部门会同国务院循环经济发展综合管理等有关主管部门制定。

第 43 条：国务院和省、自治区、直辖市人民政府及其有关部门应当将循环经济重大科技攻关项目的自主创新研究、应用示范和产业化发展列入国家或者省级科技发展规划和高技术产业发展规划，并安排财政性资金予以支持。

利用财政性资金引进循环经济重大技术、装备的，应当制定消化、吸收和创新方案，报有关主管部门审批并由其监督实施；有关主管部门应当根据实际需要建立协调机制，对重大技术、装备的引进和消化、吸收、创新实行统筹协调，并给予资金支持。

第 84 条［政府购买社会组织服务］： 国家实行有利于社会组织发展的政府采购政策。财政性资金购买公共服务，应当优先向社会组织购买。

各级人民政府及其部门每年的政府采购资金中，应当安排一定比例的资金向社会组织购买服务。各级人民政府财政部门应当制定购买社会组织公共服务办法，每年编制政府向社会组织购买服务的项目目录，并向社会发布。

县级以上人民政府机构编制部门应当定期编制本级人民政府及其部门向社会组织转移公共服务职能目录，明确转移职能的部门、事项及转移方式。转移公共服务职能的政府及其部门，应当支付承接公共服务的社会组织必要的经费。

各级国家机关在制定相关法律、法规、政策和规划、标准等时，应当听取相关社会组织的意见和建议，并支付社会组织为此开支的必要经费。

立法缘由：

本条是对政府购买社会组织服务制度的规定。政府购买社会组织服务，让社会组织“有事可做”，是鼓励支持社会组织的有效扶持措施。而且，通过政府向社会组织购买服务，还可以创新政府公共服务提供方式，推动政府职能转变，增加公共服务供给，提高公共服务水平和效率。本条对政府购买社会组织服务制度的规定，突出了三个方面的内容。一是购买主体，是各级人民政府及其部门都需要建立购买社会组织服务制度。二是购买的内容，是公共服务，由于社会组织与政府部门都是公共服务的提供者，都具有非营利性，所以规定公共服务应当优先向社会组织采购。各级人民政府财政部门应当每年编制发布政府向社会组织购买服务的项目目录。三是购买资金。各级人民政府及其部门每年的政府采购资金中，应当安排一定比例的资金向社会组织购买服务。具体比例，可由各级人民政府规定，亦可由有关部门规定。另外，本条还对政府向社会组织转移职能和听取社会组织意见建议的经费开支进行了明确，以解决现实中政府转移职能只要社会组织做事不给社会组织经费的问题。

参考依据：

《慈善法》第 87 条：各级人民政府及其有关部门可以依法通过购买服务等方式，支持符合条件的慈善组织向社会提供服务，并依照有关政府采购的法律法规向社会公开相关情况。

《循环经济促进法》第 47 条：国家实行有利于循环经济发展的政府采购政策。使用财政性资金进行采购的，应当优先采购节能、节水、节材和有利于保护环境的产品及再生产品。

第 85 条［社会组织税费优惠制度］：国家建立健全社会组织税收优惠制度，依法免征或者减征社会组织相关行政事业性收费，运用税费优惠支持和鼓励社会组织的发展。

社会组织享受中小企业、促进就业等税收优惠。从事相关服务的社会组织，享受国家规定的对教育、科技、文化、卫生和其他公益慈善事业相应的税收优惠。

社会组织、捐赠人、受益人依照税收法律、行政法规的规定享受税收优惠的，财政、税务部门应当及时办理相应税收优惠手续。

县级以上人民政府财政、税务部门应当每年第一季度在其官网公告上一年度本区域社会组织税费优惠政策的落实情况和本年度的社会组织税费优惠政策。

立法缘由：

本条是对社会组织税费优惠政策的规定。税收是社会组织管理的重要手段。在美国、德国等国家，社会组织管理的最主要制度不是登记管理制度，而是税收优惠制度。近年来，我国也开始重视以税法引导社会组织发展，个人通过非营利的社会团体、国家机关用于公益、救济性的捐赠，其捐赠额未超过其申报的应纳税所得额 3% 的部分，准予税前扣除。企业发生的公益性捐赠支出，在年度利润总额 12% 以内的部分，准予在计算应纳税所得额时扣除。另外，还有其他一些社会组织税收优惠政策。但目前还没有形成比较统一、完善的社会组织税收制度，且已有的社会组织税收优惠手续繁杂，很难落实到位。但包括社会组织税收优惠在内的整个税收优惠政策一般应由有关税收专门法律法规进行统一规定。因此，本条对社会组织应当享有的税收优惠政策和行政事业性收费减免政策进行了原则性规定。

参考依据：

《匈牙利公益组织法》第 6 条

I. 依据《关于法人税的 1996 年第 81 号法律》《关于个人所得税的 1995 年第 117 号法律》《关于收费的 1990 年第 113 号法律》《关于地方税收的 1990 年第 100 号法律》《关于关税、关税程序和关税管理的 1995 年第 100 号法律》以及其他有关法律所规定的范围和条件，（一）公益组织有权：1. 就章程规定的目的事业活动，免征法人税；2. 就商业活动，享受法人税优惠；3. 享受地方税收优惠；4. 享受政府收费上的优惠；5. 享受关税优惠；6. 享受法律规定的其他优惠。（二）公益组织提供的作为目的事业资助的服务活动的受益人，有权就获得的服务免征个人所得税。（三）公益组织的捐赠人对于其为了公益组织章程所确定的目的的实现而给予捐赠的（以下简称捐赠），有权获得法人税或者个人所得税的优惠。（四）对于长期捐赠，第（三）项规定的捐赠人有权在捐赠的第二年起获得额外的优惠。

II. 在目的事业活动的范围内，公益组织有权雇用人员从事行政事务。

III. 公益组织负担了《税收程序法》所规定的公债的，不得享有上述优惠。

《慈善法》79 条：慈善组织及其取得的收入依法享受税收优惠。

第 80 条：自然人、法人和其他组织捐赠财产用于慈善活动的，依法享受税收优惠。企业慈善捐赠支出超过法律规定的准予在计算企业所得税应纳税所得额时当年扣除的部分，允许结转以后三年内在计算应纳税所得额时扣除。

境外捐赠用于慈善活动的物资，依法减征或者免征进口关税和进口环节增值税。

第 81 条：受益人接受慈善捐赠，依法享受税收优惠。

第 82 条：慈善组织、捐赠人、受益人依法享受税收优惠的，有关部门应当及时办理相关手续。

第 83 条：捐赠人向慈善组织捐赠实物、有价证券、股权和知识产权的，依法免征权利转让的相关行政事业性费用。

《循环经济促进法》第 44 条：国家对促进循环经济发展的产业活动给予税收优惠，并运用税收等措施鼓励进口先进的节能、节水、节材等技术、设备和产品，限制在生产过程中耗能高、污染重的产品的出口。具体办法由国务院财政、税务主管部门制定。

《中小企业促进法》第 23 条：国家在有关税收政策上支持和鼓励中小企业的创立和发展。

第 24 条：国家对失业人员创立的中小企业和当年吸纳失业人员达到国家规定比例的中小企业，符合国家支持和鼓励发展政策的高新技术中小企业，在少数民族地区、贫困地区创办的中小企业，安置残疾人员达到国家规定比例的中小企业，在一定期限内减征、免征所得税，实行税收优惠。

《农民专业合作社法》第 52 条：农民专业合作社享受国家规定的对农业生产、加工、流通、服务和其他涉农经济活动相应的税收优惠。

支持农民专业合作社发展的其他税收优惠政策，由国务院规定。

第86条［金融支持］：国家实行有利于社会组织发展的金融政策，鼓励金融机构改进金融服务，加大对社会组织的信贷支持。

各商业性金融机构应当扩展服务领域，开发适应社会组织发展的金融产品，调整信贷结构，为社会组织提供信贷、结算、财务咨询、投资管理等方面的服务。

国家政策性金融机构应当在其业务经营范围内，采取多种形式，为社会组织提供金融服务。

立法缘由：

本条是关于金融机构支持社会组织的规定。社会组织特别是社会服务机构要得到发展，需要不断的资金投入，除了捐赠、资助、服务收入等来源外，利用金融信贷手段，也应当是一个重要的途径。由于以往社会组织立法没有就社会组织是否可以获得贷款进行明确，而《担保法》第三十七条第三项规定“学校、幼儿园、医院等以公益为目的的事业单位、社会团体的教育设施、医疗卫生设施和其他社会公益设施”“不得设定抵押”，使得这些以公益为目的的社会组织无法获得银行的贷款，使社会组织特别是社会服务机构的发展受到了一定的限制，同时基金会资金的保值增值也因金融服务的缺乏而缺乏有效途径。社会组织不仅可以提供就业岗位，而且可以促进公益事业发展，国家对于社会组织应该像对中小企业一样实施一定的金融优惠政策，对于具有一定偿还能力的社会组织，在其开展公益活动、社会服务或者兴办社会事业的过程，可以得到银行一定的优惠信贷支持。本条分别就国家社会组织金融政策的基本导向、商业性金融机构对社会组织的金融服务、政策性金融机构对社会组织的金融服务进行了规定。

参考依据：

《立陶宛共和国社团组织法》第21条：社团组织的金融活动

社团组织的金融活动由政府税务监督机构规范，特别是该组织的纳税。

审计署官员有权调查社团组织从政府预算中或国有企业处获得的资金的使用情况。

《慈善法》第86条：国家为慈善事业提供金融政策支持，鼓励金融机构为慈善组织、慈善信托提供融资和结算等金融服务。

《就业促进法》第19条：国家实行有利于促进就业的金融政策，增加中小企业的融资渠道；鼓励金融机构改进金融服务，加大对中小企业的信贷支持，并对自主创业人员在一定期限内给予小额信贷等扶持。

《中小企业促进法》第14条：中国人民银行应当加强信贷政策指导，改善中小企业融资环境。

中国人民银行应当加强对中小金融机构的支持力度，鼓励商业银行调整信贷结构，加大对中小企业的信贷支持。

第 15 条：各金融机构应当对中小企业提供金融支持，努力改进金融服务，转变服务作风，增强服务意识，提高服务质量。

各商业银行和信用社应当改善信贷管理，扩展服务领域，开发适应中小企业发展的金融产品，调整信贷结构，为中小企业提供信贷、结算、财务咨询、投资管理等方面的服务。

国家政策性金融机构应当在其业务经营范围内，采取多种形式，为中小企业提供金融服务。

第 16 条：国家采取措施拓宽中小企业的直接融资渠道，积极引导中小企业创造条件，通过法律、行政法规允许的各种方式直接融资。

第 87 条［社会组织用地支持制度］：社会组织需要服务设施用地的，可以依法申请使用国有划拨土地或者农村集体建设用地。社会组织服务设施用地非经法定程序不得改变用途。

立法缘由：

本条是关于社会组织用地支持制度的规定。社会组织特别是社会服务机构，在开展教育、医疗、养老等业务活动时都需要相应的设施和场地。例如，非营利性养老机构作为社会服务机构，在提供生活照料、康复护理、托管服务的过程中都需要必要的设施和场地。但这些设施和场地一般投资大，使用成本高，对于这些社会组织而言大部分是无力承担的，从而很可能由于缺乏必要设施用地而难以开展相关社会服务。但这些社会服务是政府应当直接提供或者支持提供的，所以，为保障相关社会服务活动的开展，政府应当给予社会组织用地支持，减少社会组织的用地成本。目前，我国已有一些法规规章涉及社会组织的用地问题。比如，国土资源部发布的《养老服务设施用地指导意见》确定经养老主管部门认定的非营利性养老服务机构，其养老服务设施用地可采取划拨方式供地。《慈善法》亦对慈善组织的用地进行了明确。本条参照《慈善法》的规定对社会组织用地支持制度进行了明确。

参考依据：

《慈善法》第 85 条：慈善组织开展本法第三条第一项、第二项规定的慈善活动需要慈善服务设施用地的，可以依法申请使用国有划拨土地或者农村集体建设用地。慈善服务设施用地非经法定程序不得改变用途。

第 88 条［社会组织人才支持制度］： 各级人民政府及其有关部门应当将社会组织工作人员纳入政府就业培训和职业培训计划，完善社会组织人事管理、社会保险、人才交流、职称评定、技能鉴定等政策，优化社会组织人才发展环境。

国家鼓励高等学校设置社会组织相关专业学科，加快培育社会组织专门人才，支持高等学校和科研机构开展社会组织理论研究。学校及其他教育机构应当将社会组织知识纳入公民教育内容。

立法缘由：

本条是关于社会组织人才支持制度的规定。人力资源是最重要、最宝贵的资源。人才不仅是兴国强国之本，也是社会组织发展壮大之本。如果没有一定数量的高素质管理人才和专业服务人才充实加入社会组织，社会组织将无法生存，更无法壮大。目前，社会组织不仅普遍存在资金短缺的问题，而且普遍存在人才缺乏的问题，迫切需要政府帮助社会组织解决引进和保留人才的问题。本条从社会组织人员培训、社会组织人事政策完善、高等教育社会组织学科设置、社会组织知识公民教育和社会组织理论研究等方面对各级人民政府及有关部门与机构提出了原则要求。

参考依据：

《慈善法》第 88 条：国家采取措施弘扬慈善文化，培育公民慈善意识。

学校等教育机构应当将慈善文化纳入教育教学内容。国家鼓励高等学校培养慈善专业人才，支持高等学校和科研机构开展慈善理论研究。

广播、电视、报刊、互联网等媒体应当积极开展慈善公益宣传活动，普及慈善知识，传播慈善文化。

第 89 条［社会组织行政指导制度］： 各级人民政府及其部门应当加强对社会组织的指导，提供政策咨询、信息服务、人员培训和业务指导等服务，推动社会组织之间、社会组织与市场组织之间、社会组织与政府及其部门之间的合作与交流。

各级人民政府及其有关部门应当发布社会组织行为指南，引导社会组织参与社会服务，引导有关单位和个人向社会组织提供捐赠和资助。

社会组织登记管理机关、业务主管单位和有关监督管理机关应当发布与社会组织监督管理相关的各类文书的示范文本，依法定条件和法定程序办理社会组织登记和业务许可、税务登记、账户设立以及信息报送等手续，提高工作效率；不得在法律、行政法规规定之外设置办理有关手续的前置条件，不得在法律、行政法规规定的收费项目和收费标准之外收取其他费用，不得强令社会组织购买指定的商品或者服务。

立法缘由：

本条是关于社会组织行政指导制度的规定。行政指导是行政主体在其职权、职责或管辖事务范围内，为适应复杂多样化的经济和社会治理需要，制定诱导性法律规则、政策；或者适时灵活地采取符合法律精神、原则、规则或政策的说服、劝告、协商、建议、鼓励、帮助、警示、发布信息、提供行动指南等不具有强制力的方法，谋求相对人同意或协力，引导相对人作出或不作出某种行为，以有效实现一定行政目的的一种新型行政行为。随着市场经济体制的建立，行政指导日益成为行政管理的重要方式，并且这种行政方式与社会组织治理较相契合，可以将政府的指导性与社会组织的自治性有机结合，较好地实现社会组织治理目标。本条对社会组织行政指导作了三个方面的规定，一是各级人民政府及其部门应当加强对社会组织的指导，这是对社会组织行政指导的原则性规定。二是各级人民政府及其部门应当发布社会组织行为指南，这是对各级人民政府及其部门对于社会组织行政指导的一条具体规定。三是监督管理机关应当发布与社会组织监督管理相关的各类文书的示范文本，这是对监督管理机关对于社会组织行政指导的具体规定。行政指导作为一种行政活动方式，由于主客观因素，可能存在不当使用或运用失误的可能，所以需要加强监督约束，本条对行政指导中可能出现的违法现象进行了明确。

参考依据：

《南非 1997 年非营利组织法》 第 6 条

I. 委员会应当：(一) 制作和发布示范性文件，包括：1. 非营利组织的示范章程；以及 2. 已登记非营利组织向委员会提交的工作报告的示范文本；(二) 为下列组织或者个人制作和发布行为指南：1. 非营利组织；以及 2. 那些向非营利组织捐赠或者资助的个人、机构和组织。

《清洁生产促进法》 第 10 条：国务院和省、自治区、直辖市人民政府的有关部门，应当组织和支持建立促进清洁生产信息系统和技术咨询服务体系，向社会提供有关清洁生产方法和技术、可再生利用的废物供求以及清洁生产政策等方面的信息和服务。

《就业促进法》 第 24 条：地方各级人民政府和有关部门应当加强对失业

人员从事个体经营的指导，供政策咨询、就业培训和开业指导等服务。

《中小企业促进法》第22条：政府有关部门应当积极创造条件，提供必要的、相应的信息和咨询服务，在城乡建设规划中根据中小企业发展的需要，合理安排必要的场地和设施，支持创办中小企业。

第25条：地方人民政府应当根据实际情况，为创业人员提供工商、财税、融资、劳动用工、社会保障等方面的政策咨询和信息服务。

第26条：企业登记机关应当依法定条件和法定程序办理中小企业设立登记手续，提高工作效率，方便登记者。不得在法律、行政法规规定之外设置企业登记的前置条件；不得在法律、行政法规规定的收费项目和收费标准之外，收取其他费用。

第35条：政府有关部门和机构应当为中小企业提供指导和帮助，促进中小企业产品出口，推动对外经济技术合作与交流。

第90条［社会组织公共服务制度］：县级以上人民政府设立社会组织公共服务机构，建立健全社会组织服务体系，为社会组织免费提供下列服务：

（一）政策法规咨询；

（二）登记指导；

（三）办公场地支持；

（四）网络信息支持；

（五）能力建设培训；

（六）其他社会组织服务。

社会组织公共服务机构应当不断提高服务的质量和效率，不得从事经营性活动。社会组织公共服务经费纳入同级财政预算。

立法缘由：

本条是关于社会组织公共服务制度的规定。社会组织除了直接接受各级人民政府及其部门的指导、帮助和服务外，国家还应当鼓励成立各种类型的社会组织服务机构。社会组织服务机构包括建立社会组织支持性机构和社会组织监督性机构。社会组织支持性机构包括各种基金会、孵化器、联合会、促进会等，可以完善社会组织服务体系，促进社会组织自治自律，规制社会组织发展方向，增进社会组织社会责任。监督性机构包括各种以社会组织为服务对象的信息中心、评估中心和管理委员会等，这些组织作为独立机构或者半独立机构可以代表社会对社会组织作出比较客观、公正的评价。本条主要是强化政府职责，对政府设立社会组织公共服务机构进行了规定。目前，我国社会组织的公告服务机构主要是采取政府投资或利用现有场所建设的社会组织孵化基地，为初创时期社会组织提供人力、物力和财力支持，本条规定的社会组织公共服务机构的职能比孵化器的职能更广、更全面。

参考依据：

《就业促进法》第 33 条：县级以上人民政府鼓励社会各方面依法开展就业服务活动，加强对公共就业服务和职业中介服务的指导和监督，逐步完善覆盖城乡的就业服务体系。

第 34 条：县级以上人民政府加强人力资源市场信息网络及相关设施建设，建立健全人力资源市场信息服务体系，完善市场信息发布制度。

第 35 条：县级以上人民政府建立健全公共就业服务体系，设立公共就业服务机构，为劳动者免费提供下列服务：（一）就业政策法规咨询；（二）职业供求信息、市场工资指导价位信息和职业培训信息发布；（三）职业指导和职业介绍；（四）对就业困难人员实施就业援助；（五）办理就业登记、失业登记等事务；（六）其他公共就业服务。

公共就业服务机构应当不断提高服务的质量和效率，不得从事经营性活动。

公共就业服务经费纳入同级财政预算。

第 91 条［鼓励社会支持社会组织制度］：社会组织依照国家有关法律、法规，可以接受自然人、法人或者其他组织的捐赠、资助、志愿服务和场所、设施等帮助。

国家鼓励企业事业单位和其他组织为社会组织开展活动提供场所和其他便利条件。

国家对向社会组织提供捐赠、资助、志愿服务和其他帮助的自然人、法人或者其他组织给予宣传和表彰。

广播、电视、报刊、互联网等媒体应当积极宣传社会组织及其活动，普及社会组织知识，传播慈善公益和非营利理念。

立法缘由：

本条是关于鼓励社会支持社会组织制度的规定。社会组织的资源来源于社会。政府除了自身帮助社会组织外，更要创造环境鼓励社会各界帮助支持社会组织。本条从两个方面明确了鼓励社会支持社会组织制度。一方面是社会组织依法可以获得社会各界的支持帮助，支持帮助的方式包括捐赠、资助、志愿服务以及提供场所、设施等。另一方面是政府对于帮助支持社会组织的行为给予宣传、表彰等。这里的宣传，是要通过宣传社会组织开展的有益活动，积极鼓励社会各界支持帮助社会组织，建构与社会组织发展相适应的公民文化；积极培育尊重和保护公民个人权益的意识，倡扬平等自主精神，让公民以主体姿态，以自治方式组织起来，参与社会治理，增强其社会责任感和使命感；积极培育公民的志愿意识、公益意识，在全社会大力弘扬公益精神和志愿精神，营造浓郁的公民文化氛围，为社会组织的生长和发展奠定基石。

参考依据：

《慈善法》第 89 条：国家鼓励企业事业单位和其他组织为开展慈善活动提供场所和其他便利条件。

《民办教育促进法》第 47 条：民办学校依照国家有关法律、法规，可以接受公民、法人或者其他组织的捐赠。

国家对向民办学校捐赠财产的公民、法人或者其他组织按照有关规定给予税收优惠，并予以表彰。

《就业促进法》第 36 条：县级以上地方人民政府对职业中介机构提供公益性就业服务的，按照规定给予补贴。

国家鼓励社会各界为公益性就业服务提供捐赠、资助。

《中小企业促进法》第 38 条：国家鼓励社会各方面力量，建立健全中小企业服务体系，为中小企业提供服务。

第 39 条：政府根据实际需要扶持建立的中小企业服务机构，应当为中小企业提供优质服务。

中小企业服务机构应当充分利用计算机网络等先进技术手段，逐步建立健全向全社会开放的信息服务系统。

中小企业服务机构联系和引导各类社会中介机构为中小企业提供服务。

第 40 条：国家鼓励各类社会中介机构为中小企业提供创业辅导、企业诊断、信息咨询、市场营销、投资融资、贷款担保、产权交易、技术支持、人才引进、人员培训、对外合作、展览展销和法律咨询等服务。

第 41 条：国家鼓励有关机构、大专院校培训中小企业经营管理及生产技术等方面的人员，提高中小企业营销、管理和技术水平。

第 42 条：行业的自律性组织应当积极为中小企业服务。

第 43 条：中小企业自我约束、自我服务的自律性组织，应当维护中小企业的合法权益，反映中小企业的建议和要求，为中小企业开拓市场、提高经营管理能力提供服务。

第92条［社会组织行政奖励制度］：国家建立社会组织表彰奖励制度，对在经济社会发展中做出突出贡献的社会组织和在社会组织工作中做出显著成绩的单位和个人，由县级以上人民政府或者有关部门给予表彰和奖励。

立法缘由：

本条是关于社会组织行政奖励制度的规定。社会组织属于非营利组织，其管理者不拥有对组织的剩余索取权，因此，社会组织及其管理者看重的不一定是物质需求，更可能注重的是精神需求。本条规定国家建立社会组织表彰奖励制度，对做出显著成绩的单位和个人，定期以政府或者有关部门的名义进行表彰奖励，就是希望通过表彰奖励，满足社会组织及其管理人员、工作人员和捐赠人的尊重需要和自我实现需要，最大限度地激励和促进社会组织发展。

参考依据：

《慈善法》第91条：国家建立慈善表彰制度，对在慈善事业发展中做出突出贡献的自然人、法人和其他组织，由县级以上人民政府或者有关部门予以表彰。

《境外非政府组织境内活动管理法》第8条：国家对为中国公益事业发展做出突出贡献的境外非政府组织给予表彰。

《循环经济促进法》第48条：县级以上人民政府及其有关部门应当对在循环经济管理、科学技术研究、产品开发、示范和推广工作中做出显著成绩的单位和个人给予表彰和奖励。

企业事业单位应当对在循环经济发展中做出突出贡献的集体和个人给予表彰和奖励。

《清洁生产促进法》第30条：国家建立清洁生产表彰奖励制度。对在清洁生产工作中做出显著成绩的单位和个人，由人民政府给予表彰和奖励。

《民办教育促进法》第44条：县级以上各级人民政府可以设立专项资金，用于资助民办学校的发展，奖励和表彰有突出贡献的集体和个人。

第六章

监督管理

第93条［社会组织监督管理机制］：县级以上人民政府统一负责、领导、组织、协调本行政区域的社会组织监督管理工作，建立健全社会组织监督管理工作机制，完善、落实社会组织监督管理责任制，加强社会组织监督管理能力建设，实现各部门社会组织管理信息共享，对社会组织登记管理机关、业务主管单位和相关监督管理部门进行评议、考核。

社会组织登记管理机关、业务主管单位和财政、税务、审计、人民银行、公安、国家安全、外事等相关监督管理部门应当建立健全协调配合机制，实现社会组织管理信息共享，按照各自职责分工，依法行使职权，承担监督管理责任。

立法缘由：

本条是关于社会组织监督管理机制的规定。社会组织监督管理涉及登记管理机关、业务主管单位和财政、税务、审计、人民银行、公安、国家安全、外事等相关监督管理部门，需要县级以上各级人民政府的组织领导和协调指挥。同时，社会组织监督管理工作是否到位，直接影响国家安全和社会稳定，维护国家安全和社会稳定也是地方各级人民政府的基本职责。因此，本条明确由县级以上人民政府统一负责、领导、组织、协调本行政区域的社会组织监督管理工作，并对县级以上人民政府的具体监督管理职责进行了规定。为进一步完善监督管理机制，提高监管管理部门之间的协调性，在强化政府职责的同时，本条还特别强调要加强部门之间的配合协作，规定各个监管部门应当加强沟通、密切配合，按照各自职责分工，共同做好社会组织监管工作，实现环环相扣的无缝衔接，以免各个监管部门在工作衔接上出现交叉重复或者监管漏洞。

参考依据：

《匈牙利公益组织法》第21条：公益组织的税务审计由公益组织登记之事务所所在地的税务主管机关进行。对预算资助的利用由国家审计署监督，对公益组织的业务活动的合法性的监督由检察署根据相关法律进行。

《摩尔多瓦基金会法》第33条：对基金会活动的监督：（1）要以基金会的活动符合其规定性目标为条件对其活动做出监督，监督工作要由司法部门来进行。司法部门官员有权获取基金会活动各个方面的信息，审查基金会文件并参与其所有活动。（2）根据法律规定的程序，对基金会财务活动的监督要由国家财政和税务机关负责执行。（3）如果创立人或者基金会活动的利益获得者认为基金会董事会的一些活动与基金会的章程相抵触，那么他/她有权向司法部申请消除这些缺点。

《慈善法》第78条：县级以上人民政府民政部门应当建立与其他部门之间的慈善信息共享机制。

《境外非政府组织境内行为管理法》第7条：县级以上人民政府公安机关和有关部门在各自职责范围内对境外非政府组织在中国境内开展活动依法实施监督管理、提供服务。

国家建立境外非政府组织监督管理工作协调机制，负责研究、协调、解决境外非政府组织在中国境内开展活动监督管理和服务便利中的重大问题。

《食品安全法》第5条：县级以上地方人民政府统一负责、领导、组织、协调本行政区域的食品安全监督管理工作，建立健全食品安全全程监督管理的工作机制；统一领导、指挥食品安全突发事件应对工作；完善、落实食品安全监督管理责任制，对食品安全监督管理部门进行评议、考核。

县级以上地方人民政府依照本法和国务院的规定确定本级卫生行政、农业行政、质量监督、工商行政管理、食品药品监督管理部门的食品安全监督管理职责。有关部门在各自职责范围内负责本行政区域的食品安全监督管理工作。

上级人民政府所属部门在下级行政区域设置的机构应当在所在地人民政府的统一组织、协调下，依法做好食品安全监督管理工作。

第6条：县级以上卫生行政、农业行政、质量监督、工商行政管理、食品药品监督管理部门应当加强沟通、密切配合，按照各自职责分工，依法行使职权，承担责任。

第94条［登记管理机关的监管职责］：国务院民政部门和县级以上地方各级人民政府民政部门是本级人民政府的社会组织登记管理机关，履行下列监督管理职责：

（一）负责社会组织的成立、变更、注销登记和章程核准及有关事项备案；

（二）负责对社会组织内部治理、开展活动、年度报告、信息公开等情况进行抽查，受理对社会组织的举报投诉，依法查处非法社会组织和社会组织违法行为；

（三）负责对发现的社会组织的其他违法行为移送有关机关调查处理；

（四）法律、法规规定的其他职责。

县级以上人民政府应当加强社会组织登记管理机关建设，根据社会组织数量等配置社会组织登记管理工作人员，保障社会组织登记管理机关依法充分履行监督管理职责。

立法缘由：

本条是关于社会组织登记管理机关的监督管理职责的规定。监督管理是指社会组织登记管理机关、业务主管单位和其他有关监督管理机关对社会组织的组织和活动进行的监察和督导的行政行为。加强对社会组织的监督管理，目的是确保其依照法律法规和章程健康地开展活动，在社会生活中充分发挥其应有作用。本条明确了登记管理机关四方面的监督管理职责。一是负责社会组织的成立、变更、注销的登记和章程核准及有关事项备案。本法规定对社会组织实行统一归口登记的原则，依法对社会组织的成立、变更、注销进行登记，是本法赋予登记管理机关的重要职责。登记管理机关统一履行对社会组织归口登记职责，有利于保障国家对社会组织的有序管理。二是负责对社会组织的活动进行监督检查。加强对社会组织活动的监督管理，可以促进社会组织的自身建设和发挥其应有作用。为此，登记管理机关应当依法及时了解、掌握社会组织的活动情况及存在的主要问题，发现社会组织违反法律法规的，应区别不同情况依法查处，并监督其改正。三是对发现的社会组织的其他违法行为移送有关机关调查处理。为形成监督管理合力，强化对社会组织的监管，对于不属于登记管理机关有权处理的社会组织违法行为，登记管理机关应当履行移送的法定职责。四是法律规定的其他职责。如依据本法，登记管理机关对于未经登记擅自以社会组织名义进行活动且不听劝阻的，或者被撤销登记的社会组织继续以社会组织名义进行活动的，应依法予以取缔。依据立法法，登记管理机关对于社会组织一些带有普遍性的问题，应不断总结经验，探索科学可行的管理办法，进一步完善有关社会组织法规规章。另外，由于社会组织登记管理机关人员少，社会组织管理目前主要集中于登记，很多监督管理工作没有依法实施，为保障在鼓励扶持社会组织发展的同时维护国家安全和社会稳定，本条对社会组织登记管理机关的建设作了原则性规定，要求县级以上人民政府应当加强社会组织登记管理机关建设，根据社会组织数量等配置社会组织登记管理工作人员。

参考依据：

《立陶宛共和国社团组织法》第22条：违反立陶宛共和国宪法和法律的责罚

当作出社团组织或其分社违反立陶宛共和国宪法、本法或其他法律法规的决定时，负责登记的政府机关应以书面形式告知该组织的执行机构。负责登记的政府机关决定改正违法行为的时限。

在规定时限内社团组织没有改正其违法行为时，负责登记的政府机关必须向法庭提出申请暂停该组织的活动。

在违反立陶宛共和国宪法、本法或其他法律法规受到责罚的一年内，再次违反立陶宛共和国宪法、本法或其他法律法规，负责登记的政府机关必须向法庭提出申请禁止该组织的活动。

在决定社团组织是否违反立陶宛共和国宪法、本法或其他法律法规以及决定社团组织是否恢复法庭暂停的活动时，负责登记的政府机关有权得到其他政府机关的帮助以得到结果。

《慈善法》第92条：县级以上人民政府民政部门应当依法履行职责，对慈善活动进行监督检查，对慈善行业组织进行指导。

《社会团体登记管理条例》第27条：登记管理机关履行下列监督管理职责：（一）负责社会团体的成立、变更、注销的登记或者备案；（二）对社会团体实施年度检查；（三）对社会团体违反本条例的问题进行监督检查，对社会团体违反本条例的行为给予行政处罚。

《民办非企业单位登记管理暂行条例》第19条：登记管理机关履行下列监督管理职责：（一）负责民办非企业单位的成立、变更、注销登记；（二）对民办非企业单位实施年度检查；（三）对民办非企业单位违反本条例的问题进行监督检查，对民办非企业单位违反本条例的行为给予行政处罚。

《基金会管理条例》第34条：基金会登记管理机关履行下列监督管理职责：（一）对基金会、境外基金会代表机构实施年度检查；（二）对基金会、境外基金会代表机构依照本条例及其章程开展活动的情况进行日常监督管理；（三）对基金会、境外基金会代表机构违反本条例的行为依法进行处罚。

第95条［业务主管单位的监管职责］：国务院有关部门和县级以上地方各级人民政府有关部门、国务院或者县级以上地方各级人民政府授权的组织，是有关行业、学科或者业务范围内社会组织的业务主管单位，履行下列监督管理职责：

（一）负责社会组织成立、变更、注销登记以及章程核准前的审查；

（二）指导、监督社会组织遵守宪法、法律、法规、规章和国家政策，依据其章程开展活动；

（三）负责社会组织年度工作报告的初审；

（四）对社会组织的违法行为依法查处或者报告登记管理机关和其他有关部门并协助查处；

（五）派员指导社会组织的清算事宜；

（六）应当由业务主管单位负责的其他事项。

业务主管单位的名录由国务院民政部门和县级以上地方各级人民政府民政部门会同编制管理部门公布。

立法缘由：

本条是关于社会组织业务主管单位的监督管理职责的规定。本法规定有四类社会组织实行直接登记，取消业务主管单位，不再实行双重管理。但是，本法规定，其他社会组织应当事先依法取得有关业务主管单位的审查同意。这些业务主管单位对于这些需要许可的社会组织依法负有监督管理职责，本条规定了业务主管单位六方面的职责。一是负责对社会组织的登记申请进行审查，依据相关法律法规的规定对社会组织的登记申请作出是否同意的决定。经过业务主管单位的审查同意，社会组织才能依法进行相关登记。业务主管单位熟悉掌握特定业务领域的法规政策，对特定领域的业务规范和标准等具有不可替代的权威性，在登记管理机关对社会组织的成立、变更、注销等事项进行登记前，由业务主管单位依法进行前期审查，有利于加强对社会组织的管理。二是指导、监督经其审查同意设立的社会组织依法开展活动。业务主管单位对社会组织不仅要在审查后依法作出是否审查同意登记的决定，还要对审查同意登记的社会组织进行业务指导和管理，监督、指导社会组织遵守相关法律法规，对于相关违法行为依据该业务领域的法律法规予以查处。三是其他职责。需要说明的是，业务主管单位不同于业务许可单位。业务许可单位对特定社会组织的许可的依据是相关法律法规，而业务主管单位管理社会组织主要是该业务主管单位成立时政府依法批准的机构、人员、职能的“三定”方案；业务许可单位对特定社会组织的管理主要是一种法律行为，要依法许可，依法检查，依法处罚，而业务主管单位对社会组织的管理主要是一种行政管理。同时，业务主管单位的管理也不同于登记管理机关的管理，登记管理机关的管理主要依据本法及相关社会组织管理法律法规，业务主管单位的管理主要依据是相关业务领域的法律法规。

参考依据：

《社会团体登记管理条例》第28条：业务主管单位履行下列监督管理职责：（一）负责社会团体筹备申请、成立登记、变更登记、注销登记前的审查；（二）监督、指导社会团体遵守宪法、法律、法规和国家政策，依据其章程开展活动；（三）负责社会团体年度检查的初审；（四）协助登记管理机关和其他有关部门查处社会团体的违法行为；（五）会同有关机关指导社会团体的清算事宜。

《民办非企业单位登记管理暂行条例》第20条：业务主管单位履行下列监督管理职责：（一）负责民办非企业单位成立、变更、注销登记前的审查；（二）监督、指导民办非企业单位遵守宪法、法律、法规和国家政策，按照章程开展活动；（三）负责民办非企业单位年度检查的初审；（四）协助登记管理机关和其他有关部门查处民办非企业单位的违法行为；（五）会同有关机关指导民办非企业单位的清算事宜。

《基金会管理条例》第35条：基金会业务主管单位履行下列监督管理职责：（一）指导、监督基金会、境外基金会代表机构依据法律和章程开展公益活动；（二）负责基金会、境外基金会代表机构年度检查的初审；（三）配合登记管理机关、其他执法部门查处基金会、境外基金会代表机构的违法行为。

《境外非政府组织境内活动管理法》第11条：境外非政府组织申请登记设立代表机构，应当经业务主管单位同意。

业务主管单位的名录由国务院公安部门和省级人民政府公安机关会同有关部门公布。

第40条：业务主管单位负责对境外非政府组织设立代表机构、变更登记事项、年度工作报告提出意见，指导、监督境外非政府组织及其代表机构依法开展活动，协助公安机关等部门查处境外非政府组织及其代表机构的违法行为。

第96条［相关部门监督职责］：县级以上人民政府的财政、税务、审计、物价、人民银行、公安、国家安全、外事、人力资源与社会保障等有关部门应当履行下列职责，对社会组织涉及本部门的事项进行监督管理：

（一）通过发布信息、提出建议、提供服务等方式，指导社会组织依法开展活动；

（二）对社会组织涉及本部门的业务活动依法监管，查处违法违规行为；

（三）将本部门涉及社会组织的信息及时向登记管理机关和业务主管单位通报，协助登记管理机关和业务主管单位查处社会组织的违法行为；

（四）法律法规规定的其他职责。

立法缘由：

本条是关于社会组织相关监督管理部门的监督管理职责的规定。社会组织除了登记管理机关和业务主管单位的监督管理外，其会计处理、纳税情况、资产管理、账户管理、工作人员的劳动合同与社会保险等事项，依法应当由相关职能部门履行监督管理职责。相关职能部门依法行使其部门监管职责时，虽然不是专门对社会组织进行监管，但若社会组织的行为违反了相关部门法，有关职能部门可依法对其进行监管或执法。如，税务部门对社会组织偷税漏税及弄虚作假骗取税收优惠等违法行为进行查处，公安部门对社会组织违反治安管理的行为进行查处，等等。本条列举了几个主要的职能部门，除了列举的以外，其他未列举的部门亦应依据相关部门法履行监管职责。同时，为全面掌握社会组织的执法情况，加强对社会组织的全面管理，本条要求相关职能部门应当将监管情况及时向登记管理机关和业务主管单位通报。

参考依据

《境外非政府组织境内活动管理法》第43条：国家安全、外交外事、财政、金融监督管理、海关、税务、外国专家等部门按照各自职责对境外非政府组织及其代表机构依法实施监督管理。

第97条［监督措施］：社会组织登记管理机关依法履行职责，有权采取下列措施：

（一）约谈社会组织负责人；

（二）进入社会组织的住所、活动场所等进行现场检查；

（三）就被调查事件要求社会组织作出说明和向有关单位和个人调查、询问；

（四）查阅、复制与被调查事情有关的文件、账簿、电子数据及其他资料，根据需要对印章和有关资料进行临时封存；

（五）查封、扣押与被调查事件有关的场所、设施或者财物；

（六）对社会组织实施财务审计，查询与被调查事件有关的单位和个人的银行账户；

（七）法律、行政法规规定的其他措施。

登记管理机关依法履行监督管理职责时，被检查、调查的单位和个人应当配合，如实提供有关文件、资料，不得隐瞒、拒绝和阻碍。

立法缘由：

本条是关于社会组织登记管理机关监督管理措施的规定。为保证社会组织监督管理的实施和效果，本条授权社会组织登记管理机关在履行社会组织监督职责时，有权采取一定的强制措施。从功能上分，行政强制措施可以分为检查性措施、保全性措施、处分性措施、执行性措施、惩罚性措施等。本条规定的"对社会组织的办公场所、活动场所等进行现场检查"和"查阅、复制与被调查事情有关的文件、账簿、电子数据及其他资料，根据需要对印章和有关资料进行临时封存"属于检查性措施；"查封、扣押与被调查事件有关的场所、设施或者财物"属于保全性措施。由于社会组织业务主管单位和相关监督管理部门在履行监督管理职责时可以采取的强制措施，应由相关业务领域的法律法规进行明确，因此本条没有规定。

参考依据：

《新加坡社团法》第26条：治安官的权力：登记官、助理登记官或者治安官，或者经其书面授权的警察有权在任何时候进入任何他有理由相信被用作已登记社团或其成员开会和办公的场所。

第27条：特定案件中的进入权和搜查权：登记官、助理登记官或者治安官，有理由相信某一社团被用于违背新加坡的社会安宁、福利和良好秩序的目的，或者违反该社团在社团登记处、登记官或者助理登记官处备案的章程和宗旨的，不管对方是否合作（必要时可以采取强制措施），有权亲自进入或者书面授权警察进入他有理由相信被用作该社团办公或者开会的场所，有权搜查或者书面授权警察搜查该场所和在场人员或者从那里逃脱的人员，以提取证明该社团被用作上述目的的证据。必要时，可以为此获得协助或者采取强制措施。

第28条：治安官等有权进入召开非法会议、保存记录、账目的场所，有权拘捕人员或者扣押财产

Ⅰ.无论对方是否合作（必要时可采取强制措施），任何治安官或者治安法官或者警衔不低于副督察的警察，有权直接，或者持有授权书或书面命令的

情况下，或者授权其他警察进入任何住宅、建筑物或者其他场所，只要他有合理根据认为该场所正在举行非法社团或其成员的会议，或者隐藏、保存或放置非法社团的名册、账目、书面文件、横幅或者标识的；有权拘捕或拟拘捕在场的任何人员；有权搜查该住宅、建筑物或者场所；有权扣押或拟扣押所有的名册、账目、书面文件、标语、文档、旗帜、标识、武器或者他有合理原因相信属于非法社团所有或与其有联系的其他物品。

Ⅱ. 上述人员被拘捕或者物品被扣押，将一直持续到他们可以方便地被带到地区法院或者治安法庭进行依法处理。

第29条：登记官和助理登记官有权传唤证人

Ⅰ. 登记官或者助理登记官有权传唤任何人，只要他有理由相信该被传唤的人能够就非法社团或者被怀疑的非法社团的存在和运作，或者已登记社团的运作提供信息。

Ⅱ. 被传唤的人应当到传唤书指定的时间和地点，提供他所掌握、占有和有权获得的所有与该社团或者被怀疑存在的社团相关的文件材料，并且应当如实回答登记官或者助理登记官可能询问的所有问题。

Ⅲ. 登记官或者助理登记官应当被视为刑法典意义上的公务员，有权主持并审查根据本条被传唤的人的誓言。

Ⅳ. 登记官或者助理登记官经过适当询问确信，根据本条被传唤的人是非法社团的成员，或者拒绝提供信息，或者就非法社团或者被怀疑的非法社团的存在或运作提供虚假信息，认为要求确认该人的身份是适当的，有权在当时当地以他认为合适的方式提取该人的肖像和指印。

Ⅴ. 拒绝服从上述命令的，可以对其采取拘捕和囚禁，直到可以将其方便地带到地区法院或者治安法庭进行依法处理。

Ⅵ. 未能服从上述命令的，应当被认定为有罪，处1000元以下罚金。

第30条：指控

Ⅰ. 除根据第二十八条的规定被拘捕的以外，除非先获得登记官或者助理登记官的处罚书，否则不得对犯有本法或者其下条例规定犯罪行为的任何人提起指控。

Ⅱ. 根据本法或其下条例规定而在地区法院或者治安法庭所提起的诉讼，可以由登记官或者助理登记官进行，也可以由获得登记官或者助理登记官的书面授权来代理进行。

《慈善法》第93条：县级以上人民政府民政部门对涉嫌违反本法规定的慈善组织，有权采取下列措施：（一）对慈善组织的住所和慈善活动发生地进行现场检查；（二）要求慈善组织作出说明，查阅、复制有关资料；（三）向与慈善活动有关的单位和个人调查与监督管理有关的情况；（四）经本级人民政府批准，可以查询慈善组织的金融账户；（五）法律、行政法规规定的其他措施。

《境外非政府组织境内活动管理法》第41条：公安机关负责境外非政府组织代表机构的登记、年度检查，境外非政府组织临时活动的备案，对境外非政府组织及其代表机构的违法行为进行查处。

公安机关履行监督管理职责，发现涉嫌违反本法规定行为的，可以依法采取下列措施：（一）约谈境外非政府组织代表机构的首席代表以及其他负责人；（二）进入境外非政府组织在中国境内的住所、活动场所进行现场检查；（三）询问与被调查事件有关的单位和个人，要求其对与被调查事件有关的事项作出说明；（四）查阅、复制与被调查事件有关的文件、资料，对可能被转移、销毁、隐匿或者篡改的文件、资料予以封存；（五）查封或者扣押涉嫌违法活动的场所、设施或者财物。

第42条：公安机关可以查询与被调查事件有关的单位和个人的银行账户，有关金融机构、金融监督管理机构应当予以配合。对涉嫌违法活动的银行账户资金，经设区的市级以上人民政府公安机关负责人批准，可以提请人民法院依法冻结；对涉嫌犯罪的银行账户资金，依照《中华人民共和国刑事诉讼法》的规定采取冻结措施。

第98条［信用记录与评估］：社会组织登记管理机关应当建立社会组织及其负责人信用记录制度，并向社会公布。

社会组织登记管理机关应当建立社会组织评估制度，鼓励和支持第三方机构对社会组织进行评估，并向社会公布评估结果。

立法缘由：

本条是关于社会组织信用记录制度和评估制度的规定。现代市场经济是诚信经济，市场交易关系和交易行为更多地表现为信用关系。社会组织及其负责人在慈善公益活动或者其他非营利业务活动中形成的信用记录是其参与社会经济生活信用记录的重要组成部分。将社会组织及其负责人信用记录制度纳入整体社会信用体系建设之中，将其在社会组织相关活动中的信用记录纳入整体的社会信用记录，能够有效地约束社会组织及其工作人员的行为，对于转变政府部门管理方式、完善社会组织监管制度、促进社会组织健康发展都具有十分重要的意义。评估就是根据社会组织的特征，以特定统一的指标体系为评议标准，遵循规范的科学方法和操作程序，通过定性和定量的对比分析，对社会组织在一定时间段的组织管理情况、业务活动情况和通过活动所产生的社会效益及影响等作出客观、公正和准确的判断。建立社会组织评估制度，开展社会组织评估工作，无论是对社会组织自身发展，还是对政府管理以及社会公众的知情监督都具有十分重要的意义。为此，本条对社会组织信用记录制度和评估制度进行了规定。

参考依据：

《**慈善法**》第95条：县级以上人民政府民政部门应当建立慈善组织及其负责人信用记录制度，并向社会公布。

民政部门应当建立慈善组织评估制度，鼓励和支持第三方机构对慈善组织进行评估，并向社会公布评估结果。

第99条［公示信息监督］：社会组织登记管理机关对社会组织公示的信息，应当根据社会组织登记号等随机摇号确定抽查的社会组织，组织进行检查。

社会组织登记管理机关抽查社会组织公示的信息，可以采取书面检查、实地核查、网络监测等方式，可以委托会计师事务所、税务师事务所、律师事务所等专业机构开展相关工作，并依法利用其他政府部门作出的检查、核查结果或者专业机构作出的专业结论。

抽查结果由社会组织登记管理机关通过社会组织信用信息公示系统向社会公布。社会组织公示信息不符合本法及相关规定的，登记管理机关应当依法处罚。

立法缘由：

本条是关于登记管理机关对社会组织信息公开监督的规定。信息公开制度是社会组织监督管理的一项基本制度。在社会组织行为规范一章中，本法规定社会组织应当依法向登记管理机关报送日常活动信息和年度报告，并在社会组织官网和登记管理机关社会组织信用信息公示系统予以公告。登记管理机关在社会组织公示日常信息和年度报告以后，不应当仅仅公开了之，而应当对这些信息的真实性、准确性、完整性进行监督，审查其是否存在虚假记载、误导性陈述及重大遗漏，是否存在违反法律之处，以切实保证信息公开原则的实现。但监督管理机关受人力、财力等方面的制约，不可能对每个社会组织的每条信息都去核实。为此，本条对于社会组织信息公开的监督采取抽查的方式，并对抽象对象的确定、抽查核实的方式方法、抽查结果的公开以及抽查结果的运用等进行了明确。为保证抽查的公平、公正、公开，本条规定抽查对象根据社会组织登记号等随机摇号确定。为提高信息核实的效率，确保信息核实工作的准确性、专业性，规定登记管理机关可以采取书面检查、实地核查、网络监测等方式，可以委托会计师事务所、税务师事务所、律师事务所等专业机构开展相关工作，并依法利用其他政府部门作出的检查、核查结果或者专业机构作出的专业结论。社会组织的信息公示抽查，改革了社会组织全覆盖式、例行式的年检制度，通过按一定比例抽查的办法，对抽查不合规定的社会组织严格按法律规定进行处罚，有利于提高监督管理效率，进一步增强社会组织的社会公信度。

参考依据：

《爱沙尼亚财团法》 第38条：特别审计

I. 财团的理事会、监事会、理事、监事或者其他利害关系人可以请求就财团的管理或者财务状况上的事项进行一次特别审计，并请求法院选任执行特别审计的审计人。法院仅于有正当理由时才可以决定进行特别审计。

II. 只有审计师才可以是执行特别审计的审计人。向其支付报酬的程序和数额由法院规定。

III. 理事和监事应当允许执行特别审计的审计人审核所有执行特别审计所必需的文件，并对其提供必需的信息。执行特别审计的审计人应当保守财团的商业秘密。

IV. 执行特别审计所发生的费用，应当由法院根据特别审计的结果，决定如何在请求进行特别审计的人与财团之间分担。如果请求进行特别审计的人所提出的请求没有根据，并且其有故意或者重大过失，他们应当对特别审计给财团造成的损害承担连带赔偿责任。

V. 执行特别审计的审计人应当制作关于特别审计结果的报告，并将其提交法院。

VI. 法院应当根据特别审计的结果决定，财团是否应当采取措施以及应当采取什么措施以使得财团的事业活动与财团的目的相一致。

《南非1997年非营利组织法》 第7条（委员会的报告）：每一财政年度结束后的六个月内，部长应当制作并且向国会提交一份关于非营利组织前一财政年度的工作和财政报告。

《证券法》 第65条：国务院证券监督管理机构对上市公司年度报告、中期报告、临时报告以及公告的情况进行监督，对上市公司分派或者配售新股的情况进行监督。

《企业信息公示暂行条例》 第14条：国务院工商行政管理部门和省、自治区、直辖市人民政府工商行政管理部门应当按照公平规范的要求，根据企业注册号等随机摇号，确定抽查的企业，组织对企业公示信息的情况进行检查。

工商行政管理部门抽查企业公示的信息，可以采取书面检查、实地核查、网络监测等方式。工商行政管理部门抽查企业公示的信息，可以委托会计师事务所、税务师事务所、律师事务所等专业机构开展相关工作，并依法利用其他政府部门作出的检查、核查结果或者专业机构作出的专业结论。

抽查结果由工商行政管理部门通过企业信用信息公示系统向社会公布。

第100条［社会监督］：社会组织登记管理机关、业务主管单位和有关监督管理部门应当公告举报投诉方式，建立举报投诉奖励制度，健全便于公众举报投诉社会组织的机制。

国家鼓励公众、媒体对社会组织进行监督，发挥舆论和社会监督作用。任何单位、个人发现非法社会组织或者社会组织违法行为的，可以向社会组织登记管理机关、业务主管单位和有关监督管理部门投诉、举报。

有关部门接到投诉、举报后，对属于本部门职责的，应当受理，并及时进行核实、处理、答复；对不属于本部门职责的，应当移交有权处理的部门并书面告知投诉举报人。有权处理的部门应当及时调查，对调查确认的违法行为依法予以处理，并将调查处理结果及时告知投诉举报人。

有关部门应当保护举报人的权益，不得泄露举报人的信息。

立法缘由：

本条是关于社会组织举报投诉机制的规定。社会公众的举报投诉是社会组织登记管理机关、业务主管单位和有关监督管理机关加强监管工作的重要信息来源。社会组织往往涉及社会公众利益，受到社会关注，建立健全社会公众举报投诉社会组织违法行为的机制，强化社会监督，有利于依法保护社会公众实施监督的权利，也有利于拓宽监督渠道，完善监督机制。为此，本条规定社会组织登记管理机关、业务主管单位和有关监督管理部门应当公告举报投诉方式，建立健全便于公众举报投诉的机制，为公众实施监督创造条件。同时，本条就社会公众如何举报投诉、有关监督管理机关如何处理举报投诉、如何保障举报人权益进行了明确。

参考依据：

《慈善法》第97条：任何单位和个人发现慈善组织、慈善信托有违法行为的，可以向民政部门、其他有关部门或者慈善行业组织投诉、举报。民政部门、其他有关部门或者慈善行业组织接到投诉、举报后，应当及时调查处理。

国家鼓励公众、媒体对慈善活动进行监督，对假借慈善名义或者假冒慈善组织骗取财产以及慈善组织、慈善信托的违法违规行为予以曝光，发挥舆论和社会监督作用。

《食品安全法》第 80 条：县级以上卫生行政、质量监督、工商行政管理、食品药品监督管理部门接到咨询、投诉、举报，对属于本部门职责的，应当受理，并及时进行答复、核实、处理；对不属于本部门职责的，应当书面通知并移交有权处理的部门处理。有权处理的部门应当及时处理，不得推诿；属于食品安全事故的，依照本法第七章有关规定进行处置。

第 101 条［利害关系人监督］：社会组织的发起人、会员、捐赠人、资助人、受益人和其他利害关系人有权向社会组织查询、复制社会组织的财产管理使用、组织决策、活动开展等方面的资料，并向社会组织提出意见和建议。社会组织应当自收到查询、复制申请之日起三日内安排查询、复制。

社会组织的发起人、会员、捐赠人、资助人、受益人和其他利害关系人认为社会组织及其理事、监事没有履行前款规定义务，或者认为社会组织及其理事、监事违反了法律法规、章程或者捐赠、资助协议的，可以向有关部门反映，也可以依法向人民法院起诉。

立法缘由：

本条是关于社会组织利害关系人监督的规定。社会组织的发起人、会员、捐赠人、资助人、受益人和其他利害关系人与社会组织都具有一定的民事法律关系，发挥利害关系人的监督作用，可以促使社会组织遵守法律法规、社会组织章程和与捐赠人、发起人签署的有关协议。本条对利害关系人的监督权从两个方面进行了明确。一是规定了利害关系人的知情权。知情是监督的前提，本条规定利害关系人有权向社会组织查询、复制社会组织的财产管理使用、组织决策、活动开展等方面资料，社会组织应当自收到查询、复制申请之日起三日内安排查询、复制。二是规定了利害关系人的诉权。利害关系人认为社会组织及其理事、监事没有履行前款规定义务，或者认为社会组织及其理事、监事违反了法律法规、章程或者捐赠、资助协议的，可以向有关部门反映，也可以依法向人民法院起诉。利害关系人在获得相关信息的同时，以“利害关系人”的身份提起诉讼寻求救济，可以借助于司法程序给予利害关系人提供司法保障的后盾，保证利益关系人监督成功发挥作用，同时又不至于直接干预社会组织的日常事务。

参考依据：

《爱沙尼亚财团法》第39条：查阅财团事业活动的信息

I. 受益人或者其他有合法利益的人，可以向财团要求了解与财团实现其目的有关的信息。受益人或其他合法利益的人可以查阅财团的年度财务和理事会的事业活动报告、审计人的报告、会计文件、创立决定书以及章程。

II. 章程未确定受益人范围的，所有利害关系人均拥有本条第一款规定的权利。

III. 财团不满足根据本条第一款规定提出的要求的，权利人可以请求通过诉讼程序行使其权利。

《基金会管理条例》第39条：捐赠人有权向基金会查询捐赠财产的使用、管理情况，并提出意见和建议。对于捐赠人的查询，基金会应当及时如实答复。

基金会违反捐赠协议使用捐赠财产的，捐赠人有权要求基金会遵守捐赠协议或者向人民法院申请撤销捐赠行为、解除捐赠协议。

第102条［同业组织监督］：社会组织依法建立联合会或者其他行业组织，依照规定对社会组织进行行业自律和服务监督。社会组织联合会或者行业组织依法可以履行下列职责：

（一）指导、组织会员执行社会组织法律法规和政策；

（二）依法维护会员的合法权益，向政府及其部门反映会员的建议和要求；

（三）收集社会组织有关信息，为会员提供服务；

（四）制定会员应遵守的规则，建立健全行业规范和惩戒规则，开展社会组织评估；

（五）组织社会组织从业人员的业务培训，开展会员间的业务交流，对会员之间、会员与服务对象之间发生的纠纷进行调解；

（六）组织会员就社会组织的发展、运作及有关内容进行研究；

（七）监督、检查会员行为，对违反法律、行政法规或者章程的，按照规定给予纪律处分；

（八）监督管理部门赋予的其他职责。

社会组织应当加入社会组织联合会。

立法缘由：

本条是关于社会组织同业组织监督的规定。社会组织同业组织监督是社会组织监督管理制度的重要内容。随着政府职能的转变，同业监督在社会组织监督管理中的作用愈加重要。本条对社会组织同业监督的主要内容进行了明确。社会组织的同业组织，主要是牵头制定社会组织的行业标准和行为规范，履行自律行为，开展行业评估、信息沟通和经验交流等工作。特别需要说明的是，本条将社会组织评估明确为社会组织同业组织的职责，是希望通过社会组织的同业组织以独立第三方身份对社会组织进行监督，以逐步形成“社会组织管理社会组织”的体制。

参考依据：

《慈善法》第19条：慈善组织依法成立行业组织。

慈善行业组织应当反映行业诉求，推动行业交流，提高慈善行业公信力，促进慈善事业发展。

第96条：慈善行业组织应当建立健全行业规范，加强行业自律。

《证券法》第162条：证券业协会是证券业的自律性组织，是社会团体法人。

证券公司应当加入证券业协会。

证券业协会的权力机构为由全体会员组成的会员大会。

第163条：证券业协会的章程由会员大会制定，并报国务院证券监督管理机构备案。

第164条：证券业协会履行下列职责：(一) 协助证券监督管理机构教育和组织会员执行证券法律、行政法规；(二) 依法维护会员的合法权益，向证券监督管理机构反映会员的建议和要求；(三) 收集整理证券信息，为会员提供服务；(四) 制定会员应遵守的规则，组织会员单位的从业人员的业务培训，开展会员间的业务交流；(五) 对会员之间、会员与客户之间发生的纠纷进行调整；(六) 组织会员就证券业的发展、运作及有关内容进行研究；(七) 监督、检查会员行为，对违反法律、行政法规或者协会章程的，按照规定给予纪律处分；(八) 国务院证券监督管理机构赋予的其他职责。

第103条［监督行政制度］：社会组织登记管理机关、业务主管单位和有关监督管理部门及其工作人员依法对社会组织实行监督管理，必须忠于职守，依法办事，公正廉洁，不得非法干预社会组织的正常活动，不得泄露知悉的有关单位和个人的国家秘密、商业秘密和个人隐私，不得利用职务便利牟取不正当的利益。

社会组织及其发起人、高级管理人员等对于登记管理机关、业务主管单位和有关监督管理部门的监管行为不服的，可以依法申请行政复议或者提起行政诉讼，也可以依法向监察部门举报投诉。

立法缘由：

本条是关于社会组织监督行政制度的规定。监督管理机关对社会组织的监督管理权，也必须受到制约和监督，才有可能得到正确行使。在强调有关部门监管权的同时，应当强化对监管权的有效制约和监督，也即强化对监督者的监督，按照权责一致原则强化监管主体的责任，让社会组织监管部门加强监管的时候，不仅意味着监管部门权力的行使，更是对社会组织的一种责任承担，特别是对社会组织发展和社会稳定的责任承担。本条在明确监管部门廉洁责任和保密责任的同时，根据社会组织的性质突出了两个方面。一是监管部门不得非法干预社会组织的正常活动，插手社会组织事务甚至直接管理社会组织，注意保障社会组织的独立性，在防止社会组织失控和保持社会组织独立性之间寻求平衡，实现依法适度监管。二是对登记管理机关、业务主管单位、相关监督部门等监管者，在监管过程中侵犯社会组织权益的，社会组织均可以依法申请行政复议或者提起行政诉讼，注重以诉权制约行政权。

参考依据：

《俄罗斯社会团体法》 第 17 条：国家和社会团体

禁止国家权力机关及其公职人员干预社会团体的活动，也禁止社会团体干预国家权力机关及其公职人员的活动。但是，本联邦法律另有规定的情况除外。

国家保证恪守社会团体的权利和合法利益，支持社会团体的活动。

《美国非营利法人示范法（1987）》 第 1.26 条：对州务卿拒绝备案的起诉

I. 州务卿拒绝对向州务卿办公室提出的申请文件予以备案的，本州或者外州（国）法人就拒绝可以向法人的主事务所（法人在本州没有主事务所的，向其登记之事务所）所在地或者计划所在地的县法院起诉。向法院提出强制备案的起诉状，并将申请文件和州务卿拒绝备案的理由说明附于申诉书的，诉讼开始。

II. 法院可以以简易命令要求州务卿对申请文件予以备案，或者采取法院认为合理的其他行为。

III. 法院判决可以如同其他民事诉讼一样被上诉。

《行政诉讼法》 第 2 条：公民、法人或者其他组织认为行政机关和行政机关工作人员的行政行为侵犯其合法权益，有权依照本法向人民法院提起诉讼。

《行政复议法》第2条：公民、法人或者其他组织认为具体行政行为侵犯其合法权益，向行政机关提出行政复议申请，行政机关受理行政复议申请、作出行政复议决定，适用本法。

《行政监察法》第6条：……公民、法人或者其他组织对于任何国家行政机关及其公务员和国家行政机关任命的其他人员的违反行政纪律行为，有权向监察机关提出控告或者检举。

第七章

法律责任

第104条［非法社会组织的法律责任］：未按本法登记，擅自以社会组织名义进行活动的，或者被撤销登记、被吊销登记证书的社会组织继续以社会组织名义进行活动的，由社会组织登记管理机关予以取缔，没收非法财产，并对责任人处以十万元以下的罚款。

立法缘由：

本条是关于非法社会组织的法律责任的规定。本法对于社会组织的设立规定了登记程序。按照本法的规定，社会组织只有具备一定的条件，才能依法登记取得法人资格。不具法人条件的社会团体，只有按照本法进行非法人社会组织登记，才具有合法资格。社会组织，只有经过登记，才能得到法律的承认，才可以开始以社会组织的名义从事活动。任何非经登记即以社会组织名义开展活动的，都属于非法社会组织。如果放任未经登记的社会组织可以开展活动，那么登记社会组织的制度安排就会大打折扣。为了加强国家和社会对社会组织的监督，维护正常的社会秩序，对于非法社会组织应当予以取缔。本条规定了非法社会组织的种类有两种，一是未按本法登记，擅自以社会组织名义进行活动的；二是被撤销登记、被吊销登记证书的社会组织继续以社会组织名义进行活动的。非法社会组织承担的责任形式有三种，一是由法定的登记管理机关给予取缔，没收非法财产，对主要负责人可以并处十万元以下的罚款；二是有公安机关依法给予治安处罚；三是由司法机关依法追究刑事责任。这里对于负责人处罚的金额，参照公司法的规定明确为十万元以下。

参考依据：

《新加坡社团法》第14条：非法社团

Ⅰ. 未经登记的任何社团都被认定为非法社团，但是如果登记官认为符合下列情况的除外：（一）完全是在新加坡境外组织的；并且（二）不在新加坡从事任何活动的。

Ⅱ. 任何管理或者协助管理非法社团事务的人应当被认定为有罪，处五年以下的监禁。

Ⅲ. 成为非法社团的成员，或者参加了非法社团的会议的，应当被认定为有罪，处5000元以下的罚金或者3年以下的监禁，或者两罚并处。

Ⅳ. 违反了本条第三款规定的犯罪行为，根据刑事诉讼法应当被认为属于不可保释的犯罪行为和可扣押的案件。

第15条：允许在自己的房屋内非法集会的人

Ⅰ. 明知是非法社团或者非法社团的成员，还允许其在自己所有、占有或者控制之下的房屋、建筑物或者场所内举行会议的任何人，应当被认定为有罪，处5000元以下的罚金或者3年以下的监禁，或者两罚并处。

Ⅱ. 违反了本条第一款规定的任何犯罪行为，根据刑事诉讼法应当被认为属于不可保释的犯罪行为和可扣押的案件。

第16条：对煽动、劝诱、邀请他人成为非法社团成员的行为的惩罚

Ⅰ. 任何煽动、劝诱或者邀请他人成为非法社团的成员，或者协助管理非法社团的人，应当被认定为有罪，处5000元以下的罚金或者3年以下的监禁，或者两罚并处。

Ⅱ. 任何对他人施以暴力、威胁或者恐吓，使其成为非法社团的成员或者协助管理非法社团的，应当被认定为有罪，处5000元以下的罚金或者4年以下的监禁，或者两罚并处。

第17条：对为非法社团获得捐款或者资助的行为的惩罚

为非法社团的目的从他人那里获得或者试图获得捐款或者资助的任何人，应当被认定为有罪，处5000元以下的罚金或者2年以下的监禁，或者两罚并处。

第18条：非法社团的出版等宣传

任何打印、出版、分发、出售或者邮送，或者未经合法授权或无合法理由，持有招贴广告、报纸、书籍、传单、画像或者其他任何形式的由非法社团发行或者明显是非法社团发行、代表非法社团的利益或者有利于非法社团利益的文件或者书面材料的，应当被认定为有罪，处5000元以下的罚金或者2年以下的监禁，或者两罚并处。与该犯罪行为有关的任何书籍、期刊、宣传册、海报、宣言书、报纸、书信或者其他文件或书面材料都应当被没收。

《社会团体登记管理条例》第35条：未经批准，擅自开展社会团体筹备活动，或者未经登记，擅自以社会团体名义进行活动，以及被撤销登记的社会团体继续以社会团体名义进行活动的，由登记管理机关予以取缔，没收非法财产；构成犯罪的，依法追究刑事责任；尚不构成犯罪的，依法给予治安管理处罚。

《基金会管理条例》第40条：未经登记或者被撤销登记后以基金会、基金会分支机构、基金会代表机构或者境外基金会代表机构名义开展活动的，由登记管理机关予以取缔，没收非法财产并向社会公告。

《民办非企业单位登记管理暂行条例》第27条：未经登记，擅自以民办非企业单位名义进行活动的，或者被撤销登记的民办非企业单位继续以民办非企业单位名义进行活动的，由登记管理机关予以取缔，没收非法财产；构成犯罪的，依法追究刑事责任；尚不构成犯罪的，依法给予治安管理处罚。

《公司法》第210条：未依法登记为有限责任公司或者股份有限公司，而冒用有限责任公司或者股份有限公司名义的，或者未依法登记为有限责任公司或者股份有限公司的分公司，而冒用有限责任公司或者股份有限公司的分公司名义的，由公司登记机关责令改正或者予以取缔，可以并处十万元以下的罚款。

第105条［设立行为的法律责任］：社会组织在申请登记时弄虚作假，骗取登记的，由登记管理机关撤销登记，并对责任人处以五十万元以下的罚款。

社会组织发起人在章程规定时间未交付或者未足额交付作为注册资金的货币或者非货币财产的，由登记管理机关责令改正，并对发起人处以五万元以上五十万元以下的罚款；情节严重的，由登记管理机关吊销登记证书。

立法缘由：

本条是关于社会组织设立行为的法律责任的规定。社会组织的设立工作主要由发起人或者发起人委托的人员完成。社会组织的合法性，首先要保证设立行为的合法性。为保障社会组织合法成立，本条规定了发起人在社会组织设立中两个方面的法律责任。第一个方面是在申请登记时弄虚作假，骗取登记的。主要是指在社会组织设立、变更、注销登记申请书、章程、业务主管单位审查同意文件等资料和从事法律、行政法规规定须报经有关部门审批的业务所提交的有关部门的批准文件是虚假的，以及故意隐瞒有关的重要事实、制造假象、掩盖真相等方法使登记机关受蒙骗、发生错误认识而取得了社会组织登记，这实质是一种欺诈行为。第二个方面是未交付或者未按期交付作为注册资金的货币或者非货币财产的。拥有一定的注册资金是一个社会组织存在的必要条件，社会组织的最初注册资金就来源于发起人的出资或者发起人组织的资金。由于注册资金已经在社会组织登记证书载明，如果发起人未交付或者未按期交付注册资金，不仅影响社会组织活动的开展，也影响社会组织声誉的建立，影响社会信任的形成，应当承担法律责任。在具体责任形式上，参照公司法的规定，本条规定登记管理机关可以采取两种不同程度的处罚，一是对于情节不严重的责令改正，并对发起人处以五万元以上五十万元以下的罚款。二是对于情节严重的，由登记管理机关吊销登记证书。

参考依据：

《社会团体登记管理条例》第32条：社会团体在申请登记时弄虚作假，骗取登记的，或者自取得《社会团体法人登记证书》之日起1年未开展活动的，由登记管理机关予以撤销登记。

《民办非企业单位登记管理暂行条例》第24条：民办非企业单位在申请登记时弄虚作假，骗取登记的，或者业务主管单位撤销批准的，由登记管理机关予以撤销登记。

《基金会管理条例》第41条：基金会、基金会分支机构、基金会代表机构或者境外基金会代表机构有下列情形之一的，登记管理机关应当撤销登记：（一）在申请登记时弄虚作假骗取登记的，或者自取得登记证书之日起12个月内未按章程规定开展活动的；（二）符合注销条件，不按照本条例的规定办理注销登记仍继续开展活动的。

《公司法》第198条：违反本法规定，虚报注册资本、提交虚假材料或者采取其他欺诈手段隐瞒重要事实取得公司登记的，由公司登记机关责令改正，对虚报注册资本的公司，处以虚报注册资本金额百分之五以上百分之十五以下的罚款；对提交虚假材料或者采取其他欺诈手段隐瞒重要事实的公司，处以五万元以上五十万元以下的罚款；情节严重的，撤销公司登记或者吊销营业执照。

第199条：公司的发起人、股东虚假出资，未交付或者未按期交付作为出资的货币或者非货币财产的，由公司登记机关责令改正，处以虚假出资金额百分之五以上百分之十五以下的罚款。

第106条［严重违法行为的责任］：社会组织有下列情形之一的，由登记管理机关吊销登记证书，没收违法所得，并对直接负责的主管人员和其他直接责任人员处五万元以上五十万元以下罚款：

（一）从事、资助危害国家安全和社会公共利益活动的；

（二）超出章程规定的宗旨和业务范围进行活动，情节严重的；

（三）拒不接受或者不按照规定接受监督检查，情节严重的。

立法缘由：

本条是关于社会组织严重违法行为的法律责任的规定。社会组织成立及其活动的一个重要准则，就是只能按照章程规定的宗旨和业务范围开展活动，不能影响国家安全和社会稳定。一旦社会组织的活动影响国家安全和社会稳定，就必须严厉惩处，这是建立正常社会秩序不可或缺的。本条规定了社会组织必须严厉惩处的三种严重违法行为及其惩处措施。这三种情形是，一是从事、资助危害国家安全和社会公共利益活动的，二是超出章程规定的宗旨和业务范围进行活动的，三是拒不接受或者不按照规定接受监督检查的。出现这三种情形之一，对于社会组织，直接的处罚措施就是吊销登记证书，没收违法所得。同时，对于社会组织的直接负责的主管人员和其他直接责任人员，根据情节轻重，分别可以由登记管理机关给予罚款、公安机关给予治安处罚、司法机关追究刑事责任。

参考依据：

《爱沙尼亚财团法》第 46 条：强制解散

I. 有下列情形之一的，法院可以根据内务部或者其他利害关系人的请求命令解散财团：（一）财团的目的或者事业活动违反法律、宪法秩序或者善良风俗；（二）财团的事业活动不符合本法第二条规定的要求或者章程规定的目的；（三）财团的财产明显不足以实现其目的，并且不可能在最近的将来取得足够财产；（四）监事会未在章程规定的情形出现时通过解散决议，或者理事会未根据法律的规定提出解散申请；（五）法律规定的其他情形。

II. 法院可以确定补正本条第一款事由的最后期限。

《摩尔多瓦基金会法》第 35 条：基金会的强迫解散

如果存在下列一种情况，在司法裁决的基础上，司法部门可以要求基金会解散：a）如果基金会财产的年终价值低于其最初的财产的价值。b）如果基金会背离了其活动的规定性目标。c）如果基金会的目标或者所采用的手段违法，或者跟公共秩序和道德规范相抵触，或者基金会的活动损害了法制国家的原则，或者损害了摩尔多瓦共和国的主权、独立和领土完整。d）出现本法第 22 条第（2）点中所规定的现象。

《公司法》第 213 条：利用公司名义从事危害国家安全、社会公共利益的严重违法行为的，吊销营业执照。

第 107 条［违反财产管理使用规定的责任］：社会组织有下列情形之一的，由登记管理机关责令停止违法行为或者责令限期停止活动；有违法所得的，没收违法所得；并可以对直接负责的主管人员和其他直接责任人员处按违法经营额或者违法所得额二倍以下罚款；情节严重的，吊销登记证书：

（一）从事以营利为目的的活动的，或者资助营利性活动的；

（二）违反国家有关规定收取费用、筹集资金或者接受、使用捐赠、资助的；

（三）违反规定从事关联交易、投资、担保活动的；

（四）弄虚作假骗取税收优惠的；

（五）工作人员私分、挪用或者侵占社会组织财产的；

（六）清算组成员利用职权侵占社会组织财产的；

（七）违反规定处置剩余财产的；

（八）其他违反社会组织财产使用管理规定的。

立法缘由：

本条是关于社会组织财产性违法行为的法律责任的规定。社会组织是非营利组织，保持社会组织的非营利性，主要通过规范社会组织财产的管理使用来实现，本条对社会组织违反本法关于财产管理使用有关规定的行为明确了相关责任。一旦社会组织具有上述违反财产管理使用规定的行为，首要的是责令停止违法行为或者责令限期停止活动；其次，如果因为违法使用社会组织财产，有违法所得，则应当没收非法所得；再次，由于社会组织的违法使用财产的行为是由社会组织有关管理人员和工作人员作出的，可以对有关人员予以罚款；最后，如果情节严重，对于社会组织可以吊销登记证书。

参考依据：

《新加坡社团法》第 19 条：对滥用已登记社团的金钱或者财产的行为的处罚

Ⅰ. 根据已登记社团的成员或者登记官的控诉，地区法院或者治安法庭认为该社团的某一高级职员或者成员，没有按照该社团的章程占有或者控制该社团的财产，或者非法侵占该社团的财产，或者故意把财产用于不同于该社团章程所表述或者指定的目的的，根据本法的授权，法院认为出于正义的目的，应当命令该社团的高级职员或其成员将社团的财产转交给社团的受托人或者法院指定的其他人，并且偿还那些被非法侵占或者不当使用的财产。

Ⅱ. 第一款所规定的由登记官提起的控诉之外的其他控诉，只有法院认为，在提起控诉之日，提起该控诉的社团成员的财产与该控诉有关，才予以受理。

Ⅲ. 受本法第一款规定约束的任何人，如果未能在命令确定的时间内遵守条款和指示，应当被认定为有罪，处5000元以下的罚金。

Ⅳ. 根据第一款所作出的命令不应当影响或者阻止针对这些高级职员或者成员的起诉或者其他民事诉讼程序。

《慈善法》第100条：慈善组织有本法第九十八条、第九十九条规定的情形，有违法所得的，由民政部门予以没收；对直接负责的主管人员和其他直接责任人员处二万元以上二十万元以下罚款。

第108条［违反非财产管理使用规定的责任］：社会组织有下列情形之一的，由社会组织登记管理机关予以警告、责令改正；拒不改正的，责令限期停止活动；情节严重的，吊销登记证书；并可以对直接负责的主管人员和其他直接责任人员处以三十万元以下罚款：

（一）伪造、涂改、出租、出借、转让社会组织登记证书，或者出租、出借社会组织印章的；

（二）不按照规定办理变更登记、注销登记的；

（三）对分支机构、代表机构疏于管理，造成严重后果的；

（四）未按规定履行信息公开义务和报送年度工作报告、财务会计报告的；

（五）未经同意，泄露个人隐私或者商业秘密，造成严重后果的；

（六）未依法答复捐赠人对其捐赠财产使用信息查询要求的；

（七）无正当理由未开展活动连续六个月以上的；

（八）不按照规定进行清算的；

（九）其他违反法律、行政法规的行为。

社会组织未按规定履行信息公开义务的，登记管理机关可以将其列入异常名录，并通过社会组织信用信息公示系统向社会公示。社会组织被列入异常名录的，有关部门依法取消其享受税收优惠、承接政府转移职能和购买服务等资格。

立法缘由：

本条是关于社会组织非财产性违法行为的法律责任的规定。本条是对社会组织严重违法行为和财产性违法行为以外的一些其他违法行为法律责任的规定。这些违法行为的情节一般不是特别严重，因此，本条规定一般首先是给予警告、责令改正；拒不改正的，然后再责令限期停止活动。虽然这些违法行为同样可以给予直接负责的主管人员和其他直接责任人员处以罚款，但罚款也比前两条的规定数额低。

参考依据：

《日本特定非营利活动促进法》第49条：特定非营利活动法人的理事、监事或者清算人有下列情形之一的，应当处以200000日元以下的非刑事性罚款：（一）没有进行本法第七条第一款规定的内阁命令所要求的登记；（二）没有提交根据本法第十四条准用的《民法》第五十一条第一款所要求的财产清单，或者在清单中应当包括的事项没有被列入，或者列入的内容不真实；（三）违反本法第二十三条第一款或者第二十五条第六款的规定，没有进行通知，或者通知有错误；（四）没有根据本法第二十八条第一款的规定保存有关文件，或者在这些文件中应当包括的事项没有被列入，或者列入的内容不真实；（五）没有提交本法第二十九条第一款规定的文件；（六）没有制作本法第三十五条第一款规定的文件，或者这些文件中应当包括的内容没有列入，或者列入的内容不真实；（七）违反了本法第三十五条第二款或者第三十六条第二款；（八）没有根据依照本法第四十条准用的《民法》第七十条第二款或者第八十一条第一款提出破产宣告申请；（九）没有根据依照本法第四十条准用的《民法》第七十九条第一款或者第八十一条第一款所规定的公告，或者公告的内容不真实。

《爱沙尼亚财团法》第13条：提交虚假信息的责任：理事会向登记官提供了虚假信息的，理事会成员应当对因此导致的损害承担连带责任。

《公司法》第202条：公司在依法向有关主管部门提供的财务会计报告等材料上作虚假记载或者隐瞒重要事实的，由有关主管部门对直接负责的主管人员和其他直接责任人员处以三万元以上三十万元以下的罚款。

第206条：清算组不依照本法规定向公司登记机关报送清算报告，或者报送清算报告隐瞒重要事实或者有重大遗漏的，由公司登记机关责令改正。

清算组成员利用职权徇私舞弊、谋取非法收入或者侵占公司财产的，由公司登记机关责令退还公司财产，没收违法所得，并可以处以违法所得一倍以上五倍以下的罚款。

第211条：公司成立后无正当理由超过六个月未开业的，或者开业后自行停业连续六个月以上的，可以由公司登记机关吊销营业执照。

公司登记事项发生变更时，未依照本法规定办理有关变更登记的，由公司登记机关责令限期登记；逾期不登记的，处以一万元以上十万元以下的罚款。

第109条［组织机构不符规定的责任］：社会组织不按照本法及

章程的规定设立组织机构的，或者不按照本法及章程的规定进行组织机构换届的，或者设立的组织机构不按照本法及章程的规定运作的，登记管理机关可以责令社会组织限期整改；逾期没有整改或者整改不符合要求的，社会组织登记管理机关可以指令成立临时管理委员会行使理事会的职权，并可对直接责任人员处以十万元以下罚款。临时管理委员会应当自成立之日起一个月内完成补选。补选完成并进行变更登记后，临时管理委员会自动解散。

社会组织不再具备本法规定设立条件的，由登记管理机关责令改正，可以限期停止活动；情节严重或者在规定期限内未改正的，吊销社会组织登记证书。

立法缘由：

本条是关于社会组织组织机构不符合规定的法律责任的规定。本法对社会组织的组织机构设置进行了规定。只有社会组织的组织机构按照本法及章程规定予以设置，且依法设置的组织机构正常运行，社会组织的活动才能正常开展，社会组织的作用才能正常发挥。现实中，不时有社会组织的理事、监事等高级管理人员基于自己的利益而拒绝履行理事、监事和高级管理人员的职责，导致社会组织无法按照本法及章程作出决策，陷入瘫痪状态。基于社会组织的自治性，登记管理机关又一般不宜直接任免其组织机构的负责人。但社会组织的正常运行往往关系社会公共利益，为了保障和促进社会公共利益，采取一定的行政措施推动社会组织内部组织机构的健全和完善是很有必要的。本条就社会组织的组织机构不符合规定的法律责任进行了明确。当社会组织的组织机构不符合规定时，基于维护社会组织自治性的需要，本条规定首先由登记管理机关责令社会组织限期整改，“限期”的时间可由登记管理机关根据社会组织的具体情况和实际需要决定。如果社会组织没有整改或者整改不符合要求的，本条规定两方面的举措，一是社会组织登记管理机关可以指令成立临时管理委员会行使理事会的职权，由临时管理委员会自成立之日起一个月内完成补选，补选完成并进行变更登记后临时管理委员会自动解散。临时管理委员会短暂介入社会组织，既解决了社会组织的瘫痪状态，又保障了社会组织的负责人由社会组织自主按章程产生，从而使公权力维护而不是破坏社会组织的自治性。二是社会组织登记管理机关对直接责任人员处以十万元以下罚款。社会组织的组织机构没有正常建立和运作，总与特定的理事、监事等高级管理人员密切相关。设定一定的处罚，可以督促理事、监事等高级管理人员依法履职，减少社会组织瘫痪状态的发生。

参考依据：

《芬兰财团法》第14条之一（1964年第400号法律修正）

I. 财团的理事会被根据本法第十四条第二款解任的，法院应当任命一个或者多个临时理事管理财团，直到根据财团章程的规定选举出了新的理事会。法院可以决定，理事会或者理事的解任以及对临时理事的任命立即生效，即使对该命令的上诉正在进行之中。

II. 财团因为其他原因没有理事会的，国家专利与登记委员会应当任命一个或者多个临时理事，以管理财团的事务，直到根据财团的章程选举出了新的理事会。

III. 在第一款和第二款规定的情形下，新的理事会无法根据章程被选举出来的，国家专利与登记委员会应当请求财团的住所所在地的地方法院为财团任命一个新的理事会。在任命理事会时，应当尽可能地考虑财团章程关于理事会的组成和任期的规定。必要时，新的理事会有权邀请新的理事。（1997年第1172号法律修正）

IV. 第一款和第二款中规定的临时理事对于其职责的履行有权从财团财产中获得补偿。

《爱沙尼亚非营利社团法》第30条：法院选任理事

有正当理由时，尤其是理事暂时或者持续地无能力履行其职责，法院可以根据利害关系人的请求选任新理事以替代被撤换的理事。法院选任的理事的资格持续至社员大会或者以章程规定的其他方式选任了新的理事。

《美国非营利法人示范法（1987）》第14.30条：司法解散的原因

I.［法院名称或者规定］可以解散法人：

（一）在州首席检察官提起的诉讼中，如果确定：1. 法人通过欺诈获得法人章程；2. 法人持续超越或者滥用法律的授权；3. 法人是公益法人的，法人财产被挪用或者被浪费；或者

（二）除宗教法人章程或者章程细则规定外，在由五十名成员或者持有百分之五表决权的成员，或者由一名董事或者由章程规定的任何人提起的诉讼中，如果存在下列情况：1. 董事在管理法人事务中陷入僵局，并且成员（如果有成员）无法打破僵局；2. 董事或者控制法人的人已经在或者将要以非法的、压制的或者欺诈的方式行为；3. 成员在表决权中陷入僵局，无法在包括至少二个连续年会日期的期限内选举出董事的继任者，该董事任期已经届满或者将要届满。4. 法人财产被挪用或者被浪费，或者5. 法人是公益或者宗教法人的，无法实现其目的。

《社会团体登记管理条例》第33条：社会团体有下列情形之一的，由登

记管理机关给予警告，责令改正，可以限期停止活动，并可以责令撤换直接负责的主管人员……

第 110 条［违反其他法律的责任］：社会组织的活动违反其他法律、法规的，由有关国家机关依法处理；有关国家机关认为应当吊销登记证书的，应当移交登记管理机关依法处理。

立法缘由：

本条是关于社会组织违反其他法律法规的处理规定。如前所述，社会组织除了登记管理机关、业务主管单位的监督管理外，还需接受相关监督管理部门依据相关部门法律法规进行的监督管理。社会组织的行为除了违反本法外，还可能违反相关部门法律法规。如社会组织从事、资助危害国家安全或者社会公共利益活动的，除了登记管理机关依据本法吊销登记证书外，还可能违反治安管理、国家安全方面的法律法规，需要由公安部门、国家安全机关依法查处。如社会组织弄虚作假骗取税收优惠的，除了登记管理机关依据本法处罚外，还需要由税务机关依法查处。由于相关部门法律法规对何种行为违法，应当给予什么处罚都已有规定，无须本法再规定。因此，本条仅规定由有关国家机关依法处理。

参考依据：

《慈善法》第 103 条：慈善组织弄虚作假骗取税收优惠的，由税务机关依法查处；情节严重的，由民政部门吊销登记证书并予以公告。

第 104 条：慈善组织从事、资助危害国家安全或者社会公共利益活动的，由有关机关依法查处，由民政部门吊销登记证书并予以公告。

第 107 条：自然人、法人或者其他组织假借慈善名义或者假冒慈善组织骗取财产的，由公安机关依法查处。

第 111 条［撤销和吊销的处理］：社会组织被责令限期停止活动的，由登记管理机关封存社会组织登记证书、印章和财务凭证。

社会组织被撤销登记、吊销登记证书的，由登记管理机关收缴登记证书和印章。社会组织拒不缴回或者无法缴回社会组织登记证书、印章的，由登记管理机关公告作废。

立法缘由：

本条是关于社会组织被责令限期停止活动、被撤销登记、被吊销登记证书具体执行的规定。社会组织被责令限期停止活动、被撤销登记、被吊销登记证书后，社会组织依法均不能再开展相关业务活动。而登记证书是社会组织具有开展相关业务活动的法定凭证，印章是社会组织对外开展业务活动表明其“名义”即主体身份的法定形式，当社会组织依法不能再开展相关业务活动时，应当对登记证书和印章予以封存或者收缴。如果社会组织仍然可以使用登记证书和印章，则责令限期停止活动、撤销登记、吊销登记证书均没有得到有效执行。

参考依据：

《境外非政府组织境内活动管理法》第 49 条：境外非政府组织代表机构被责令限期停止活动的，由登记管理机关封存其登记证书、印章和财务凭证。对被撤销登记、吊销登记证书的，由登记管理机关收缴其登记证书、印章并公告作废。

第 112 条［管理机关的责任］：社会组织登记管理机关、业务主管单位和其他监督管理部门及其工作人员有下列情形之一的，由上级机关或者监察机关责令改正，并可以对直接负责的主管人员和其他直接责任人员依法给予处分：

（一）对不符合条件的登记申请予以登记，或者对符合条件的登记申请不予登记的；

（二）未依法履行对社会组织监管职责，造成严重后果的；

（三）违反信息公开义务的或者泄露举报人信息的；

（四）违法实施行政强制措施或者行政处罚的；

（五）私分、挪用、侵占社会组织财产的；

（六）其他滥用职权、玩忽职守、徇私舞弊行为的。

立法缘由：

本条是关于社会组织监管部门违法行为法律责任的规定。社会组织的登记管理机关、业务主管单位和其他监督管理部门作为法律授权对社会组织行使登记、管理、监督、指导等职能的国家机关，在日常工作中应当依法行政，严格遵守法律法规的规定，切实担负起对社会组织的相关监督管理职责。登记管理机关、业务主管单位和其他监督管理部门及其工作人员滥用职权、徇私舞弊、玩忽职守，对应当登记的社会组织不予登记，对不应登记的给予登记，或者利用职权侵犯社会组织的合法权益，或者对社会组织疏于管理，对其违法活动不依法给予处罚，给国家、社会以及公民个人利益造成损害，构成犯罪的，司法机关应当依照刑法关于国家工作人员渎职罪的规定，对有关的国家工作人员给予刑事处罚。尚未构成犯罪或者虽然构成犯罪但是依法不追究刑事责任的，应当给予行政处分。

参考依据：

《慈善法》第108条：县级以上人民政府民政部门和其他有关部门及其工作人员有下列情形之一的，由上级机关或者监察机关责令改正；依法应当给予处分的，由任免机关或者监察机关对直接负责的主管人员和其他直接责任人员给予处分：（一）未依法履行信息公开义务的；（二）摊派或者变相摊派捐赠任务，强行指定志愿者、慈善组织提供服务的；（三）未依法履行监督管理职责的；（四）违法实施行政强制措施和行政处罚的；（五）私分、挪用、截留或者侵占慈善财产的；（六）其他滥用职权、玩忽职守、徇私舞弊的行为。

《社会团体登记管理条例》第37条：登记管理机关、业务主管单位的工作人员滥用职权、徇私舞弊、玩忽职守构成犯罪的，依法追究刑事责任；尚不构成犯罪的，依法给予行政处分。

《民办非企业单位登记管理暂行条例》第29条：登记管理机关、业务主管单位的工作人员滥用职权、徇私舞弊、玩忽职守构成犯罪的，依法追究刑事责任；尚不构成犯罪的，依法给予行政处分。

《基金会管理条例》第45条：登记管理机关、业务主管单位工作人员滥用职权、玩忽职守、徇私舞弊，构成犯罪的，依法追究刑事责任；尚不构成犯罪的，依法给予行政处分或者纪律处分。

《公司法》第208条：公司登记机关对不符合本法规定条件的登记申请予以登记，或者对符合本法规定条件的登记申请不予登记的，对直接负责的主管人员和其他直接责任人员，依法给予行政处分。

第209条：公司登记机关的上级部门强令公司登记机关对不符合本法规定条件的登记申请予以登记，或者对符合本法规定条件的登记申请不予登记的，或者对违法登记进行包庇的，对直接负责的主管人员和其他直接责任人员依法给予行政处分。

第113条［相关人员违法责任］：承担社会组织资产评估、验资、审计或者验证的机构提供虚假报告，或者因过失提供有重大遗漏报告的，由有关主管部门依法予以处理。

自然人、法人或者其他组织冒用社会组织名义的，由社会组织登记管理机关责令改正或者予以取缔，可以并处十万元以下的罚款；假借社会组织名义或者假冒社会组织骗取财产的，由公安机关依法查处。

立法缘由：

本条是关于相关人员违法行为法律责任的规定。本法关于法律责任的主要对象是社会组织及其发起人、高级管理人员和监督管理部门及其工作人员。除此之外，还有一些社会组织以外的组织和人员的行为也可能破坏正常的社会组织管理秩序。本条明确了两种情形的法律责任，一是承担社会组织资产评估、验资、审计或者验证的机构提供虚假报告，或者因过失提供有重大遗漏报告的，因为这种行为对于社会组织的设立、管理起着关键作用，有着重大影响；二是自然人、法人或者其他组织冒用社会组织名义的，因为这种行为对于社会组织的信誉、形象有着较大影响。当然除了这两种行为外，还有其他一些社会组织以外的组织和人员影响社会组织管理秩序的行为，本条虽然没有再列举，有关机关仍然可以依据相关法律依法追究法律责任。

参考依据：

《公司法》第207条：承担资产评估、验资或者验证的机构提供虚假材料的，由公司登记机关没收违法所得，处以违法所得一倍以上五倍以下的罚款，并可以由有关主管部门依法责令该机构停业、吊销直接责任人员的资格证书，吊销营业执照。

承担资产评估、验资或者验证的机构因过失提供有重大遗漏的报告的，由公司登记机关责令改正，情节较重的，处以所得收入一倍以上五倍以下的罚款，并可以由有关主管部门依法责令该机构停业、吊销直接责任人员的资格证书，吊销营业执照。

承担资产评估、验资或者验证的机构因其出具的评估结果、验资或者验证证明不实，给公司债权人造成损失的，除能够证明自己没有过错的外，在其评估或者证明不实的金额范围内承担赔偿责任。

第210条：未依法登记为有限责任公司或者股份有限公司，而冒用有限责任公司或者股份有限公司名义的，或者未依法登记为有限责任公司或者股份有限公司的分公司，而冒用有限责任公司或者股份有限公司的分公司名义的，由公司登记机关责令改正或者予以取缔，可以并处十万元以下的罚款。

《慈善法》第107条：自然人、法人或者其他组织假借慈善名义或者假冒慈善组织骗取财产的，由公安机关依法查处。

第114条［民事赔偿优先］：社会组织违反本法规定，应当承担民事赔偿责任和缴纳罚款、罚金的，其财产不足以支付时，先承担民事赔偿责任。

立法缘由：

本条是关于民事赔偿优先原则的规定。社会组织的违法行为，有可能构成犯罪，按照刑法的有关规定可能被判处罚金、没收财产等刑罚；也可能侵犯公民、法人或者其他组织的财产权或者人身权，按照民事法律规范，需要承担民事赔偿责任；同时按照本法和有关法律、行政法规的规定可能被处以罚款处罚，这样就造成了民事赔偿责任、行政责任、刑事责任的竞合。在这种情况下，可能在执行罚款或罚金外，可支付民事赔偿的财产很少或没有了，不利于债权人利益的保护。为此，本条规定，在违法的社会组织既应承担民事赔偿责任，又要承担行政责任和刑事责任、缴纳罚款或罚金的情况下，如果其财产不足以同时支付的，应当先行承担民事赔偿责任。社会组织用以承担民事赔偿责任的财产，应当是社会组织的合法财产，社会组织的非法所得必须依法没收。

参考依据：

《公司法》第 214 条：公司违反本法规定，应当承担民事赔偿责任和缴纳罚款、罚金的，其财产不足以支付时，先承担民事赔偿责任。

第 115 条 ［治安处罚及刑事责任］：违反本法规定，构成违反治安管理行为的，由公安机关依法给予治安管理处罚；构成犯罪的，依法追究刑事责任。

立法缘由：

本条是关于治安处罚及刑事责任的规定。社会组织及其相关人员违反本法的一些行为，有可能还同时违反了《治安管理处罚法》或者《刑法》的规定。如非法社会组织，本法规定了由登记管理机关取缔，同时《治安管理处罚法》第五十四条规定，违反国家规定，未经注册登记，以社会团体名义进行活动，被取缔后，仍进行活动的；被依法撤销登记的社会团体，仍以社会团体名义进行活动的；处十日以上十五日以下拘留，并处五百元以上一千元以下罚款；情节较轻的，处五日以下拘留或者五百元以下罚款。再如，本法规定社会组织在申请登记时弄虚作假，骗取登记的，由登记管理机关撤销登记，如果发起人通过伪造、变造、买卖或者盗窃、抢夺、毁灭国家机关的公文、证件、印章而骗取登记，依据《刑法》第二百八十条规定应当处三年以下有期徒刑、拘役、管制或者剥夺政治权利；情节严重的，处三年以上十年以下有期徒刑。本法对于这些法律责任均没有在相关法律责任中再分别明确，本条规定了基本适用规范。

参考依据：

《公司法》第 215 条：违反本法规定，构成犯罪的，依法追究刑事责任。

《境外非政府组织境内活动管理法》第 52 条：违反本法规定，构成违反治安管理行为的，由公安机关依法给予治安管理处罚；构成犯罪的，依法追究刑事责任。

第八章

附　　则

第116条［概念界定］：本法下列用语的含义：

（一）高级管理人员，是指社会组织的理事、监事和秘书长、副秘书长、财务负责人、分支代表机构负责人以及章程规定的其他人员。

（二）关联关系，是指社会组织发起人、理事、监事等高级管理人员与其近亲属和直接或者间接管理的组织之间的关系，以及可能导致社会组织利益转移的其他关系。

立法缘由：

本条是关于本法一些用语含义的规定。高级管理人员一般是指在一个组织的管理层中担任重要职务、负责组织运行管理、掌握组织重要信息的人员。社会组织的高级管理人员对于社会组织的宗旨使命的完成具有特别重要的意义，其对社会组织享有特定的权利，也负有特定的义务。本法在有关章节中多次提到了高级管理人员，本条对该概念的外延进行了明确。除了本条已经明确的范围外，社会组织章程还可以增列其他人员为高级管理人员。一旦章程增列为高级管理人员，则相关人员同样应当遵循本法的有关规定。

关联关系，主要是指可能导致社会组织利益转移的各种关系。关联关系的存在，直接影响社会组织的利益。为了保障社会组织的健康发展，维护社会组织的正当利益，有必要对关联关系进行界定和规范。本条将关联关系界定为三个方面的关系，一是社会组织理事、监事等高级管理人员与其近亲属之间的关系，二是社会组织理事、监事等高级管理人员与其直接或者间接管理的组织之间的关系，三是可能导致社会组织利益转移的其他关系。

参考依据：

《公司法》第216条：本法下列用语的含义：（一）高级管理人员，是指公司的经理、副经理、财务负责人，上市公司董事会秘书和公司章程规定的其他人员。（二）控股股东，是指其出资额占有限责任公司资本总额百分之五十以上或者其持有的股份占股份有限公司股本总额百分之五十以上的股东；出资额或者持有股份的比例虽然不足百分之五十，但依其出资额或者持有的股份所享有的表决权已足以对股东会、股东大会的决议产生重大影响的股东。(三) 实际控制人，是指虽不是公司的股东，但通过投资关系、协议或者其他安排，能够实际支配公司行为的人。(四) 关联关系，是指公司控股股东、实际控制人、董事、监事、高级管理人员与其直接或者间接控制的企业之间的关系，以及可能导致公司利益转移的其他关系。但是，国家控股的企业之间不仅因为同受国家控股而具有关联关系。

第117条［社会组织的法律适用］：法律、行政法规对社会组织另有规定的，依照有关法律、行政法规的规定执行。

法律对境外自然人、法人、其他组织在境内设立社会组织和有关境外非政府组织另有规定的，适用其规定。

立法缘由：

本条是关于涉外社会组织适用法律的规定。随着改革开放的深入，目前已有大量境外社会组织在我国活动，同时也有很多工作生活在境内的外国人需要参加有关社会组织。为规范境外社会组织和外国人在境内参与社会组织的活动，我国已经制定了《境外非政府组织境内活动管理法》，该法有规定的，应当根据特别法优于普通法的原则，适用《境外非政府组织境内活动管理法》，《境外非政府组织境内活动管理法》没有规定的，可以参照适用本法的有关规定。

参考依据：

《印度尼西亚财团法》第69条

I. 具有非印度尼西亚法人资格的外国财团，可以在印度尼西亚共和国领域内开展活动，但是该财团的活动对印度尼西亚人民、民族和国家有损害的除外。

II. 认许第一款规定的外国财团的条件和程序，由政府行政法规规定。

《公司法》第217条：外商投资的有限责任公司和股份有限公司适用本法；有关外商投资的法律另有规定的，适用其规定。

第118条［施行日期］：本法自　年　月　日起施行。

立法缘由：

本条是关于本法生效时间的规定。每部法律都应该有一个明确的生效日期，有的规定自公布之日起实施，有的规定具体的生效日期。本法规定了一个具体的生效日期。生效日期的确定，一般应在通过后数月时间再生效实施，留出学习掌握该法的时间，以便更好地执行好该法。

第三篇

建　议　稿

《中华人民共和国社会组织法》
（立法建议稿）

第一章　总则

第 1 条［宗旨依据］：为保障公民的结社自由，规范社会组织的组织与行为，保障社会组织的合法权益，引导社会组织健康发展，促进社会自治的形成和社会公益的发展，根据宪法，制定本法。

第 2 条［调整对象］：本法所称社会组织是指自然人、法人或其他组织，为公益目的或者其他非营利目的，依照本法在中国境内设立的非营利性组织，包括社会团体、基金会和社会服务机构。

社会团体是指自然人、法人或其他组织自愿组成，基于会员共同意愿，为实现章程规定的公益目的或者会员共同利益等非营利目的设立的社会组织。

基金会，是指利用自然人、法人或者其他组织捐赠的财产，为实现章程规定的慈善公益目的而设立的社会组织。

社会服务机构，是指自然人、法人或者其他组织主要利用非国有资产，为实现章程规定的公益目的或者其他非营利目的，以提供非营利性社会服务而设立的社会组织。

社会团体依法具有社团法人资格，不具有社团法人资格的社会团体依法取得非法人组织资格。基金会和社会服务机构依法具有财团法人资格。

第3条［结社自由］：中华人民共和国公民，不分民族、种族、性别、职业、宗教信仰、教育程度，都有依法发起、参加或退出社会组织的自由。任何组织和个人不得非法阻挠和限制公民的结社自由。

第4条［活动准则］：社会组织依法按章程独立自主开展活动，合法权益受法律保护，任何组织和个人不得非法干涉。

社会组织必须遵守宪法和法律，遵守社会公德，接受政府和社会公众的监督，不得反对宪法确定的基本原则，不得危害国家的统一、安全和民族的团结，不得损害国家利益、社会公共利益和公民、法人以及其他组织的合法权益，不得违背社会道德风尚，不得从事营利性经营活动。

第5条［基本方针］：国家对社会组织实行培育扶持、依法管理、发挥作用的方针，鼓励和支持社会组织发展公益事业、提供社会服务、参与公共管理、增强社会自治、促进社会和谐，为社会组织提升能力和实现宗旨创造有利的环境。

第二章 社会组织的登记

第一节 一般规定

第6条［设立条件］：设立社会组织，应当具备下列条件：

（一）有明确的公益目的或者其他非营利目的和具体的业务范围；

（二）有规范的名称、固定的住所、符合要求的组织机构和负责人；

（三）有符合章程规定的注册资金；

（四）有依法制定并由创立大会通过的章程；

（五）发起筹办事项符合法律规定。

设立社会团体还应当具有符合本法规定的会员。

第7条［社会组织名称］：社会组织的名称应当与其宗旨、业务范围、活动地域、组织形式相一致，准确反映其特征。

社会组织的名称应当符合登记管理机关的规定，不得违背社会道德风尚。社会组织的合法名称受法律保护。

全国性的社会组织的名称冠以“中国”“全国”“中华”“国际”“世界”等字样的，应当按照国家有关规定经过批准，地方性的社会组织的名称不得冠以“中国”“全国”“中华”“国际”“世界”等字样。

第 8 条［社会组织住所］：社会组织以其主要办事机构所在地为住所。

社会组织的住所应在登记管理机关所辖区域内。

第 9 条［社会组织注册资金］：社会组织的注册资金由其章程规定，数额应当与其从事的业务范围相适应。法律、行政法规对社会组织的注册资金有最低限额规定的，从其规定。

注册资金可以是货币，也可以用实物、知识产权、土地使用权等可以用货币估价并可以依法转让的非货币财产。以非货币财产作为注册资金的，一般应当评估作价，核实财产，不得高估或者低估作价。法律、行政法规对评估作价有规定的，从其规定。

社会组织申请设立时，注册资金应当按照章程规定缴足。以货币作为注册资金的，应当将货币存入社会组织在银行开设的账户；以非货币财产作为注册资金的，应当依法办理其财产权的转移手续。

第 10 条［社会组织章程］：设立社会组织必须依法制定社会组织章程。社会组织章程应当包括下列事项：

（一）名称；

（二）住所；

（三）宗旨及业务范围；

（四）注册资金数额及来源；

（五）组织机构的组成、职责、议事规则和组织机构负责人的资格、产生罢免程序和任期；

（六）资产管理和使用的原则；

（七）章程的修改程序；

（八）终止程序和终止后资产的处理；

（九）应当由章程规定的其他事项。

社会团体的章程还应当明确会员资格、会员的权利义务和会员权利的救济。

社会组织章程对社会组织、理事、监事、秘书长和其他管理人员及利害关系人具有约束力。

第 11 条［社会组织宗旨和业务范围］：社会组织以公益目的为宗旨的，公益目的包括《中华人民共和国慈善法》规定的慈善活动和《中华人民共和国公益事业捐赠法》规定的公益事业。

社会组织以其他非营利目的为宗旨的，其他非营利目的包括促进社会组织内部成员的体育、学术、兴趣、技能或者行业利益等合法权益。

社会组织章程规定的宗旨和业务范围必须符合法律法规的规定，不得具有下列情形：

（一）违反本法第四条第二款规定；

（二）以宣传宗教教义、举行宗教仪式或者教育和发展信徒为目的；

（三）以推广、支持或者反对某一政治主张为目的；

（四）为了特定个人、法人或者其他组织的利益而活动。

社会组织的业务范围按照法律、行政法规的规定需要取得行业许可或者业务主管单位批准的，应当依法申请取得行业许可证或者批准文件。

社会组织章程确定的宗旨和业务范围，由登记管理机关依法登记。社会组织可以依法修改社会组织章程，改变宗旨和业务范围，但是应当办理变更登记。

第12条［社会组织发起人］：社会组织由发起人负责申请设立。发起人可以是自然人、法人或者其他组织。

发起人承担社会组织筹办事务，应当依法确定社会组织的名称、住所、宗旨、业务范围、拟定章程，提出组织机构及负责人建议，筹集注册资金，办理业务范围许可手续和业务主管单位审批手续，组织召开创立大会，并申请办理设立登记。社会团体的发起人还应当按照章程发展会员。筹办期间不得开展筹办以外的活动。发起人可以本人或者书面委托代理人办理筹办事务。

发起人对社会组织登记文件、资料的合法性、真实性、有效性、完整性负责，对社会组织的筹办事务承担责任。发起人二人以上的，应当签订发起人协议，明确各自在社会组织筹办过程中的权利和义务。

发起人不得具有本法第五十三条第一款规定情形。

第13条［社会组织直接登记范围］：发起人设立下列社会组织，完成筹办事务后直接向社会组织登记管理机关申请设立登记：

（一）行业协会商会；

（二）在自然科学和工程技术领域内从事学术研究和交流活动的科技类社会组织；

（三）提供扶贫、济困、扶老、救孤、恤病、助残、救灾、助医、助学等服务的公益慈善类社会组织；

（四）为满足城乡社区居民生活需求开展活动的城乡社区服务类社会组织；

（五）法律、行政法规规定可以直接申请设立登记的其他社会组织。

第14条［社会组织设立登记申请］：发起人应于创立大会结束后三十日内，向社会组织登记管理机关报送下列文件、材料，申请设立登记：

（一）全体发起人签名或者盖章的登记申请书；

（二）全体发起人签名或者盖章的章程；

（三）住所证明；

（四）注册资金证明；

（五）法定代表人、理事、监事的任职文件及其基本情况、身份证明；

（六）发起人的基本情况及身份证明；

（七）全体发起人签名或者盖章的创立大会记录。

设立社会团体还应当提交会员的名册及入会申请书。设立的社会组织不属于前条规定情形或者法律、行政法规规定其业务范围需要取得行业许可的，还应当提交业务主管单位的批准文件或者行业许可文件。

第 15 条 ［社会组织设立登记许可］：登记管理机关应当在受理发起人的申请之日起六十日内作出准予登记或者不予登记的决定。情况复杂，六十日内不能作出决定的，经登记管理机关负责人批准，可以适当延长，但延长的期限不得超过三十日。

符合本法规定的设立条件的，登记管理机关应当予以登记，发给社会组织登记证书并向社会公告。社会组织登记证书应当载明社会组织的名称、住所、宗旨、业务范围、活动地域、注册资金、法定代表人和负责人姓名、业务主管单位等事项。社会组织登记证书签发日期为社会组织设立日期。

不符合本法规定的设立条件的，登记管理机关应当作出不予登记的决定并书面说明理由。

登记管理机关在审查发起人提交的文件时，可以根据实际情况征求有关方面意见、组织专家评估或者召开论证会、听证会，所需时间不包括在登记时限内。但是登记管理机关应当将所需时间告知发起人。

社会组织登记证书正本应当置于社会组织住所的醒目位置。社会组织可以根据业务需要向登记管理机关申请核发登记证书若干副本。

社会组织凭登记证书申请刻制印章，开立银行账户，办理税务登记。社会组织应当将印章式样报登记管理机关备案。

第 16 条 ［社会组织变更登记］：社会组织的登记证书记载事项发生变更的，应当自决议变更之日起三十日内依法办理变更登记，由登记管理机关换发登记证书。

社会组织的章程修改的，应当自决议修改之日起三十日内报登记管理机关核准。

经业务主管单位审查同意后登记成立的社会组织，申请变更登记事项或者核准修改章程，应当自业务主管单位审查同意之日起三十日内，向登记管理机关申请变更或者核准。

第 17 条 [社会组织注销登记]：社会组织出现下列解散事由，理事会应当在解散事由出现之日起三十日内组织由全体理事、原发起人和有关人员构成的清算组向社会公告进行清算，并自清算完成之日起三十日内向登记管理机关办理注销登记：

（一）章程规定的存续期间届满或者其他解散事由出现；

（二）按章程规定程序决议解散；

（三）因合并或者分立需要解散；

（四）连续二年未开展活动的；

（五）依法被撤销登记或者吊销登记证书的；

（六）法律、行政法规规定应当解散的其他情形。

经业务主管单位审查同意后登记成立的社会组织，清算组应当由业务主管单位派员参加，注销登记申请应当先经业务主管单位同意。

第 18 条 [社会组织清算要求]：社会组织的理事、监事和原发起人是社会组织的清算义务人。理事会逾期不组成清算组进行清算的，原发起人、监事会和债权人可以向人民法院申请指定成员组成清算组进行清算，人民法院应当受理该申请，并及时指定成员组成清算组进行清算。

社会组织的清算程序和清算组职权，参照适用公司法的有关规定。

清算义务人及清算组成员应当忠于职守，依法履行清算义务，不得利用职权收受贿赂或者其他非法收入，不得侵占社会组织财产。因清算义务人及清算组成员怠于履行清算义务以及其他故意或者重大过失，给社会组织或者债权人造成财产损失的，应当在造成损失范围内对社会组织债务等承担责任；导致社会组织主要财产、账册、重要文件等灭失，无法进行清算的，对社会组织债务等承担连带责任。

社会组织合并或者分立的，可以不进行清算，但应当自合并或者分立决议作出之日起三十日内通知债权人。合并各方的债权、债务由合并后存续或者新设的组织承继，分立前的债务由分立后的组织承担连带责任。

第 19 条 [社会组织剩余财产处理]：社会组织清算结束后，清算组应当制作清算报告，报监事会和登记管理机关或者人民法院确认。

社会组织清算后的剩余财产，由清算组按照章程规定处理；章程没有规定、规定不明确或者规定无效的，由登记管理机关主持转给与社会组织宗旨相同或者类似的社会组织，并向社会公告。

社会组织的监事会、债权人和登记管理机关对清算财产及其处理有异议的，可以委托会计师事务所进行审计，并可以向人民法院请求撤销对社会组织财产的有关处理决定和要求清算组人员承担相关责任。

第 20 条 ［社会组织基本信息公告］： 登记管理机关应当设立登记簿，记载社会组织的设立、变更、注销登记情况，供公众查阅，并在登记管理机关的社会组织信用信息公示系统公布下列信息，内容变更时应当及时更新：

（一）社会组织设立、变更、注销登记的批准文件；

（二）社会组织名称、住所、联系方式；

（三）章程；

（四）理事会、监事会和秘书长的基本情况；

（五）年度工作报告、财务会计报告、审计报告和年检、评估情况；

（六）具有公开募捐资格、公益性捐赠税前扣除资格的社会组织名单；

（七）对社会组织的检查和表彰、处罚情况；

（八）清算组成员、清算方案和清算报告；

（九）法律、法规规定应当公开的其他信息。

登记管理机关以外的其他政府部门应当将履行职责过程中涉及社会组织的行政许可、税收优惠、资助补贴、购买服务、检查抽查、表彰奖励、行政处罚和其他依法可以公开的信息在其官网公开，并通过信息共享机制在登记管理机关的社会组织信用信息公示系统公开。

第二节 社会团体的登记

第 21 条 ［社会团体会员人数］： 设立社会团体应当具有三个以上发起人、三十个以上会员。各级社会组织登记管理机关所登记社会团体的发起人、会员等要求由国家社会组织登记管理机关依法具体规定。

第 22 条 ［社会团体会员资格］： 社会团体会员分为个人会员和单位会员。个人会员和单位会员具有同等的权利义务。

社会团体会员由本人递交入会申请书自愿入会。会员资格不得赠与、转让或者继承。除非法律另有规定，禁止强迫任何个人和组织加入或者退出社会团体。

社会团体的个人会员必须是年满十八周岁的中华人民共和国公民。十八周岁以下的中华人民共和国公民可以成为少年儿童活动领域的社会团体成员。

军人、警察和公务员加入社会团体应当报所在单位人事部门同意。

会员与社会团体就会员资格、权利义务等方面发生争议，可以自争议发生之日起六十日内向人民法院提起诉讼。

第 23 条 ［社会团体创立大会］： 社会团体发起人组织会员召开创立大会，应当在大会召开十五日前将会议日期通知各会员。创立大会应有三分之二以上会员出席方可举行。

创立大会行使下列职权：

（一）审议发起人关于社会团体筹办情况的报告；

（二）通过章程；

（三）选举理事会成员；

（四）选举监事会成员；

（五）对设立费用进行审核；

（六）对注册资金缴纳情况进行审核；

（七）发生不可抗力或者活动条件发生重大变化直接影响社会团体设立的，可以作出不设立社会团体的决议。

创立大会对前款所列事项作出决议，必须经出席会议的三分之二以上会员通过。发起人应组织记录创立大会召开和决议情况，创立大会记录应客观、真实、全面。

第 24 条［依法批准成立的社会团体登记］： 依照法律规定，自批准成立之日起即具有法人资格的社会团体，应当自批准成立之日起三十日内向社会组织登记管理机关提交批准文件，申领法人登记证书。登记管理机关自收到文件之日起三十日内发给社会组织法人登记证书。

第 25 条［社会团体非法人组织登记］： 社会团体不具备本法规定的法人登记条件，提交负责人姓名和联系方式、会员名册、住所证明、章程等材料，可以向县级社会组织登记管理机关申请非法人社会团体登记。登记管理机关应当在受理发起人的申请之日起二十日内作出登记或者不予登记的决定。发起人应当担任非法人社会团体的负责人。

非法人社会团体不具有法人资格，可以依法按照章程开展活动，由其负责人和成员承担连带责任。

非法人社会团体的变更登记、注销登记和其他事项参照适用社会组织的一般规定。

第 26 条［社会团体会员证］： 社会团体成立后，应当向会员签发会员证。

会员证应当载明下列事项：

（一）社会团体名称、宗旨、业务范围、成立日期；

（二）会员的姓名或者名称、入会日期和会费缴纳情况；

（三）会员证的编号和核发日期。

会员证由社会团体盖章。

第 27 条［社会团体会员名册］： 社会团体应当置备会员名册，记载下列事项：

(一) 会员的姓名或者名称及身份证号码或组织机构代码证号;

(二) 会员的入会日期;

(三) 会员证编号。

记载于会员名册的会员，可以依会员名册主张行使会员权利。

社会团体应当将会员名册向登记管理机关备案；会员名单发生变更的，应当及时更新并重新备案。未经备案的，不得对抗第三人。

第28条 [社会团体会员查阅复制资料权]：会员有权查阅、复制社会团体章程、会员大会或会员代表大会会议记录、理事会会议决议、监事会会议决议和财务会计报告。社会团体拒绝提供查阅、复制的，会员可以请求人民法院要求社会团体提供查阅、复制。

第29条 [社会团体免于登记范围]：下列团体可以不按照本法规定登记：

(一) 参加中国人民政治协商会议的人民团体;

(二) 由国务院机构编制管理机关核定，并经国务院批准免于登记的团体;

(三) 机关、团体、企业事业单位、社区内部经本单位或者基层群众性自治组织同意成立，在本单位、社区内部活动的团体。

第三节　基金会的登记

第30条 [基金会设立宗旨]：基金会的设立应当以从事特定慈善公益活动为目的。

第31条 [基金会设立方式]：基金会因捐赠行为设立的，设立基金会的捐赠人是发起人。基金会因遗嘱设立的，遗嘱执行人履行发起人的职责。

第32条 [基金会注册资金数额]：设立基金会应当具有不低于100万元人民币的注册资金。各级社会组织登记管理机关所登记基金会的注册资金数额及其他要求由国家社会组织登记管理机关依法具体规定。

第33条 [基金会注册资金要求]：基金会发起人应当按照基金会章程的规定，按期足额将所认缴的货币资金存入基金会在银行开设的账户。

基金会发起人以实物、知识产权、股权、土地使用权等可以用货币估价并可以依法转让的非货币财产作为基金会注册资金的，可以评估作价，也可以不评估作价直接记载非货币资产的名称、数量，但应当依法办理其财产权的转移手续。

第34条 [基金会设立中有关事项的决定]：基金会的名称、住所、宗旨、业务范围、组织机构、章程、资金的管理使用要求、负责人选任办法和负责人名单等事项，由发起人依法确定后，在创立大会公告。

遗嘱设立基金会的，发起人的前款决定不得违背遗嘱人的遗嘱和遗嘱人拟定的章程，除非遗嘱人的遗嘱和遗嘱人拟定的章程违反了本法规定。发起人申请设立基金会时，应当将遗嘱人的遗嘱和遗嘱人拟定的章程报登记管理机关备案。

第35条［基金会变更登记］：发起人协商一致，可以依法变更基金会名称、住所、宗旨、业务范围、注册资金、法定代表人等登记证书记载事项。

一名或者数名发起人死亡、被解散或者因为其他原因不能或者不愿行使发起人权利的，以及遗嘱设立的基金会，基金会的名称、宗旨、业务范围不得变更。

第四节 社会服务机构的登记

第36条［社会服务机构宗旨］：社会服务机构以提供社会服务，促进特定非营利目的为宗旨。

第37条［社会服务机构发起人］：自然人、法人或者其他组织可以发起设立社会服务机构。国家机关及其工作人员不能发起设立社会服务机构。

第38条［社会服务机构业务范围］：社会服务机构可以从事教育、科技、文化、卫生、体育、法律、社会福利等领域的社会服务，具体业务范围由章程依法规定。

社会服务机构应当具有与其业务范围相适应的组织机构、场所、工作人员。

第39条［社会服务机构注册资金］：社会服务机构的注册资金由章程规定。法律法规对社会服务机构的注册资金等条件有规定的，从其规定。

社会服务机构的注册资金应当与其从事的社会服务相适应。

国有资产在社会服务机构的注册资金中不能超过百分之五十。社会服务机构使用国有资产的，应当遵守国有资产监督管理有关规定。

第40条［社会服务机构变更登记］：社会服务机构发起人协商一致，可以依法变更其名称、住所、宗旨、业务范围、注册资金、法定代表人姓名等登记证书记载事项。

一名或者数名发起人死亡、被解散或者因为其他原因不能或者不愿行使发起人权利的，社会服务机构的名称、宗旨、业务范围不得变更。

第三章　社会组织的组织机构

第一节　一般规定

第 41 条［社会组织必设机构］：社会组织应当设立理事会、监事会和秘书长。

社会组织的理事会、监事会和秘书长名单应当在确定之日起三十日内报登记管理机关的社会组织信用信息公示系统公布。

理事、监事履行职责时产生的必要费用，由社会组织承担。监事和未在社会组织担任专职工作的理事，不得从社会组织领取薪酬。

第 42 条［社会组织理事会的组成与任期］：社会组织理事会由三人以上构成，设理事长一人，副理事长和理事若干人，具体由章程规定。但理事中相互间具有近亲属关系的人数不得超过理事总人数的三分之一；具有公开募捐资格的社会组织，具有近亲属关系的不得同时在理事会任职。

理事任期由社会组织章程规定，但每届任期不得超过五年。理事任期届满，可连选连任。

理事任期届满未及时改选，或者理事在任期内辞职导致理事会成员低于法定人数的，在改选出的理事就任前，原理事仍应当依照法律、行政法规和公司章程的规定，履行理事职务。

社会组织第一届理事会应当包含发起人。

第 43 条［社会组织理事会会议］：理事会例会每年至少召开两次，具体召开次数由章程规定。理事长、监事会或者三分之一以上理事提议召开理事会时，应当召开理事会临时会议。

召开理事会会议，应于会议召开五日前将会议的时间、地点、内容等一并通知全体理事。理事会须有三分之二以上理事出席方能召开。理事因故不能出席，可以书面委托其他理事代为出席理事会，委托书必须载明授权范围。

理事会会议实行一人一票制，其决议须经全体理事的过半数以上表决通过方能生效。章程对重要事项的决议另有要求的，从其规定。

理事会会议由理事长召集和主持；理事长不能履行职务或者不履行职务的，由副理事长召集和主持；副理事长不能履行职务或者不履行职务的，由半数以上理事共同推举一名理事召集和主持。

第 44 条［社会组织法定代表人］：社会组织法定代表人由理事长担任，

并由登记管理机关依法登记；社会组织法定代表人变更，应当办理变更登记。

本社会组织法定代表人不得兼任其他组织的法定代表人。具有公开募捐资格的社会组织的理事长，连任不得超过两届。

第45条［社会组织秘书长］：社会组织设秘书长，负责秘书处等办事机构的日常工作。

秘书长由理事会决定聘任或者解聘，对理事会负责，行使下列职权：

（一）主持社会组织的日常工作，组织实施理事会决议；

（二）组织实施社会组织年度工作计划；

（三）拟订社会组织内部管理机构设置方案；

（四）拟订社会组织的内部管理基本制度；

（五）制定社会组织的具体工作制度；

（六）提请聘任或者解聘社会组织副秘书长、财务负责人；

（七）决定聘任或者解聘应由理事会决定聘任或者解聘以外的人员；

（八）章程和理事会授予的其他职权。

社会组织理事会可以决定由理事兼任秘书长。不担任理事的秘书长列席理事会。

第46条［社会组织监事会组成］：社会组织设监事会，其成员不得少于三人。监事会设主席一人，由全体监事过半数选举产生。监事任期与理事相同。

监事不得由理事、秘书长、副秘书长、财务会计人员及其近亲属担任。监事之间不得有近亲属关系。

第47条［社会组织监事会职权］：监事会对理事、秘书长等高级管理人员遵守法律和章程的情况进行监督，行使下列职权：

（一）对高级管理人员执行职务的行为提出质询和建议，要求纠正违反法律、行政法规、章程或者会员大会的决议，并可提出罢免或者解聘人员的议案；

（二）检查财务和会计资料，在理事长、秘书长和财务主管人员变动时以及必要时，可以聘请会计师事务所对财务进行审计；

（三）发现社会组织的活动和财务情况异常，可以进行调查，并向登记管理机关、业务主管单位、税务、会计主管部门和其他有关部门报告；

（四）章程规定的其他职权。

监事列席理事会会议。监事会履行上述职责，费用由社会组织承担。社会组织有关人员应当如实向监事会提供有关情况和资料，不得妨碍监事会行使职权。

第 48 条［社会组织监事会会议］：监事会例会每年度至少召开二次，具体由章程规定。监事可以提议召开临时监事会。

第 49 条［社会组织会议要求］：社会组织理事会、监事会的议事方式和表决程序，除本法有规定的外，由社会组织章程规定。

理事会、监事会应当制作会议记录，并由出席会议的理事、监事审阅、签名。会议记录应当由社会组织秘书长保存。

理事会、监事会决议违反法律、法规或章程规定，致使社会组织遭受损失的，参与决议的理事、监事应当承担责任。但经证明在表决时反对并记载于会议记录的，该理事、监事可免除责任。

第 50 条［社会组织分支代表机构］：社会组织可以设立分支代表机构。社会组织应当将所设分支代表机构的名称、地址、负责人、授权范围等向其登记管理机关备案。

分支代表机构不具有法人资格，应当使用所属社会组织名称的规范全称，在所属社会组织的授权范围内开展活动，其全部收支纳入所属社会组织财务统一核算，法律责任由所属社会组织承担。

社会组织之间不得建立或者变相建立垂直管理关系。

第 51 条［社会组织工会］：社会组织职工依照《中华人民共和国工会法》组织工会，开展工会活动，维护职工合法权益。社会组织应当为本组织工会提供必要的活动条件。工会代表职工就职工的劳动报酬、工作时间、福利、保险等事项依法与社会组织签订集体合同。

社会组织依照宪法和有关法律的规定，通过职工代表大会或者其他形式，实行民主管理。

社会组织研究决定重大问题、制定重要规章制度时，应当听取工会的意见，并通过职工代表大会或者其他形式听取职工的意见和建议。

第 52 条［社会组织党组织］：在社会组织中，根据中国共产党章程的规定，设立中国共产党的组织，开展党的活动。社会组织应当为党组织的活动提供必要条件。

第 53 条［社会组织管理人员任职资格］：有下列情形之一的，不得担任社会组织的理事、监事等高级管理人员：

（一）无民事行为能力或者限制民事行为能力的；

（二）正在被执行刑罚、被执行刑事强制措施、被通缉的，或者因故意犯罪被判处刑罚而执行期满未逾五年的，或者因犯罪被剥夺政治权利而执行期满未逾五年的；

（三）在被吊销登记证书、被取缔的组织担任负责人，自该组织被吊销登记证书、被取缔之日起未逾五年的；

（四）组织解散时属于清算义务人但该组织尚未完成清算或者尚未办理注销登记的；

（五）非中国内地居民的；

（六）法律、行政法规规定的其他情形。

社会组织违反前款规定选举、委派理事、监事或者聘任其他高级管理人员的，该选举、委派或者聘任无效。

理事、监事和其他高级管理人员在任职期间出现本条第一款所列情形的，社会组织应当解除其职务。

第54条［社会组织管理人员履职义务］：理事、监事等高级管理人员应当遵守法律、行政法规和章程，忠实履行职责，维护社会组织利益，不得有下列行为：

（一）违背宗旨或者超越业务范围开展活动；

（二）违反决策程序或者内部管理规定，超越职权或者怠于履职；

（三）工作中隐瞒情况或者虚假报告；

（四）参与与自身利益有关的决策或者利用职务之便谋取其他不正当利益；

（五）将社会组织资金违规进行借贷、担保或者侵占、挪用，以及利用关联交易损害社会组织利益；

（六）违反忠实义务和勤勉义务的其他行为。

理事、监事等高级管理人员违反前款规定所得的收入，应当归社会组织所有。

理事、监事等高级管理人员违反本法和章程规定决策或者执行不当，给社会组织造成损失的，应当依法承担赔偿责任。

第55条［社会组织决策违法救济途径］：理事会、监事会的决议内容违反法律、行政法规的无效。

理事会、监事会的会议召集程序、表决方式或者决议内容违反法律、行政法规或者社会组织章程的，理事、监事或者发起人、主要捐助人可以自知悉决议内容之日起六十日内，请求人民法院撤销。

社会组织根据理事会决议已办理变更登记的，人民法院宣告该决议无效或者撤销该决议后，社会组织应当向登记机关申请撤销变更登记。

第二节 社会团体的组织机构

第56条［社会团体会员大会的组成］：社会团体会员大会由全体会员组

成。会员大会是社会团体的权力机构，依照本法行使职权。

社会团体会员人数二百人以上，可以按照章程规定的程序选派会员代表组成会员代表大会，会员代表大会按照章程规定可以行使会员大会的部分或者全部职权。会员代表大会适用会员大会的有关规定，但法律或者章程另有规定的除外。

第57条［社会团体会员大会职权］：会员大会或者会员代表大会行使下列职权：

（一）制定和修改章程、会费标准和法定代表人、理事、监事以及其他负责人的选举办法；

（二）选举和罢免理事、监事，决定理事的报酬；

（三）审议批准理事会、监事会的工作报告和年度财务预决算方案；

（四）改变和撤销理事会、监事会不适当的决定；

（五）对解散、清算等事项作出决议；

（六）本法和章程规定的其他职权。

会员大会或者会员代表大会要求高级管理人员列席会议的，高级管理人员应当列席并接受会员或者会员代表的质询。

会员大会或者会员代表大会决议的通过，可以采取会议形式或者书面表决的方式。召开会议和书面表决的程序，由章程规定。

第58条［社会团体会员大会种类］：会员大会或者会员代表大会分为定期会议和临时会议。

定期会议应当依照社会团体章程的规定按时召开，但最长不得超过一年。十分之一以上的会员或者会员代表、三分之一以上的理事或者监事会提议召开临时会议的，应当在收到书面提议之日起一个月内召开临时会议。法律和章程规定必须经会员大会或者会员代表大会作出决议的事项出现时，应当及时召集会员大会或者会员代表大会就该事项进行表决。

第59条［社会团体会员大会的召集主持］：会员大会或者会员代表大会由理事会召集，理事长主持；理事长不能履行职务或者不履行职务的，由副理事长主持；副理事长不能履行职务或者不履行职务的，由半数以上理事共同推举一名理事主持。

理事会不能履行或者不履行召集会员大会或者会员代表大会职责的，由监事会召集和主持；监事会不召集和主持的，十分之一以上的会员或者会员代表可以自行召集和主持。

第60条［社会团体会员大会议事规则］：召开会员大会或者会员代表大会，应当将会议召开的时间、地点和审议事项于会议召开十五日前通知全体会员或者会员代表；在接到通知之日起五日内，对属于会员大会或者会员代表大会职权范围的事项，百分之三以上的会员或者会员代表可向会议召集人提出具有明确议题和具体决议事项的临时提案；会议召集人应当在收到提案后五日内通知其他会员或者会员代表，并将该提案提交会员大会或者会员代表大会审议。会员大会或者会员代表大会不得对通知中未列明的事项作出决议。

会员大会或者会员代表大会应当全体会员或者会员代表三分之二以上出席方可举行。会员或者会员代表可以委托代理人出席大会，代理人应当向召集人提交授权委托书，并在授权范围内行使表决权。

每个会员或者会员代表在会员大会或者会员代表大会享有一票表决权。会员大会或者会员代表大会的决议应当经出席会议的会员或者会员代表过半数通过。但是，作出修改社会团体章程和社会团体合并、分立、解散的决议必须经出席会议的三分之二以上会员或者会员代表表决通过方可生效。

会员大会或者会员代表大会应当对所议事项的决定作成会议记录，出席会议的会员或者会员代表应当在会议记录上签名。

会员大会或者会员代表大会的议事方式和表决程序，除本法有规定的外，由社会团体章程规定。

第 61 条 ［社会团体会员议事义务］：社会团体会员或者会员代表应当遵守法律、行政法规和章程，依法行使会员或者会员代表权利，不得滥用会员或者会员代表权利、社会团体法人独立地位和会员或者会员代表有限责任损害社会团体、其他组织或者个人的利益或者公共利益，否则应当依法承担赔偿责任。

第 62 条 ［社会团体理事会组成和性质］：社会团体理事由会员大会或者会员代表大会选任和罢免。

社会团体理事会是会员大会和会员代表大会的执行机构，在闭会期间领导本社会团体开展日常工作，对会员大会和会员代表大会负责。

第 63 条 ［社会团体理事会职权］：社会团体理事会依照章程规定行使下列职权：

（一）召集会员大会和会员代表大会，向会员大会和会员代表大会报告工作，执行会员大会和会员代表大会决议；

（二）拟订年度工作计划和年度财务预算方案、决算方案；

（三）决定内部管理机构设置和内部管理基本制度；

（四）决定聘任或者解聘秘书长，根据秘书长的提名决定聘任或者解聘副秘书长、财务负责人等高级管理人员，并决定其报酬事项；

（五）决定会员的吸收、处分或除名；

（六）拟订社会团体变更、解散和清算等事项的方案；

（七）章程规定的其他职权。

第64条［社会团体监事会任免和性质］：社会团体监事会成员由会员大会或者会员代表大会选任和罢免，对会员大会和会员代表大会负责。

第三节　基金会的组织机构

第65条［基金会理事会成员的任免］：基金会理事的条件及产生和罢免程序，由章程规定。

基金会第一届理事，由发起人按照章程规定指定。基金会理事会换届或者理事需要增补时，由理事会按照章程规定的条件和程序产生新的理事。

基金会理事会、监事会可以罢免理事。发起人可以提请理事会、监事会罢免理事。

基金会发起人、现任理事、现任监事认为理事的产生或者罢免不符合法律或者章程规定，可以向人民法院申请撤销。登记管理机关认为理事的产生或者罢免不符合法律或者章程规定，可以要求理事会、监事会按照章程规定程序重新确定理事名单。

第66条［基金会理事会的性质和职权］：基金会理事会是基金会的决策机构，根据法律、法规和章程开展活动，对基金会负责，行使下列职权：

（一）修改章程；

（二）选举、罢免理事长、副理事长、理事和聘任、解聘秘书长；

（三）设定和管理内部组织机构，制定内部管理基本制度；

（四）决定资金筹集、管理和使用方案；

（五）审定年度工作计划、年度工作报告、收支预算和决算；

（六）审定重大业务活动计划，包括章程规定的重大募捐活动、投资活动、关联交易等；

（七）决定由秘书长提名的副秘书长和各机构主要负责人的聘任；

（八）听取、审议秘书长的工作报告，检查秘书长的工作；

（九）决定基金会的分立、合并或终止；

（十）决定其他重大事项。

第67条［基金会监事的任免］：基金会监事的条件及产生和罢免程序，由基金会章程规定。

基金会第一届监事，由发起人按照章程规定指定。基金会监事会换届或者监事需要增补时，由监事会按照章程规定程序产生新的监事。

监事会可以罢免监事。理事会、发起人可以提请监事会罢免监事。

基金会发起人、现任理事、现任监事认为监事的产生或者罢免不符合章程规定，可以向人民法院申请撤销。登记管理机关认为监事的产生或者罢免不符合法律或者章程规定，可以要求监事会按照章程规定程序重新确定监事名单。

第 68 条［登记管理机关委派基金会临时理事监事］：当理事、监事无法或者不愿履行职责，或者履行职责违反法律、行政法规或者章程，导致基金会无法正常运行或者利益严重受损时，登记管理机关可以依职权或者根据发起人、其他理事或者监事、主要捐赠人、受益人等利害关系人的请求，选任临时理事、监事代替被撤换的理事、监事，临时理事、监事任职到按照章程选任新的理事、监事为止。

第四节 社会服务机构的组织机构

第 69 条［社会服务机构理事会成员的任免］：社会服务机构的理事会由发起人或者其代表、秘书长、职工代表等人员组成，其中三分之一以上的理事应当依法取得相关专业社会服务资格或者具有五年以上相关社会服务工作经验。理事的条件及产生和罢免程序由社会服务机构章程规定。

社会服务机构第一届理事，由发起人按章程规定指定。理事会换届或者理事需要增补时，由理事会按照章程规定的条件和程序产生新的理事。

社会服务机构理事会、监事会可以罢免理事。发起人可以提请理事会、监事会罢免理事。

社会服务机构发起人、现任理事、现任监事认为理事的产生或者罢免不符合法律或者章程规定，可以向人民法院申请撤销。登记管理机关认为理事的产生或者罢免不符合法律或者章程规定，可以要求理事会、监事会按照章程规定程序重新确定理事名单。

第 70 条［社会服务机构理事会性质和职权］：社会服务机构理事会是社会服务机构的决策机构，根据法律、法规和章程独立开展活动，行使下列职权：

（一）修改章程；

（二）选举、罢免理事长、副理事长、理事和聘任、解聘秘书长；

（三）设定和管理内部组织机构，制定内部管理基本制度；

（四）制定业务发展规划，筹集业务经费，确定增减注册资金；

（五）审定年度工作计划、年度工作报告、年度财务预算和决算报告；

（六）审议重大业务活动、大额财产处置、关联交易以及重要涉外活动；

（七）决定由秘书长提名的副秘书长和各机构主要负责人的聘任或者解聘；

（八）听取、审议秘书长的工作报告，检查秘书长的工作；

（九）决定社会服务机构的分立、合并或终止；

（十）决定其他重大事项。

第 71 条 ［社会服务机构监事会成员的任免］：社会服务机构监事的条件及产生和罢免程序，由社会服务机构章程规定。但社会服务机构监事应当有职工代表。

社会服务机构第一届监事，由发起人按照章程规定指定。社会服务机构监事会换届或者监事需要增补时，由监事会按照章程规定程序产生新的监事。

社会服务机构监事会可以罢免监事。理事会、发起人可以提请监事会罢免监事。

社会服务机构发起人、现任理事、现任监事认为监事的产生或者罢免不符合章程规定，可以向人民法院申请撤销。登记管理机关认为监事的产生或者罢免不符合法律或者章程规定，可以要求监事会按照章程规定程序重新确定理事名单。

第四章　行为规范

第 72 条 ［一般规定］：国家鼓励社会组织依法开展活动，实现社会组织章程规定的宗旨。

社会组织应当根据法律法规以及章程的规定，建立健全内部治理结构，明确决策、执行、监督等方面的职责权限，保证各项行为遵守法律法规的规定，符合章程规定的宗旨和业务范围。

第 73 条 ［收入要求］：社会组织的财产来源必须合法。社会组织的会费、捐赠收入、提供服务收入、政府资助、保值增值收入和其他合法收入受法律保护。

社会团体的会费标准应当经会员大会或者会员代表大会表决通过，收取会费应当开具收据。

社会组织可以接收捐赠，具备募捐资格的社会组织可以依法开展募捐。社会组织不得接受违反法律、行政法规以及违反社会公德的捐赠。

社会组织提供服务取得收入，所提供服务应当与社会组织的宗旨和业务范围相关联。

社会组织为实现财产保值、增值进行投资的，应当遵循合法、安全、有效的原则，确立投资风险控制机制。

社会组织财产来源于国家资助或者社会捐赠、资助的，应当接受审计机关监督。

第 74 条［支出要求］：社会组织应当充分、高效运用其财产，全部用于章程规定的宗旨和业务范围，不得在发起人、捐赠人、理事、监事和工作人员中分配。任何单位和个人不得侵占、私分或者挪用社会组织的财产。

社会组织与捐赠人、资助人约定了财产具体使用方式的，应当根据约定使用。募捐财产的使用，应当符合募捐方案的规定。接受捐赠的物资无法用于宗旨规定或者约定的用途时，社会组织可以依法拍卖或者变卖，所得收入用于捐赠目的。

社会组织的业务活动支出、行政办公支出和工作人员工资福利支出等，国家有规定的，应当遵循相关规定；没有规定的，应当遵循管理费用最必要原则，厉行节约，保持合理的限度。

社会组织的发起人、主要捐赠人以及管理人员，不得利用其关联关系损害社会组织、受益人的利益和社会公共利益。社会组织的发起人、主要捐赠人以及管理人员与社会组织发生交易行为的，不得参与社会组织有关该交易行为的决策，有关交易情况应当向社会公开。

第 75 条［财会要求］：社会组织应当执行国家统一的财务、会计制度，依法进行财务、会计核算，建立健全会计监督制度，保证会计资料合法、真实、准确、完整。

社会组织财务收支应当全部纳入其开立的银行账户，不得使用其他组织或者个人的银行账户。社会组织除法定的会计账簿外，不得另立会计账簿。

社会组织应当在每一会计年度终了时编制财务会计报告，并按规定进行审计。社会组织换届或者变更法定代表人前，监事会应当组织进行财务审计。

社会组织应当向聘用的会计师事务所提供真实、完整的会计凭证、会计账簿、财务会计报告及其他会计资料，不得拒绝、隐匿、谎报、漏报。

第 76 条［业务活动要求］：社会组织开展资助、服务等活动，应当建立项目管理制度，向社会公布所资助、服务的项目种类和资助、服务对象的条件及申请、确定程序，不得指定社会组织管理人员及其利害关系人作为受助人或者服务对象。社会组织可以与受助人或者服务对象签订协议，受助人或者服务对象违反协议的，社会组织有权解除协议。社会组织不得对受助人或者服务对象附加违反法律法规和违背社会公德的条件。

社会组织反映其成员或者其他服务对象的诉求，应当依法向有关国家机关提出书面建议。有关国家机关应当在收到建议之日起二十个工作日内作出书面答复。情况紧急时，社会组织在书面建议中可以要求有关国家机关提前答复，有关国家机关应当依法及时处理。

社会组织可以制定行业规章、团体章程等规范其成员的行为，但是不得侵犯其成员和他人的合法权益，不得违反国家法律法规的规定。

社会组织开展对外合作项目、接受境外捐赠、加入国际组织等活动，应当遵守国家有关规定。

第 77 条［职工权益保护］：社会组织应当保护职工的合法权益，依法与职工签订劳动合同，参加社会保险，加强劳动保护，改善工作环境。

社会组织应当采用多种形式，加强职工的职业教育和岗位培训，提高职工素质。

第 78 条［信息披露要求］：社会组织应当将其登记情况、章程、组织机构、财务、业务活动等方面的信息在信息形成之日起十日内在其官网和登记管理机关的社会组织信用信息公示系统公布。

社会组织应当于每年 1 月 1 日至 3 月 31 日，通过社会组织信用信息公示系统向登记管理机关报送上一年度工作报告和财务会计报告，并向社会公示。

社会组织公布的信息和报送的年度工作报告、财务会计报告等应当真实、准确、完整，不得有虚假记载、误导性陈述或者重大遗漏。但涉及国家秘密、商业秘密或者个人隐私以及捐赠人不同意公开的姓名、名称、住所、通讯方式等信息的，不得公布。

社会组织信息公布、年度报告及其监督检查的办法由国家社会组织登记管理机关制定。

第 79 条［接受有关机关监督义务］：社会组织应当自觉接受登记管理机关、业务主管单位、业务许可机关和税务、财政、审计等有关部门依法实施的监督管理，如实反映情况，提供相关材料。

第五章　扶持措施

第 80 条［政府扶持工作机制］：各级人民政府应当制定扶持鼓励政策，支持社会组织发展，引导社会组织发挥提供服务、反映诉求、规范行为等作用。

国务院建立全国社会组织发展工作协调机制，研究社会组织发展中的重大问题，协调推动全国的社会组织发展。国家社会组织登记管理机关具体负责全国的社会组织发展工作。

县级以上地方人民政府根据社会组织发展工作的需要，建立社会组织发展工作协调机制，协调解决本行政区域社会组织发展中的重大问题。

县级以上人民政府有关部门按照各自的职责分工，共同做好社会组织发展工作。

第 81 条 ［发展规划］：国家社会组织登记管理机关会同国家发展改革部门编制全国社会组织发展规划，报国务院批准后公布施行。县级以上地方人民政府社会组织登记管理机关会同本级人民政府发展改革部门编制本行政区域社会组织发展规划，报本级人民政府批准后公布施行。

社会组织发展规划应当包括规划目标、主要内容、重点任务和保障措施等。

国务院和县级以上地方人民政府，应当将社会组织工作纳入国民经济和社会发展规划、年度计划以及相关规划、计划。

各级社会组织登记管理机关以制定社会组织发展指导目录等方式，确定扶持重点，引导鼓励社会组织发展。

第 82 条 ［预算安排扶持资金］：各级财政预算设立社会组织科目，预算安排扶持社会组织发展专项资金。

扶持社会组织发展专项资金用于下列扶持社会组织的事项：

（一）支持社会组织的开办；

（二）支持社会组织的人员培训；

（三）支持社会组织信息网络的建立；

（四）支持社会组织服务体系的建立；

（五）支持社会组织的政策研究；

（六）支持社会组织的国际交流；

（七）支持社会组织能力提升和发展环境改善的其他事项。

扶持社会组织发展专项资金的使用管理办法由各级人民政府财政部门会同社会组织登记管理机关规定。

第 83 条 ［社会组织补贴］：各级人民政府及其有关部门应当将符合条件的社会组织纳入政府产业扶持和社会事业发展扶持政策范围。

各级人民政府及其有关部门对社会组织开展慈善公益活动和行业自律协调等方面的工作经费和有关支出，可以给予补贴。补贴资金的使用应当遵循公开、公平、公正、及时、有效的原则。具体办法由各级人民政府财政部门合同社会组织登记管理机关规定。

第 84 条 ［政府购买社会组织服务］：国家实行有利于社会组织发展的政府采购政策。财政性资金购买公共服务，应当优先向社会组织购买。

各级人民政府及其部门每年的政府采购资金中，应当安排一定比例的资金向社会组织购买服务。各级人民政府财政部门应当制定购买社会组织公共服务办法，每年编制政府向社会组织购买服务的项目目录，并向社会发布。

县级以上人民政府机构编制部门应当定期编制本级人民政府及其部门向社会组织转移公共服务职能目录，明确转移职能的部门、事项及转移方式。转移公共服务职能的政府及其部门，应当支付承接公共服务的社会组织必要的经费。

各级国家机关在制定相关法律、法规、政策和规划、标准等时，应当听取相关社会组织的意见和建议，并支付社会组织为此开支的必要经费。

第 85 条［社会组织税费优惠制度］：国家建立健全社会组织税收优惠制度，依法免征或者减征社会组织相关行政事业性收费，运用税费优惠支持和鼓励社会组织的发展。

社会组织享受中小企业、促进就业等税收优惠。从事相关服务的社会组织，享受国家规定的对教育、科技、文化、卫生和其他公益慈善事业相应的税收优惠。

社会组织、捐赠人、受益人依照税收法律、行政法规的规定享受税收优惠的，财政、税务部门应当及时办理相应税收优惠手续。

县级以上人民政府财政、税务部门应当每年第一季度在其官网公告上一年度本区域社会组织税费优惠政策的落实情况和本年度的社会组织税费优惠政策。

第 86 条［金融支持］：国家实行有利于社会组织发展的金融政策，鼓励金融机构改进金融服务，加大对社会组织的信贷支持。

各商业性金融机构应当扩展服务领域，开发适应社会组织发展的金融产品，调整信贷结构，为社会组织提供信贷、结算、财务咨询、投资管理等方面的服务。

国家政策性金融机构应当在其业务经营范围内，采取多种形式，为社会组织提供金融服务。

第 87 条［社会组织用地支持制度］：社会组织需要服务设施用地的，可以依法申请使用国有划拨土地或者农村集体建设用地。社会组织服务设施用地非经法定程序不得改变用途。

第 88 条［社会组织人才支持制度］：各级人民政府及其有关部门应当将社会组织工作人员纳入政府就业培训和职业培训计划，完善社会组织人事管理、社会保险、人才交流、职称评定、技能鉴定等政策，优化社会组织人才发展环境。

国家鼓励高等学校设置社会组织相关专业学科，加快培育社会组织专门人才，支持高等学校和科研机构开展社会组织理论研究。学校及其他教育机构应当将社会组织知识纳入公民教育内容。

第 89 条［社会组织行政指导制度］：各级人民政府及其部门应当加强对社会组织的指导，提供政策咨询、信息服务、人员培训和业务指导等服务，推动社会组织之间、社会组织与市场组织之间、社会组织与政府及其部门之间的合作与交流。

各级人民政府及其有关部门应当发布社会组织行为指南，引导社会组织参与社会服务，引导有关单位和个人向社会组织提供捐赠和资助。

社会组织登记管理机关、业务主管单位和有关监督管理机关应当发布与社会组织监督管理相关的各类文书的示范文本，依法定条件和法定程序办理社会组织登记和业务许可、税务登记、账户设立以及信息报送等手续，提高工作效率；不得在法律、行政法规规定之外设置办理有关手续的前置条件，不得在法律、行政法规规定的收费项目和收费标准之外收取其他费用，不得强令社会组织购买指定的商品或者服务。

第 90 条［社会组织公共服务制度］：县级以上人民政府设立社会组织公共服务机构，建立健全社会组织服务体系，为社会组织免费提供下列服务：

（一）政策法规咨询；

（二）登记指导；

（三）办公场地支持；

（四）网络信息支持；

（五）能力建设培训；

（六）其他社会组织服务。

社会组织公共服务机构应当不断提高服务的质量和效率，不得从事经营性活动。社会组织公共服务经费纳入同级财政预算。

第 91 条［鼓励社会支持社会组织制度］：社会组织依照国家有关法律、法规，可以接受自然人、法人或者其他组织的捐赠、资助、志愿服务和场所、设施等帮助。

国家鼓励企业事业单位和其他组织为社会组织开展活动提供场所和其他便利条件。

国家对向社会组织提供捐赠、资助、志愿服务和其他帮助的自然人、法人或者其他组织给予宣传和表彰。

广播、电视、报刊、互联网等媒体应当积极宣传社会组织及其活动，普及社会组织知识，传播慈善公益和非营利理念。

第 92 条［社会组织行政奖励制度］：国家建立社会组织表彰奖励制度，

对在经济社会发展中做出突出贡献的社会组织和在社会组织工作中做出显著成绩的单位和个人，由县级以上人民政府或者有关部门给予表彰和奖励。

第六章　监督管理

第 93 条［社会组织监督管理机制］： 县级以上人民政府统一负责、领导、组织、协调本行政区域的社会组织监督管理工作，建立健全社会组织监督管理工作机制，完善、落实社会组织监督管理责任制，加强社会组织监督管理能力建设，实现各部门社会组织管理信息共享，对社会组织登记管理机关、业务主管单位和相关监督管理部门进行评议、考核。

社会组织登记管理机关、业务主管单位和财政、税务、审计、人民银行、公安、国家安全、外事等相关监督管理部门应当建立健全协调配合机制，实现社会组织管理信息共享，按照各自职责分工，依法行使职权，承担监督管理责任。

第 94 条［登记管理机关的监管职责］： 国务院民政部门和县级以上地方各级人民政府民政部门是本级人民政府的社会组织登记管理机关，履行下列监督管理职责：

（一）负责社会组织的成立、变更、注销登记和章程核准及有关事项备案；

（二）负责对社会组织内部治理、开展活动、年度报告、信息公开等情况进行抽查，受理对社会组织的举报投诉，依法查处非法社会组织和社会组织违法行为；

（三）负责对发现的社会组织的其他违法行为移送有关机关调查处理；

（四）法律、法规规定的其他职责。

县级以上人民政府应当加强社会组织登记管理机关建设，根据社会组织数量等配置社会组织登记管理工作人员，保障社会组织登记管理机关依法充分履行监督管理职责。

第 95 条［业务主管单位的监管职责］： 国务院有关部门和县级以上地方各级人民政府有关部门、国务院或者县级以上地方各级人民政府授权的组织，是有关行业、学科或者业务范围内社会组织的业务主管单位，履行下列监督管理职责：

（一）负责社会组织成立、变更、注销登记以及章程核准前的审查；

（二）指导、监督社会组织遵守宪法、法律、法规、规章和国家政策，依据其章程开展活动；

（三）负责社会组织年度工作报告的初审；

（四）对社会组织的违法行为依法查处或者报告登记管理机关和其他有关部门并协助查处；

（五）派员指导社会组织的清算事宜；

（六）应当由业务主管单位负责的其他事项。

业务主管单位的名录由国务院民政部门和县级以上地方各级人民政府民政部门会同编制管理部门公布。

第96条［相关部门监督职责］：县级以上人民政府的财政、税务、审计、物价、人民银行、公安、国家安全、外事、人力资源与社会保障等有关部门应当履行下列职责，对社会组织涉及本部门的事项进行监督管理：

（一）通过发布信息、提出建议、提供服务等方式，指导社会组织依法开展活动；

（二）对本部门涉及社会组织的业务活动依法监管，查处违法违规行为；

（三）将社会组织涉及本部门的信息及时向登记管理机关和业务主管单位通报，协助登记管理机关和业务主管单位查处社会组织的违法行为；

（四）法律法规规定的其他职责。

第97条［监督措施］：社会组织登记管理机关依法履行职责，有权采取下列措施：

（一）约谈社会组织负责人；

（二）进入社会组织的住所、活动场所等进行现场检查；

（三）就被调查事件要求社会组织作出说明和向有关单位和个人调查、询问；

（四）查阅、复制与被调查事情有关的文件、账簿、电子数据及其他资料，根据需要对印章和有关资料进行临时封存；

（五）查封、扣押与被调查事件有关的场所、设施或者财物；

（六）对社会组织实施财务审计，查询与被调查事件有关的单位和个人的银行账户；

（七）法律、行政法规规定的其他措施。

登记管理机关依法履行监督管理职责时，被检查、调查的单位和个人应当配合，如实提供有关文件、资料，不得隐瞒、拒绝和阻碍。

第98条［信用记录与评估］：社会组织登记管理机关应当建立社会组织及其负责人信用记录制度，并向社会公布。

社会组织登记管理机关应当建立社会组织评估制度，鼓励和支持第三方机构对社会组织进行评估，并向社会公布评估结果。

第 99 条［公示信息监督］：社会组织登记管理机关对社会组织公示的信息，应当根据社会组织登记号等随机摇号确定抽查的社会组织，组织进行检查。

社会组织登记管理机关抽查社会组织公示的信息，可以采取书面检查、实地核查、网络监测等方式，可以委托会计师事务所、税务师事务所、律师事务所等专业机构开展相关工作，并依法利用其他政府部门作出的检查、核查结果或者专业机构作出的专业结论。

抽查结果由社会组织登记管理机关通过社会组织信用信息公示系统向社会公布。社会组织公示信息不符合本法及相关规定的，登记管理机关应当依法处罚。

第 100 条［社会监督］：社会组织登记管理机关、业务主管单位和有关监督管理部门应当公告举报投诉方式，建立举报投诉奖励制度，健全便于公众举报投诉社会组织的机制。

国家鼓励公众、媒体对社会组织进行监督，发挥舆论和社会监督作用。任何单位、个人发现非法社会组织或者社会组织违法行为的，可以向社会组织登记管理机关、业务主管单位和有关监督管理部门投诉、举报。

有关部门接到投诉、举报后，对属于本部门职责的，应当受理，并及时进行核实、处理、答复；对不属于本部门职责的，应当移交有权处理的部门并书面告知举报投诉人。有权处理的部门应当及时调查，对调查确认的违法行为依法予以处理，并将调查处理结果及时告知投诉举报人。

有关部门应当保护举报人的权益，不得泄露举报人的信息。

第 101 条［利害关系人监督］：社会组织的发起人、会员、捐赠人、资助人、受益人和其他利害关系人有权向社会组织查询、复制社会组织的财产管理使用、组织决策、活动开展等方面的资料，并向社会组织提出意见和建议。社会组织应当自收到查询、复制申请之日起三日内安排查询、复制。

社会组织的发起人、会员、捐赠人、资助人、受益人和其他利害关系人认为社会组织及其理事、监事没有履行前款规定义务，或者认为社会组织及其理事、监事违反了法律法规、章程或者捐赠、资助协议的，可以向有关部门反映，也可以依法向人民法院起诉。

第 102 条　［同业组织监督］：社会组织依法建立联合会或者其他行业组织，依照规定对社会组织进行行业自律和服务监督。社会组织联合会或者行业组织依法可以履行下列职责：

（一）指导、组织会员执行社会组织法律法规和政策；

（二）依法维护会员的合法权益，向政府及其部门反映会员的建议和要求；

（三）收集社会组织有关信息，为会员提供服务；

（四）制定会员应遵守的规则，建立健全行业规范和惩戒规则，开展社会组织评估；

（五）组织社会组织从业人员的业务培训，开展会员间的业务交流，对会员之间、会员与服务对象之间发生的纠纷进行调解；

（六）组织会员就社会组织的发展、运作及有关内容进行研究；

（七）监督、检查会员行为，对违反法律、行政法规或者章程的，按照规定给予纪律处分；

（八）监督管理部门赋予的其他职责。

社会组织应当加入社会组织联合会。

第 103 条［监督行政制度］：社会组织登记管理机关、业务主管单位和有关监督管理部门及其工作人员依法对社会组织实行监督管理，必须忠于职守，依法办事，公正廉洁，不得非法干预社会组织的正常活动，不得泄露知悉的有关单位和个人的国家秘密、商业秘密和个人隐私，不得利用职务便利牟取不正当的利益。

社会组织及其发起人、高级管理人员等对于登记管理机关、业务主管单位和有关监督管理部门的监管行为不服的，可以依法申请行政复议或者提起行政诉讼，也可以依法向监察部门举报投诉。

第七章 法律责任

第 104［非法社会组织的法律责任］：未按本法登记，擅自以社会组织名义进行活动的，或者被撤销登记、被吊销登记证书的社会组织继续以社会组织名义进行活动的，由社会组织登记管理机关予以取缔，没收非法财产，并对责任人处以十万元以下的罚款。

第 105 条［设立行为的法律责任］：社会组织在申请登记时弄虚作假，骗取登记的，由登记管理机关撤销登记，并对责任人处以五十万元以下的罚款。

社会组织发起人在章程规定时间未交付或者未足额交付作为注册资金的货币或者非货币财产的，由登记管理机关责令改正，并对发起人处以五万元以上五十万元以下的罚款；情节严重的，由登记管理机关吊销登记证书。

第 106 条［严重违法行为的责任］：社会组织有下列情形之一的，由登记管理机关吊销登记证书，没收违法所得，并对直接负责的主管人员和其他直接责任人员处五万元以上五十万元以下罚款：

（一）从事、资助危害国家安全和社会公共利益活动的；

（二）超出章程规定的宗旨和业务范围进行活动，情节严重的；

（三）拒不接受或者不按照规定接受监督检查，情节严重的。

第 107 条［违反财产管理使用规定的责任］：社会组织有下列情形之一的，由登记管理机关责令停止违法行为或者责令限期停止活动；有违法所得的，没收违法所得；并可以对直接负责的主管人员和其他直接责任人员处按违法经营额或者违法所得额二倍以下罚款；情节严重的，吊销登记证书：

（一）从事以营利为目的的活动的，或者资助营利性活动的；

（二）违反国家有关规定收取费用、筹集资金或者接受、使用捐赠、资助的；

（三）违反规定从事关联交易、投资、担保活动的；

（四）弄虚作假骗取税收优惠的；

（五）工作人员私分、挪用或者侵占社会组织财产的；

（六）清算组成员利用职权侵占社会组织财产的；

（七）违反规定处置剩余财产的；

（八）其他违反社会组织财产使用管理规定的。

第 108 条［违反非财产管理使用规定的责任］：社会组织有下列情形之一的，由社会组织登记管理机关予以警告、责令改正；拒不改正的，责令限期停止活动；情节严重的，吊销登记证书；并可以对直接负责的主管人员和其他直接责任人员处以三十万元以下罚款：

（一）伪造、涂改、出租、出借、转让社会组织登记证书，或者出租、出借社会组织印章的；

（二）不按照规定办理变更登记、注销登记的；

（三）对分支机构、代表机构疏于管理，造成严重后果的；

（四）未按规定履行信息公开义务和报送年度工作报告、财务会计报告的；

（五）未经同意，泄露个人隐私或者商业秘密，造成严重后果的；

（六）未依法答复捐赠人对其捐赠财产使用信息查询要求的；

（七）无正当理由未开展活动连续六个月以上的；

（八）不按照规定进行清算的；

（九）其他违反法律、行政法规的行为。

社会组织未按规定履行信息公开义务的，登记管理机关可以将其列入异常名录，并通过社会组织信用信息公示系统向社会公示。社会组织被列入异常名录的，有关部门依法取消其享受税收优惠、承接政府转移职能和购买服务等资格。

第 109 条［组织机构不符规定的责任］：社会组织不按照本法及章程的规定设立组织机构的，或者不按照本法及章程的规定进行组织机构换届的，或者设立的组织机构不按照本法及章程的规定运作的，登记管理机关可以责令社会组织限期整改；逾期没有整改或者整改不符合要求的，社会组织登记管理机关可以指令成立临时管理委员会行使理事会的职权，并可对直接责任人员处以十万元以下罚款。临时管理委员会应当自成立之日起一个月内完成补选。补选完成并进行变更登记后，临时管理委员会自动解散。

社会组织不再具备本法规定设立条件的，由登记管理机关责令改正，可以限期停止活动；情节严重或者在规定期限内未改正的，吊销社会组织登记证书。

第 110 条［违反其他法律的责任］：社会组织的活动违反其他法律、法规的，由有关国家机关依法处理；有关国家机关认为应当吊销登记证书的，应当移交登记管理机关依法处理。

第 111 条［撤销和吊销的处理］：社会组织被责令限期停止活动的，由登记管理机关封存社会组织登记证书、印章和财务凭证。

社会组织被撤销登记、吊销登记证书的，由登记管理机关收缴登记证书和印章。社会组织拒不缴回或者无法缴回社会组织登记证书、印章的，由登记管理机关公告作废。

第 112 条［管理机关的责任］：社会组织登记管理机关、业务主管单位和其他监督管理部门及其工作人员有下列情形之一的，由上级机关或者监察机关责令改正，并可以对直接负责的主管人员和其他直接责任人员依法给予处分：

（一）对不符合条件的登记申请予以登记，或者对符合条件的登记申请不予登记的；

（二）未依法履行对社会组织监管职责，造成严重后果的；

（三）违反信息公开义务的或者泄露举报人信息的；

（四）违法实施行政强制措施或者行政处罚的；

（五）私分、挪用、侵占社会组织财产的；

（六）其他滥用职权、玩忽职守、徇私舞弊行为的。

第 113 条［相关人员违法责任］：承担社会组织资产评估、验资、审计或者验证的机构提供虚假报告，或者因过失提供有重大遗漏报告的，由有关主管部门依法予以处理。

自然人、法人或者其他组织冒用社会组织名义的，由社会组织登记管理机关责令改正或者予以取缔，可以并处十万元以下的罚款；假借社会组织名义或者假冒社会组织骗取财产的，由公安机关依法查处。

第 114 条［民事赔偿优先］：社会组织违反本法规定，应当承担民事赔偿责任和缴纳罚款、罚金的，其财产不足以支付时，先承担民事赔偿责任。

第 115 条［治安处罚及刑事责任］：违反本法规定，构成违反治安管理行为的，由公安机关依法给予治安管理处罚；构成犯罪的，依法追究刑事责任。

第八章　附则

第 116 条［概念界定］：本法下列用语的含义：

（一）高级管理人员，是指社会组织的理事、监事和秘书长、副秘书长、财务负责人、分支代表机构负责人以及章程规定的其他人员。

（二）关联关系，是指社会组织发起人、理事、监事等高级管理人员与其近亲属和直接或者间接管理的组织之间的关系，以及可能导致社会组织利益转移的其他关系。

第 117 条［社会组织的法律适用］：法律、行政法规对社会组织另有规定的，依照有关法律、行政法规的规定执行。

法律对境外自然人、法人、其他组织在境内设立社会组织和有关境外非政府组织另有规定的，适用其规定。

第 118 条［施行日期］：本法自　年　月　日起施行。

参考文献

一　中文著作

1. 彼得·德鲁克：《大变革时代的管理》，上海译文出版社 1999 年版。

2. 蔡磊：《经济法律关系主体论》，中国社会科学出版社 2007 年版。

3. 陈金罗、金锦萍、刘培峰等：《中国非营利组织法专家建议稿》，社会科学文献出版社 2013 年版。

4. 陈金罗、刘培峰主编：《转型社会中的非营利组织监管》，社会科学文献出版社 2010 年版。

5. 陈金罗等：《中国非营利组织法的基本问题》，中国方正出版社 2006 年版。

6. 陈伟斌等：《中国社会组织法》专家建议稿与理由说明，中国发展出版社 2015 年版。

7. 褚松燕：《中外非政府组织管理体制比较》，国家行政学院出版社 2008 年版。

8. 邓国胜：《非营利组织评估》，社会科学文献出版社 2001 年版。

9. 古俊贤主编：《中国社团发展史》，当代中国出版社 2002 年版。

10. 郭剑平：《社团组织与法律秩序研究》，法律出版社 2010 年版。

11. 何增科：《公民社会与第三部门》，社会科学文献出版社 2000 年版。

12. 金锦萍：《中国非营利组织法前沿问题》，社会科学文献出版社 2014 年版。

13. 金锦萍、葛云松主编：《外国非营利组织法译汇》，北京大学出版社 2006 年版。

14. 金锦萍等译：《外国非营利组织法译汇（二）》，社会科学文献出版社 2010 年版。

15. ［美］莱斯特·萨拉蒙：《全球公民社会》，贾西津译，社会科学文献出版社 2002 年版。

16. 黎军：《行业组织的行政法问题研究》，北京大学出版社 2002 年版。

17. 李本公等：《国外非政府组织法规汇编》，中国社会出版社 2003 年版。

18. 李珍刚：《当代中国政府与非营利组织互动关系研究》，中国社会科学出版社 2004 年版。

19. 里贾纳 · E. 赫兹琳杰：《非营利组织管理》，中国人民大学出版社 2000 年版。

20. 刘培峰 ：《结社自由及其限制》，社会科学文献出版社 2007 年版。

21. 刘培峰、谢海定主编：《民间组织发展与管理制度创新》，社会科学文献出版社 2012 年版。

22. 鲁篱：《行业协会经济自治权研究》，法律出版社 2003 年版。

23. ［美］罗纳德 · 德沃金：《认真对待权利》，信春鹰、吴玉章译，上海三联书店 2008 年版。

24. 马长山：《法治进程中的“民间治理”：民间社会组织与法治秩序关系的研究》，法律出版社 2006 年版。

25. 马庆钰：《中国非政府组织发展与管理》，国家行政学院出版社 2007 年版。

26. ［美］R. M. 昂格尔：《现代社会中的法律》，吴玉章、周汉华译，译林出版社 2008 年版。

27. 沈岿编：《谁还在行使权力？——准政府组织的个案研究》，清华大学出版社 2003 年版。

28. 税兵：《非营利法人解释：民事主体理论的视角》，法律出版社 2010 年版。

29. 苏立、葛云松：《规制与发展——第三部门的法律环境》，浙江人民出版社 1999 年版。

30. 孙伟林主编：《社会组织管理》，中国社会出版社 2009 年版。

31. ［法］托克维尔：《论美国的民主》，董果良译，商务印书馆 2009 年版。

32. 王建芹 ：《非政府组织的理论阐释：兼论我国现行非政府组织法律的冲突与选择》，中国方正出版社 2005 年版。

33. 王名、刘培峰等：《民间组织通论》，时事出版社 2004 年版。

34. 王浦劬、［美］莱斯特 · M. 萨拉蒙：《政府向社会组织购买公共服务研究——中国与全球经验分析》，北京大学 2010 年版。

35. 王绍光：《多元与统一——第三部门国际比较研究》，浙江人民出版社 1999 年版。

36. 王世刚：《中国社团史》，安徽人民出版社 1994 年版。

37. 魏定仁主编：《中国非营利组织法律模式论文集》，中国方正出版社

2006 年版。

38. 吴锦良:《政府改革与第三部门发展》，中国社会科学出版社 2001 年版。

39. 吴玉章:《法治的层次》，清华大学出版社 2002 年版。

40. 吴玉章:《结社：理论与实践》，生活·读书·新知三联书店 2006 年版。

41. 吴玉章:《论自由主义权利观》，中国人民公安大学出版社 1997 年版。

42. 吴玉章:《中国社会团体的法律问题》，社会科学文献出版社 2004 年版。

43. 吴玉章:《中国社会组织大事记》，社会科学文献出版社 2009 年版。

44. 吴忠泽等:《发达国家非政府组织管理制度》，时事出版社 2001 年版。

45. 俞可平:《中国公民社会的兴起与治理的变迁》，社会科学文献出版社 2002 年版。

46. 俞可平:《中国公民社会的制度环境》，北京大学出版社 2006 年版。

47. 张勤:《中国民间组织发展研究》，人民出版社 2001 年版。

48. 郑国安等主编:《国外非营利组织法律法规概要》，机械工业出版社 2000 年版。

49. 周少青:《中国的结社权问题及其解决：一种法治化的路径》，法律出版社 2008 年版。

50. 周志任、陈庆云:《自律与他律——第三部门监督机制个案研究》，浙江人民出版社 1999 年版。

二　中文报刊

1. 信春鹰:《全球化结社革命与社团立法》,《法学研究》1998 年第 3 期。

2. 谢海定:《近期中国社团法研究中的几个热点问题》,《环球法律评论》2002 年第 3 期。

3. 田凯:《西方非营利组织理论述评》,《中国行政管理》2003 年第 6 期。

4. 上海市人民政府行政法制研究所“行政指导”课题组:《中国行政指导的实践与理论研究》,《政治与法律》2003 年第 6 期。

5. 谢海定:《中国民间组织的合法性困境》,《法学研究》2004 年第 2 期。

6. 王建军:《中国民间组织的困境及其发展前景》,《中国民政》2005 年第 6 期。

7. 王建军:《积极发展中国民间组织》,《科学社会主义》2005 年第 6 期。

8. 罗豪才:《公域之治中的软法》,《法制日报》2005 年 12 月 15 日。

9. 王名：《改革中国社会组织监管体制的建议》，《中国改革》2005 年第 11 期。

10. 俞可平：《中国公民社会：概念、分类与制度环境》，《中国社会科学》2006 年第 1 期。

11. 俞可平：《改善我国公民社会制度环境的若干思考》，《当代世界与社会主义》2006 年第 2 期。

12. 吴玉章：《公法权利的实践——结社现象的法学意义》，《法学研究》2006 年第 4 期。

13. 文正邦、胡晓磊：《行政规划基本问题分析》，《时代法学》2007 年第 4 期。

14. 王建军：《论政府与社会组织关系的重构》，《中国行政管理》2007 年第 6 期。

15. 俞可平：《改善我国公民社会制度环境的若干思考》，《当代中国政治研究报告》2007 年第 8 期。

16. 金彪：《试析中亚“颜色革命”中外国非政府组织的作用》，《学会》2008 年第 4 期。

17. 余跃、喻建中：《社会组织营利性经营活动的认定困扰与立法完善》，《社团管理研究》2008 年第 6 期。

18. 刘向文、王圭宇：《试析俄罗斯联邦对非政府组织的法律规制》，《郑州大学学报》（哲学社会科学版）2009 年第 7 期。

19. 蒋小红：《匈牙利公民社会组织考察》，《环球法律评论》2009 年第 4 期。

20. 李勇：《国外非政府组织社会责任研究述评》，《时代法学》2009 年第 6 期。

21. 罗豪才：《中国行政法的平衡理论》，《法制日报》2009 年 7 月 20 日。

22. 姜明安：《发挥软法在现代社会治理中的作用》，《人民日报》2010 年 7 月 30 日。

23. 廖鸿、石国亮：《中国社会组织发展管理及改革展望》，《四川师范大学学报》（社会科学版）2011 年第 5 期。

24. 于洪生：《社会治理创新：从理念转化为实践》，《解放日报》2012 年 3 月 19 日。

25. 马凯：《关于国务院机构改革和职能转变方案的说明》，《人民日报》2013 年 3 月 11 日。

26. 王诗宗、宋程成：《独立抑或自主：中国社会组织特征问题重思》，

《中国社会科学》2013 年第 5 期。

27. 顾朝曦:《改革社会组织管理制度充分激发社会组织活力》,《中国社会组织》2014 年第 1 期。

28. 关信平:《当前我国增强社会组织活力的制度建构与社会政策分析》,《江苏社会科学》2014 年第 3 期。

29. 毕素华:《法团主义与我国社会组织发展的理论探析》,《哲学研究》2014 年第 5 期。

30. 廖鸿:《社会组织的基本情况、存在问题及改革思路》,《中国机构改革与管理》2015 年第 3 期。

31. 柴振国、赵新潮:《社会治理视角下的社会组织法制建设》,《河北法学》2015 年第 4 期。

32. 马庆钰、贾西津:《中国社会组织的发展方向与未来趋势》,《国家行政学院学报》2015 年第 4 期。

33. 黄晓春:《当代中国社会组织的制度环境与发展》,《中国社会科学》2015 年第 9 期。

34. 詹成付:《关于构建更加成熟更加定型社会组织制度的初步思考》,《中国社会组织》2015 年第 23 期。

三 硕博论文

1. 蔡磊:《非营利组织基本法律制度研究》,博士论文,西南政法大学,2004 年。

2. 徐雪梅:《非营利组织管理》,博士论文,东北财经大学,2005 年。

3. 杨娴婷:《论中国民间组织的法律规制》,硕士论文,中国海洋大学,2007 年。

4. 周永平:《现阶段我国民间组织发展的制度环境分析》,硕士论文,中共中央党校,2007 年。

5. 欧阳叶青:《论民间组织设立的立法完善》,硕士论文,湖南大学,2009 年。

6. 魏佳:《我国民间组织管理体制研究》,硕士论文,郑州大学,2011 年。

后　记

拙作终于即将定稿付印。此刻，我有一种如释重负的感觉，同时又深感诚惶诚恐。如释重负，是因为这样一本所谓的专著终于完成了。诚惶诚恐，是因为我深知该书仍有诸多的不完善之处。无论批评，还是褒扬，抑或引起某些观点的争论，只要能对推进社会组织法的制定稍有益处，就已达该书出版的初衷，我均将坦然接受并深怀感激。

由于立法的不完善，社会组织法在法学教育、法制宣传和法律考试中均涉及较少，远不如公司法等市场主体法为我们每个法律人所耳熟能详。坦率地说，本人在从事社会组织登记管理工作以前，亦对其知之甚少。但自 2004 年 6 月与社会组织结缘以来，十多年里，我对社会组织可谓一见钟情，一往情深。社会组织体现出的使命感、责任感、价值观及其公益慈善、团结互助、自治自律等精神，深深地吸引了我。我深知，社会组织对于我们每个人的自我完善具有重要意义，对于社会的文明进步具有重要意义，对于国家的富强繁荣具有重要意义。社会组织的发展与繁荣，是全面建成小康社会的重要内容，是中华民族伟大复兴的重要标志。于是，我希望，自己能够尽一份努力去改善社会组织的成长环境。此后，我有幸先后参与了《湖南省农村专业经济协会促进办法》《湖南省行业协会管理办法》《湖南省募捐条例》《湖南省志愿服务条例》等法规规章的起草，就读博士和从事博士后研究期间也一直以社会组织为学习和研究内容，在 2010 年参加民政部“社会管理与法制建设赴美培训班”和 2016 年参加民政部“社会组织立法赴德培训班”期间对美国、德国的社会组织发展及其立法情况又有了一些感受和体会。2016 年《慈善法》和《境外非政府组织境内行为管理法》相继颁布，中共中央办公厅和国务院办公厅出台关于社会组织的文件，我想探讨和呼吁社会组织法的时候到了。于是，我参与民政部的课题申报，在个人前期研究的基础上，参考学者同仁的大量文献，完成课题报告，形成此书，希望能够对社会组织法的制定有所参考价值。我相信，随着全面建成小康社会的到来，基本生活无忧的人们将会从更多地关注物质需求转为更多地关注精神需求，从更多地关注自我转为更多地关注社会，从更多地关注财富积累转为更多地关注财富使用，从而定会将更多的时间和金钱用于支持和参与社会组织，定会更多地通过社会组织实现自己的理想和价值，社会组织不仅将成为人们的就业方式，而且将成为人们追求自我、实现价值的生活方式，而社会组织法亦将如同今天的公司法一样，为我们每个人所熟知并带给我们无限的福祉。

我要衷心感谢我的老领导国家社会组织管理局廖鸿副局长和我的导师中国社会科学院法学所吴玉章研究员为本书作序，衷心感谢中国社会科学出版社许琳老师对本书的精心编辑。我要特别感谢国家社会组织管理局、民政部政策法规司、中国社会科学院法学所、湖南省民政厅、湖南省政府法制办、湖南省人大内司委、湖南省人大法工委、湘潭大学等诸多的领导、老师、同事、朋友对我工作、学习、研究的关心、指导和帮助，因为需要感谢的人实在太多，请恕我未能一一具名而只能铭记心中。我要感谢研究社会组织的诸多学者同仁，他们的研究成果使我站在巨人的肩膀上前行。我要感谢曾经调研过的国内外社会组织负责人，他们的精神让我敬佩，他们的智慧让我受益。同时，我还要感谢我的家人对我的支持，特别是我的孩子对于我的激励。因为，我希望我的孩子能够幸福地生活，这只有在她们自我奋斗的同时，让她们生活的环境、生活的社会变得越来越美好，她们的个人幸福才越有可能，而几乎每一个社会组织的诞生，都携带了爱与奉献的基因，都传承了义与仁慈的美德，都是以合作之力追求和实现科学之真、生态之美、人性之善等，让我们的社会遍洒阳光。所以，我仍将努力。

喻建中

2016 年 12 月 8 日